湖南科技大学学术著作出版基金资助项目

湖南科技大学马克思主义学院学术著作资助项目

Chengshi Renmin Gongshe Yanjiu
Ziliao Xuanbian

城市人民公社研究资料选编

第 8 卷

李端祥 编著

人民出版社

编著说明

即将出版的《城市人民公社研究资料选编》(8卷本,下称《选编》)是2012年度国家社会科学基金重点项目《城市人民公社文献的收集、整理与研究》两项结题成果《城市人民公社文献选编》(12卷本,主结题成果)与《城市人民公社运动再研究》(专题论文集,副结题成果)的精选部分。它是集"编"与"著"为一体,融"史"和"论"于一身的大型学术著作。编入本《选编》的文献共572篇(其中专题研究论文15篇,档案资料264篇,报刊资料293篇)。其卷本构建如下:

《城市人民公社研究资料选编》

第一卷:《城市人民公社运动再研究》

第二卷:《城市人民公社档案资料》(甲)

第三卷:《城市人民公社档案资料》(乙)

第四卷:《城市人民公社档案资料》(丙)

第五卷:《城市人民公社档案资料》(丁)

第六卷:《城市人民公社报刊资料》(甲)

第七卷:《城市人民公社报刊资料》(乙)

第八卷:《城市人民公社报刊资料》(丙)

本《选编》第一卷《城市人民公社运动再研究》,之所以如此命名,自然包含着与本人第一本拙著《城市人民公社运动研究》(国家社科基金一般项目《乌托邦思想与城市人民公社研究》的最终成果,下称《研究》)的联系与区别。就研究主题而言,是《研究》的延伸与拓展。就研究内容而言,是《研究》中未曾涉及与深入的问题。此卷中的15篇专题论文,自著11篇,本人指导的硕、博士研究生论文4篇(编入本书时作了压缩与修改)。按各自论文发表或刊载先后为序,编入本卷。

第二、三、四、五卷为档案文献资料,共收录此类资料264篇。第二卷收录的是中央部委级(包括协作区)文献资料,以文献制作时间为序,将其依次编排。第三、四、五卷收录的是地方文献资料,从社至省各级都有。以文献制作者为分层标准,将其分成省市(地)级、区(县)社级两个层次,各个层次的文献按时间顺序编排。需要说明的是,由于第三、四、五卷内的文献源自多个省市,而有些文献在标题中并未标明文件的适用范围,所以在编入本书时,编者在文献标题前加注了文献的产地,放在括号内以示区别,如《(上海市)关于积极准备条件,建立城市人民公社的工作规划(草稿)》。这样,能使读者一目了然,便于查阅。

第六、七、八卷为报刊文献资料,共收录1958年至1962年间几十家官方报刊上的城市人民公社文献293篇,以报刊名称为单位,按每种报刊文献刊出的时间为序编排。值此,有两种情况需要说明,一是"(十八)《人民公社好》",不是报纸,也不是期刊,而是书名。当年由中共哈尔滨市委办公厅编辑出版的一本小册子,收集于旧书摊,因为就一本,只能将其编入报刊类。二是有多种报刊的文献篇数较少,将其统一编排在"其他报刊"条目内。

还需说明的是,整理编辑中为保持文献内容原貌,哪怕是读者明显感觉到的疑惑之处,也未作更改。比如文献原件中的数字一般有汉字和阿拉伯数字两种表达方式,在本书中均保持原样,未按统一要求予以处理。在尽量保持文献内容原意的同时,也作了一些必要的修改和添加:(1)对档案文献中一些涉及个人名誉、隐私的人名,本书只标姓,名字用××代替;(2)政治敏感性内容作了技术处理,用□□代替被删除的文字;(3)原文中没有文件名的,编入本书时加了标题,并作题注;(4)对一些文献作者(地厅级及以上人员)作了注解;(5)档案文献来源,应档案馆要求,仅注"原件现存于×××档案馆";(6)每篇文献题目下行居中有一个用汉字表达的日期(文献制作时间)为编者所加;(7)制作日期仅标明月、旬的部分文献,一般放在该月、旬的最后面;(8)文献中涉及的方言,在其后的圆括号内加了注释。

另外,原件中的错字、别字、或不规范的字,本书中分别在〈〉内校正;缺字和不能辨认的字加□号;原文中的通假字、旧式引号,本书都未校改。

城市人民公社研究资料（包括档案资料与报刊资料）是反映城市人民公社历史事件的文字史料，是城市人民公社历史研究的基础。由于城市人民公社是"左"的错误的一种表现，历史已证明，建立城市人民公社为最初探索社会主义建设道路的一次不成功尝试。所以，本书所收录的史料，适宜研究参考使用。正因为如此，对资料的整理编辑提出了更高要求。在工作中始终坚持严谨作风，一丝不苟，力求电子稿与纸质原件高度一致；体例力求清晰，为的是便于读者查阅利用，更准确地了解把握城市人民公社历史原貌。即便这样，疏漏与错误依然在所难免，敬请读者批评指正。

值此《选编》付梓之际，本人深感本书关于资料收集、整理研究、编辑出版任务之艰难。一路走来，离不开单位、师长、同事、学生以及家人的帮助与关心。一桩桩，历历在目；一件件，感恩不尽。

师恩浩荡，大爱无疆。把本套书比作一艘在学海中从此岸到彼岸的航船，启航者是我的研究生指导老师湖南省委党校雷国珍教授，而导航者当属北京大学原副校长梁柱教授、湖南省社科院院长刘建武教授、湖南科技大学党委书记刘德顺教授、湖南科技大学校长朱川曲教授、湘潭大学校长李伯超教授、湖南科技大学副校长李琳教授、中共福建省委党校郭若平教授、湘潭大学谢起章教授，护航者则是国家社会规划办、中央党史研究室、人民出版社、湖南科技大学。

新史料是史学研究创新的根本动力，也是成就本套书稿最基础、最关键、最根本的要素。感谢中央档案馆及北京、上海、天津、黑龙江、吉林、辽宁、河北、河南、湖北、湖南、江西、广东、广西、福建、江苏、浙江、四川、云南、贵州、山西、陕西、甘肃、青海、内蒙古、宁夏、新疆等省会城市档案馆的领导和工作人员，在资料收集时所提供的大力支持与无私帮助。特别要感谢上海市、湖南省、福建省、陕西省、宁夏回族自治区、广西壮族自治区、河南省、沈阳市、南京市、合肥市、哈尔滨市、南昌市、福州市、南宁市、银川市、长沙市、湘潭市、株洲市、长沙市岳麓区、湘潭市雨湖区等档案局（馆）的领导与工作人员，因其受崇尚学术、敬畏历史、共享宝贵资源等崇高精神的驱动，还将已查阅的馆藏城市人民公社资料予以授权出版。倘若没有他们的博大胸怀，本套书远没有现在这样丰富。

常言道："一个篱笆三个桩，一个好汉三个帮"。感谢《城市人民公社文献的收集、整理与研究》课题组成员吴怀友教授、许彬博士、邹华斌博士、米晓娟老师为课题研究所作的努力与贡献；感谢马克思主义学院徐德刚教授、吴怀友教授、廖和平教授、廖加林教授、吴毅君教授、米华教授、赵惜群教授、刘大禹教授、毛小平教授、李连根教授、朱春晖教授、罗建文教授、尹杰钦教授、宋劲松教授、黄利新教授、杨松菊博士、刘敏军博士、戴开尧副教授、谢忠教授、刘正妙博士、黄爱英博士、韩平博士等对课题研究与本书出版的大力支持。感谢马克思主义学院中共党史硕士点、中国近现代史纲要教研部的专家学者们对课题研究与本书出版的鞭策鼓励及人文关怀。其中李秀亚老师整理本书稿时反映出的扎实的专业功底、精益求精的职业操守、一丝不苟的治学精神、任劳任怨的劳动态度，令人敬佩。另外，由衷感谢湖南科技大学党校副校长彭雪贵先生，在本书整理、出版最需要时候的竭诚相助，有些甚至是雪中送炭。愿好人一生平安。

感谢湖南科技大学马克思主义学院中共党史专业与中国近现代史基本问题方向的硕士研究生为资料整理所付出的艰辛劳动。与此同时，特别感怀我指导的研究生刘洋（博士）、姚二涛（博士）、张家勇、汪前珍、付彩霞、米晓娟、钟俊、盘林、肖楚楚、阳文书、万建军、钟原、李鑫、刘璐、姜陆同学，因其怀有对稀缺历史资源的好奇与敬畏，不惜为本套书各个环节的工作挥洒甘露般的汗水。

本套书能在人民出版社成功出版面世，离不开该社崔继新先生、刘江波先生的独具慧眼、运筹帷幄，离不开高华梓博士为本套书编辑所付出的艰辛劳动。在此，深表谢意。

感谢我的妻子肖金玉，完成本职工作外，包揽了所有家务，让家庭环境井然有序、生活温馨和谐，为的是让我有舒畅的心情、旺盛的精力、充足的时间从事城市人民公社资料的收集、整理与研究工作。常言道，一个成功男人的背后，必定有一个贤慧女人。我算不上成功男人，但背后妻子的贤慧却是不折不扣、名符其实。还有我的儿子李博，虽然学的是金融专业，从事金融工作，但对历史问题，尤其对中国历史感兴趣并有感悟。对我的研究工作很是支持，提出的意见诚恳而宝贵，有些甚至是建设性的。

所有这些，都使我深深感到，本套书能够以现在的面貌出版，其中蕴含了多少人的聪明才智，也凝聚了很多人的辛勤劳动。在此，再次对已提及和未提及的单位和个人，表示诚挚的谢意。

李端祥

2018 年 6 月 20 日

目　录

城市人民公社报刊资料（丙）

（十一）《前　线》

（十二）《人民音乐》

（十六）《思想解放》

（十七）《人民公社好》

（十八）其他报刊

城市人民公社报刊资料（丙）

（十一）《前　线》

从一个人民公社看多种经营的发展

杜逢明

（一九五九年十二月二十七日）

今年，怀柔县城关人民公社在党的社会主义建设总路线的光辉照耀下，认真贯彻执行了自给性生产和商品性生产同时并举的方针，大搞多种经营，实现了工农林牧副渔的全面发展，大大提高了商品率，支援了工业生产和城市供应，增加了公社和社员的收入，充分地发挥了人民公社的优越性。

这个公社方圆有 450 平方公里，平原和山区各占一半，可耕土地有 15 万多亩。今年工农林牧副渔总产值预计可达 760 万元，比去年增加 34%。其中：农业产值 507 万元，比去年增加 7.9%；林业产值 23 万元，比去年增加 7.5%；畜牧业产值 30 万元，比去年增加 2.96 倍；副业产值 76 万元，比去年增加 77%；渔业产值 4000 元，比去年增加 1 倍；工业产值 105 万元，比去年增加 4.8 倍。

人民公社对各种经济统一作了规划，充分利用了有利条件。在平原，大力发展了粮食和油料的生产；在山区和丘陵地区，增加了畜牧和果树的生产；利用河流渠塘养鱼、种藕、种荸荠；全公社普遍饲养家禽、家畜。今年粮食生产虽然有 1 万多亩土地遭受严重涝灾，但经过抢种抢收仍然获得了丰收，总产量达到 3800 万斤，每亩平均产量 327 斤。商品菜的播种面积由原来的 550 亩扩大到 6400 亩，产量达到 2700 万斤，比去年增加了 25 倍。在保证农业增产的条件下，还抓紧了畜牧、果品和副业生产。到 10 月底，生猪发展到 31917 口，比去年年底增加 1 倍，平均每户养猪两口；家禽发展到 84000 只，比去年年底增加两倍，平均每户养鸡 5 只，养鸭将近 1 只；养鱼 727 万尾，比去年增加 14 倍；干鲜果品产量 167 万斤，比去年增加 20%；养羊、养蜂、桑蚕等也都有发展。此外，他们还根据市场需要和当地资源条件，开展编草席、扎笤帚、烧木炭、磨木粉、木器加工等 25 项副业生产。

由于多种经营的迅速发展和广大社员政治觉悟的提高,向国家交售产品的数量大大增加,交售的速度也大大加快。秋收以后,在 11 月 6 日就全部超额完成了 857 万斤的征购任务,入库速度比去年提前两个月。到 11 月 27 日,城关中心商店收购总额达到 204 万元,提前 34 天完成了全年收购计划,比去年同期增加 1.1 倍。其中:收购肥猪 7270 头,比去年全年增加 20%,商品率达到 96%(不包括出售肥猪按规定留肉留油部分);收购干鲜果 165 万斤,比去年同期增加 1.2 倍,商品率 98.8%;收购药材 22 万斤,比去年增加 3.5 倍,商品率 100%。收购的品种由去年的 174 种,增加到 285 种。收购的各种产品,都是国家建设和人民生活迫切需要的。

多种经营的发展和商品率的提高,使公社和社员的经济生活发生了极大的变化。公社的收入增加后,扩大了各项生产投资,已购买了整套的胶轮大车 29 辆,锅驼机、水泵等排灌机械 7 台,水车 8 台,化肥 94 万斤,还购置了大量农药、小农具和籽种等生产资料,为进一步扩大再生产创造了物质技术条件。农业生产资金已经作到基本自筹,减少了国家贷款,今年仅贷款 63076 元,并且归还了旧贷 307245 元。公社积累预计达到 134 万元,比去年增长 59%。社员的收入也随之增加,在夏收分配时,90% 以上的户已经增加了收入。一般社员还都有家庭副业收入。社员收入增多,从购买力上就可以反映出来,1 月到 10 月份,购买日用品的金额有 149 万元,比去年同期增长 86%。到 9 月底,全社社员存款 10 万元,而去年同期仅有两万元。

为什么这个公社的多种经营发展如此迅速,所取得的效果如此显著呢?主要原因有以下几个方面:

第一,坚持政治挂帅,加强政治思想教育。公社党委坚决地执行了自给性生产和商品性生产同时并举的方针,执行了市委、县委关于支援城市供应的指示,对干部和社员广泛地、深入地进行了共产主义、集体主义和城乡互助的教育。今年五月,他们在公社党代表大会上,讨论了发展多种经营、扩大商品生产、支援城市、增加收入的问题,大家认清了发展多种经营,生产出更多的农副土特产品支援城市,不仅是一项光荣的政治任务,而且还可以促进生产的全面发展,增加收入。在党内认识取得一致的基础上,又召开了社员代表大会,通过代表向农民广泛地进行了宣传。经过这一系列的政治思想工作,加上一年多以来,多种经营全面迅速发展的实践的教育,原来一向认为"粮食生产为主的地区难以发展多种经营,搞多种经营是出圈"的观点被纠正过来,各种生产很快发展起来。

第二,认真贯彻执行了两条腿走路的方针,发动群众,大搞各种生产。养猪生产执行了集体饲养为主、私人饲养为辅、公私并举的方针,各个生产队积极建圈,繁殖饲养,加速育肥,并以仔猪供给社员饲养。既发挥了集体饲养的优越性,也调动了私养的有利因素。到9月底公养的发展到2.4万头,占公社养猪总数的77.4%,户养的发展到7千多头。蔬菜生产,也形成一个群众运动。党委号召做到两自给(机关、学校等单位吃菜自给,社员、食堂吃菜自给),两不争(不争商品菜,不争粮食土地)。结果是零星土地和小片荒地都得到充分利用。城关中心商店有36个分销店,种的菜够自己吃,公社拖拉机站种的菜,不仅够吃,而且还能出售一部分。社员自种的菜,除去吃以外,还有一部分可用来作饲料。

第三,合理使用劳动力。开始有人认为农业生产任务很大,劳动力紧张,怕搞了多种经营会影响农业生产。后来在梭草村作了调查,算了账。全村285个劳动力除去从事粮食生产的110人,去密云水库的100人,还有75个劳动力。这样一算,生产队干部心明眼亮了,紧接着就组织起了做木器和扎笤帚两个专业队,开展副业生产,始终没有间断。经过试点,他们就普遍发动生产队对各项生产和劳力作了通盘规划,统筹兼顾,全面安排,在保证农业生产的前提下,采取农忙小搞、农闲大搞、常年副业经常搞的办法,分工分业,合理使用劳动力,做到人尽其才。对粮食、油料、蔬菜作物和果树、畜牧以及其他产量大、收入多或技术性强、需要劳力多的副业生产,就固定基本队伍。对大宗已到成熟季节的产品调剂劳力,组织协作,突击收摘,不错过季节,使劳动果实全部回家。如莲花池生产队只有劳力35人,今年产梨、栗子共45万斤,连收带运需50天时间,而在季节上必须在20天内摘完。公社及时从其他生产队抽调150多人和一部分运力进行支援,按时摘完运出。此外,对于原料公有而不便于集中生产的副业,如扎笤帚、穿盖帘等,则由生产队分发原料,组织社员从事家庭副业生产。合理安排劳动力后,充分发挥了劳动潜力,保证了各种生产的迅速发展。

第四,加强商业工作,促进多种经营的发展。这个公社的党委既抓生产工作,也重视商业工作。检查工作时,既检查生产队的工作,也检查商店的工作,农商密切协作,有力地推动了公社多种经营的发展。城关中心商店在公社党委和县商业局的领导下,加强了对职工的思想工作,反对了右倾松劲情绪,明确了郊区商业工作者的光荣责任,认识到必须组织好农村经济生活,为农业生产和农民生活服务,还必须通过商业购销活动,促进公社多种经营的发展,并把收购的产品运往城市,支援城市的供应。他们在春季菜田扩大、菜籽不足时,就派出 40 多名职工下乡收购各种菜籽 2000 斤,保证了蔬菜按时播种。为了推动畜牧生产,他们建立了种畜种禽场,从 1 月到 9 月,供应小鸡 8.9 万多只,小鸭 3.7 万多只,仔猪 570 头。他们在收购肥猪时,负责组织供应猪秧,调剂克郎猪,一批接一批,做到了收猪不空圈。他们还积极帮助公社寻找生产门路,根据市场需要,在 32 个村组织起草席、荆编、囤底、罗圈、笤帚等十大加工,使生产队和社员经常有副业生产,仅 3 个月时间,就增加收入 7.8 万多元。他们经常掌握各种生产情况并及时向公社党委反映。如收猪人员建立了养猪"户口簿",掌握生产队和社员的养猪变化情况,打开账本就知道哪个队、哪个户有多少猪,什么时候能育肥出售。8 月初,他们发现猪的育肥进度慢,不能按时完成国庆节前的交售任务时,就及时向公社党委汇报,采取了分圈喂养、个别加料的催肥方法,保证了按时完成交售任务。商店的全体职工,为了及时把各种产品收购上来,分片包干、定村、定时开展收购,并且一人多用,收猪带收蛋,连收带轰赶。收购工作做到突击与经常相结合,每月商店人员经常巡回到村四次,因而收购工作做得有声有色,超额完成了收购任务。

从城关人民公社发展多种经营的过程中可以看出,人民公社发展多种经营具有十分重要的政治意义和经济意义。人民公社多种经营的迅速发展,又一次生动地反映了党的社会主义建设总路线、大跃进的伟大胜利,同时也充分显示了人民公社巨大的优越性。

（本文作者是副食品商业局副局长）

怎样组织城市
人民公社工业分散生产？

东城区建国门人民公社

（一九六〇年三月十七日）

编者按：城市人民公社工业，是大跃进的产物，有重要的意义。毛主席说："把群众力量组织起来，这是一种方针。""每个共产党员，必须学会组织群众的劳动"。解放以来，在组织城市街道居民进行生产方面已经获得很大成绩，但是，完全把这部分群众组织起来，我们仍要做许多工作。怎样进一步把城市居民组织起来，加速街道的社会主义改造？办城市人民公社工业是一个好办法。积极地、有领导地发展城市人民公社工业，必将促进街道居民进一步劳动化、集体化、革命化，把街道改造成为社会主义的阵地。办好城市人民公社工业，我们还缺乏经验，许多问题还没有彻底解决。现在介绍建国门人民公社组织城市公社工业分散生产的经验，供有关同志研究参考。

几年来，我们在上级的正确领导下，贯彻执行了为农业服务、为市场服务、为人民生活服务、为大工厂服务的方针，坚持穷干苦干，勤俭办厂，生产有了很大的发展，特别近二、三年，我们对所有的工厂进行了一次大调整，把一些不必要集中生产的产品和工序，分散到各家各户去生产，使那些家务拖累重或年老体弱的人也能参加生产，进一步挖掘了社会劳动潜力。同时腾出了一些厂房，建立了一批新工厂。经过这次调整，我们公社现有二十个工厂，二千九百八十二人，其中集中生产的一千五百八十二人，占百分之五十三，分散生产的一千四百多人，占百分之四十七。一九六五年的各项指标，都比一九六四年有很大提高，工业总产值增长百分之五十，质量品种有显著提高，产品成本降低百分之二十八，利润增加一倍多。

下边把我们组织分散生产的情况介绍一下。

一、在生产组织形式上我们经历了由分散到集中,再到集中与分散相结合的过程

过去,特别是一九六二年以前,我们对市委关于组织分散生产的指示认识不足,曾经走过一段弯路。一九五八年刚组织街道生产时,基本上都是分散生产。当时,由于缺乏经验,管理工作跟不上去,产生了一些问题,有些产品质量不好,劳动力不固定,完成任务没有保证等等。在这种情况下,我们没有总结经验,而是片面地认为,只有把人集中起来搞"正规化"生产,看得见,摸得着,才便于管理,便于发展生产。同时,我们也存在着贪大求洋的思想,认为搞集中生产,"人多房大,才像个样子"。在客观上,有些大厂只给集中生产的厂派活,不给分散生产的厂派活,或者给集中生产的厂管理费高,给分散生产的厂管理费低,也助长了公社片面强调集中生产的思想。在这种思想指导下,我们不适当地把一些分散生产项目改为集中生产,甚至把补花、缝纫、毛织等传统分散生产的活也集中起来了。

但是,在强调集中生产以后,产生了三个问题:(一)广大家庭妇女没有时间料理家务,人在厂,心在家,工作不安心。她们一听见消防车响,就惦念是不是孩子在家闯了祸。听到街上喊卖菜,就想家里还没买菜。整天惦记着老人、孩子、柴米油盐,因此,生产效率不高。(二)很多人迫切要求参加生产,但是她们或因家务拖累,或因年老体弱,走不出家门,不搞分散生产,实际上是把她们参加生产的路子给堵死了。(三)集中生产占用厂房多,使生产发展受到了限制。公社党委反复研究了这些问题,认为问题的实质是,如何根据城市人民公社工业的特点来组织生产的问题。

城市人民公社工业的特点是什么?一是家庭妇女多(不少厂占百分之九十以上),家务拖累重;二是有些产品技术不复杂,工序单一,或者某些工序可以独立出来,而且工具比较简单;三是厂房少,生产拥挤。从这些特点出发,公社党委确定:适合搞集中生产的,就坚持集中生产,不适合集中生产的,就采取

分散生产的形式。同时,我们认为分散生产是城市人民公社组织生产的良好形式之一。它不仅有利于发展生产,而且由于把闲散人员组织起来搞生产,对改变不事劳动的旧习气,树立街道的新风尚是大有好处的。

二、搞分散生产有哪些好处

1. 便于因地、因人制宜地组织生产,广泛地动员社会劳动潜力,既为国家创造财富,又改善了群众生活。我们有七个厂组织了分散生产,分散生产人员由一九六四年六百七十九人,发展到目前一千四百余人。生产发展了,群众收入增加,生活也有了改善。如织尼龙丝网兜的有三百五十多人,现在他们一边管家务,一边搞生产,每月能够收入十五至二十元。苏州胡同三十号住着一位老人,过去依靠政府救济生活,现在自动不要救济了。像这样的人,集中生产是安排不了的。

2. 节约了厂房,扩大了生产。部分工厂转分散生产后,腾出了六十六间厂房,用于建立新工厂。此外,不增加厂房也扩大了生产。如毛织厂利用大厂废尼龙丝织的袜子,很受市场欢迎,商业部门要求增产,但是由于没有厂房,扩大生产受到限制。组织分散生产后,社员把袜机搬回家去生产,一间厂房没有增加,织袜机由原来九台发展到五十台,月产量由二百打上升到八百打。

3. 使参加生产的家庭妇女做到生产、家务两不误。如织尼龙丝网兜的社员李秀贞,有四个孩子,大的九岁,小的才怀抱。她说:"我们全家真感谢党和毛主席给我们的幸福。在旧社会,我想糊洋火盒,就因为没有两袋面托不成人情没糊成。现在不但有活干,还能拿到家来,我既参加生产,又能照顾家务,太好啦。我丈夫每月挣六十元,过去靠补助才能过日子,自从织了网兜,每月收入三十多元,就不用补助了。过去孩子没事净打架,现在帮着大人干活,从小养成爱劳动的习惯。"

4. 为集中生产人员中的老弱病残安排了出路。安排他们参加分散生产,还可以从事力所能及的劳动,也可以解决他们的生活问题。如杨宗茂,原来是绱鞋工人,因年老体衰(五十八岁),参加集中生产有困难,就安排她织网兜,现每月收入近二十元,还能照料四个孙儿。

三、我们是怎样组织分散生产的

1.通过试点解决思想认识问题。我们在发展分散生产过程中,特别是把原来集中生产人员转为分散生产时,从社员到工厂领导,是有不少思想顾虑的。怕分散到户不好管理,怕产品质量出问题,怕任务完成没保证,也有的怕社员不同意,等等。而把这个问题和社员商量时,虽然他们感到分散生产方便,但也有一些顾虑,主要是怕分散回家活源没保证,影响收入,怕福利待遇减少,怕分散回家被别人说是落后,也有些人在厂好几年舍不得离开,等等。这些问题能不能解决? 我们心中底也不大,怎么办? 一切经过试验。我们在向工厂领导进行说服动员的同时,立即进行试点,通过实践得出结论。我们首先选择纸盒厂进行试验。自己下厂对社员进行动员,帮助工厂具体搞组织工作,建立管理制度,取得经验后,就陆续在其它几个厂推行。实践证明,分散生产可以管好,产品质量可以保证,社员收入没有减少,有些社员由于家里老人、孩子帮着干活,产量提高,收入还有所增加。这时,厂领导也好,社员也好,都说分散生产是个多快好省、对国家对集体对个人都有利的好办法。

2.必须狠抓管理。分散生产比起集中生产来,在管理上确有不便之处,如果管不好,可能造成生产混乱,出现质量问题。但是,我们体会,如果管理好了,又有比集中生产优越之处。我们的毛织厂四百三十多人,只有六名管理人员(一个厂长,一人管供销,二人管收发活、质量检验,一人管会计统计,一人管仓库)。为什么管理人员不多也能管好呢? 关键问题是要相信群众,依靠群众,实行专业管理和群众管理相结合的办法。我们的分散生产工厂,初步摸到一些管理办法,主要是:工厂、小组两级管理,规定质量标准,老手带新手,定额消耗以及机器维修保护等办法。

3.要合理地掌握分配问题。分散生产的加工费,都是实行计件。因此,要根据实际情况,通过调整加工单价或加工任务的分配,对社员的收入进行调整,避免由于品种、工序的不同,出现收入畸高、畸低的现象。

关于组织分散生产，我们还没有比较成熟的经验，也还存在着不少问题。但是，我们决心突出政治，加强毛主席著作的学习，不断总结经验，进一步发展生产，为更好地实现这项光荣任务而奋斗。

大力提高和发展郊区
人民公社的工业（社论）

（一九六〇年三月三十一日）

人民公社办工业，是党的社会主义建设总路线和大跃进的产物，是人民公社的优越性的重要表现之一，是一件崭新的事物。这个新事物诞生以后，迅速地发挥出伟大的作用，表现了强大的生命力。到 1959 年底，仅仅一年多时间，北京郊区的人民公社已有工业企业 845 个，职工 35000 余人，生产产品 1000余种，产值达 7960 万元，约占公社工农业总产值的 17%。郊区人民公社的工业，已经成为人民公社的重要生产内容，成为促进农业和其他生产迅速发展的重要条件，成为发展郊区人民公社所有制的主要经济基础，成了实现国家的社会主义工业化的不可缺少的部分，并且正在越来越大地显示它的作用。

人民公社大办工业，积极地支持了农业生产，有力地推动了农业的技术改造，减轻了农业劳动的强度，节省了人力，提高了劳动生产率。郊区共有农具修配厂、肥料、农药厂 300 余个，仅 1959 年，就制造了 270 万件小型农具和42000 台中型农具。人民公社兴办了为大工业生产原材料的厂矿，一年来以不少的砖、瓦、石灰和煤等支援了工业生产和城市建设。社办工业的发展，增加了公社的生产和收入，迅速地扩大了人民公社的积累，有力地支援了农业机械化，使人民公社所有制迅速得到发展。运用工业所获得的利润，各公社都为农业生产添置了汽车、拖拉机、联合收割机、锅驼机和电动机、胶轮大车、骡马等。丰台区石景山中苏友好人民公社，由于大办工业，公社的社有经济由1959 年初占 14%，提高到年末占 25%。公社工业在满足社员生活需要、为社员生活服务方面也起了很大的作用。社办的制鞋、缝纫及其他日用品工业，对于推进农民生活的集体化，解除妇女社员的家务劳动，从而对于增加农业劳动力都有显著的巨大作用。

人民公社办工业还有更深远的意义。人民公社办工业是过渡到共产主义社会的不可少的条件。党的八届六中全会决议指出："人民公社必须大办工业。公社工业的发展不但将加快国家工业化的进程，而且将在农村中促进全民所有制的实现，缩小城市和乡村的差别。"由于人民公社大办工业，使广大农村将逐渐脱离过去那种落后状态，使近代的工业生产遍布全国各地，加速了国家工业化的进程，加速了农业水利化、机械化、电气化的进程，使近代的工人阶级在农村迅速发展和壮大起来，使乡村接近城市，为逐渐消灭城乡差别和工农差别找到了正确的道路。这是多快好省地建设社会主义的重要方法，是有伟大历史意义的创举，是马克思列宁主义在我国的发展，是毛泽东思想的伟大胜利。

现在，农业生产的迅速发展，城市生产建设的迅速发展，广大社员生活水平的迅速提高，都要求社办工业在现有的基础上进一步提高和更大的发展。我们必须适应这个形势，全面规划，大力发展和逐步提高人民公社的工业。

发展和办好人民公社工业必须坚决贯彻执行一条明确的方针，就是说："人民公社的工业生产，必须同农业生产密切结合，首先为发展农业和实现农业机械化、电气化服务，同时为满足社员日常生活需要服务，又要为国家的大工业和社会主义的市场服务。"我们这样举办公社工业，就可以避免发展工业的盲目性，就能充分发挥社办工业的优越性。我们必须把发展工业和发展农业正确地结合起来，使工业的发展有力地促进农业和农村其他事业的发展，在以农业为主的原则下工农业同时并举。我们绝不应该只是为发展工业而发展工业，更不是单纯为追求利润和产值而发展工业。有的人片面地强调劳力紧张，说人民公社搞工业会影响农业生产。他们把发展工业和发展农业对立起来。这是完全错误的。人民公社发展工业不仅不会影响农业生产的发展，而且有力地促进了农业生产的发展。就以劳动力来说，许多公社的工业制造出来的食堂机械化炊具、粮食加工机械和中型农业机械所解放出来的劳动力，已经远远地超过了办工业所使用的劳动力。本期发表的通县张家湾人民公社办工业的事实说明，农村工业的发展不仅是可能的，而且是必要的。我们要以大力发展社办工业来进一步解放更多的农业劳动力，解决所谓劳力紧张问题，从而以大量的劳动力支援城市工业建设，并且进一步发展社办工业。

北京郊区具有大量发展工业所需要的物质资源，社办工业必须充分注意因地制宜、就地取材的原则，不要办那些本来没有原材料、要到很远的地方去取原材料的工业，以免增加成本，浪费劳动力。要做到靠山吃山，靠水吃水，靠平原吃平原。现代技术为我们提供了充分利用自然界各种资源的可能性，很多东西只要加上劳动和技术，就可以化无用为有用。山地、平原都有宝，一草、一木都是宝，我们要挖掘一切宝，使它们为人民使用。只要我们注意从当地可以利用的资源出发，大力兴办工业，就可以降低成本，避免浪费，使社办工业不仅能够巩固，而且能够不断发展。

社办工业一定要坚持政治挂帅，坚持自力更生，坚持穷干、苦干和巧干的精神。这是能否多快好省地办好人民公社工业的前提。如果强调条件困难，这也办不到，那也不可能，社办工业就不能够得到发展。和大工业相比较，社办工业的特点是小和土，由于小和土，它们就可能充分调动分散在农村各地的潜力，利用一切可以利用的资源和设备，便于迅速上马，争取时间，投入生产，发挥作用。所以社办工业应该坚持因陋就简、由土到洋、由小到大、不断提高的原则。要克服只想办大的、洋的，伸手向国家要机械、器材的依赖观点。一年多以来，郊区各人民公社的很多工厂，就是在自己武装自己的方针下，发展和壮大起来的。当然，首都有着不断发展的大工业，国家掌握着更广大的物质资源，为了加快人民公社工业的发展，国家和国家的大工业，也应该在可能的条件下给予公社工业以必要的援助。国家的商业部门也要积极扶持社办工业的发展，帮助他们出售产品，解决某些原材料的困难。但是，人民公社绝不能只靠这些援助，不要有依赖思想。郊区的社办工业必须积极地增加经营项目和产量，增加产品的品种，提高产品的质量，提高劳动生产率，降低成本，提高经营管理和企业核算的水平，更好地为农业生产、为城市建设和广大的社员生活服务。我们应该用不断革命的精神，用不断提高的标准要求自己，积极巩固和大力发展人民公社的社办工业。

目前农村的形势对于发展社办工业极为有利。总路线、大跃进和人民公社已经深入人心，农村干部和群众的革命干劲鼓得很足，人民公社已经进一步巩固和壮大，公社的公共积累有了很大的增长，北京郊区今年农业机械化将有较快的发展，可能腾出更多的劳动力投入工业生产，并且，国家从财政上还给人民公社以很大的支援。我们必须认清形势，鼓足干劲，迎接社办工业的大发展，为在农村实现工业化而斗争。

玉米轴综合加工身价倍增

（一九六〇年七月十九日）

　　海淀区玉渊潭公社酒厂,用玉米轴制酒,过去仅能当柴烧和喂猪的农副产品,顿时发挥更大作用,身价倍增。他们摸索出一套连续续料法。依此法,一百斤干玉米轴能出六十二度食用白酒十斤至十六斤。酒色清净如水,酒味清香、不涩、不呛、不次于高粱酒。从去年十二月下旬试制成功至今年三月中旬,玉渊潭酒厂已用玉米轴制出食用酒两万七千九百余斤。今年二月份,加工干玉米轴六万二千五百斤,扣除各种损耗后,交专卖局食用六十二度白酒六千四百斤,按二斤粮食可出一斤酒计算,为国家节约粮食一万二千八百斤。供给附近猪场好饲料——酒糟十五万六千余斤,按每日每猪十斤计算,可供五百余头育肥猪食用一个月。

　　该厂二月份平均统计,一百斤玉米轴出酒十斤二两,可卖八元九角七分,出糟二百五十斤,可卖八元七角五分,共计十七元七角二分。这样一来,一百斤玉米轴的身价比一百斤玉米还要高过一倍以上。全厂十七名劳力,在二十八天内,为公社创造纯收益三千五百三十余元。

（韩耀军　整理）

城市人民公社要办好
修理服务行业，为人民生活服务

袁文海

（一九六一年三月二日）

　　修理服务工作是涉及千家万户日常生活的一件大事。修残补缺，整旧翻新，范围既广，对于人民生活影响也极大。人们的吃穿用具，从土木竹铁杂物、锅碗桶盆到手表、电视机、照相机等高级消费品，破了坏了，都要有修理的地方。人民群众的消费水平高了，日用品的数量和花色品种越多，对修理服务事业的需要也就越大。任何时候都不可能只用新的，不用旧的。自行车坏了汽门芯子，换上一个就行了，并不需要再去买一辆新车。这个道理是显而易见的。所以，修理服务事业是一项万古长青、永远不可缺少的重要的社会行业。修理服务工作做好了，人民生活就会感到方便；做得不好，就会感到困难。而且，把社会上能够修理的日用品修好，使它恢复性能，延长寿命，就可以减少日用品的供应，这也是我们推动社会节约运动，提倡勤俭作风的一个有力的措施。

　　城市人民公社成立以后，对修理服务工作又提出了更多的需要。广大家庭妇女参加社会劳动以后，原来家庭里自己能做的一些小型修理工作，也要依靠社会力量去做了。适应这种变化，城市人民公社举办一些修理服务事业，扩大服务项目，增加修理服务力量，是很有必要的。表面上看，似乎在这个方面要多占一些人力和物力，但是集中兴办比分散在家庭自己从事修理工作可以节省较多的劳动力；整旧复新，就可以节约制造新产品的劳动力。因此，就整个社会劳动力的意义来看，多举办一些社会修理服务事业仍然是十分节约劳动力的。例如北京市宣武区牛街人民公社去年为居民共拆做棉衣三万一千余件,如果把这些棉衣仍旧分散在各家各户用手工做,以一天做一件计算,就要花三万多个工作日,等于公社现有三千名劳动力要停工半月。仅此一端,就可想见人民群众是如何迫切需要依靠集体力量来大力兴办修理服务事业了。

大办修理服务事业是组织人民经济生活的重要内容,也是城市人民公社最重要的任务之一。但是,过去的服务点设立得还比较少,服务人员也比较少,服务范围也比较窄,比起城市居民多种多样的需要来,还相差得很远。最近一个时期,在全市各人民公社大抓修理服务行业以后,情况已有了改变。仅从牛街人民公社来看,从去年年底到现在,一个多月时间内,服务点就由二十七个增加到三十八个,在精简的原则下,服务人员由一百九十五人增加到三百一十八人,服务项目增加到五十余种,特别是增加了街道居民最需要的修补皮便鞋、修理炊事用具、拆补旧衣、呢绒服装加工等多种项目。当然,修理服务业的项目和服务内容是繁多的,不同地区、不同时期又有不同的要求。城市人民公社只能根据本地区的特点,首先大力发展那些为大多数居民所需要的行业,逐步由少到多,由简到繁,形成一个地区的修理服务网。一般说来,城市人民公社宜于发展那些技术比较简单、群众经常需要、适宜分散设置的项目。这样,可以和国营的大型修理事业分工协作,配合起来使大型修理事业可以集中精力发展那些技术复杂的高级产品的修理工作,使整个社会的修理需要都可以逐渐得到满足。

搞好修理服务工作的根本标准就是便利群众。具体地说,就是应当尽量做到修理及时,取送方便,保证质量,价格合理。修理及时,才能不长期延误使用。一切修理业务都应当做到接活快、修理快、交活快。有些日常用品(例如自行车零修、补锅等)的修理,要尽力做到随来随修,取送方便。就是说不要为修一点东西跑很远的路。服务网点的分布,一方面要有大型的集中的点,另一方面更要适当的分散。有许多行业例如修鞋、修理桌椅板凳、修锅补碗是比较适合游街串巷、服务到户的,过去多少年的习惯做法也是如此,如有条件,仍旧应当这样做。至于保证修理工作的质量,规定合理的价格问题,更是关系到服务质量的大问题,也是便利群众的根本要求。

城市人民公社举办修理服务事业有不少有利条件,但也有一定的困难。例如牛街人民公社最近增设一些服务点时,就曾经遇到过五大难关:缺乏技术力量、缺乏人手、缺乏业务经验、缺乏必要的工具设备、房屋不够等。但是，事实证明，这些困难并不是绝对不可克服的。只要明确了城市人民公社大办修理服务事业的方针，充分依靠群众，发扬人民公社各部门的积极性，困难是可以逐步解决的。牛街人民公社在面对这些困难时，没有被它吓退，而是想方设法，加以克服。技术工人和从业人员不够，就从街道工业中适当调整和加速培养，许多学徒工在短期内掌握了一定的技术，基本上过了技术关。缺乏经营知识和经验，就到处学，推举有经验的人做先生，大家很快都学会了定加工费，背熟了价目表，由外行变成了内行。没有工具设备，大家就利用破旧器材，加工整理制作，虽然简陋一些，也能支撑门面了。在公社的统一规划安排之下，房子问题经过统一做了调整，也得到了初步解决。在这里，重要的是发扬城市人民公社历来保持的勤俭办一切事业的优良作风，发扬艰苦奋斗精神，不怕简陋，不畏艰苦，不讲排场，不务虚名，力求实效，只要便利群众就好。这样，兴办修理服务事业时有一千一万种困难都是不难战胜的。

城市人民公社的修理服务事业是居民群众自己兴办的一种自我服务的新方式，"大家的事大家办"本来就是街道工作几年来的传统，要把修理服务工作办好，必须善于依靠群众，发扬群众中积极分子的作用。过去牛街人民公社初办修理门市部时，主要就是依靠群众，特别是依靠积极分子出主意、想办法、热心奔走、辛勤创业办起来的。最近，又有不少从事其他劳动的人，主动要求参加做修理工作，并且积极学习修理技术，短期内已经给群众做了大量服务工作。我们应当把这批力量使用起来，很好地发挥他们的作用，帮助他们成为真正精通修理业务的"名匠"。城市人民公社担任修理服务事业的人既是工作者，也是直接的服务对象，所以，居民有什么要求，他们最有深切了解。在服务方式、制度的改进、经营方法的改善等等方面都应该和他们商量，反映群众的要求，努力创造出街道服务工作的一套更加完善的经验，把修理服务事业办得更好。

修理服务事业是一个光荣的行业。从事修修补补的劳动看来是平凡的，但却是社会劳动中必不可少的一部分，它给居民带来的生活上的方便是无法估量的。从事这些劳动的人，得到广大居民群众的衷心爱戴和感激。城市人民公社中许多服务人员已经认清了这一点，他们满腔热情地日日夜夜地从事着虽然很琐碎、麻烦,但给人民带来方便的工作,并且出现了很多主动为群众服务的先进事迹,和居民群众建立了水乳交融的关系。我们在修理服务行业和城市人民公社的一切事业中,都要继续不断发扬这种高尚的服务精神。对于修理服务人员,要加强思想教育,同时,也要从工作上生活上关心他们,解决他们实际工作中的困难,以便把这项工作更加出色地办好。

（本文作者是中共牛街人民公社委员会副书记）

（十二）《人民音乐》

首都音乐工作者歌唱城市人民公社

（一九六〇年五月三十日）

首都音乐工作者，通过大搞音乐创作的群众运动，近一时期写了很多反映城市人民公社化运动的作品。许多作曲者力图使邻里的"街坊们"、那"张二嫂"、"李大妈"、"白发婆婆"都爱听，听得懂，所以在许多作品里采用了北京群众所熟悉的"京韵大鼓"、"梅花大鼓"、"单弦"、"莲花落"等音乐语言。

比如会模等集体创作的《城市人民公社万道金光》这个组歌里，就大量采用了上述北京群众所熟悉的音乐语言。李群编曲的《歌唱毛泽东》单弦合唱，听起来是单弦的风格，但旋律节奏又不同于传统的单弦，有适应新内容的新发展，加以有和声、领唱、男女对唱等形式，使得表现力大为丰富。

有些古老的戏曲音乐，在歌颂城市人民公社中，也同样发挥了作用，并有新创造。如中国戏曲学校的京剧大联唱《歌颂人民公社》，不仅在音乐上有发展，而且唱、念、舞相结合，再加朗诵，形成了一种新的表现形式，丰富了京剧音乐的表现力。

这次涌现的数以百计的作品，因为表达了北京市人民最关心的伟大事件，和他们的思想感情紧密地结合在一起，所以这些作品的演出，受到热烈的欢迎。很多节目演唱时，观众都要求重唱一遍，有的被要求重演几次。中央音乐学院同学写的《二龙路好地方》，因为生动而真实地道出了人民对公社的感情，所以一下子这首歌就从二龙路人民公社传到石景山人民公社，又传到椿树人民公社。每当唱到这首歌里的"张二嫂、李大娘，离开锅台走出家，欢欢喜喜把工上"的地方时，许多张二嫂、李大娘都不由得放声大笑。革命歌声现在进入了每个家庭妇女的心坎里，这说明了音乐与群众相结合的程度，又深入了一步。同时也说明文艺只有深刻地反映火热的斗争生活,创造性地掌握与利用群众所熟悉的表现形式、手法,才能与群众建立血肉联系,才能更好地以共产主义精神教育人民。

城市人民公社的赞歌

——介绍组歌《人民公社万年红》

戴于吾

（一九六〇年五月三十日）

今年春天，在总路线照耀下，在祖国建设迎接大跃进的大好形势下，城市人民公社在各大、中城市普遍建立，这是全国人民的大喜事，全国的音乐工作者，热情地欢呼城市人民公社的成立，创作了很多歌颂城市人民公社的新作品。这里我想介绍由丁力、尹一之、洪源、德崇作词，晨耕、丁平、生茂、唐诃作曲的城市人民公社组歌《人民公社万年红》（发表在《歌曲》1960 年第 10 期）。

组歌共分为六段，用合唱、独唱、对唱等各种不同的形式，反映了城市人民公社的各个方面，热情地歌颂这一新的社会组织形式。

第一段是二部合唱《人民公社万年红》。这是一首具有浓厚民族风格的群众歌曲，主题是这样的：（音乐简谱略）

这是一个明朗的、喜气洋洋的主题，通过模仿发展，构成了一个热情欢呼城市人民公社诞生的赞歌，来作为这一组曲的开始。这个开始部分的音乐就把人们带进了热烈庆祝的气氛中。

中间部分，叙述了城市欣欣向荣的新面貌：组织起来搞生产，大小工厂紧相连，条条街道机器响，遍地花开迎春天，真是男女并肩向前进，家家户户无闲人。然后音乐又回到了第一部分，表现了中国人民跟着党和毛主席，要让共产主义早到来的决心和信心。

第二段《社会主义管家人》由女声独唱穿插合唱队的伴唱，显得十分活泼生动。"管家人"，这是随着城市人民公社的成立而出现的新事物，充满了我们这个时代人的共产主义品德和协作精神，这首歌塑造了一个五十多岁热心、

— 27 —

勤快的老大娘的形象:(音乐简谱略)

接着,就是老大娘纯朴、亲切的自述:(音乐简谱略)

群众信赖管家人,把家门钥匙都交给老大娘,而大娘更是不辞劳苦,她说:"管的是社会主义的大家园,节省大家的时间好去上班。"所以手里干活心里甜,感到社会主义的天地无限宽广,因此,《社会主义管家人》得到了群众的热烈欢迎和赞扬。

接着的是《工厂大门朝咱开》。街道工厂中的工人大多是不久前的家庭妇女,所以这首歌用了女声合唱的形式,旋律运用了冀东硼硼的音调,加上两声部之间复调的交织、呼应,显得特别欢快、活跃。这首歌唱出了妇女们新的精神面貌,再不是明珠土里埋,再不是笼中鸟,而是出土的明珠大放光彩,而是出笼的鸟儿在海阔天空自由飞翔。

这是多么欢乐的旋律!充满了"能为社会主义建设出一份力"的喜悦,充满了白手起家、战胜一切困难的革命观主义精神。

第四段是"夸食堂",这首歌活泼风趣,曲调和语言紧密地结合具有民间说唱的风格,通过老两口的对唱,极生动地说出了食堂的好处,又形象地有个性地表现出老汉和老婆对食堂赞美的心情。

"洗呀,洗呀,快快地洗呀,一人包下百家活。缝呵,缝呵,快快地缝呵,一人辛苦万人乐。"

这是组歌的第五段女声独唱《拆洗缝补之歌》,它以特有的抒情的格调,三拍子的节奏,和组歌中其他段落形成鲜明的对比,但在音乐的民族风格方面,和其他各段又很统一、和谐,使整个组歌成为一个统一的整体。

最后,就是终曲《红大院》了。过去的大院里,邻居间、婆媳间、夫妻间,为了一点点家庭琐事闹纠纷,争吵不休。今天,人们的精神面貌,人与人之间的关系完全变了,人们关心的再不是一针一线、酱醋油盐了,而是关心生产,关心国家的大事。新的大院像一个温暖的大家庭,这是社会主义的大院,这是红色的大院,作者抓住了这个能够充分说明城市人民公社化后人们的思想面貌起了飞跃变化的生动情景并把它作为整个组歌的终曲。

这是一个热闹的叨家常的场面,叨的是社会主义的新家常,各声部代表了各个不同的形象——老人、青年、妇女,说出了他们的心里话。音乐是欢乐的,运用了戏曲（来自老调梆子）的拖腔，使得情绪更加热烈欢腾。最后，以欢呼人民公社，紧紧跟着党和毛主席，向共产主义前进，结束了整个组歌。

　　总的说来，这个组歌比较深刻地反映了城市人民公社这一社会组织形式，和公社化后人们精神面貌的变化，而且因为运用了群众所喜闻乐见的民歌（主要是河北民歌）、民间说唱和戏曲音乐的音调，加以发展，所以更易为群众所接受。

　　这首组歌不复杂，专业团体可以排练、演出，业余团体也可以唱，组歌的各段也可以拿出来单独演唱。

轻歌曼舞遍锦城

吴敬超

（一九六〇年五月三十日）

　　成都，随着城市人民公社的普遍建立，文艺活动方面已呈现出空前繁荣的景象，到处都可听到群众响亮的歌声。"音乐会"已经不是只有音乐学院、专业演出团体才能举办，现在城市人民公社街道的文工团也能较成功地开音乐会。西城区职工业余文工团搞得很出色，经常演出，并创作了不少新的节目。成都许多街道，每个郊区公社都有了自己的文工团，他们大搞自编自演，自我娱乐，自我教育，促进了群众文艺运动的新高涨。宁夏街、王家坝等人民公社自己动手办起了《诗刊》、《歌曲集》，创作了许多生动活泼的节目来歌颂三面红旗，既宣传，又演出，成为文艺战线上的生力军，推进了文艺运动蓬勃发展，借以保证生产的不断持续跃进。

重庆群众音乐运动推向了新的高峰

李康生

（一九六〇年十月二十七日）

今春以来，重庆市的群众音乐运动在波澜壮阔的技术革新、技术革命运动和城市公社化运动以及反美文艺宣传运动中，也一浪高一浪地推向了新的高峰。工厂、街道、农村，到处都可见到"三面红旗万万岁，技术革命掀巨浪"，"共产主义凯歌"；"万炮轰鸣逐瘟神"、"保卫世界和平"的歌声，唱得人心火红火热，使人精神分外振奋，斗志更加昂扬。

全市厂矿企业、机关、学校和城乡人民公社的数以万计的业余文工团队都动员起来了，除自编自演广泛开展宣传而外，还深入群众，展开教唱活动。如重庆钢铁公司业余文工团和各厂各车间的业余文工团、宣传队，组成了三人小组，在下班后的四评会上进行教唱，到街头、茶馆、宿舍进行教唱，做到了"逢会插一脚"、会前教新歌、会后搞演出，年老的职工也热情地投入这次歌咏运动，重钢运输部七十位老职工登台表演了《三千岁大合唱》，唱了《三面红旗万万岁》、《技术革命掀巨浪》等歌曲，演员平均年龄在40岁以上；又如畜产品加工厂，几年来开会必唱歌，每月一评比，至今坚持不懈，车间十面红旗赛中，有一面红旗就是音乐活动的优胜红旗，现在唱得更带劲了。在城市人民公社里，市中区的9个城市人民公社的40个业余文工团队都下段教唱；南岸上区新街人民公社的银行，借下段办理收储工作之便，同时便向社员教唱新歌；海棠溪人民公社的卫生员下段工作，也带了歌片去教唱歌；沙坪坝区的石井坡老大娘合唱队在公社化以后，宣传活动搞得更欢了。北碚区澄江人民公社断碑石公共食堂开展的"十个一"的文化宣传活动中，就有"一个教歌员"和"一个宣传队"……在食堂用餐时间开展饭后十分钟教唱，这经验已在全市城乡公共食堂推广。全市大中学校在各项中心运动中,也纷纷组织学生到街道、田间,每逢星期六、日和节日食堂去进行教唱和演唱。在解放碑和全市十二个广场演出点,都有专业和业余文艺团体的宣传活动。业余文艺团体以能参加广场宣传演出为荣耀,不避风雨,一邀即到,成千上万的群众也不论寒暑,像赶花会一样从四面八方赶来学唱歌、看歌舞剧表演。业余演出在群众中威信越来越高,如火花工人业余文工团、前进工人业余文工团、重钢工人业余艺术团、财贸职工业余文工团、巴县农民歌舞团以及重庆建筑工程学院学生歌舞团、西南师范学院学生业余文工团等团体在群众中都有很高的声誉,他们在剧场演出,一定座无虚席,在广场演出,更是人山人海。今年春节群众文艺会演的14场演出,以及歌唱四化运动、城市人民公社化运动、反美宣传、纪念聂耳的几次专场音乐会,群众都是闻风而至,使前台工作人员难以应付。群众对音乐活动的高度热情,是和党的文艺方针的正确贯彻、先进人物的积极带动分不开的。如今年的红五月群众歌咏比赛,就比解放以来一年一度的红五月歌赛的工作更为细致深入,适合群众需要,推荐的歌曲都事先组织群众试唱,受到群众欢迎以后才广泛推广,比赛歌曲的决定,领导上只是指方向、出题目,至于选哪首歌,要什么体裁、形式、风格,都由群众自由选择,因此比赛的内容形式都丰富多彩,真是百花争艳!并且比赛采取分散的办法,各区县都分若干点进行,大厂内也分若干系统进行,因此参加比赛的基层单位超过往年将近十倍。上新街人民公社党委书记亲自抓赛歌工作,重庆搪瓷厂副厂长兼总工程师、全国闻名的文化技术革命的红旗手苟久彬同志带病参加歌咏活动,北区服务公司的著名老厨师、全市先进生产者赵明德同志亲自指挥、由200名服务员(包括党政领导)的"八千岁大合唱"在反美宣传周中演出,这个合唱队队员的年龄最低十几岁、最高达七十几岁,总共年龄达八千岁。新的音乐活动不仅为广大青年所喜爱,并且争取广大中年、老年人参加了。

在创作上也显示了群众音乐运动的优异的成绩。广大业余作曲人才成批地涌现出来,以满腔热情唱了党的总路线、大跃进、人民公社,歌颂党和毛主席的英明领导,歌唱自己在社会主义革命和社会主义建设的斗争中的豪情壮志,唱先进,唱标兵,在历次政治和生产中心运动中都放开喉咙,纵情歌唱,来团结和鼓舞群众,向着党指引的方向共同前进。这些作品一般都表现出充沛的革命热情和鲜明的时代精神,有浓郁的生活气息和地方风格,形式上敢于破旧立新受到群众的热爱。如《不断革命的黄荣昌》、《干旱年辰庆丰牧》、《歌唱七星岗人民公社》、《人人都夸服务站》、《猪毛根根签签》、《钢城观灯》、《自动化真安得逸》、《艾森豪威尔哪里逃》、《反帝风暴大合唱》等都大大突破过去水平,有着新的可喜的成就。

（十三）《财经研究》

谈人民公社化条件下县的
城市规划问题

钱圣秩

（一九五八年九月二十八日）

一、现阶段城市规划工作的新方向

城市规划工作的目的和任务，就是要依据我国向社会主义、共产主义发展这个方向，依据党的方针和政策以及国民经济计划来进行城市的建设规划，综合安排生产事业（包括工业、农业、交通运输以及电力业等）、文化科学事业以及住宅和城市公用事业等方面的基本建设，以保证工农业生产活动及其发展，保证人民物质文化生活随国民经济的发展而不断提高，并保证适应国防的要求，以建成有高度发展水平的生产、文化科学、艺术以及现代化城市设备的先进的社会主义、共产主义的城市。所以，城市规划工作既是一种综合性的技术工作，同时又是一项具有经济意义和政治意义的工作，它必须为一定时期一定的政治任务服务，必须在党的绝对领导下贯彻党的方针和政策，贯彻为工农业生产服务、为劳动人民服务的方针。

在当前全国人民公社化高潮的新形势下，城市规划工作也有了新的发展。人民公社是建成社会主义和逐步向共产主义过渡的最好的组织形式，并且还将发展成为未来共产主义社会的基层单位。因而，当前的城市规划工作就必须充分运用人民公社的形式，必须以人民公社的规划为纲，以带动各项系统规划和地区规划。同时，在当前城市规划工作走上新的发展阶段时，有必要重新检查批判过去所依据的规划原则、设计方法和定额指标。凡属正确的必须继续贯彻,不能否定一切,丧失信心;至于不再适应新形势要求的,就不能因循含糊,必须坚决抛弃。为此,在城市规划工作中就必须展开两条道路的斗争,彻底清除资本主义的规划设计观点,埋葬教条主义,克服保守思想,打破各种迷信,依靠各级党的领导,坚决走群众路线,敢想敢为地提出新的城市规划方案来。

当前城市规划工作的重要任务就在于通过它的综合性的技术工作而服务于当前的政治任务和经济任务,即为逐步消灭城乡差别、工农差别以及脑力劳动与体力劳动的差别创造条件,也就是为将来早日过渡到共产主义创造条件。这就要求城市规划工作者注意以下几个方面:

第一,要改变过去孤立地进行工业规划和农业规划的做法,而必须根据工业和农业互相支援、互为依存、工人和农民可以互相转变、合而为一的特点来进行工作,以保证农业上较多的季节性突击工作的劳动力的需要,同时也使工业由此取得更多的劳动力补充。

第二,要改变过去使工农业与文化教育结合不够的做法,要求贯彻教育与生产劳动相结合的方针,将工厂、农场与学校统一布置,结合规划,以保证逐步实现工农知识化、知识分子工农化,从而消灭脑力劳动与体力劳动的差别,人人成为生产上的多面手,以便于随国家需要和个人志趣进行调配,从而使各种劳动力的需要随时取得平衡。

第三,要改变过去将城市与农村的规划分离的做法,要求改造原有城市,增植花木果树,或开辟部分耕种园地;同时,将成百上千的自然村集中起来,逐步建设成为具有高度文化科学和现代化公用事业设备的中小城市。

过去几年来上海的城市规划工作在党的领导下取得了很大的成绩,但由于当时客观条件的限制,对城市和农村的远景发展形势、对工业和农业如何结合以及如何统一地组织生产和生活、组织学习和劳动等,都还不是胸有成竹的。现在,上海市属各县已初步实现了人民公社化,全部 85 万农户共 400 多万农业人口已经基本上都参加了公社,个别县镇中尚未参加公社的工商户也正在学习和争辩有关人民公社的方针政策,酝酿、准备参加到公社中去。在上海市区范围内,也在酝酿建立人民公社的问题。在这种新的形势之下,今后上海市(包括市区和市属十一个县)的城市规划工作,也就应该依据这个新的方向来进行。具体地说,就是要在约 6000 平方公里的市辖地区内,进行市办工业的分布,铁道、港埠、干河、公路和高压电力网等重点工程系统的布局规划;以一个县或几个协作县为范围,进行公社选点与划分、县办工业区的分布、主要农林牧副渔的生产分区以及道路和水利系统的规划,并且以公社为单位,进行农作物种植分区、农具修造和农产加工等厂站的安排、道路和渠道的布置,以及公社城的住宅、公共建筑、公用事业网道的规划设计。

在运用人民公社的形式、以人民公社的规划为纲来进行城市规划工作的新的要求之下,由于人民公社进一步发展的趋势就是县联社或县公社,因而以县为单位进行城市规划工作就成为当前一个十分重要的问题。而且,上海市属各县的规划既是上海市规划的组成部分,又是赖以进行公社规划的必要前提,因而,它是进行各级城市规划工作的重要环节。同时,县还是国家的基层行政单位,它的范围一般又大于公社,在组织生产和组织生活上就比之以公社为单位更便于全面安排,建立以县为单位的比较完整的经济体系,创造逐步消灭三个差别的条件。

二、怎样以县为单位进行城市规划工作

那么,怎样以县为单位进行城市规划工作呢? 下面,我仅就上海市属各县的情况来谈谈这个问题。

县的城市规划的基本要求就是要积极地运用人民公社的形式,以利于充分发挥各个县属公社的经济特点,加强协作,从而促进生产力的飞跃发展,并便于逐步改造人民群众的生活方式,最后消灭城乡差别、工农差别和脑力劳动与体力劳动的差别。为此,县的规划工作就必须做到:保证为工农业的生产活动及其发展创造条件;保证交通运输的迅速、便利和经济,并力求缩小产品交换运输量,彻底消灭分散、迂回和对流等运输现象;保证社员生产劳动、学习生活和体育活动的便利;并且保证合理地布置住宅、公共建筑和公用事业设施,以利于逐步提高社员的物质生活和文化生活水平,并改变旧有的生活习惯。在贯彻这些要求下,可根据小区域规划的方法,进行县属公社的合理布局以及工业、农业、交通运输与城市公用事业设施等等的规划。

1. 关于县属公社的规模与布局　应根据有利于工农业生产的全面跃进和各种建设发展上的需要来进行规划。上海市属各县的公社规模，现在大致为2万—10万人口，但还没有最后定型，规模小的正在考虑合并，并准备从市区迁入部分工厂和工业人口，使每个公社的规模一般达到5万—10万人口。公社的土地划分，一般参照河流、铁路的分布、原有乡县的界线、各种农作物的分区以及劳动力的平衡等方面进行，每社的土地为50—80平方公里，并要求尽可能在社社之间截长补短，使公社土地达到块状地形，从而缩短交通距离。居民点原增计划按生产步行距离实行分散布置，经过反复讨论，为了便于进行政治和文化活动，决定集中布置文、教、医、体等公共建筑，缩短道路管线并最经济地建设公用事业设施，以建成现代化的小型城市。现在一般趋向建设一社一个居住中心的公社城的作法。为适应生产上的需要，另在距离较远的地段保留极少数原有较好的房屋，作为工作站、仓库、加工厂、饲养场和工间憩息之所。公社城尽可能建在公社范围的中心地段，以缩短工作距离，并靠近河道与公路的一边发展，以便于利用河道和公路来解决交通运输问题，而不至于沿河道或公路两面发展成为带形城市。为便于公社城的加快建成，除个别地区利用原有县镇加以扩大外，一般准备选择新的中心用地或沿旧镇边缘发展。

2. 关于工业布局规划　应将市办、县办以及社办的工业分别规划，结合安排。市办工业一般为制造大型的、高级的、精密的产品的工业，如冶炼、机电、仪表等工业，可根据大分散小集中并与公社布局、国防要求相适应的原则，在每县安排一至两个工业点，除协作关系极为密切的工厂必须集中外，一般列级工厂（即规模较大、年产量达一定标准的工厂）都应该分散布置，同时在工厂选址上应充分考虑到对外运输上的便利，争取靠近干河与铁路。县办工业一般为中型的地方工业，如冶锻、机械、化工、纺织、日用品以及较大规模的鱼品加工和农产品加工厂等。社办工业则一般均为小型的、直接为农业服务的工厂，如农具、农药、肥料、车辆修造、农产加工、砖瓦、水泥、锯木、沼气电站等等工厂，以及使用土法或土洋结合的生产作坊，这些厂、坊都可以根据公社的分布来规划安排。除对居住具有危害性的工厂外，一般不宜距居住区很远。需要劳动力很多而无骚扰和危害性的服务工业，也可以设在居住区内。

3. 关于农业规划 主要是农业增产跃进计划及其保证措施,如开挖灌溉渠道、深耕翻土、改良土壤、积肥选种、按土质及地下水位进行种植分区以及改良农具、加强田间管理、合理安排劳动力等等。这些方面一般都划归公社的生产规划中解决。同时,一般的林带果圃、饲牧场地、桑园、海滩种植场、鱼池等也都在公社的生产计划中考虑,只有大规模的森林、牧地和渔场,由于影响土地使用平衡,需要在县的规划中考虑。

4. 关于交通运输系统规划 这是保证全县对外及各县、各公社间工农业生产协作和产品相互支援的关键。虽然随着各县、社经济体系的逐步完整,产品的自产自用将日益增多,但是公社的商品生产仍然会逐步发展,因而产品运输的绝对量也必然不断增多。所以,交通运输规划应列为县规划的重点之一,其中铁路和干河并须超出县和市的范围来全面考虑。关于铁路系统,应该在现有基础上使之扩大到连接县属各社以及全部工业点,以至在全市范围连接各个县、社及工业点(如浦东和浦西地区除在黄浦江上游用铁路桥连接外,黄浦江的中下游可考虑用火车输渡或地下铁道连接起来,以克服长途迂回运输)。干河系统除使少数能通航 2000—3000 吨船只的一级河道与大运河系统连接外,各县、各公社间应有能通航 100—500 吨船只的三级和二级河道相互连接。同时,应使这些河道与灌溉沟渠接通,建造控制闸以调节水位和流量,适应农作物的地下水位、排涝和灌溉的要求。公路系统必须使之与全市每个公社连接,并使之有较便捷的选线和较高级的路面,以缩短路程和提高车速。公路一般为两车道,但需保留有拓至四车道的可能。公路密度必须既考虑到交通需要,又要减少桥梁,避免过多地影响到农田格子化。两条公路的平行距离可保持 2—4 公里,并尽可能沿河道行走。公社范围内的生产道路,可结合农田格子化和灌溉机械化来安排,一般宽度应保证拖拉机或五吨卡车能相向通过。为准备飞机能参加大面积播种、施肥和除虫等工作,在县的道路系统中还应考虑修造一、两段适合于飞机升降的路面。

5. 关于电力网规划 要达到电力能满足工业动力、农田灌溉、机耕与公社群众用电的要求。上海市属各县规划用 22 万伏高压输电网环接,并尽可能接到临近大的负荷中心。农业用电在一定间距中降压到 3.5—10 千伏再分布出去。同时,要进行县、社自行发电的规划,贯彻大中小结合的方针。各县的电话,规划全部纳入上海市区的电话系统,并在每社分别设立交换站。必要时,各县还可设立电视转播站。

6.关于城市公用事业设施的规划 为了节约长途管网输送,每个公社应分别规划设立煤气、给水、排水等系统。各社给水应根据具体情况利用深井或地面水作水源,并加强水源卫生防护。对于取暖可考虑建立热电站,或考虑将水厂与电厂结合起来,以清水作为电厂冷凝器的循环水,以便冬季供应社员温水(摄氏30—40度)。雨水应规划排入河流,污水则充分利用来灌溉农田。

7.关于居住区规划 必须体现改变人民群众的旧风俗习惯和生活方式的要求,必须为贯彻组织军事化、行动战斗化、生活集体化提供条件,并有利于不断提高人民群众的文化科学、物质生活和健康水平。为此,居住区内必须安排各类公共建筑,如:满足社员学习要求的各式学校,满足社员文化生活需要的科学、艺术、体育的活动场所,满足社员生活集体化要求的托儿所、幼儿园、幸福院、医疗所、食堂、洗衣场,以及商店等。同时,居住区的规划布置,必须适合经济、适用和美观的原则,使街道、广场、建筑、绿化等布置适合于开朗、舒畅和安静的要求。住宅是居住区中的主要组成部分,其设计尤其需要丰富多彩、和谐优美。一般每座建筑物的体形可以稍大些,以容纳几十户到百余户,每户男女老少居住在一起,并使同一个班排的社员居住在一起,便于进行集体劳动、学习和生活。绿化面积,应在居住区内占有较大的比重,以美化居住区,使公社成为一个名副其实的花园城市。

按照上述一些原则来进行县的城市规划工作,就会使城市规划工作紧密地与当前的经济任务和政治任务联系起来,即通过公社的合理布局、工农业等事业规划、居民点的适当布置,以及保证交通运输和电力网的经济便利等以促进生产力的迅速发展;通过在居民点中集中布置公共建筑、配备各种公用事业设施以建成现代化的小型城市,以及在县属各公社中分散布置一般工厂、在居住区中配备各种文化教育设施等,以利于促进城乡差别、工农差别以及脑力劳动与体力劳动的差别的逐步消灭和人民物质、文化生活水平的提高。这样,就会使城市规划工作紧密地与当前加速建设社会主义并积极准备向共产主义过渡的任务联系起来,就会使这一工作在人民公社化高潮的新形势下更好地为工农业生产服务、为劳动人民服务。

谈谈与人民公社有关的价格问题

孟楚林

（一九五八年九月二十八日）

在今年下半年短短的几个月内，我国农村基本上已经实现了人民公社化。目前在城市方面，有些地区已经建立、大部分地区正在准备建立人民公社。人民公社的建立，使生产、交换、分配和消费等各方面发生了一系列的深刻的变化。随着这种变化，价格方面也出现了一些新的问题。根据初步的了解，目前已经发生的价格问题可以归纳为以下几个方面：第一，国家与人民公社之间交换商品的作价问题，这里包括国家供应给人民公社的、由国家计划平衡统一分配的生产资料如何作价，国家对人民公社供应商品（主要是生活资料如棉布、百货之类，由公社零售给社员的）如何作价，以及国家向人民公社收购产品如何作价等问题；第二，公社与公社之间进行商品交换的作价问题；第三，公社内部关于产品分配、商品供应的作价问题，这里包括公社内工、农、商等部门之间相互供应的产品如何作价结算，公社对社员供给部分如伙食供给等如何作价结算，以及公社对社员供应商品如何作价等问题；第四，一个公社之内要不要地区差价的问题。

在未建立人民公社时，农业生产合作社所需生产资料是向国营商业部门购进的，有的按批发价格，也有的按零售价格，目前虽已建立公社，但还没有改变；国家对手工业生产合作社供应统配物资，在未建立人民公社以前，有些地区已实行按国家调拨价格结算，在建立工农商学兵五结合的人民公社后，手工业生产合作社并入人民公社成立工厂，国家仍旧按调拨价格供应统配物资。因此，目前国家对人民公社供应属于统配范围的物资，同时存在着调拨价、批发价、零售价等三种不同的结算价格。随着人民公社的建立，由于它集中了大量的人力、物力、财力,就有可能大办工业和进行大规模的基本建设,如果国家按三种不同的价格对它供应统配物资,那么对公社进行经济核算和发展生产都是不利的,因此有必要统一采用一个价格,但是采用哪一个价格却需要加以研究。目前国家对国营工矿企业等供应统配物资是按国家调拨价格结算的,根据在集中领导、全面规划、分工协作的条件下大型企业与中小型企业同时并举的方针,供应给人民公社的统配物资可以而且应该采用国家调拨价格来结算,这样有利于统一安排国营工业和人民公社工业的生产,有利于统一调度原材料,有利于发展国营工业和人民公社之间的生产协作关系,同时也有利于减少价格核算方面的人员和手续。如果不采用国家调拨价格而采用商业批发价格好不好呢? 如果这样,那么会使人民公社工业产品的成本高于国营工业,只就这一点来看,它已不利于人民公社工业的发展了。至于国家供应给人民公社的统配物资按调拨价格结算后,由于调拨价格与批发价格(零售价格)之间有一差额而减少的国家财政收入怎么办,那是可以通过人民公社包财政任务来解决的。然而也有可能对人民公社供应统配物资实行按调拨价格结算后,对某些有关商品的生产、流通和价格会带来一些新的问题,例如6.6.6.原料按调拨价供应后,6.6.6.成品如仍按商业零售牌价供应,人民公社就可能会以6.6.6.原料自行加工为成品,不再向国营商业购进,因为自行加工的成本低于牌价。对于这些问题应该在有利于生产的大前提下,做好相应的安排,而不应该由于这些问题而影响对人民公社供应统配物资实行按调拨价格来结算。

国营商业的基层零售机构(包括基层供销合作社)已经随着人民公社的建立而下放给公社,公社在这个基础上建立起自己的供销部及其门市部,国营商业过去多数是按批发价格批发商品给基层零售机构的,基层零售机构在批零差价中体现的税利是国家财政收入的一部分,现在机构、人员下放后,国营商业对人民公社供销部供应商品是否仍在按批发价格结算,牵涉到原来体现在基层零售机构的税利是否要通过价格扣上来的问题,这需要研究解决。有些同志主张实行按零售价格倒扣,就是说国营商业对人民公社按零售价格出售,在结算时扣给公社一定的经营管理费用(包括伤耗)和微利,使原来包含在批零差价中的税款和大部分利润,由国营商业上缴。他们的理由是:(1)实行倒扣可以简化一道税、利上缴手续,有利于及时上缴,保证国家财政收入。

(2)把商业下放给人民公社,不是为了使人民公社增加商业利润,但核给一定费用和微利,可以促进人民公社供销部改善经营管理,有利于更好地为生产和消费服务。(3)零售环节的税利原来就是国家财政收入的一部分,如果不在价格上扣回而下放公社后再在包财政任务内包上来,会使包财政任务的数目相对显得大些,因而公社社员可能会产生某些错觉。按前面所述,实行按零售价格倒扣的办法,确实可以获得像上面提到的第(1)(2)两点理由所说的好处,但是也有缺点,因为要具体实施按零售价格倒扣的办法时,由于各种商品的经营管理费用、伤耗等不尽相同,必须面对几百几千上万种商品另订一套倒扣率,这是相当麻烦的,订不好还要引起争论。实行按零售价倒扣既有缺点,同时,目前人民公社建立还不久,由于各种原因,我认为还是按照原来办法对公社依照批发价格批给商品,比较简单易行,便于过渡,而且还须看到:人民公社的供销部是两重性的,它既是人民公社的组成部门之一,又是国营商业的基层机构,按批发价格供应商品后,包含在批零差价中的税利,还是可以通过人民公社的包财政任务内包上来的。这样做,同样可以既保证国家财政收入,又能发挥人民公社供销部的积极性为生产和消费服务。至于说零售环节的税利下放公社后,再在公社包财政任务内包上来,公社社员是否会产生某些错觉,我认为这个顾虑是不必要的,即使有也可以向社员说清楚。同时按零售价格倒扣,只能把公社供销部从国营商业进货部分的税利扣下来,至于人民公社自己的产品分配给社员的部分(这部分的比重将随着公社经济的发展日益扩大)以及通过公社之间商品交换来的部分,还是扣不到的,仍须由公社在包财政任务内包上来。但是,国营商业对人民公社供应商品按批发价格结算,并不是一点缺点也没有的。譬如说,目前的批零差率较为繁复,有些品种的批零差率也可能过大,是不利于经济核算促进改善经营管理的,然而对于这些缺点,可以考虑有步骤地进行适当调整来加以克服。总之,就目前来看,按批发价格结算是利多于弊,当然,在条件成熟时,还是可以逐步试行按零售倒扣的。

国家过去向农业生产合作社收购农产品,除国营商业在农村设点收购外,一般是通过基层购销合作社收购的,国家给基层购销合作社按国家收购价向农业社收购,国家给基层供销合作社一定的手续费。现在基层供销合作社已下放人民公社,国家向人民公社收购农产品,目前部分地区仍旧维持原状,在收购价格以外再给予手续费,部分地区已照收购价格结算,不另给手续费了。究竟是应照收购价结算还是应另给手续费呢? 从现象上看,公社化以前国家是自己设点或委托基层供销合作社收购,现在人民公社建立后,这些机构下放给公社成立了它的供销部,似乎没有什么改变。从收购费用上看,过去国家商业部门自设据点或由基层供销合作社收购,是要负担一定的收购费用的,现在机构下放了,费用要由公社来负担了。根据以上两点来看,给人民公社以收购手续费似乎是对的。但是必须看到,国家收购的对象是人民公社,人民公社负有向国家交售产品的任务,而不是国家委托人民公社进行收购;人民公社组织内部各生产大队完成交售计划,这是公社内部的组织管理工作,所开支各项费用是公社的组织管理费用,在性质上绝对不同于收购费用。公社如果将组织交售工作交给公社供销部办理,供销部是对公社负责办理交售业务,与过去基层供销合作社为国家负责收购的性质也是根本不同的,因此,照收购价格结算而不另付手续费是对的,否则的话,手续费实际上意味着提高了收购价格。那么现在由人民公社向国家交售产品比诸过去由农业社交售,在费用上是否会因此而增加呢? 如果从表面上看是增加,但是人民公社大规模地有计划有组织地进行生产,已创造了集中交售的条件,因此比之过去农业社分散交售的开支费用不是会增加而是可以节约的。但是由收购点到仓库、加工厂、转运站的运费以及包装费等,过去是由国家负担的,如果现在要求公社办理的话,这些费用仍应由国家来负担。

过去在手工业社和农业社之间、农业社和农业社之间以及农民和农民之间,要通过市场进行交换的商品,在建立人民公社后,已转变为公社内部对于产品的直接分配,过去为出卖而生产的东西,现在变为为自己需要而生产了,而且这种不通过商品流通而直接分配的产品范围将要不断扩大。随着公社化后私有制残余的消灭和分配制度的改变(实行了供给制加工资制),自由市场基本上不存在了。但是公社和公社之间仍然是有商品交换的,目前就正存在着公社之间进行商品交换的作价问题。公社之间进行商品交换是否可以由双方自由订定价格呢? 这是值得研究的。是否可以这样设想:如果让公社之间双方自行作价的话,会不会又变成资本主义自由市场的可能? 会不会又促使公社滋长不为计划而为营利盲目生产的资本主义经营倾向的可能? 我认为,是会有这个可能的。同时公社之间进行商品交换若由双方各自自由定价,则不但会因市场供求变化而涨跌,影响生产计划性,而且由于作价高低不一,公社间的各种经济指标缺乏可比性,分不清先进和落后,譬如说由于卖价高而收入高的公社,在产量上不一定是高的,对各项计划不一定是执行得好的,这样就不利于促进生产和改善经营管理。因此,公社和公社之间进行商品交换的价格必须根据国家的统一物价政策加以管理。一般说来,凡是统配物资由国家统一分配,应按国家规定的调拨价格结算,其他生产资料和生活资料,应按国家工业部门的出厂价格或商业批发牌价结算。但这不等于说公社对自己的任何产品都不能决定价格,公社除应加强产品的成本核算工作外,对于国家没有规定价格的产品(一般来说是比较零星的),可以参照一般价格水平和生产成本来订定价格,国家规定有同类产品价格的,可以根据按质论价原则来制订。

前面已经提到,公社化后不通过商品流通在内部直接分配的产品范围将不断扩大,目前公社内部在产品分配和商品供应上已发生如何作价的问题,主要表现在公社内部工、农、商之间和公社对社员这两个方面。对于公社内部工、农、商之间相互供给产品,以及实行供给制加工资制的分配制度后公社对社员供给产品的部分如何作价,有些同志认为作价高低完全是公社内部的事情,对国家和市场没有影响。事实上并不这样简单。首先,人民公社是同意组织管理工农商学兵的社会基层单位,它既是经济单位,又是行政单位,人民公社的工业、农业、商业、财政等等方面都须纳入国家计划,如果公社内部直接分配的产品让公社自行定价而没有统一作价原则,就不可能在统一基础上计算工农业产值和国民收入等,也就不利于社社之间进行比较、分析和汇总。其次,公社的工业、农业、商业等部门不但在社内是独立的经济核算单位,而且其中某些部门也是国营经济的一部分,因此它们内部间的作价,一方面应有利于公社内部条条进行核算,另方面并应与国家工业、农业、商业等部门的价格取得一致。第三,公社对社员供给部分的作价是与国家和公社对社员收入和生活水平进行测算、比较和安排有密切关系的,譬如同样的实物供给标准,由于作价高低不一而反映到综合性的金额指标上就会有很大的出入。根据以上各点,公社内部各部门间以及对社员的产品供给部分还是应该按照国家规定的价格和作价原则来作价。譬如说,公社工业部门供给农业部门的生产资料,可以按照国家工业部门规定的出厂价格来结算,没有的应比照同类产品的出厂价格来制订;公社对社员供给的粮食可以按统购价格或统销价格(适用于由国家供应粮食的地区)来作价;等等。当然,这一方面的具体问题将不断产生,而且是比较复杂的,今后要根据实际情况进一步加以研究。

人民公社供销部对社员供应商品,一般说来都应按照商业零售价格出售,特别是公社供销部向国营商业或其他企业、公社购进的商品应该这样处理。但是公社以自己的产品通过供销部供应给社员的,必须根据具体情况,不能一律按商业性质来制订零售价格,譬如穿的衣服,过去一般习惯是自己购买了衣料交给缝纫工或缝衣店加工,只出些工资,现在公社供销部为了便利社员,为社员更好地服务,对社员供应由社内服装厂或缝纫组所裁制的服装,若在价格上加上商业利润、费用,就不够妥当,诸如此类,就不能强求一律按商业来计价,而应不计商业利润、费用或作为社员福利来处理。当然这样处理的比重不会太多,同时也不能无限制地在任何商品上应用,而且还要注意最好与相邻地区的公社取得一致。

人民公社建立后,由于国营商业还有一部分商品的收购价格和销售价格在一县之内还保留着一定的地区差价,以致出现了一个人民公社内同一商品同时有两个价格的情况。这种情况与人民公社作为一个统一的生产、消费单位是不相适应的,特别是实行了供给制加工资制的分配制度以后,原则上在一个公社范围内应该实行一社一价。对目前存在的一社二价进行调查,必须符合稳定物价的方针,在考虑调整时,既要不减少国家积累,又要不增加社员负担,同时也要照顾到与相邻公社价格的衔接。

总之,与人民公社有关的一些价格问题是如何合理处理国家、公社、社员三者之间关系的问题,以上仅就一些初步了解到的问题,提出自己粗浅的看法,请同志们批评指正。

从白银路人民公社看
财务工作的新任务新变化

中共甘肃省委财贸部城市人民公社调查组

（一九六〇年八月三十日）

兰州市白银路人民公社是今年 4 月间正式建立的。包括了原来当地区的四个居民委员会和八十多个机关、学校、企业单位。全社共有社员 41662 人，其中机关、企业单位人员占 24%，居民占 76%。

社内生产，主要是工业，只有少量的种菜、养猪等副食品生产。社办工业的前身，是一九五八年开办的街道工业。经过一九五九年的发展，现在已经有 70 个厂，1465 名工人。一九五八年的产量为 55 万元，一九五九年增为 363 万元，而今年元月至 7 月 15 日止，即达 700 万元。产品由一九五九年的 195 种，发展为今年的 261 种。其中有耐火材料、化工原料、建筑材料、汽车配件、小五金、服装鞋帽等等。按今年的产值计算，为大工业服务的、为基本建设服务的、为市场和出口服务的各占三分之一左右。从开办时起，没有用国家一文投资、一元贷款、一件调拨物资，完全靠自力更生，白手起家。两年来，不仅为社会创造了财富，为国家积累了资金，而且壮大了公社经济力量。现在各厂共有 100 万元资金，只今年上半年，就为国家交纳各项税款 8 万多元。社办工业正在方兴未艾，前途无量。

生产的发展，使广大妇女从家务中解放出来，从十六岁到六十岁的妇女中，已有 40.4% 参加社会劳动。妇女参加生产，要求家务劳动社会化。于是集体福利和服务事业已蓬勃发展起来。现在已办街道食堂 52 个，入食堂的居民占居民总数的 37%，加上机关食堂，全社入伙人数已达总人口的 67.5%。已办托儿所、幼儿园 33 处，有 23% 的儿童入托。以食堂为中心，建立了包括各种内容的生活服务网,现有服务部(站)21 个,服务人员 340 人。服务项目,从拆洗缝补、供应开水、理发洗澡、帮助婚丧嫁娶,到代销商品、代办储蓄等,应有尽有。有的街道还建立了阅览室、读报组。人们的日常生活组织起来了,集体化了,从个体的小家庭,走入了社会的大家庭。因此,群众把这种生活服务网誉为"社员之家"。

随着集体福利、服务事业的发展,也要求商品分配上更加便利、更加合理。由于按街道,并在食堂周围,开始建立了代销店(或小卖部),群众利用吃饭时间就可以买到日常商品。对一些特殊需要,如小孩奶粉、产妇、病人需要的东西,便于适当掌握,合理供应;对某些紧张商品,通过这些机构,进行划片供应,也可以做到广泛照顾。它的优点是很多的,不少机关单位也建立了这种供应机构。

所有以上这些情况,都深刻改变着这个城市的经济、政治和文化面貌。同时,也给财贸工作带来了许多新问题和新任务。

首先,财贸工作的物质基础和群众基础更强了,公社工业为市场生产了很多生产和消费资料,社办福利和服务事业帮我们办了许多现在我们还不能办到的事情。这些群众性的生产企业和服务事业,是财贸部门重要的物质基础和群众基础。帮助把这些事情办好,可以使财贸部门与群众的关系更加密切起来。因此,满腔热情地组织、指导和支持这些企业和专业的发展,是财贸部门一项新的重大任务。

其次,群众进一步组织起来了,生活集体化了,如何服务集体、依靠集体、发展集体,是财贸工作中的新问题,有待于进一步研究。现在还有一部分人没有组织起来,而且在集体生活中,永远会有个人的不同需要、不同习惯和爱好。工作中,如何引导这部分人逐步组织起来,并适当满足各个人的不同需要,也仍然不可忽视。

第三,全面组织公社生产和群众生活的结果,使财贸工作进一步成了生产的组织者,群众生活的"管家人"。财贸工作对生产和生活的服务,不再只是外部联系,必须深入到生产中和群众中去,起更具体的组织和指导作用。经济工作必须与政治工作和群众工作相结合,现在就更加迫切,更加需要了。

根据白银路人民公社的调查,看来当前财贸工作的具体任务应该是:

（一）大力支援社办工业的发展。

城市人民公社的生产主要是大办工业。现在社办工厂的原料来源和产品销路，都还没有一个正常的解决办法。当前主要是自产自销，来料加工，以产品换原料、换设备。这种情况是不应该长久下去的。它既不能保证正常生产，又不利于计划管理。如耐火材料厂和机械修配厂，不仅可以换到重要原材料（如钢铁），而且可以搞到设备（如机床、马达等），而被服厂、童鞋厂，在一个时期甚至连浆糊原料的来源也发生了困难。公社产品，一般都适应需要，销路很好，但也还存在着盲目性，有时对原料来源考虑不够，厂子搞起来，又被迫减产或停产。如在大搞化工生产中，因为土碱无正常来源，有一部分民用碱也用掉了，硫酸、盐酸需要量很大，现在来源仍无保证，也有的东西市场很需要，他们也能生产，如洋钉、小五金等，但因不知道情况或为追求产值，而不增加生产。根据为大工业服务和为市场服务兼顾并举的方针，帮助公社为社办厂正确规定生产方向和全面安排生产计划，是财贸部门责无旁贷的重要任务之一。这就需要加强调查研究，全面掌握情况，经常密切与厂方的联系，不仅提出要求，安排原料，而且还需要从技术、设备和其他各个方面，帮助克服困难，力求增加生产。社办厂的潜力是很大的，原来不会生产的东西，不见得今天就不能生产。如由两把锤头起家的综合机具修配厂，现在可以生产汽车配件中的离合器和元钉等。完全是土法上马的化工厂，现在可以生产十一种化工原料，如硫酸亚铁、矽酸盐、氨水等。由三个家庭妇女办起的，现在发展成108架机子的被服厂，不仅可以加工布料，而且可以加工细料，还利用边材废料创制了各种各样的童装、童鞋和布兜。锯木厂，利用收购的破旧家具、木材改制成新式家具；利用边料，做成儿童桌凳；利用锯末刨花，做成天花板。他们依靠自己的钻研创造，向别人学习、请教，以及各方面的协助和指导，增强了本领，壮大了自己。有人看不起社办厂，不愿依靠和发展社办厂的生产潜力，是没有根据的。因此解放思想，帮助克服各种困难，使其尽量增加新产品，非常重要。

第二，当前社办厂的原料问题最大，帮助它有计划地解决原料，是财贸部门另一项突出任务。社办工业原料的主要来源，应是边材废料和废品。城市里这些东西很多，随着综合利用的发展，来源也将越来越广。但是，这些东西是分散的，而且各厂都在搞综合利用，有的还提出了"废料不出厂"的口号，能够搞到什么,怎样收集起来,怎样进行分配,却还是一件很复杂的工作,需要详细地了解需要,调查来源,组织协作,互相协商,统筹兼顾,全面安排。只靠买卖的方式是远远的不够了,这是一项新的任务,积极研究和积累这方面的经验,应该提到重要议事日程上来。

现在,国营大厂对社办厂的原料和技术的支援和协作,还缺乏计划性和经常化。为了更好地进行原料的综合利用,为使大厂对社办厂的支援和协作逐步固定起来,需要采取各种形式,以大厂为主,把大厂和社办厂经常地联系起来。或者按地区,或者按行业、按原料综合利用的关系进行组织,都可以试办。当大厂与社办厂的联系固定起来以后,就可以逐步发展成联合企业,从而在所有制上、生产组织上,将会引起社办企业的进一步改造。这是一种客观发展的必然趋势,财贸部门不能不按照这个方向去努力。

第三,帮助社办厂搞技术革新。当前社办厂的劳动力,多是妇女,而且又多是体力较弱、家庭拖累较大的。为了使她们能够顺利地参加劳动,除了办好各种福利和服务事业以外,尽可能迅速地实现机械化,使她们在各种工作岗位上(特别是笨重劳动)都胜任愉快,就更有着特殊意义。

(二)坚决办好食堂。

公社集体食堂,经过多次整顿,已经越办越好。现在全社 52 个食堂中,办得好的一类食堂 32 个,二类食堂 18 个,办得比较差的 2 个。办得比较好的食堂的共同特点是:食堂人员政治好、思想好(全社在今年市、区委下放干部中,挑了 32 名去当食堂管理员,起了很大作用);民主管理和财务管理比较健全;实行计划用粮,提高做饭技术;进行炊具改革,以后还应搞家底生产。

目前食堂数目迅速增加,为加强领导,白银路公社计划以管理区为单位,建立专门的食堂管理机构,从组织领导、技术指导到代食堂记账(按食堂分户记),管理现金,一起都包起来。这个办法已经在一个管理区试办,效果很好。既加强了领导,又减少了食堂管理人员,同时也解决了会计不足的困难。

在当前的条件下,城市食堂最好以中型为主,每个二、三百人,四、五百人。太小,不利于技术革新,不能节约开支;太大,不便于群众吃饭,影响生产和工作。为进一步发挥技术革新的效能,产生了建立加工食堂的要求(加工主食)。这个公社已经建立起来两个,虽然目前机械化程度还不高,但已初步收到了良好效果,如节省了燃料,增加了品种(现在可以吃到烤馍)。

将来,加工食堂普遍建立以后,食堂供应就更加集中。粮食部门的责任将是,既供应粮食又管理食堂。这样,就可以考虑,逐步把基层粮食单位,与加工食堂合并起来,粮食供应,就以直接供应主食成品或半成品为主(有人如愿买生粮,也继续供应)。把粮食供应站、加工食堂和上面说的食堂管理机构,逐步统一起来,将是食堂工作新的发展方向。这个发展方向是值得研究和试办的。

(三)积极办好以食堂为中心的生活服务网。

以食堂为中心就是说,食堂是生活服务的中心环节和主要内容,其他服务组织应该设在食堂周围,尽可能地便利群众,但不宜变成食堂的附属单位,要分别管理,分别核算。

服务项目应该广泛,只要人们的生活必需,就应该帮助办理。但是,也必须抓住主要项目。首先办好关系面最广而又最迫切、最急需的事情,如拆洗缝补、供应开水、理发洗澡(应与大街上设的有所不同)、小型修理等。至于一些应由个人办的事情,如扫地、打扫房子,普通情况下的买戏票、车票等,不应该代办,免得助长一些人的懒汉思想。对于老、幼、病、残和旅客的服务,面虽不广,但影响很大,它表现了社会主义制度的无比优越性,应特别注意加强这方面的工作。

现在居民对集体的文化娱乐活动的要求大大提高了,公社阅览室、读报室、游艺室等,需要进一步普遍发展。

(四)积极研究和建立一套新的分配体制和分配方法。

公社化以后,在商品分配上,发生了以下几个显著变化:(1)集体生活的发展,通过集体分配的东西越来越多,个人只从集体生活中取得生活资料,再不需要自己直接购买;(2)街道和机关小卖部的逐步建立,一些日常用品,就可以就近购买,再不需要自己样样都上大街,只是一部分花色品种较多或较高级的东西,才到街上大商店去挑选。这将引起网点设置和分配方法上的重大变化;(3)商品分配上,既便利又合理的要求,不仅愈来愈迫切,而且由于集体生活的发展,商业网点的进一步更加接近群众,做到这一点的条件也愈来愈多了;(4)个体家务劳动的逐步削弱,买布、买粮,自己缝衣、做饭的事情,大大减少,布店、粮店需要逐步与加工厂合并起来,由供应原材料,变成供应成品、半成品,或实行劳务加工。

这些变化,对财贸工作的影响极为深刻。因此在供应方法、商业机构等方面都要求做相应的改革。商业部门正在向实行产品直接分配机构的方向发展。

为了适应这种新的情况,当前需要注意以下几个问题:

(1)积极发展和培养街道和机关的代销店(或小卖部),把它们视作商品分配网的最基层细胞。随着这种代销店的普遍建立,以及集体供应商品的逐渐增加,整个商业网也就需要相应逐步的调整。

(2)不断研究和改进合理分配商品的方法。分配中,对不同的商品,需要采取不同的分配方法。据目前情况,供应商品大体可以分为以下四类:集体供应的商品;需要计划分配、重点照顾或数量较少而又需要广泛照顾的商品;人们日常必需的普通商品以及花色品种较多或高级的产品。分配商品的基本要求,一是合理,二是便利。为了合理,目前的基本原则,应该是"统筹兼顾,保证重点,照顾特需,安排一般"。

(3)集体分配对象增加了,但也不能忽视个体需要。对现在还未参加集体生活的不能排斥,在商品分配上,应该统筹兼顾。

(五)建立和健全公社财务体系,培养财务人员。

公社企、事业发展很快,财务工作一般还未赶上。一些单位服务还不够清楚,积累的提交尚无具体规定,特别是因为干部缺乏,这就容易为政治、思想不健康的人和不良分子造成窃取财权的机会。帮助公社建立财务制度,培养财务管理人员,使上述问题迅速地得到解决,是财贸部门的直接责任。其他各服务事业的收费标准等问题,也急需在公社党委统一领导下,统筹解决。

(六)迅速建立公社财贸机构。

公社化以后,给财贸部门提出了许多新的任务,为了更具体地为公社范围内的生产和生活服务,各个财贸部门都需要建立公社一级的机构,在公社党委和上级业务部门的双重领导下,通过本身的经济工作和深入的政治工作、群众工作,真正成为公社生产的组织者和群众生活的"管家人"。

公社商业机构的形式是地区综合商店。它需要有一定的门市部,给代销店、小卖部供应货源,收购废品,收购或包销社办厂一部分产品。但门市部不宜太多,特别是初期更应该少一点,以免因经济业务太多,而影响对社内生产和服务事业的具体组织和指导工作,对社办工业的原料供应和产品包销,主要应由市、区分工负担。综合商店则多做组织和指导生产的组织工作。

公社化以后,形势发展很快。许多情况变化了,新的事物发生了,新的问题提出了。而这许多新的变化,又都或多或少带着某些共产主义因素的萌芽。旧的概念,旧的方法,越来越不适用了。为适应形势的发展,永远当好促进派,急需加强广大财贸干部和职工的政治理论学习,经常深入实际、深入群众,正确分析形势、总结经验,及时抓住新的矛盾、新的方向,不断提高认识,改进工作。

办好城市居民食堂的一项重要措施

——兰州市白银路人民公社试办
食堂管理站的经验介绍

（一九六〇年八月三十日）

    城市人民公社大办集体食堂以后，出现了领导力量不足、财务人员量少质弱的新问题。为了解决这个问题，白银路公社党委根据居民密集和食堂相连的特点，在中山路管理区试办了食堂管理站。

    食堂管理站是以管理区为单位建立的食堂管理机构。设有主任、会计、出纳各一人，具体负责管理区内五个民办食堂的工作。原来的食堂取消了专职会计，只设专职管理员，保管工作由炊事员中选一人兼办。管理员、保管员、炊事员分工协作，互相监督，共同管好食堂。食堂的账务，全部由管理站会计一人记载，分堂立户，分别核算；现金收支，也由管理站出纳统一管理。这样做的好处很多，主要有以下几点：

    一、加强了食堂的具体领导和政治思想工作。中山路管理区的五个民办食堂，过去主要依靠管理区干部领导。实际上，由于他们忙于生产和街道工作，很难抽出更多的力量把食堂搞好。食堂管理站建立后完全克服了这一缺陷。管理站对食堂工作人员除了加强经常的教育外，还建立了每星期一、三、五检查思想、工作和学习的制度。通过学习和开展批评和自我批评，提高了食堂干部的思想觉悟，加强了团结。经济食堂的两个炊事员过去互相猜疑，长期不和，经过指出缺点进行检讨后，现在已经团结得很好。食堂的干部结合学习毛主席"论我们的经济政策"及有关办好食堂的文件，还改进了民主管理制度，建立了伙食管理委员会，经常召开会议，研究改进工作。设立了鸣放园地，广泛吸收群众意见，并且公布了就餐人员中五类分子名单，以便让社员进行严格监督,只准他们吃饭,不许他们说食堂的坏话。

二、进一步贯彻了计划用粮、节约用粮的原则。食堂普遍做到了按人做饭,称米下锅,早餐不下晚餐米,今天不吃明天饭。顺城巷食堂过去因为计划不周,超吃粮食200多斤,食堂管理站建立后,主任亲自兼任管理员,调剂了饭菜花样,注意了粮菜混吃,保证每人每天吃菜一斤以上。通过这一系列的措施,使食堂的面貌迅即改观。过去社员反映饭老是两样(蒸馍、一锅子面),菜也单调,现在可以吃到发糕、烤馍、烤饼、花卷、凉面等十多种饭,做到了七天不吃重样饭。菜的花样也多,味美可口,社员满意。在社员吃饱、吃好的基础上,现在已经节约粮食100多斤,再经过一个时期的努力,就可以把超吃的粮食节约出来。

三、加强了财务管理工作。食堂的买物和现金的出入,采取了"两级管理(管理站、食堂),五员分工(会计、出纳、管理、保管、炊事员),各负专责,共同协作"的办法。例如买粮、买菜,管理员只管采购,出纳员只管付钱,会计凭据记账,买物买回后交保管员管理。粮菜出库入库都有严格制度。炊事员从库房领取多少粮菜,要交付相等数量的粮票、菜票。管理员向管理站会计领回多少粮票、菜票,要向出纳员交付相等数额的现金。凡事都有明确分工,各有专责,同时又互相联系,互相制约,互相促进。这样做既健全了食堂的制度,加强了财务的管理,又避免了各种的流弊的发生。特别是各食堂的账务由管理站会计统一管理后还减少了会计4人,既为食堂每月节省了费用开支70元,又解决了财务人员不足的问题。目前,公社党委正在集中力量搞好食堂管理站的基础上,积极开展建立主食品加工站的工作,并且决定把管理区的主食品加工站和食堂管理站合并为管理民办食堂的统一组织,进一步加强食堂的领导工作。

中共甘肃省委财务部
城市人民公社调查组

（十四）《劳　动》

做好政治思想工作，广开生产门路

——建立城市人民公社的两大关键

吕英才

（一九五八年十二月十二日）

城市中以工厂企业为中心的人民公社是个什么样子，以及建立时应该考虑些什么问题，这在我们来说，是个重要的课题。今年九月三日我有机会参观访问了郑州纺织机械厂人民公社，得到了不少启发。

郑州纺织机械厂人民公社约有一万二千人，于七月初建立，是郑州市街道、工厂、机关、学校建立人民公社中最早的一个。它是以纺织机械厂为主，包括工厂附近的农业生产合作社、百货公司等12个单位组成的。现在这个公社除纺织机械厂外，还有小的"卫星"工厂，有百货公司、饭店、钟表修理店、理发店、洗染厂、豆腐坊、蔬菜合作社、邮电、银行代办处、粮食、煤炭、蔬菜门市部等各种行业的服务部门。农业方面有741亩土地，种植小麦、蔬菜，另外，还有牛奶场、羊奶场、养猪场、养兔场、养鸡场。

郑州纺织机械厂人民公社是厂社合一，人民公社领导工厂，厂长就是人民公社的主任。人民公社的最高权力机关是由各方面代表人物组成的社员代表大会，公社重大事项都由社员代表大会讨论决定。社员代表大会选举产生公社委员会。公社委员会设工业、农业、财贸、计划财务、福利服务、文教卫生、民政武装保卫、人事劳动等八个部和办公室，管理各方面的工作，纺织机械厂里原来设置的科室，除留下生产设备、技术、生产计划三个科外，其他科室全并入人民公社的各个有关部门里来进行统一领导。

从纺织机械厂来看，人民公社的优越性很多。首先，解放了妇女劳动力，供应了工厂劳动力的需要。纺织机械厂一个单位就有1352户家属，年龄在

20—50 岁的有 1421 人,在公社成立后,抽调出 635 人到国营工厂企业里去工作(去纺织机械厂当学徒的 223 人,当普通工的 172 人,去纱厂工作的 180 人,铁路工作的 60 人),有 400 多人参加"卫星"工厂工作,300 多人参加食堂、托儿所、幼儿园工作。

其次,解放了生产力,给国家增加了财富。职工家属们办起了 10 几个为纺织机械厂和职工服务的工厂,仅化学工厂一年就可为国家节约 20 吨钢材。

再次,而且是更重要的,是在公社成立之后,由于生活方式的改变,并且参加了生产劳动,人们的思想起了很大变化。家属已由无事干、串门子、说闲话,变为谈政治、谈生产、学技术。过去夫妇之间、婆媳之间、邻居之间因纠纷每月到调解委员会去调解的有 30—60 起,公社成立两个月来,一起也没有发生。王小花过去是好吃懒做的女人,现在变成一位人人赞扬的好饲养员;过去常骂人的陶凤莲,主动地写了三份检讨书,检讨自己过去的错误,并要求和姐妹们一块去过集体生活,参加劳动;过去什么家务事也不伸手的职工,现在主动地来分担妻子的家务。职工下班后,过去谈闲话,现在谈生产,教爱人技术。儿童入所后学会了唱歌、跳舞,懂得了礼貌。总之,人民公社建立以来,一切方面都在起变化,它在各个方面都出现了新气象。

从郑州纺织机械厂建立人民公社的经验来看,建立人民公社必须抓住两大关键。

一、广泛地开展生产门路,以生产为纲

郑州纺织机械厂党委一开始筹建公社就紧紧地抓住了生产这条纲。他们的生产门路是根据解放出来的劳动力和工厂需要劳动力的情况以及原材料来源等三个条件确定的。解放出来的劳动力,首先满足现有工厂劳动力的需要,其次再按照人员的条件来考虑办"卫星"工厂。纺织机械厂经常有残铁废件和需要请外厂协作加工的零件,因此,他们建立了一个五金加工厂,一方面处理工厂里的废料,同时又帮助工厂加工一些零件。木工车间有大批的锯末、短料和板皮,过去都当废料处理,现在他们建立了一个用锯末酿酒精的酒精厂、用锯末做化学板的化工厂、用其他废木料做各种家具、儿童玩具的木工厂和儿童玩具厂。从社员登记表中发现周玉英会土法造纸的技术，而工厂又有很多废纸，于是又建起一个造纸厂，妇女们参加生产后，大人、孩子都需要买衣服和鞋子，而家属又有四十多部缝纫机，这样就把缝纫机集中起来，建立了一个缝纫厂、一个鞋厂、一个编制毛衣的针织厂、一个洗染厂。工厂周围有些零星土地，加上农业社划过来的土地，就组成了农业生产队和各种饲养场。此外，还正在筹建炼焦厂、水泥厂和自行车修理厂等工厂。

为了解决妇女们参加生产后的做饭、孩子照管等问题，他们已建立了大小托儿所 101 个，已建成食堂 11 个，正在筹建的 29 个。

建立人民公社所以要从抓生产着手，这不仅仅是由于经济的原因，广大职工家属思想觉悟程度有了极大程度的提高，也是极重要的原因。职工家属经过全民整风和社会主义建设总路线的教育以后，她们的觉悟程度提高了，参加生产的要求很迫切。比如三十多岁的吴怀珍说："不能光搞'五好'，得做点工作，哪怕是扫马路，刷厕所也行！"据说往常家属会议是很难开起来的，但是 6 月 29 日下午天下着小雨，当她们知道工厂工会召集开会讨论办人民公社和办工厂的消息后，到会的人比任何一次都多，大会结束后，小组会有的讨论到夜间十一点。第二天一早，有人找厂址，有人忙着扫房子。缝纫厂的厂址刚找下，二十多户家属便把自己的缝纫机抬进去了。仅两天的时间就建立起六个工厂。

这个厂子建立人民公社的经验证明，建立人民公社必须首先抓生产，使生产集体化。生产如不集体化，就不会有生活集体化的要求，即或是有这种要求，也不迫切。

二、政治挂帅，加强政治思想教育

建立人民公社的群众运动，是又一次生产关系和政治思想上的巨大变革，是进一步消灭私有制残余和资本主义思想的斗争。所以必须政治挂帅，加强政治思想教育。从郑州纺织机械厂人民公社建立的过程来看，尽管说建立人民公社是多数群众的要求，但是仍有一部分人抱着消极的态度，就连家属也怀疑自己是否能去当工人，是否能学会技术；有些人对工作挑肥拣瘦，愿意去工厂工作，不愿意当炊事员、保育员；有的人对妇女办工厂，加以讥笑，说什么：嫁汉嫁汉，穿衣吃饭，没见过妇女不在家做饭。甚至连自己的儿女、丈夫也加以阻挡。纺织机械厂党委根据在分配工作和讨论中暴露出来的这些思想问题，向家属们大张旗鼓地宣传了办公社的意义和好处，组织群众进行大鸣大放，展开辩论。通过群众性的思想批判，纠正了错误思想，正确的思想风气占了优势之后，情况就不同了，办工厂没房子，家属主动地让出多余的房屋；不服从工作分配的服从分配了；不愿意做炊事员工作的也报名当炊事员了。如沈学芝原先是脚跨三只船：报名考纱厂；考郑州纺织机械厂技工学校；这些考不取，她宁愿到纺织机械厂当一名普通工，也不愿意当炊事员。她经过党的教育和丈夫的帮助，终于鼓着勇气要求当炊事员，不过在她提出这个要求的时候，还讲了一个条件：希望做一个时期饭，再调到厂里学技术。可是当她走进食堂的时候，她的感情很快地变了，感觉到过去在家里只是为自己一个小家庭做饭，现在是为大家庭做饭，几百人每天从她手里吃到可口饭菜，这就是无上的光荣。于是她决定要永远作炊事员这项工作。现在沈学芝每天总是很早就起来做早饭、买菜、帮助食堂卖饭票、管账，最近开展合理化建议运动，她竟提出了十五条有关改善食堂工作合理化建议。

像沈学芝这样，还有不少人。她们在这次大变革中受到了教育，愉快地从事她们所能担任的工作。

从劳动工作上看
城市人民公社的优越性

李 成

（一九六〇年五月十五日）

目前,大办城市人民公社的群众运动,正以雷霆万钧之势向前发展。千千万万的职工家属、街道居民和其他劳动人民,都以欣欣鼓舞的心情积极地参加了城市人民公社。人们振臂高呼:"人民公社万岁!"城市人民公社这个新型的、美好的社会组织形式之所以能够如此迅速地大量涌现出来,是我国政治和经济发展的必然产物,是党的社会主义建设总路线的伟大胜利,是毛泽东思想的伟大胜利。

城市人民公社和农村人民公社一样,好像初升的太阳,一经出现就显示出它伟大的生命力和无比的优越性。已经建立起来的城市人民公社,除了在发展生产、组织生活、进一步挖掘城市劳动潜力,提高人民生活水平等方面显示出它的无比优越性之外,对于改造旧城市和建立新城市,彻底解放妇女起了巨大的作用。

充分挖掘社会劳动潜力适应生产发展的需要

由于城市人民公社能够在广大范围内统一组织和合理安排城市劳动力,使大批职工家属、街道居民和其他劳动人民参加了社会生产劳动,这样就大大促进了生产的发展,而且把城市能够劳动的人逐渐组织起来,变消费者为生产者。如北京市截至三月底,已有二十五万职工家属和城市居民组织起来参加生产,占全市十六岁到六十岁(妇女是十六岁到五十五岁)的没有职业的街道居民的75%,其中石景山中苏友好人民公社、宣武区椿树人民公社等五个城市人民公社,在十六岁以上没有职业的居民中,已有77%—97%的人组织起来。如石景山中苏友好人民公社,截至今年四月初,在全公社的八千八百名有劳动能力的职工家属和闲散劳动力中,已有六千八百多人参加了社会生产劳动。上海市参加生产劳动的里弄居民有八十五万六千多人,占里弄能从事劳动人口的70%;哈尔滨香坊人民公社参加生产劳动的已有一万四千多人;郑州纺织机械厂人民公社有一万六千多人参加生产。由于大批劳动力被解放出来参加生产劳动,促进了生产的迅速发展。现在,城市人民公社工业和街道工业已经发展成为我国工业战线上一支重要的新生力量。据初步统计,截至四月初,全国人民公社和街道已办起工业生产单位五万六千多个,从业人员近二百万人;一九五九年产值为二十亿元以上,相当于一九四九年全国地方国营企业产值的二倍多。天津等十七个市的一百九十一个公社办起的工业、交通、建筑单位就有六千五百六十七个,工作人员五十九万多人。城市人民公社的成立,也更进一步地做到有计划有组织地供应大厂矿企业所需要的劳动力,帮助新建、扩建企业解决劳动力不足的困难。随着生产的迅速发展,原有企业单位生产潜力在不断发挥,新的企业在陆续建设,新的项目不断地投入生产,需要劳动力的数量急剧地增加。各地许多厂矿企业所需要的劳动力,不仅农村一下子拿不出来,就是能够拿得出来,也会因为大批人口突然涌入城市,给城市的副食供应、住宅和交通等方面带来困难。因此,除了依靠企业内部挖掘潜力和加强企业之间劳动力平衡调剂工作外,动员城市家庭妇女和闲散劳动力就业,参加社会劳动也是有效地解决大厂矿企业特别是新建、扩建企业需要劳动力的重要办法。一年多来,全国城市人民公社仅向国营厂矿企业和事业单位就输送了三百四十多万人(其中妇女占80%)。北京市已组织了二十一万人参加工业生产。如石景山中苏友好人民公社已有四千五百多个劳动力参加大工厂生产,而且有二千四百多人直接参加生产部门做筛砂、上料、选矿石等工作,还有三百多人做电焊工、化验工等技术活;上海市有三万五千多人参加修建公路、铁路和市内运输等临时性劳动,去年一年中,共做了四百一十万个劳动日,此外,有二十四万人到工厂做临时工和艺徒。哈尔滨香坊人民公社输送了八千个劳动力支援国营和地方国营厂矿企业。郑州纺织机械厂也输送了八百六十一人。这些新工人在生产上已经成为一支重要的生力军。事实证明，城市人民公社已成为调剂国营厂矿企业劳动力余缺的"水库"，可以为现代化工业提供劳动后备技术力量，它对于整个国民经济的发展起了重要的作用，而且，由于进厂的新工人绝大多数是职工家属，可以不需要像以往从农村招收新工人那样增建宿舍等福利设施，也为国家节省了大量的投资。

家务劳动社会化　　妇女彻底得解放

由于公社大力兴办了集体福利事业，实现家务劳动社会化和生活集体化，使广大家庭妇女和职工家属从日常家务琐事中解放出来，参加生产和其他服务事业，走上彻底解放的道路。截至今年三月上旬，黑龙江省参加社会生产劳动的家庭妇女近六十万人，河北省四十六万人，河南省二十三万人，沈阳市二十一万多人。广大职工家属和居民在参加生产以后，迫切地要求兴办集体福利事业。因此，城市人民公社在大抓生产的同时，大力举办了集体福利事业和服务事业，全面组织人民的经济生活，取得很大的成绩。据初步统计，截至今年四月初，各大、中城市的人民公社和街道组织已办了公共食堂五万多个，就餐人数达五百二十多万人（以上均不包括工厂、机关、学校办的食堂，托儿所）。公社和街道办的邻里服务站有六万六千多个。北京市截至今年三月底，城市街道食堂已增加到四千个，入伙人数达十九万人，托儿组织发展到二千六百个，收托儿童增加到十万人。上海市至三月底，全市已办起一千六百六十七个里弄公共食堂，搭伙人数在四十万左右，兴办了二千一百一十七个托儿所，收托了十三万个孩子。安徽省蚌埠市除了办好食堂、托儿所外，还组成了医疗卫生网，实现了区区有医院，每个派出所有门诊部，居民委员会有保健站。黑龙江省鹤岗市人民公社共举办了公共食堂三百一十四处，就餐人数九万三千五百五十一人，占职工总数的70%以上，共兴办了托幼组织二百七十二处，收托儿童七千四百八十九人。全市还设有二十个街道服务站、一百一十个服务分站、八百二十一处服务点，基本上实现了委委（指居民委）有站，组组（指居民组)有点,幢幢(住宅)有员,形成服务网。各城市许多食堂不仅做到饭菜多样化,保证社员吃饱、吃好,而且,对老、弱、病、残者还给以特殊照顾,做到"要干有干、要稀有稀、软硬随便、茶水及时"。各地服务站除为社员拆洗缝补、修理各种日用品等外,还代社员看护病人、照顾产妇、代购车票,社员的家务几乎全部担当起来,大大方便群众。有的公社甚至免收食堂管理费、煤水费、房费、炊具设备费、孩子入托保育费、杂费等等。这些公共福利事业给广大居民以极大的方便,不少已在生产岗位上的妇女,因为解除了家务、孩子的牵累,劳动效率大大提高,更多的妇女继续走出家庭,奔向生产战线。这是符合广大群众特别是家庭妇女的理想和愿望的,人们无不欢欣鼓舞,许多群众歌颂道:"过去家务心操烂,带孩做饭都得干。毛主席领导翻了身,如今又把公社办,若要吃饭进食堂、拆洗缝补服务站,小孩入了托儿所,老人进了幸福院,家务劳动社会化,一心一意搞生产","人民公社化,万户是一家,生活搞得好,生产干劲大。"家务劳动社会化,对彻底解放妇女有着十分重大的政治意义。列宁曾经说过:"只有在开始把琐碎家务普遍改造为社会主义大经济的地方,才有真正的妇女解放,才有真正的共产主义。"

居民收入普遍增加 生活大大改善

由于大办城市人民公社,随着生产的不断跃进和集体福利事业的发展,广大城市居民和家庭妇女参加社会劳动以后,收入普遍增加,生活进一步得到改善。根据北京、天津、沈阳、郑州、哈尔滨等城市的一些典型调查,凡是参加生产劳动的,平均每户收入一般都增加20%到30%。据北京市中苏友好人民公社对土焦炉南队和金顶街两个小组共七十一人的调查,家属们每月工资收入为二千一百一十五元五角,等于家庭中工厂职工收入四千五百三十六元五角的47.9%。有的家庭收入增加了一倍。有的妇女每月收入二十多元,除了自己的伙食费和孩子的托儿费、伙食费以外,每月还可以有富余。郑州市管城区红旗人民公社有97%的社员增加了收入,每年给国家节约救济费四万五千多元。如社员马代见,全家三口人,公社化前只女儿一人参加工作,月收入十八元,常年依靠政府救济,公社化后,月收入七十元,提高三倍多。重庆市七星岗人民公社,社员的家庭收入比建社前提高一倍左右,类似例子举不胜举。由于广大居民收入的增加和生活的进一步改善,人们更加热爱共产党、热爱毛主席、热爱社会主义制度和人民公社。许多群众说:"想想过去,比比现在,咱们永远也忘不了党和毛主席的恩情。"

生产和生活的集体化使人们的思想意识和精神面貌起了深刻的巨大的变化,在广大群众中,不计报酬,忘我劳动;不怕困难,敢想敢干;关心集体,热爱集体;尊老爱幼,救病扶伤;休戚相关,同甘共苦,这样一些人与人之间以共产主义风格和共产主义道德品质为基础的新关系,大大地发扬了。人们在工作中不断地创造出新成绩,许多人被评为先进工作者和先进生产者。沈阳市大东区红旗公社有六百六十名社员被评为红旗手、先进工作者和劳动模范,有的还被选为全国"三八红旗手"、全国青年社会主义建设积极分子等。广大家庭妇女参加生产劳动后,也改变了自己的社会地位,她们不再是处于附属地位的"家属"和"家庭妇女",而是女职工和女社员了。许多妇女反映:成立了公社,参加了劳动,家庭之间不知增添了多少温暖,处处出现了和睦团结的新家庭。

城市人民公社这一新生事物正在日益健壮地发展,它必然会显示出愈来愈多的优越性,必然在社会主义建设中发挥出无比巨大的作用。

一个值得注意的新尝试

石家庄市城市人民公社统一管理企业职工
生活福利事业的调查

劳动部工资局工作组

（一九六〇年八月十三日）

一

石家庄市市委早在去年年初,就打算在全面组织人民经济生活的同时,有计划地统一管理机关、企业和事业单位职工的生活福利事业。为了取得经验,去年三月,市委选点试行。今年三月,总结了试点经验,认为可以管好,便决定在全市已经人民公社化的有利形势下,先把全市企业职工的生活福利事业,分别由人民公社直接统一管理起来,实行企业、分社双重领导,而以分社为主。随后,经过现场会议的推广,全市迅速行动起来,大干一旬,到三月底,基本上已完成了统一管理工作。统一管理的项目,包括食堂、托儿所、幼儿园、宿舍、子弟学校、理发室、浴室、饲养场、自行车看管、生活区的医务室与俱乐部等。

为了使管理工作顺利进行,他们决定"六不变",即原班人马不变(仅大兴沙厂中从事生活福利工作的职工改变了隶属关系)、原套设备不变、原班人马的工资福利不变、领导干部原任职务不变、原来经费不变、服务对象不变。在统一管理的过程中,各分社党委大抓这些生活福利事业单位职工的思想教育工作,对他们反复进行集体主义和社会主义教育,并一再强调生活福利事业在社会主义建设事业中的重要意义,树立革命的专业思想和对本职工作的光荣感。与此同时,分社党委还组织了经常性的同类单位职工之间的竞赛运动,大兴协作之风,不仅鼓舞了他们的干劲,检阅了他们的力量,而且有效地提高了服务质量和服务效率。

二

群众十分拥护人民公社统一管理企业职工的生活福利事业,因为,这样做,主要有以下三大好处:

(一)由公社统一管理企业职工生活福利事业以后,加强了党的领导,改变了这些单位的面貌,使他们的工作起了一好(服务质量好)、二省(省人、省钱)两个显著的变化。以大兴纱厂为例,过去食堂有炊事人员五十四人,入伙人数平均九百人,现在有炊事人员六十三人,入伙人数为二千四百八十人,服务效率提高了百分之一百三十六;托儿所、幼儿园过去有工作人员一百〇七人,收托孩子四百六十七人(都是日托),现在人员减到八十八人,收托孩子增加到七百一十一人(整托五百六十五人,整托按日托的六分之七计算),服务效率由一比四点三六提高到一比八点〇八,提高了百分之八十五。虽然这个厂职工的生活福利事业的规模扩大了,但是由于提高了工作效率,精简了人员,每月职工生活福利事业经费的开支却减少了二千五百元。再如长安人民公社建设大街分社内的三个纺织厂,在人民公社统一管理职工生活福利事业以后,职工的发病率、缺勤率一般都大大地降低了,其中新华纺织厂的成绩更为显著,今年四月份与去年同期比较,发病率由百分之八点五下降到百分之〇点九五;因病缺勤率由百分之一下降到百分之〇点四三。这个厂的医疗所在科学研究方面也取得了很大的成绩。

此外,由于对职工的生活福利事业实行了以公社为主的企业、公社双重领导,也使企业的领导可以在贯彻"一手抓生产,一手抓生活"这个方针的同时,用更多的精力去领导生产。

(二)加强了企业与公社所属各部门的协作。如蔬菜供应、粮食品种调剂等,现在都由公社主动直接办理,解决问题快得多了,及时得多了。有些职工说:"过去蔬菜是由农村送给供销总店,总店分配给分销店,企业再到分销店去买，一转就是几天，价钱既不便宜，蔬菜也不新鲜。现在由分社组织蔬菜生产队直接同企业挂钩，天天都能吃上新鲜菜了。"

（三）企业职工的生活福利事业，带动了公社直接举办的生活福利事业，发挥了互相促进、共同提高的作用。企业职工的生活福利事业举办的时间一般较长，业务水平一般也较高。通过统一管理、大搞协作、竞赛和观摩学习，原来由公社举办的各项集体福利事业迅速被带动起来了。大兴分社以大兴纱厂的托儿所、幼儿园及正义南街幼儿园为核心组成托幼协作网，以大带小，以老带新，分层帮助，开展竞赛、学习，使所有的托儿所都办出了较好的成绩。

三

从石家庄市人民公社统一管理企业职工生活福利事业的工作中，我们深深地体会到城市人民公社的优越性。石家庄市的实践证明，人民公社不仅是组织生产的好形式，也是组织人民生活的好形式。他们为办好城市职工的生活福利事业指出了十分值得重视的方向。

虽然，石家庄市由人民公社统一管理企业职工生活福利事业的尝试取得了很好的成绩，但是由于这是一件新的、没有经验的工作，因而也遇到了一些新问题，如统一管理的组织形式的提高和发展问题、经费处理的机动灵活性问题等，尚待进一步研究解决。我们坚信，路是人走出来的，这些问题一定会在实践的过程中逐渐找到解决的办法。

（十五）《红与专》

南平市街道工业在成长中

中共南平市委员会

（一九六〇年四月三十日）

在两年来连续大跃进形势的鼓舞下，经过社会主义和共产主义教育，城市街道广大居民群众的共产主义觉悟不断提高，积极要求参加社会主义建设。南平市的街道工业就是在这样的形势和要求下，蓬勃发展起来的。

一年多来，由于正确地贯彻了土洋结合，从土到洋，从小到大，就地取材，勤俭办厂，自力更生等一系列方针政策，街道工业得到了迅速发展。经过去年以来的不断整顿与巩固，到目前止，全市已办起了二百三十一个工厂，从业人员达两千多人，其中包括铁器、木器、竹器、针织、缝纫、皮革、印刷、林产化工等八个行业，产品达一千四百七十余种，去年总产值达一百二十多万元。

街道工业的发展，在服务大工业生产，支援农业技术改造等许多方面都起了重要作用。以南平市的情况来看，过去工业生产所需要的原材料，如冶金工业用的耐火材料，基建工地用的各类铁钉、锄头柄、洋镐柄等，许多都是依靠外地供应的，而这些产品虽然都很小，但都是工业建设上所迫切需要的，又是大工业本身所无法兼顾的。街道工业办起来以后，担负了这一部分产品的生产任务，在全市五十二个工厂中就有十一个不同行业，担负为大中型工业服务的生产任务，从去年一月至十一月止，街道工业共为冶金工业制造了一万多块各种耐火材料，为基建工地生产了八千多斤各类铁钉，五十五万多件竹器，及为大工业担负了一部分小零件、小配件的修配加工任务。这样，就初步改变了过去事事依靠外地的状况，依靠本市街道工业，解决了一部分原材料生产和加工问题，支援了大中型工厂的生产。街道工业除了为大工业服务外，去年还为农村制造了锄头、柴刀、镰刀、斧头、锯片、火钳、开山锄、排钩、匠斧等达二万多件,有力地支援了农业生产。

街道工业不仅在服务本地区工农业生产中起到了重要作用,而且还充分利用了本地区的资源,制造出大批其他地区所迫切需要的产品,支援其他地区建设。以木工厂来说,去年利用本地区丰富的木材、毛竹,制造了大批产品,仅木杠、筷子两项,就与省外换回马达、锯片、沙轮、铁钉、油漆等本地区所需要的大批物资,这样互通有无,互相协作,既支援了省外,又满足了本地区需要。

街道工业在为人民生活服务方面,也起了很大作用。在以前,人民生活中的许多生活用品,如木桶、小刀、手套、袜子、刷子、筷子、斗笠、火把等,是大工业所不能兼顾的,过去这些产品供不应求,街道办工业后,现在已基本上满足了需要,仅去年1—11月份,街道工厂所生产的产品中,服务于人民生活需要的就达二百五十多种,二万六千多件。特别是街道服务性行业发展以后,大大地方便了群众。现在全市三个管理区,区区都有缝纫、木器、竹器、皮革、五金、自行车修配等厂及简易旅社、照相馆、小食部。同时还组织了几十个货郎担,游街串巷,登门修补,这样群众不需要跑到街上就可以办许多需要办的事情。

街道工业的发展,使居民的思想、生活等各个方面都发生了深刻的变化。

随着街道工业及公共食堂、托儿所等公共福利事业的兴办,使那些过去一贯从事家务劳动的妇女解放出来,变成街道工厂里的工人。过去无依无靠的老弱残废和长期依靠国家补助的居民,也都参加了适合于他们条件的劳动生产,做到人人有事做,户户无闲人,如街道居民中有二个盲人,六个聋哑,过去他们长期靠社会补助维持生活,街道办了工业以后,就根据他们的具体情况,分别分配他们到缝纫厂、草绳厂去参加生产,这样不仅为社会增加了财富,每季的生产产值达二千多元,而且大大地改善了他们生活,现在每人每月平均可以拿到二十元到三十元工资,他们普遍反映说:"共产党领导真英明,盲聋哑翻身当工人,国民党时代无人管,新社会废人变能人。"不仅如此,街道办工业后,居民生活普遍得到了进一步改善,现在参加生产的每人每月平均都有二十元以上的收入。胜利居委会的陈大妈,过去每月要国家补助,办了工厂后,她在竹丝厂里做工,不仅不要补助了,而且还有余款存在银行。妇女们反映说:"解放后妇女政治上翻了身,有了讲话的机会;办了工厂后参加了生产,经济上翻了身,这才是彻底的解放。"

许多居民通过参加街道工厂的劳动,都学到了不同的生产技术。昼锦木工厂女工魏秀珠,进厂不到一年,就成为三级副架技术员。过去连机器都没有见过的街道妇女,现在有的都当上了锻工、锯工,有的成了裁缝、针织等各工种的技术员。全市参加街道工厂的居民中,已有30%左右的人掌握了各种不同的生产技术。

过去市区里的居民,大部分都是从事家务劳动的,一家一户互不联系,办了街道工厂后,使他们从分散的家务劳动走上了集体的生产劳动。加上食堂、托儿所、业余文化教育等集体福利事业的兴办,使广大城市居民在生活上也逐步走上集体化的道路。生产上和生活上的这些变化,又引起了城市居民群众思想上的变化。关心集体,热爱劳动,已成为居民中的良好风尚。在整个街道工业的发展过程中,出现了许多因公忘私,克服困难、战胜困难的生动事例,如没有资金就自己筹划,没有设备和工具就自己制造,没有厂房就自己设法,没有技术就自己钻研;没有原材料就寻找代用品。如黄金山巧姐妹纸盒厂,在去年遭受火灾时,工厂全部烧毁,十八个职工中就有十六个人的家庭遭受严重损失,火灾过后,她们还没有来得及把自己的家安排好,就积极投入了建厂活动;建厂时没有设备,她们就把自己脸盆、桌子、床架拿出来作生产用具,自己又动手搬运原料,在政府和各方面的支持下,终于在火烧的第八天就恢复了生产。又如鞋厂原材料缺乏,职工们就到各地回收废料来加工利用;五金厂没有原材料就以废铁制造出自行车配件。他们就是这样以敢想敢做的共产主义风格,战胜了种种困难,使生产得到发展。

南平市的街道工业,经过去年以来的不断发展,现在已经打下了一定基础,今年以来,他们提出"今年超去年,跃进再跃进,技术大革新,产值翻三番,产品五百万件,功效提高一倍,成本降低10%"的奋斗目标,争取在今年内实现操作机械化、半机械化;产品多样化;质量合格化;服务良好化。为进一步调动广大城市居民群众积极性和生产潜力,合理地组织城市的生产、生活和群众的文化教育事业而斗争。

让城市街道工业遍地开花

史　华

（一九六〇年四月三十日）

在高速度地发展社会主义建设事业中,进一步发展城市街道工业,使它更好地成为国营工业的有力助手,充实商品供应,促进市场的繁荣和工农业生产的发展,是一支不可忽视的社会力量。

1958年以来,在党的社会主义建设总路线和一整套"两条腿走路"方针的鼓舞下,全省各个城市街道居民群众掀起了一个办工业的热潮。在各个城市里,街道工业普遍地发展起来了。仅据南平市的不完全统计,就已经兴办了街道工业二百三十一个厂,参加生产人数达二千多人,1959年全年总产值达到一百二十多万元,产品的品种一千四百七十余种。

城市街道工业,是社会主义建设大跃进的产物,是城市广大居民的迫切要求,它体现了社会主义经济建设中群众运动的一个方面。广大城市街道居民,经过社会主义和共产主义教育运动,政治思想觉悟大大提高,积极地自觉地参加到生产建设战线上来,为社会主义建设事业贡献出自己的力量。他们在党的领导下,破除迷信,解放思想,以冲天的干劲和顽强刻苦的精神,千方百计地办起了许多工厂。在办厂的过程中,贯彻了自力更生,白手起家,就地取材,因陋就简的方针,充分发挥了敢想和勇于克服困难的共产主义风格。这就使街道工业迅速地大量地涌现出来。

在连续两年大跃进中,街道工业已经显示出它的积极作用。但是,有些人对兴办街道工业缺乏正确的看法。有的认为街道工业是"小东西","经济价值不大","可有可无,没有什么搞头"。有的对于通过组织生产劳动可以逐步地改变城市居民的精神面貌和改造街道的政治意义认识不足。事实证明:街道办工业,可以深入地调动社会上的一部分闲散人力和闲置的物力财力,变消费为生产,化闲余为有用。使广大街道居民,特别是家庭妇女和其他有一定劳动能力的人,都有机会参加力所能及的劳动,真正做到"人人有工作,户户无闲人","老而不衰,残而不废"。社会上的一些闲置的废旧物资也可以得到充分利用。由此可见,它不仅与人民生活有密切关系,使日用小商品生产可以得到发展,补充大工业生产的某些不足,而且也有力地支援大工业的跃进,使大工业能够腾出手来,生产更多的高级、精密、尖端产品。同时,还为大工业培养技术后备力量。在生产发展的基础上,街道居民的收入增加,生活进一步改善。许多本来依靠国家救济的人,参加生产劳动之后,他们的生活就可以依靠自己的劳动来解决。同时,由于生产发展的需要,街道居民中大批妇女参加劳动之后,公共食堂、托儿所、幼儿园等集体福利事业也随着发展起来。尤其具有深远意义的是,通过街道工业的发展,城市居民逐步地组织起来,使他们提高社会主义和共产主义的思想觉悟,培养集体主义精神,树立"我为人人,人人为我"的观点,更好地发挥劳动积极性。同时,在参加街道工厂成员中,除了主要的是职工家属以外,也还对一部分资产阶级分子,帮助他们在为社会主义建设服务的过程中加强自我教育和自我改造。因此,这不仅有利于更好地组织社会生产和组织城市人民的经济生活,而且可以使城市中广大居民热爱劳动、热爱国家财产和团结和睦、互助友爱的新风气在生产劳动中培养和树立起来,街道居民新的道德品质不断成长,政治觉悟不断提高。这些都使得城市街道工作有新的内容,并找到一条组织和教育分散在街道各阶层的居民的良好途径。由此可见,举办街道工业就可以做到以生产为纲,全面推动街道其他各项工作,使之更好地适应国家建设事业大跃进的新形势,使旧的消费街道逐步变为新的生产街道,因此,应当加强对街道工业的领导,对它采取积极支持的态度,本着统筹兼顾、全面安排的精神,进一步加强对他们的领导,使他们更好地发挥应有的作用。

街道工业,目前实际上大部分还是手工业生产的一部分,因此,在生产上要和现代工业有明确的分工,以便更好地发挥自己应有的作用。它与现代工业比较起来,具有规模小、投资少、设备简单、灵活便利等特点。因此,要贯彻自力更生,就地取材,因陋就简,土法上马,土洋结合,由土到洋的原则,大力发展小商品生产和人民日常生活日用品生产,做大工业的有力助手。从拾遗补缺的要求出发,积极发展多种多样、价廉物美的小商品,大力开展为人民日常生活服务的修、补、缝、织等业务,为国营工业加工修理部件和半成品、修理农业机械、工具;生产出口手工艺品或者原料生产。因此,一般说来,街道工业不要片面追求生产"高、精、大"的产品,而应当根据市场的需要,发展多种多样的小商品生产和大搞加工、修理和服务事业,不应当片面地追求产品的产值和数量,而必须强调增加产品和提高质量;不应当同现代工业争夺原材料,而应当给现代工业"让路",并充分利用废品旧料。

街道工业在生产上既然主要是发展多种多样的小商品生产和大搞修理和服务事业,那末,就应当充分发挥它的分散灵活、便利群众的特点。在企业组织形式上,采取以集中为主,集中与分散相结合的方式,因人、因事制宜,灵活多样。一般说来,集中生产,便于管理,便于推广新技术,也便于工厂进一步发展和提高,这种形式适合于产品比较固定、生产过程比较复杂的生产单位。对季节性、临时性较大、生产过程比较简单的则可以采取分散生产或部分分散、部分集中生产的办法,使那些每天只有几小时空闲时间的家庭妇女也能参加生产。这两种方式很好地结合起来,就可以把社会上的劳动力尽最大限度地组织起来,更好地为社会主义建设事业服务。

目前的街道工业大部分还是手工操作,因此,要本着不断革命的精神,大搞技术革新和技术革命,不断地提高劳动生产率,达到用最少的劳力、时间、原料,制造出更多更好的产品,这是街道工业职工的要求,也是街道工业发展的必然趋势,我们要把群众创办街道工业的热情迅速引到技术革新和技术革命的道路上来,这样,才能使街道工业迅速发展,更好地体现总路线的精神。

街道工业办起来后,大量家庭妇女走上生产战线来,这是一件大好事,为了不断提高工人的积极性,减少家庭对她们的牵累,全力进行生产,这就向我们提出另一项重大任务,需要把城市居民的生活进一步组织起来,切实把公共食堂、托儿所、敬老院办好,这虽是生活问题,但它与生产有着极其密切的关系,搞好了,可以反过来大大提高劳动生产者生产的积极性,促进生产的发展,让城市街道工业遍地开花。

为实现城市人民公社普遍化而奋斗

杨文蔚

（一九六〇年五月三十日）

在 1958 年秋季开始的人民公社化运动中，我省在广大农村与县城集镇实现人民公社化的同时，在福州、厦门、南平等较大城市中和在一部分较大的国营企业里，也开始试办了人民公社。一年多来，城市、工矿区人民公社有了很大发展，全省已建立起十八个城市人民公社，其他还没有建立公社的地方，也大量发展了街道工业和公共食堂、托儿所等集体福利事业，并且取得了显著成绩，为全省实现城市人民公社化打下了良好的基础。

城市人民公社的出现，也同农村人民公社一样，完全不是偶然的。它是我国经济和政治发展的必然趋势，是城市生产建设事业大跃进的必然产物，是贯彻执行党的社会主义总路线的必然结果。在 1956 年生产资料所有制方面社会主义革命取得决定性胜利和 1958 年全民整风运动取得伟大胜利的基础上，党的社会主义建设总路线深入人心，各项生产建设事业飞跃发展，城市人民的社会主义、共产主义觉悟大大提高，城市中广大职工家属和街道居民，迫切要求从繁琐的家务中摆脱出来，参加社会主义建设。广大人民群众这种强烈的革命愿望，在党的领导下，形成了巨大的力量。在各个城市中，到处出现了热火朝天的全民办工业的高潮。城市中家庭妇女和其他闲散劳动力普遍得到就业。集体生产的迅速发展，使生活集体化和家务劳动社会化成为广大职工群众愈来愈迫切的要求。适应这种情况，各种集体福利事业相继办起来。但是，生产的高速发展，要求人们在更高的程度上组织起来。这时，党中央和毛主席及时地提出了组织人民公社的指示。这个指示，除在农村引起巨大的变化以外，同样得到城市劳动人民的热烈响应，经过一个时期试验，目前城市人民公社正在普遍发展起来。

在我省城市中和一部分工矿区里建立起来的人民公社，大体上有三种组织形式：一种是以大型的国营企业、厂矿为中心建立起来的；一种是以机关、学校为中心建立起来的；一种是以街道居民为主体建立起来的。这三种不同形式的公社，根据各自的特点，广泛地组织了生产，组织了人民经济生活，加强了人民群众的政治思想和文化教育，更深入地进行了城市的社会主义改造，从而使城市的政治、经济面貌和城市人民的精神面貌发生了深刻的变化。城市举办人民公社虽然仅有一年多时间，但是事实已经雄辩地证明：人民公社这个社会组织形式，不仅完全适合于农村和一般城镇，而且也完全适合于较大的城市和工矿区。党中央在"关于人民公社若干问题的决议"中曾经明确地指出："城市中的人民公社，将来也会以适合城市特点的形式，成为改造旧城市和建设社会主义新城市的工具，成为生产、交换、分配和人民生活福利的统一组织者，成为工农商学兵相结合和政社合一的社会组织。"实践证明，党中央的这一指示是完全正确的。如同农村人民公社一样，年青的城市人民公社，已经日益显示出无比的优越性和强大的生命力。

首先，从生产上看，城市人民公社一经组织起来，就在原有街道工业的基础上，更广泛地组织了社办工厂。经过一年多时间的努力，这些工厂从无到有，从小到大。现在，社办工业和街道工业，已经成为工业战线上一支生力军。这里可以举福州市南街人民公社为例：这个人民公社只有一万一千多人口，1958年夏秋间在全民办工业运动中，依靠自力更生、白手起家，创办了七个工厂，职工三百一十六人，产值六万多元；1959年发展为二十二个厂，职工八百八十二人，产值二十六万元；1960年再发展为二百一十四个厂，职工二千一百九十人。城市人民公社的工业生产之所以能够发展得这样快，主要是由于认真地贯彻执行党中央和毛主席的指示，和大搞群众运动的结果。许多城市人民公社，在上级统一规划、合理布局的前提下，坚决贯彻执行了自力更生、小型为主，大搞群众运动的方针。他们根据土法上马、土洋并举、因地制宜、因陋就简的原则，大办小型工厂，大搞综合利用。福州市南街人民公社办的工业，主要有四种：第一，同国营工厂、商店挂钩，接受大厂、商店加工任务；第二，利用国营工厂生产中的下脚料，经过综合利用，加工制造新产品；第三，从事服务性的生产,如土木建筑、电气安装等;第四,从事各种小商品生产。这样,社办工业不仅不会同国营工厂争原料,而且很好地服务了国家建设和国营企业的生产,服务了农业生产,服务了人民生活,并提供了一部分出口物质。应当肯定,这种做法是社办工业正确的方向。城市社办工业的发展,进一步为工业生产贯彻土洋结合、大中小结合和大力开展原材料的综合利用开辟了广阔的道路,从而将会大大加快工业化的步伐。

有些城市人民公社还包括了近郊区的一部分农业生产队。城市人民公社对于农业生产,采取了"为城市服务"和根据城市副食品供应"自力更生为主,力争外援为辅"的方针,以菜肉为纲,积极发展蔬菜,大养家禽家畜,大搞副食品生产基地,以保证城市消费的需要。同时,还根据具体条件,结合植树造林,种植一些经济作物,以扩大农业收入。此外,公社还组织工业支援农业,帮助农业加速实现技术改造。

城市人民公社在大抓生产的同时,相应地抓了人民经济生活的组织工作。公共食堂、托儿所、生活服务站等集体福利事业和生活服务事业,也欣欣向荣地发展起来。这些事业机构,都是根据依靠群众、大力发展、因陋就简、积极办好的精神陆续建立起来的。在目前,尽管它们的设备一般还比较简陋,外表上看起来也许还不很像样;但是,它们在便利社员生活方面,在促进城市人民生活集体化和家务劳动社会化方面,已经发挥了很大作用。福州南街人民公社的公共食堂,清洁卫生,方式多样,服务周到,深受群众欢迎。托儿所有全托、半托、简托、临时托、个别托等多种,而且收费低廉,对有困难的职工,实行减费或免费。这个公社有一百五十多个生活服务站,服务人员三百四十多人,服务点遍布大街小巷,服务项目有缝补、洗衣、理发、土木修缮、代办邮递、储蓄,以及代为打扫卫生、护理病人和代办婚丧喜庆等六、七十种。服务种类几乎是应有尽有,并采取固定和流动相结合,多方便利群众。此外,有的居委会还组织了不计报酬的生活互助组。南街人民公社的情况,大体上可以代表我省一般城市人民公社的情况。城市人民公社在组织人民经济生活中,还根据公社化的新情况,重新调整了商业网,进一步贯彻商业工作的群众路线工作方法,合理地组织商品分配、指导消费和进一步加强服务。

通过组织经济生活,城市人民生活集体化和家务劳动社会化的实现,使广大家庭妇女从繁琐的家务事中解放出来,进一步走上彻底解放的道路。这就为城市增加了大批的劳动生力军,并使居民的收入普遍增加,生活进一步得到改善。同时还大大促进了人们集体主义思想和共产主义道德品质的成长。福州市有一个多子女的家庭妇女,每天早晨自动拿出一、二个钟头为几家"五保户"和"双职工"送煮饭的煤球火种、送开水、送米往食堂炖饭,长期坚持不计报酬。这样的例子是不胜枚举的。在这种"我为人人,人人为我"的崇高品质的影响下,旧城市遗留下来的"自私自利、好逸恶劳"的旧意识残余,到处被人唾弃;而"热爱劳动、热爱集体、家庭和睦、邻里团结"的新社会风尚,更进一步地得到了发挥。

随着生产、生活集体化和家务劳动社会化程度的逐步提高,广大群众也更迫切地要求提高政治思想水平和科学文化水平。每个城市人民公社,逐步开展了群众性的科学研究。这些工作尽管现在还仅仅是开始,有些学校在教学上还缺少经验,但是,随着城市人民公社的巩固与发展,加上城市文化水平较高、居住集中等有利条件,可以预见,公社的文化教育事业,必将会日益普遍和高速度地发展起来。而城市人民公社文教科学事业的发展,将为脑力劳动与体力劳动差别的逐步消灭创造更为有利的条件。

最后,还可以看到:由于城市人民公社大大提高了城市人民的组织程度和觉悟程度,由于人民公社实行了政社合一,这对于更好地发扬人民民主,进一步加强无产阶级专政,安定社会秩序,加强人民内部团结,促进社会主义改造的深入发展等方面,也都起着明显的和重大的作用。

上述情况,充分地表明:如同农村的人民公社一样,城市人民公社是城市生产力进一步发展的具有决定意义的前提,是城市人民社会主义觉悟不断提高的学校,也是共产主义萌芽得以成长壮大的园地。现在,城市人民公社正在吸引着越来越多的人民群众,各个城市的广大职工、职工家属和其他城市居民,在党的领导下,在社会主义建设总路线的指引下,正在掀起一个声势浩大、波澜壮阔的城市人民公社普遍化运动的热潮。可以预料,在不长的时间内,城市人民公社将会在我省各个城市中普遍地建立起来,并且将日益走上巩固的健全发展的道路。

由于城市居民中各阶层的思想觉悟,生活水平和生活习惯有所差别,人们对城市人民公社的要求也有所不同。广大劳动人民迫切要求建立人民公社，我们必须满腔热忱地支持他们并帮助他们实现这种愿望。但是，在城市中也还有一些人对入社抱有顾虑，有些人对改变生活习惯还需要有一个过程。对于这些现在还不想参加公社的人，应当根据党的政策，不要勉强他们参加，而且还要劝他们不要勉强参加。他们对公社化问题的怀疑和误解，应当认真地、耐心地进行解释，使他们消除疑虑，从而对城市公社化有正确的认识。在各项具体工作中，必须按照党的政策办事，例如个人生活资料和在银行的存款永远归个人所有；不论参加公社与否，生活必需品都应当按标准如数供应等等。对这些问题，应当在群众中反复地讲清楚，以便在实际工作中认真贯彻与执行。我们相信，如果今天还有一些人对城市人民公社的好处认识不清楚，还有所怀疑和顾虑；那末，随着时间的推移，他们是会很快地看清楚的，会有越来越多的人自觉自愿、高高兴兴地参加到公社里来的。

城市公社化运动既然是一个具有伟大历史意义的大事，它必然会遭受帝国主义和反动派的疯狂咒骂和恶毒攻击。但是，我们清楚地知道：敌人的咒骂正是我们所需要的"赞扬"。难道我们可以用敌人的夸奖来证明我们的完全正确吗？敌人的咒骂恰好证明我们的完全正确，证明革命事业的光辉胜利。帝国主义和反动派的恶毒攻击和疯狂的反对，一定会遭到可耻的失败！我们坚信，在党中央和毛主席的正确领导下，城市人民公社一定会迅速普遍化，也一定会办得很好。它在今后的社会主义建设中，必将愈来愈展示出光辉灿烂的前景，它将继续以不可阻挡之势发展下去，它不但是今天社会主义的最好基层组织形式，而且还将成为共产主义社会最好的社会基层组织形式。

让我们更高地举起总路线、大跃进、人民公社的胜利红旗，为实现本省城市人民公社普遍化这一伟大历史任务而奋勇前进！

（十六）《思想解放》

城市人民公社万岁

韦仲文

（一九六〇年三月十六日）

　　一个波澜壮阔的城市大办人民公社的高潮，正在全国范围内掀起，这是继一九五八年农村公社化运动后又一个具有伟大历史意义的事件。全国一亿多的城市人民，掌握了人民公社这个最好的组织形式，将更有力地推动社会主义建设继续大跃进。从此，我国社会主义新城市的建设将进入一个新的发展阶段，城市工农商学兵各项事业和广大劳动人民将更全面更高度地组织起来，个体经济和资本主义所有制的残余以至旧城市的面貌将得到更彻底的改造，城市的经济文化建设事业将得到更加迅速的发展，并为将来过渡到共产主义创造条件。

　　这一高潮的出现，决不是偶然的。它是建国十年来城市的一系列改造工作取得巨大成就，特别是最近两年多来贯彻执行社会主义建设总路线、实现连续的大跃进，以及广大农村实现人民公社化对城市起了推动作用、在城市人民生活各个方面进行了巨大的组织工作的必然结果。

　　解放以来，我们对城市进行了一系列的改造工作。首先，在接管城市以后，建立了人民政权，开展了镇压反革命运动和民主改革运动，消灭了隐藏在城市的反革命分子和封建残余势力，把反动阶级统治的城市变为人民的城市。同时，没收了官僚资本，建立了社会主义的国营经济，对资本主义工商业实行了全行业的公私合营，个体经营的手工业实现了合作化，这样就基本上完成了对城市手工业和资本主义工商业的改造，建立起社会主义的经济基础。在这个过程中，我们大力地发展了城市的生产建设，我们还不断地对城市人民进行了系统的社会主义思想教育，逐步缩小资产阶级思想的影响，改变旧社会的不良风俗习惯,树立社会主义的新风尚。所有这些,都为社会主义新城市的建设,奠定了政治的、经济的、思想的良好基础。

社会主义建设总路线的提出、大跃进的连续实现、农村人民公社的建立和发展,大大推动和加速了社会主义新城市的建设工作,城市面貌发生了急剧的变化。工业建设突飞猛进,不但国营的骨干工业高速发展,而且城市街道工业也大量地举办起来。城市街道居民和职工家属,积极地投入了生产事业,特别是广大妇女从家务劳动中解放出来,参加了社会劳动,从而出现了"人人闹生产,户户无闲人"的新气象。为了适应这个需要,街道大量举办了公共食堂、幼儿园、托儿所、服务站等集体生活服务事业,使家务劳动日益社会化。经过全民整风运动、大跃进的实践和总路线的教育,广大城市人民的政治觉悟和集体主义思想得到了进一步的提高,敢想敢干、团结协作的共产主义风格得到了大大的发扬。在这种情况下,为了城市社会主义经济基础的发展和人民群众的迫切要求,更好地保证社会主义建设的持续跃进,作为上层建筑的社会组织形式,就需要有一个相应的变革——实现城市人民公社化。

由于城市具有一些与农村不同的特点:一方面,在城市中,社会主义全民所有制的经济已经占据了主导地位,机关、工厂、企业、学校已经按照社会主义的原则实现了高度的组织化,因而城市的公社化不能不提出一些同农村不同的要求;另一方面,城市中的资产阶级和资产阶级知识分子较多,各阶层的生活水平差别较大,资产阶级思想对人民的影响较深,这些就构成了城市情况的复杂性。因此,党对城市人民公社的建立,采取了既积极又慎重的方针,首先进行试点,在取得经验以后,再大量兴办起来。经过一年多的重点试办,城市人民公社已取得了显著的成绩和初步的经验,对城市人民发生了良好的影响和强烈的吸引力。各地在试办中,已经找到适合城市特点的人民公社的三种组织形式:以大型国营厂矿为中心建立的,以机关、学校为中心建立的,以街道居民为主建立的。这几种组织形式,也都有了一些试办的经验。这样,就为城市大办城市人民公社创造了极其有利的条件。目前,城市人民公社化运动的高潮,正是在这种有利形势下开展起来的。

"关于人民公社若干问题的决议"指出:"城市中的人民公社,将来也会以适合城市特点的形式,成为改造旧城市和建设社会主义新城市的工具,成为生产、交换、分配和人民生活福利的统一组织者,成为工农商学兵相结合和政社合一的社会组织。"实事证明,中央这一论断是完全正确的。从第一批试办的人民公社就已经可以看出,它是具有强大的生命力和无比的优越性的组织形式,无论在促进经济建设和文化建设方面,或者在组织人民生活方面,都有着伟大的作用。

城市人民公社可以促进生产建设全面大跃进。在公社的统一领导下,国营骨干工业和公社、街道工业将得到更密切的结合:一方面,国营工业可以在技术上、设备上给公社、街道工业以有力支援,国营工业的废料、下脚料可以供给公社、街道工业利用,化无用为有用,为社会创造更多的财富;另一方面,公社、街道工业可以分担国营工业一部分辅助性的生产任务,也可以负担一部分日常工业品的制造,使国营工业更能集中力量进行大批的、高级的产品生产,更便利于进行尖端的、精密的、新型的产品的试制工作,这样就可以更有效地贯彻执行大型企业和中小型企业并举、重工业和轻工业并举、国营工业和公社、街道工业并举以及土法生产和洋法生产并举等"两条腿走路"的方针,做到密切结合、彼此协作、互相支援、综合利用,大大加速城市工业的发展。城市人民公社的建立,也有利于贯彻工业和农业并举的方针。城市人民公社,有些可以划进一部分郊区,成立农业生产队;有些可以根据条件和需要,组织力量,利用空地种植蔬菜和饲养禽畜;有些可以和郊区人民公社挂钩,互相支援,密切协作。这样就可以逐步做到城市副食品基本上自给,并且也有力促进农业生产的发展,为逐步缩小以至消灭城乡之间、工农之间差别创造条件。通过人民公社的建立,还可以在城市街道居民和职工家属中挖掘出大量的劳动力,发展生产事业,支援国营工厂需要。这不但对解决工业劳动力不足的困难起着很大作用,同时由于这些劳动力是来自城市本身,就可以减少急剧增加城市人口带来的许多困难,可以使工厂节省扩建宿舍和各项生活福利设施的开支。这是符合增产节约的原则、合乎多快好省发展生产事业的要求的。

城市人民公社的建立,使生产更高度地集体化,这就必然要求生活方式有个相适应的变革。广大妇女参加了社会生产劳动,原来由她们负担的做饭、洗衣、管小孩等等一套家务劳动,就需要公社统筹安排解决。解决的办法,就是普遍举办公共食堂、托儿所、幼儿园、服务站等集体福利事业,变家务劳动为社会劳动,变一家一户的生活方式为集体的生活方式。而人民公社化的实现,也为大量地、普遍地举办生活福利事业、实现生活集体化提供了更为有利的条件。因为通过公社的统一领导,可以把国营商业、服务业和工厂、学校、机关的福利事业以及街道的服务事业密切结合起来,在国家的直接帮助下,依靠群众自己动手,组成以国营商业、服务业为中心的,以群众自我服务为基础的人民经济生活网。变家务劳动为社会劳动,使广大妇女从家务劳动中解放出来,这是共产主义事业发展的标志,妇女彻底解放的标志,正如列宁说的:"只有在反对这种琐碎家务的普遍斗争(为掌握国家权力的无产阶级所领导的)开始了的地方,更确切地说,只有在开始把琐碎家务普遍改造为社会主义大经济的地方,才有真正的妇女解放,才有真正的共产主义。"由于城市生活比较复杂,资产阶级思想影响较深,妇女受家务劳动束缚更为严重,因此家务劳动社会化有着更加重大的意义。变一家一户的生活方式为集体的生活方式,这不仅是生产高度集体化的必然要求,而且是广大人民生活更加幸福美满的保证。只有在生活集体化的条件下,现代的物质和文化设施,才能为广大人民群众所享用,从而大大提高劳动人民的物质和文化生活水平。同时,也只有在生活集体化的条件下,使人民公社成为一个温暖的社会主义大家庭,一人有事,大家相帮,一家困难,各家支援,个人的生活幸福才能得到可靠的保证。这种使人们日子过得更美好的生活变革,只有通过人民公社才能彻底实现。

人民公社的建立,可以促进城市文化教育和科学技术的大发展。根据辩证唯物主义原理,一切知识都来源于人们的生产实践,当千千万万群众参加社会生产劳动以后,就必然要求提高自己的政治、文化和科学技术水平,同时也比较容易掌握这些知识。过去在组织群众学习上,常常会碰到这样的一些困难,就是许多妇女因受到家务劳动的拖累,抽不出时间参加学习,就是勉强参加学习,也不容易学进去,当然更谈不上什么研究科学技术。人民公社全面地安排了群众生活,把广大妇女从家务劳动中解放出来,上述的困难得到解决,群众的学习热情就必然大大高涨。特别是在人民公社的统一领导下,贯彻"一主、二辅、三结合"的方针,以国家主办的正规学校、文艺团体、科学研究机关为骨干,把公社、机关、企业、街道举办的各级各类学校、文化艺术组织、科学研究组织密切结合起来,组织一个有广泛群众规模的文化教育和科学技术网。

这样就必然迅速掀起一个普及和提高相结合的文化革命和技术革命新高潮，使城市的文化教育科学事业得到全面的大发展。

城市人民公社的成立，更有利于改造资产阶级分子，肃清资产阶级的影响。过去对城市资产阶级分子，做了很多改造的工作，取得很大的成绩，但是，要彻底改变他们的思想意识，把他们改造成为真正自食其力的劳动者，还需要经过一个相当长期的、复杂的过程。城市人民公社化运动，促进他们参加生产劳动，参加集体生活，参加学习，这样，在广大的群众性运动中，就更易于加强对他们的组织领导，进行彻底改造。随着资本主义残余的逐步肃清，广大群众的组织性和社会主义觉悟进一步提高，资产阶级思想的影响也就会日益缩小以至最后消灭。

实现城市人民公社化，是全面彻底地变旧城市为社会主义新城市的又一次极为深刻的社会革命。在党的领导下，运用人民公社这种最好的组织形式，广大的劳动人民将用自己的双手，在城市创作出一幅繁荣、富裕、文明、幸福的最新最美的图画。随着城市建设的全面发展，生产事业的不断跃进，在不远的将来，我们的城市必然会出现一个崭新的面貌，那时候，在城市中既有高度发展的现代工业，又有高度发展的现代化农业，组织一个以工业为中心、工农业同时并举、互相促进、全面发展的生产网；随着生产的发展，公共福利事业和群众服务事业日益增长，服务范围日益扩大，收费标准逐步降低，最后做到全部免费，城市人民整个经济生活，都得到妥善的安排；消费资料的分配，将更有计划地进行，集体消费部分将日益扩大，个人消费部分也将得到更好的满足，各阶层生活水平的差别将逐步缩小；不利于生产和影响人民健康的旧市区，经过分期分批地改造，将成为园林化的整齐、清洁、美丽的新市区；正规学校、业余学校、图书馆、俱乐部、电影院、剧院等文化教育事业将得到大量发展和合理分配，大大丰富城市人民文化生活。生活在这种新城市中的人民，将是具有共产主义觉悟、高度文化修养、热爱集体、热爱劳动的新型劳动者。整个城市将树立起一种以劳动为荣、助人为乐、勤俭节约、奋发上进的新风尚，到那时候，我们的城市就将和广大农村一道，向着共产主义的崇高理想迈步前进。

城市人民公社，是伟大的新生事物，是城市人民的伟大创举，是伟大的群众革命运动，我们必须以满腔的热情，与群众同命运，共呼吸，积极地去扶植它，使它迅速发展、壮大。让我们举手欢呼：城市人民公社万岁！

一个城市人民公社的诞生和成长

中共南宁市委和平人民公社工作组

（一九六○年三月十六日）

南宁市和平人民公社是由原来的和平、宁武两个街道办事处合并组成的，共有 4755 户，4.0361 万人，其中有各级机关集体户 82 户，职工及家属 2.1459 万人，街道居民 4673 户，1.8902 万人。街道居民中，绝大部分是从事建筑、土方、板车等劳动，少部分是个体小商贩和从事小商品加工制造、修理服务等手工业劳动。从居民成分的比重来看，基本群众占绝对优势，他们在党的教育培养下，政治思想觉悟都有不同程度的提高，愿意走社会主义道路，这是我们组织城市人民经济生活和发展城市人民公社的基本条件。但是，由于城市居民生活方式的复杂性，旧意识、旧习惯在人民思想领域中仍然占据着相当的地位，因而在组织集体化的过程中，两条道路的斗争仍然是激烈的，普遍的。

这个公社是在全民整风获得伟大胜利、人民群众政治思想觉悟提高的基础上，在总路线光辉照耀下，在大跃进和农村人民公社化运动的影响和推动下，于 1958 年 9 月建立的。它和全国各地的人民公社一样，是我国经济和政治发展的必然产物。

和平公社建立一年多来，已经充分地体现了它的无比优越性和强大生命力，在发展生产、组织群众生活、加强社会主义教育等方面，都起到了很大的作用。今年 3 月以来，在工作组的大力协助下，积极地开展了全面的组织人民经济生活运动，使公社的生产、生活福利、交通运输、文教卫生等方面的工作又有了很大的发展。到目前为止，公社工厂（组）由原来 21 个发展到 103 个，职工人数由原来 627 人发展到 1200 多人，工业产值由建社前的每月 13 万元增至今年 3 月的 45 万元，4 月上半月更猛增至 80 多万元，而且街道工业充分利用大工厂的下脚料加工制造各种产品,广泛与大工业协作,对支援大工业、农业、出口和人民生活需要,起了很大的作用;在发展工业的同时,全面组织副业生产,建立了一支 615 人的短途运输队、土方工程队,安排了 170 多人从事副业生产;全社共解放 2268 个劳动力(未包括机关分社),其中绝大部分是家庭妇女,从事各项生产服务事业,实现了"人人搞生产,户户无闲人";采取积极办好、自愿参加的原则,组织食堂 84 个(包括机关分社),比建社前的 7 个增加了 11 倍,参加食堂吃饭的人数达到 82% 以上;采取多种多样的形式建立起 103 所托儿所、幼儿园(包括机关),入托入园儿童达到 3297 人,比建社前有了很大的增加;原来公社没有生活服务组织,现在已建立起 52 个生活服务站,大大方便了群众,建立了 1 个综合商店,4 个综合门市部,33 个供应点,每个食堂建立了小卖部;办起初中 1 所、业余中学 1 所,还建立了广播站、1 个中心俱乐部、11 个图书馆,组织了歌舞队、文艺组,使社员文化生活丰富多彩,原来公社内的文盲已有 80% 脱盲。由于公社生产、福利事业大大发展,人民生活不断提高,已组织起来参加公社生产工作的社员,每人平均工资达到 24 元,基本上消灭了救济户。随着生产的不断发展、生活的不断改善,人们的精神面貌大大改观,共产主义新风格到处洋溢。

一年多来,和平人民公社在发动群众组织社员参加生产和兴办集体生活福利事业中,取得的成绩是很大的,他们的作法主要是抓住以下几个环节:

(一)从整顿、提高原有生产入手,全面发动群众,大搞生产,实现人人搞生产,户户无闲人。

首先,抓住原有生产的整顿和提高,将原来分散的各个小厂的设备、资金、技术力量,视需要和可能适当集中合并。如公社办的和平五金厂,原来是分散经营的 7 个小厂,由于资金、技术、设备、人力等条件的限制,只能生产一些柴刀、菜刀、洋铲之类的五金用品,公社成立后,经过合并、扩建,已成为一个设备比较完整的工厂,内分翻砂、机修、冷工、电器等几部分,不但能生产大批的普通五金用品,而且还能制造车床、磨床、电锤、电钻等设备武装自己,扩大生产规模。目前这个厂已能生产 10 多种产品,其中包括有像糖果机、粉碎机等较复杂的机器。

第二,在整顿和提高原有生产的同时,大力发动群众建立新厂,不断增加新的力量。和平公社在试办过程中,抓住发展生产这个中心,一年多来,从无到有、从小到大,办了不少的厂(组),生产规模愈来愈大,厂(组)数增加了3倍,职工人数增加了11倍。如和平铁厂,就由最初的5人发展到现在的96人,资金由12元增加到1.2万元。工厂办的这样多,生产发展得这样快,主要是公社贯彻了街道工业"为大工业、农业、出口和人民生活需要服务"的方针,采取了因地制宜、因陋就简、由土到洋、从低到高,以及集中生产与分散生产相结合等一系列简便易行的方法。由于投资少,收益快,方式灵活,所以群众非常拥护。社员参加生产有集中在一个工厂生产的,也有统一领导、统一计划、统一管理而拿回家去分散生产的;有参加全天生产的,也有参加半天生产的;有老人,也有小孩。总之,公社根据社会需要,开辟各种生产门路,同时按照各人劳动力强弱和技术水平高低的情况,把一切有劳动能力的人,在充分做好思想发动的基础上,统统组织起来,分配他们参加力所能及的工作,对于那些没有技术或年老、体弱的人,也安排到适当的工作岗位上,如补标语纸、贴鞋底、打草绳等等。据华东路一条街的不完全统计,有80多个老弱、体衰的人,参加了半天生产。这样,就在全公社范围内,基本上实现了人人参加生产,户户无闲人的社会新气象。

第三,为了促进生产大发展,技术大提高,广泛组织了生产大协作,不断提高新、老厂的生产能力。如电焊条厂建厂时,感到资金不足,公社便组织五金、白铁、木器3个厂给予大力支援;木器厂要安装柴油机,没有机修工人,五金厂就抽出了技术工人去协助安装,使他们迅速地投入或扩大了生产。又如以和平五金厂为中心,将公社所有五金厂(组)挂钩,定期开会,研究生产技术问题,使生产技术不断提高,产品产量不断增加。目前这个公社生产的机械化、半机械化程度,已由原来的12%提高到32.24%,产品增加到39种。

由于公社充分地调动和利用了一切积极因素,统一组织、调配和安排了物力、财力、人力,工业产值激增,今年4月上半月的产值达到了80万元,超过建社前月份产值的5倍多。公社生产的产品对支援国家工业建设、发展农业和改善人民生活,起了积极的作用。如生产的大批电焊条、螺丝钉、螺丝帽、石灰、砖瓦,支援了本市的汽车修配和基本建设工程需要;生产的木车铃、木车心、锄头、渔网、麻绳等,支援了农业生产;在人民生活方面,生产的白铁桶不仅为本市群众所喜爱,而且还远销区外和国外。

(二)贯彻"以生产为中心,生产生活一齐抓"的方针,大办公共食堂,全面发展集体生活福利事业。

大办公共食堂是群众生活集体化的中心问题,食堂办好了,群众的生活问题就大部得到解决,群众的生产劲头也就会越大。让群众吃得好、吃得饱、吃得省、吃得干净卫生,这是我们办食堂的指导思想。

经过一年多来的实践,特别是最近一个时期,随着城市人民公社化的高潮,公共食堂已基本普遍建立起来,"以食堂而聚"已经成为全体社员的共同要求。要把食堂巩固和发展起来,根据过去的经验,应该坚持以下几条原则:①积极办好,自愿参加;②方便群众,有利生产;③群众的事群众办;④实行粮食以人定量,节余归户;⑤勤俭办食堂;⑥发展副业生产,建立食堂家底;⑦账目公开,实行民主管理。

在生活服务方面,除举办托儿所、幼儿园外,还应采取托儿队、托儿组、托儿站等多种多样的组织形式。对各种生活服务站(组),同样采取因事制宜的办法,形式多种多样,内容丰富多彩,收费公平合理,服务态度周到,处处为方便群众着想,服务项目从代办储蓄、代买日用品到代布置新房、护送病人入院就诊等等,应有尽有。由于生活服务站(组)的普遍建立,"人人为我,我为人人"的共产主义精神大大发扬起来。

(三)大搞群众运动,广泛深入地开展社会主义、共产主义教育,耐心细致地进行思想发动,建立和办好人民公社。

随着公社的建立,残存的个体经济将进一步组织起来,资产阶级分子及其家属将在劳动中进一步得到改变,为数众多的家庭妇女将从家务劳动中解放,参加社会劳动,广大人民群众原来分散的生活方式将逐步变成集体化的生活方式……这一切的巨大转变,牵涉到城市中每一个人,因此,建立人民公社运动是一场巨大的移风易俗的大革命,是社会主义革命的深入发展。但由于阶级成分不同,思想觉悟各异,对于人民公社这个新生事物,不可避免地会出现各种各样的态度。

广大的职工、劳动群众,特别是劳动妇女,迫切要求和热烈欢迎人民公社的成立,她们把这称为是又一次大解放,因此,她们对人民公社的成立表现出了无比的热情。例如,当公社党委发出了"人人为公社做一件好事"的号召之后,她们立刻热烈响应,积极行动起来。为了办好公共食堂和托儿所,和平路单车修理工人积极带头发动大家为食堂搬砖瓦、砌炉灶;上海路妇女吴玉群甚至在半夜回家动员父亲替食堂赶制切菜机、洗米机;和平居委会在一次群众大会上宣传人民公社的优越性后,当时就有 120 户居民表示把粮油证交出来要求参加公共食堂,会后很快就自动腾出了 20 多间房子,拿来了 500 多件物品、600 多元钱,借给公社大办公共食堂和托儿所;铁路职工家属,听到大办人民公社的消息之后,欢喜雀跃,纷纷要求参加公社的生产和各种服务事业。像这样动人的事例,是数也数不尽、说也说不完的。

但是,也有部分人由于对人民公社优越性、党的有关方针政策缺乏了解,起初存在着一些顾虑。如有些人怕参加公共食堂后不自由、饭菜不合口味等,对参加食堂表现了动摇的态度;有少数生活较为富裕的职工家属,认为自己家庭生活没有困难,何必出去参加社会劳动;也有的人留恋过去资产阶级式的生活方式,对人民公社产生抵触情绪。同时,在建社过程中,我们还发现有少数敌对阶级分子乘机进行造谣破坏。所以,建立人民公社不可能是一帆风顺、平平静静的,这里仍然存在着复杂的斗争,既有资本主义和社会主义两条道路的斗争,也有先进与落后的斗争。

除了对敌对阶级分子的造谣破坏给予坚决的打击以外,对于广大劳动群众,我们始终不懈地进行了艰苦细致的思想发动工作。我们坚决依靠工人阶级和广大劳动人民,大搞群众运动,广泛深入地发动群众开展大鸣、大放、大辩论,大张旗鼓地进行总路线、人民公社优越性、党的有关方针政策的宣传,使之做到家喻户晓、老幼皆知。对于群众中存在的各种顾虑和错误认识,则进行耐心的解释。对于不同的对象,采取不同的办法进行宣传教育,既有大会讨论,也有个别谈心。对于那些顾虑较大、暂时还不愿意参加公社的人,不勉强动员他们入社。

这样一来,群众便受到了广泛深入的社会主义、共产主义教育,思想觉悟迅速提高,争先恐后要求入社。群众的精神面貌起了巨大变化,人与人之间团结友爱互相帮助的新型关系普遍形成,不计报酬、不讲条件、积极工作的共产主义劳动态度广泛树立,劳动热情空前高涨,这就保证了我社的各项工作和各项事业获得飞快的发展。

人民公社改变了城镇面貌

林　浩

（一九六〇年三月十六日）

　　玉林城关人民公社是在 1958 年 10 月诞生的。一年多来，人民公社对发展生产、组织生活、提高人民觉悟、改造城镇经济面貌和精神面貌，已显示出无比的优越性。

　　在 1958 年大跃进的日子里，玉林城关镇国营工业扩建和新建了不少项目，仅 11 个厂就需要补充 3000 多个劳动力；为了适应生产大跃进的需要，国营工厂和合作工厂之间迫切要求大协作；5 个棉织合作工厂为了改变手工操作，实现机械化半机械化生产，急需装备一大批铁木织机，还要解决资金、原料和技术；在大办街道工业高潮中，原来闲散在家的居民，特别是广大妇女群众，逐步参加了生产，迫切要求生活集体化和家务劳动社会化；为了解决工业和城镇人口的副食供应，也要求城镇建立自己的农副产品商品生产基地；广大群众经过社会主义建设总路线的教育，政治思想觉悟大大提高，迫切要求进一步组织起来参加生产建设。于是玉林城关人民公社就在这样的大好形势下诞生了。

　　城关人民公社是以合作工厂、商店、郊区农业社为主，吸收国营企业、机关、学校的职工家属和街道居民参加组成的。目前，全社有棉纺、针织、农具、砖瓦、牛奶、化工等大小工厂 68 个，农业大队 3 个（土地 3000 多亩），商店 8 个（门市部 46 个），有公办小学 17 所，社办中学、小学各 1 所，同时举办了各项公共福利事业和服务业。

　　公社成立后，通过大力组织居民的生产和生活，社会生产力迅速地向前发展，人民的生活水平不断提高。原来消费落后的城镇，已经更进一步地成为生产先进的新城镇。

大力组织和发展生产,是办好城镇人民公社的中心环节,是彻底改造旧城市建设社会主义新城市的物质基础。城关公社根据社会生产的需要和劳动力的具体情况,采取因地制宜、因陋就简、大搞群众运动的办法,全面组织生产。公社经常的主要生产项目,有固定的工业生产、季节性的商品生产,代国营企业和商店加工产品,组织洗染、修补等服务性生产。农业大队则建立起以蔬菜、养猪为主的商品生产基地。一年多来,公社安排了有劳动力的职工家属和街道居民到国营工厂参加生产的有 2300 多人,参加公社工厂生产的有 3500 多人,还输送给国营企业机关 850 多人。这些人中有 60%—70% 是家庭妇女。公社工业和国营企业互相协作和支援,如社办农具厂,为棉织厂生产铁木织机时,没有动力车床,玉林专区汽车保修厂知道后,便立即送给农具厂一台汽车头和一台七尺车床,使生产得到顺利进行;汽车修理厂有时任务繁重,农具厂就大力支援,代他们加工小零件,仅去年一年就达 4000 件,去年农具厂支援大厂加工的产值就有 15 万多元。像这样的支援和协作是普遍的经常的,公社工业已经越来越显示出它的重要,成为国营工业的有力助手。

人民公社有力地促进了工农业各项生产的大发展。1959 年工业总产值达 850 多万元,比 1958 年增长了 84.1%,比 1949 年增长了 31 倍。在产品的产量和质量方面也有很大提高,去年为国家生产棉布 30 万公尺,手帕 7 万多打,毛巾 6 打,大幅蚊帐布不仅盛销国内,还远销苏联、越南等兄弟国家。此外,还生产了大量的小五金、农具、砖瓦等供应工农业生产的需要。在农业生产中贯彻了以种菜、养猪为纲、为城市服务的方针,1959 年,蔬菜平均亩产 23000 斤,比 1958 年增长了 1 倍,比 1949 年增长了 2.8 倍,除自给外,每年还有 270 万斤南菜北运,支援大城市。

随着生产的飞跃发展,大办街道工业,生产集体化使得人们的生产积极性空前高涨,生产技术不断提高,不少工厂已由手工操作变为半机械化生产。1959 年全社工具改革就有 2480 项,为实现工业现代化打下了初步基础。

生产发展了,社员的生活也相应地得到提高。公社化后 95% 以上的社员增加了收入,建社前社员每月平均收入为 15 元,现在上升到 30—35 元。据电木五金厂统计,职工个人存款一般达到 100 元,最高的有 250 元。不仅个人收入增加,更重要的是为国家创造了大量的财富,1959 年,各生产单位除自己积累扩大再生产外,还上缴公社积累 44 万元。公社的积累 90% 是用来扩大再生产,10% 用来举办公社集体福利事业。

随着居民的全面就业,国家每年救济支出大大下降,由 1957 年的 6083 元,降为 1959 年的 530 元。县前路周泽富全家 7 口人,过去每月都要靠政府救济维持生活,现在夫妇俩都有了工作,每月收入一百多元,除了解决吃饭外,还添置了一批衣物,银行里还有存款一百多元。"户户无闲人,人人有工做",人们的生活都富裕幸福起来。

生产走向集体化,生活也必须实现集体化。在发展生产的同时,大办集体生活福利事业,以解决分散的、繁重的家务劳动和集体生产的矛盾,便越来越显得重要了。公社一手抓生产,一手抓生活,共办了食堂 198 个,全社 92.11% 的人口都参加了食堂。由于食堂贯彻了民主管理、计划用粮,同时大搞种菜养猪,实行炊具改革,设小卖部等措施,越办越好,吸引了更多的群众参加。群众称赞说:"食堂巧煮千家饭,人民公社暖人心。"全社建立了托儿所、站 52 个,幼儿园 15 个,入托入园儿童共 3800 多人,基本实现了幼托化。办了 1 所敬老院,使老、残无依的 37 人能够欢度幸福的晚年。为了进一步满足群众生产、生活的要求,今年 2 月举办了 1 个服务总站和 135 个服务点,分布在全镇各个街道,服务项目是多种多样的,从洗衣、缝补、理发、照顾病人到代办储蓄,代售邮票、车票,代办红白喜事等,大大方便了群众。通过生活集体化,也就进一步激发了人们热爱集体、热爱劳动的社会主义精神。

随着公社的巩固和发展,街道面貌也在迅速地改观。原来低矮破烂的房屋,进行了全面的修理粉刷,已焕然一新;街道两旁种满黄槐树,冬春之间,黄花盛开,显得分外美丽;大搞群众爱国卫生运动,新建了公厕,平整了马路,市区整齐、清洁。

由于生产的大发展和集体福利事业的大量举办,人民的精神面貌也发生了深刻的变化,人与人之间形成了新的关系。过去人民囿于家庭的小天地,不关心他人,因琐碎小事不时发生争吵的现象已经消灭,而代之以互助团结、彼此关心的社会新风尚。如县前路周泽志,由于平日好吃懒做,夫妻间经常打架,公社化后,参加了生产,现在劳动很好,家庭民主和睦了。民七路陈明芳见到街道办食堂调整房屋发生困难,他就自动地把自己的多余房子打扫得干干净净,让给周绍志家居住。像这样动人的例子是很多的。

城关人民公社的成立,全面、彻底地改造旧城市和建设社会主义新城市的工作,已取得了巨大的成绩。随着人民公社的巩固和发展,公社制度的优越性进一步发挥,它必将迅速地、有力地把我们城市的经济建设和文化建设推向一个完全崭新的阶段。(本文作者是玉林城关镇镇长)

（十七）《人民公社好》[*]

＊　《人民公社好》（资料汇编，第3集），中共哈尔滨市委办公厅编，1958年9月25日。

建立香坊实验轴承人民公社的情况

（一九五八年九月）

　　香坊区委、轴承厂党委共同搞了一个香坊实验轴承人民公社，实验轴承人民公社，以轴承厂为中心，包括香坊、安埠、通天、六顺四个街，四十八个居民委，三百二十二个居民组，一万四千二百九十七户，六万九千〇四十三人。这个地区是香坊的政治、经济、文化中心，有区党政机关，除轴承外尚有轧钢、油脂制油、啤酒、机械等地方国营工业，国营商业和服务网点亦较多，在民办工业中有六十一个行业、九十五个工厂，有三个农业生产合作社，有中、小学和医院等。

　　整风以后广大人民思想觉悟的提高，生产不断的跃进，成立公社已成为广大人民的需要，同时也是工作的需要。今年年初，轴承厂由于生产的发展就曾组织家属参加生产，解决轴承厂生产发展的需要，由此曾考虑组织轴承大街。毛主席说人民公社好，和外地经验的报导，给我们很大启发，同时省、市委给了具体指示，又派来了工作组，党校又来了人，这样就把这个公社搞起来了。

　　工作铺开的当天，宣传后，群众极为拥护，有个老太太讲：先在我们这搞，是我们的光荣，并当场扭秧歌。群众贴出了大字报数千张，如有的妇女讲："搞公社参加劳动，这回建设社会主义也有我的份了。"还有的说："过去光讲勤俭持家，总觉得有劲使不出来。这回有劲可使了，大家扭成一股绳，一齐往前上，共产主义到来就快了。"也有的妇女说："这回可不受爷们的气了，花男人两个钱怎么算计，回来还得挨扣。"群众的思想提高了，干劲鼓起来了，已形成群众性的办公社运动热潮，广大妇女纷纷要求参加劳动，因此举办托儿所非常迅速，有个委一天就搞了十三个托儿所。到现在为止筹备起托儿所三百二十二个，幼儿园八十一个，公共食堂八十九个。场面轰开了，举办人民公社已成为街头巷尾的议论中心。

近二十天来收到一些成果，家庭风气有了变化：过去家庭不和睦的，现在和睦了；孩子打架现象减少了；虐待老人的现象减少了；过去被打发走的，现在要接回来；扶老携幼的风气浓厚了。

建立公社的办公室架子搭起后，主要组织宣传，组织劳动力投入生产，对民办工厂进行改组，编辫子，下一步准备按公社组织章程进一步地进行工作。

从上一段工作可以看出，方向是对头的，工作顺利，有四点体会：

一、深入共产主义教育是
建立公社的思想基础

办公社开始首先就强调了开展共产主义教育运动，我们认为这是建社的基础。因为人民公社将是共产主义社会的基层单位，仅有一般的社会主义思想觉悟是不够的，因此，要求思想上要先进入共产主义社会，共产主义教育要广，深透。因此我们把它看成一项政治任务来完成，尤其城市职工家属过去有不少人未参加过社会劳动，公社虽好也不是一下子就能被接受下来，工作一铺开后就遇到了思想障碍，群众有七怕：怕累、怕脏、怕孩子受委屈、怕投资、怕倒房子、怕上夜班、怕挣钱不够孩子花的等。还有四不干：不干脏活、不干累活、不干赚钱少的活、不干离家远的活等。经过反复教育后综合起来暴露出这样三种思想情况：

1.怕干活脏、累，孩子受委屈。如有的男人扯女人后腿，说："你们老娘们能干啥活，给我带好孩子就行了。"有的妇女把缝纫机要拿到公社，但男的把针头给卸下来，并说："要去就人去，我的东西不能去。"

2.嫌挣钱少，怕不够送孩子上托儿所花的。

3.懒汉想不劳而获，"什么共产主义不共产主义的，你们到了我也剩不下"。

这些思想反映了思想觉悟不高和资产阶级思想影响是很深的。针对这种情况，我们采取了多种多样的方法，着重通过群众性的大辩论，论虚，先实后虚,经验交流,现场会议等方法进行了教育。辩论后群众都认识了不劳动是可耻的,建设社会主义共产主义人人有责。

在思想教育方面,着重进行了社会主义和共产主义的教育,配合现场会议、参观,对群众教育很大。在群众辩论会上提出组织公社四大好处:

1. 人人参加劳动,生活提高了。

2. 自私自利的思想和懒思想消灭了。

3. 家庭和睦了。

4. 都干活,扯老婆舌头、打仗现象没有了,邻里和睦了。

因此办公社,推动了广大人民的思想觉悟提高。根据两个典型的调查,60%—70%的群众认识到办公社人人有责,20%—30%的人是为了干活挣钱,随大流。同时随着宣传教育工作的深入,也发现两起谣言,小私有者中出现不入社,观望,怕自己的东西归公,嫌入社挣钱少,不自由,有的说不入社再过两三年也不愁吃穿,这反映了在建社的两条道路的斗争。

我们认为两条道路的斗争还是尖锐的,但普遍的大量的基本的还是思想认识问题,同时这一地区90%以上的居民是职工家属,主要是资产阶级思想影响,因此首先要抓住共产主义教育。

二、办公社必须以生产为中心

这是公社的物质基础,不这样做,公社就不可能巩固。所以一开始我们就大搞生产,首先围绕轴承生产大搞卫星、辅助、利废等加工厂,目前筹建了二十三个项目,已开工十九个,有翻砂、打刀杆、修配滚珠、木纸盒、包装纸、作业服、手套以及利废等,计划还搞钢管、机床制造、沙轮、炼钢等工业。其次,大办民办工业二十个。经初步整顿目前有九十八个工厂,人数二千一百七十三人,同时按街委组织了生产大队,四个街为总队,做到人尽其能,物尽其用,家家户户无闲人。二十几天来共安排了五千三百五十六名劳动力(主要是家庭妇女),现全社又有三万三千多人参加了生产。现只有一千二百六十二名家庭妇女还没参加劳动,这样使全社所有劳动力96%以上参加了生产。

三、办公社必须发动群众，依靠群众

我们在运动开始强调依靠群众办公社不够，因而产生依赖思想，依靠工厂，依靠上边，不是自力更生。根据这种情况，我们大力宣传穷干、苦干、实干，依靠自己办好公社，群众就主动想办法了。有的找委组自己办工厂，福利事业也跟着办起来。六顺街一天办了一百〇九个托儿所，四十五个食堂。经过几昼夜的苦战，全区办了三千二百二十三个托儿所，九十八个食堂，六百一十三个幼儿园，倒出房屋数百间。如六顺街六委过去一个工厂也没有，苦战三昼夜办了六个工厂，安排了一百三十九名劳力，全委凡能参加劳动的人都投入生产了。安埠街九委一天办了十三个托儿所，十四个食堂，提出的口号是：生产走到哪、福利跟到哪。群众主动腾房子和桌椅板凳，锅碗瓢盆也是大家拿出的。

四、方法步骤

总的精神是有区别有步骤地组织公社。采取上动下不动、下动上不动，首先搭架子，分两步走：先组织生产，大办工厂，同时举办必要的福利事业，编辫子，合并改组民办工厂，再把其他单位如商店、学校、医院编进来；抓统一规划事业，抓民办工业……

五、几个问题

1. 厂社关系：①双层领导；②两本账；③公社对国营企业负有保证完成和超额完成国家计划和经济指标的任务；④国营企业负有促进社的经济发展、合力举办各项文教、福利事业的义务。

工厂与卫星厂的关系：①卫星厂，包工资设备、原料、利润分配；②辅助厂，工厂大力支持,是加工订货的关系;③利废工厂,由公社来搞。

2. 管理体制:集中领导统一经营,分级管理。最高权力机关是代表大会,平时设管理委员会,下设监察委员会。基层的生产单位,由社直接领导。

3. 关于社员问题:个人提出申请,经审查批准即可为社员。

社员分两种:个人社员与集体社员,街道分散的居民为个体社员,工厂、机关、商店等单位的职工为集体社员。集体社员只在目前存在。把地、富、反、坏、右分子吸收到社里来管制生产,但不算社员;对资本家,不拿定息的可作为社员,拿定息的可为后备社员。

4. 分配的问题:总的原则:统一分配,按劳取酬,逐步实行供给制。

根据的原则是:①统一分配;②按劳取酬,各取所值;③相差不太悬殊;④不得超过在职的同种工人工资水平;⑤简单宜行。

工资形式有四:①工厂、机关按原工资制;②固定的有经常性生产的民办工厂实行基本工资加奖励两种工资;③不固定的流动性的民办工厂实行计件工资;④生产大队实行评工分,死分活评,工值不定。

5. 劳卫结合问题:组织保卫队与基干保卫队。第一类是十八—二十五岁为基干民兵,他们在工业生产中是主力,一旦战争爆发就可直接开往前线;第二类是二十六—四十岁的,包括妇女,平日是生产大军,战时担负后方的治安保卫等任务;第三类是四十一—四十五岁为战时的后勤部队。保卫队争取在国庆节前,全面组织起来。

办实验人民公社的两个问题

——香坊区委石青同志在建立城市人民 公社现场会议上的讲话

（一九五八年九月）

一、实验人民公社有什么特点，为什么要 组织这种公社，有些什么好处

实验人民公社的特点：

1. 以大工厂为核心。现在是以轴承厂为核心，进一步可以考虑吸收轧钢厂、啤酒厂等国营企业参加。

2. 以国营经济全民所有制为主体。在这个公社全民所有的国营工厂占绝对优势，民办工厂也大部分是全民所有的。集体所有制的占很少一部分，有三个农业社、部分手工业合作社和民办工厂。

3. 轻重工业并举、大中小企业结合。轻重工业、大中小企业都有，共计百多个卫星工厂、加工工厂、利废工厂等。

4. 工农商学兵相结合的。有三个农业社、两个中学、四个小学，商业服务网点门市部五、六十个。

5. 政、厂、社合一的。街道办事处、工厂、公社成为一体，统一领导，统一管理的人民公社。

由上述各点可以看出，这个公社具备一般公社的"大"、"公"、"综"的特点。大——经济力量大，人口多（一万三千五百七十七户，六万一千一百〇八人），范围广，门路多，方面多。公——更公、更集体化，全民所有制是主体，按

着总的计划在公社全体成员参加下,统一经营,统一调配,计划平衡,文教福利事业集体举办等。综——综合性的,轻重、大中小全面发展,工农商学兵相互结合。

为什么要建立这种类型的公社呢?概括起来说,就是生产需要,工作需要,群众要求。

轴承厂发展很大,占了两条居民大街,区里担心盖厂房居民如何安置,工厂担心居民迁移时间能否保证。工厂缺少劳动力,居民中还有劳动力可挖,但是控制不住,这些需要统一规划;大工厂需要加工外协作,远找没有把握,近找又不放心。而小的民办工厂的活不稳定,技术的提高无依靠,发展方向无所遵循。发展哪些,淘汰哪些,只有大体方向,掌握不住形势,因此,民办工厂的巩固发展与提高需要依靠大工业。

城市建设,厂房、道路、商业网点如何安排,没有统一起来,工厂发展多大,区里底不大,工厂之间为地皮问题也扯皮,全面考虑不够。对人民的生活福利改善等怎么办?特别是工厂招收新工人,生活福利负担很重,有必要与社会上的生活福利事业结合起来。

广大群众已行动起来了,觉悟大大地提高,要求参加生产,建设社会主义。如轴承厂组织了家属合作总社,都参加了生产,森工机械厂组织了一个香林综合加工厂,居民中也搞民办工厂和福利事业,特别是广大家庭妇女要求最迫切。但是她们参加工作,孩子怎么安排?吃饭怎么办?这就要求我们大安排,全部地安排,这需要工厂与街道协助进行。

以上情况说明,迫切需要统一起来,某一个单位搞,都有局限性。因此,想围绕轴承厂发展,搞一条轴承大街,大家的劲头很足。

办这种形式的公社,实践证明,好处很大。

(1)能充分挖掘妇女劳动力,合理使用劳动力与节省劳动力,进一步解放生产力。这个效果是显著的,几天之内就动员了五千多妇女参加生产,就是证明。生产大队是公社统一组织起来的,工厂需要劳动力和临时工,公社可以根据工厂需要统一调配,有计划地安置。这样可给以轻换重,以老换青壮,以女换男,把大批的强劳动力换到更重要的生产岗位上。由于公社统一管理起来,可以减少跳厂流动的现象,改变了劳动力使用上的无政府状态。

（2）加强了计划性,使全面工作能够进行统一规划,使工厂发展规划与城市改造规划、街道工作规划结合起来,全面考虑发展,更进一步地协作,减少了很多矛盾,免去了互相争执和扯皮,更有利于多快好省。

（3）把这四条街的各方面结成一个整体,能更好地实现大中小结合的方针,使工厂与各企业与居民从组织体制上结成一体,使各种经济,各个企业,由外部协作变为内部协作。从内部结合起来,组织起来,会发挥更大的力量,这是工厂之间互相协作的进一步发展,小工厂给大工厂协作,小工厂有了依靠,大大减轻了负担。公社要把大工厂的福利事业全包下来,就能使工厂一心一意搞生产。

（4）也是进一步体现全民办工业的方针,民办工厂有了具体发展的方向,成为卫星厂、加工厂、辅助工厂和利废工厂,减少了盲目性,提高了民办工厂的信心和积极性。更重要的是,全民办工业不仅办小厂,而是进一步发展为全民办大国营工厂,全民办轴承厂,一切事业都直接为大工厂服务,又进一步地发展了全民办工业的概念。

（5）社会生活的社会主义改造,就可以有计划地,以生产为中心地来进行,全面统一安排食堂、托儿所、卫生、文化教育等事业。

（6）更有利于教育与生产劳动相结合。过去学校到处找工厂挂钩,现在就可以除根据上级计划外,还可以根据生产、整个经济发展需要,有计划地进行技术教育、劳动锻炼,有计划地推行半工半读的劳动教育制度,使生产教育全面结合起来。

（7）各方面的关系得到进一步调整,也是正确处理人民内部矛盾的好办法。工农之间、工商之间,大小厂之间、居民与工厂、家属与工厂、职工与工厂、街道与工厂、行政与企业等等的关系,都起了大变化,更进一步密切了。

（8）可以大大提高人们的共产主义思想觉悟。由于全面组织起来,由生产到生活,由男到女,个人与集体相关。从各方面体会集体力量之大,组织起来的优越性。妇女得到彻底解放,积极性很高,老人的生活有了依靠,集体生活必然影响人民的思想意识的变化,心情舒畅,穷干、苦干,进一步克服自私自利思想。

从城市的特点来看,不办这种形式的公社不行。城市主要是大工业生产,基本群众是工人阶级,居民大部分是职工家属。因此,城市特别是工业城市工业区办公社必须以搞工业生产为大工厂服务,必须依靠工人阶级去办。必须有大工厂参加的公社,才能切实地依靠工人阶级。同时城市的改造与各种经济类型的改造,社会生活的改造也必须要依靠全民所有制的国营经济去领导,所以在城市里办这种公社是必要的。

总之,办公社是大势所趋,方向所指。办以大工厂为核心的大公社,是城市的特点,特别是工业区的特点所决定的,必然要成为工业城市公社的基本形式。从目前看,这样搞好处很多,害处很少,如果有些问题搞得不好,主要是思想问题,方法问题。

二、关于干部办公社的政治思想挂帅问题

我们在建立公社之初在干部中强调了三条:

1. 要以共产主义精神和风格,干共产主义的事。敢想、敢说、敢干,反对保守老一套。反对本位主义和个人主义思想。

2. 有破才有立。在思想上要首先不怕冲破旧的圈子,不怕乱,敢于想问题,才能想到出路,但在作法上要采取措施,防止乱。

3. 办公社是新的事物,要逐步摸索,采取稳当的步骤,采取一些过渡办法、临时措施。

今天看来这三条还是对的。这段工作我们碰到不少问题,解决这些问题,就是要把办公社搞成三个运动。第一,是共产主义教育、解放思想的运动;第二,是正确处理人民内部矛盾、改善人与人之间的关系、开展两条道路斗争的政治运动;第三,是动员全党全民办工业、大搞生产大搞文化教育的运动。

在办公社过程中所碰到的问题、所遇到的阻力有:与小私有者资本主义自发势力进行社会主义与资本主义两条道路的斗争;居民群众中的和一些单位干部中的无产阶级思想与资产阶级思想,集体主义与个人主义思想,整体与本位主义思想斗争;在建设上发动群众搞生产、多快好省同关门搞生产、遇事向上伸手、少慢差费的斗争;先进同落后与右倾保守思想的斗争。进行这些斗争

就须开展上述工作运动,搞好运动就必须开展斗争。

在办社过程中,发现不少思想问题,在群众当中两种思想斗争是大量的,两条道路的斗争是尖锐的。开始在干部中顾虑很多,决心不大,对形势估计不足。有的干部怕大工厂只是捞一把劳动力,对其他方面不管不支持;有些工厂干部顾虑办公社解决不了工厂问题,怕影响生产,关门搞生产,认为办公社与他们无关,怕乱,怕没有法搞。

我们针对上述思想进行了共产主义教育,在群众中提倡穷干、苦干。因此,有些思想基本得到解决了。从前一段工作中看,我们认为:

1. 要造成一个共产主义思想教育运动的声势,造成一个共产主义思想和社会主义压倒的优势,使人们看到办公社的形势必然到来,势不可挡。要促进它的到来,在方法上就是大鸣大放大辩论,大宣传,反对资产阶级思想,反对右倾保守思想。树立社会主义、共产主义思想;提倡劳动光荣、不劳动可耻的风气;要穷干、苦干、实干。

2. 必须首先训练干部,组织干部论虚,求得思想认识一致,认识形势,解除顾虑,端正认识。

3. 搞共产主义教育运动,要内外夹攻。居民搞,街道搞,工厂、机关也搞,错误认识要辩论,坏分子要镇压。

4. 辩论与行动结合起来,辩论与具体的辩论穿插起来进行。

总之,要共产主义思想风格挂帅,必须要政治挂帅。

哈尔滨轴承厂
关于试办人民公社的作法

——轴承厂崔绍武同志在市建立
人民公社现场会议上的发言

（一九五八年九月）

一、人民公社的成立，是生产
发展的必然趋势

　　人民公社是个新问题，在中央没有指出前，我们在思想上没有意识和觉悟到。随着工农业生产的跃进，我们面临着一个新形势，如何办呢？经过分析与研究，要和洛阳轴承厂比，看谁投资少而贡献大。就是：投资要在第二位，干劲、成绩要达到第一位。我们的设备比洛阳厂少一半，但生产的产品在量与质上要和他们比一比。市委对我们鼓舞很大。因此，我们就抓住了三算，即算活账、提要求，算大账、订计划，算细账、抢措施。看出了苗头，就得寸进尺。根据市委指示的精神，订出第二个五年规划。这样，生产、基建不仅有了现实账，而且生产有了长远发展的账。

　　人民公社，是根据扩大工人阶级队伍、彻底解放妇女劳动力这一条线发展起来的，发展的过程有四个阶段：

　　第一阶段，是整风运动的上山下乡时期。我们对职工家属进行了分类排队，对留下的家属，工厂当时有校址，有教员，就办了一个学校，给他们补习文化，学习技术。当技术革命和文化革命开始时，工厂生产计划跃进到年产七百二十万套，工厂有很多工作需要人来干，于是我们就把这部分学员变成了半工半读、勤工俭学的学员了。

第二阶段，工厂生产又有新的跃进，年产量由七百二十万套跃到八百五十万套、一千万套。这时工厂就感到人力不足。怎么办呢？我们就考虑如何能把家属的勤俭持家与勤俭办企业结合起来，开始想到把托儿所、食堂等福利事业的人员调到工厂直接参加生产，让家属来接替他们。一部赵部长在上海召开的工业生产经验交流会上，推广某厂组织家属办福利事业的经验时，曾指出这一问题。有了上级号召，我们立刻就放手试办。当时干部中有两怕：一怕现有人员大换班给工作添麻烦；二怕家属不懂业务管不好。他们对福利工作人员迫切要求直接参加生产、对家属迫切要工作的内心要求体会不深，体贴不够。我们批判了这种思想，到劳动局备案后，就采取先添后抽的办法，吸收家属参加福利工作。家属参加工作后劲头很足，一天分两班，早来晚走，这对干部教育很大。于是就进行了总结，大家认识到：形势是急剧发展，万马奔腾的，而思想跟不上去，工作就很难争上游。经过这一总结，大家一致反映说："我们的作法是经验，而思想落后于形势是一个教训。"

同时生产又进一步发展，工厂需要增加人，从外地招吧，手续繁多，而且在交通上、住宿上都将带来一系列的困难。这些都不现实，因此，就必须进一步把家属组织起来，把家属的劳动力都挖出来，从办福利事业到参加辅助生产和办卫星工厂，我们就号召干部家属带头，都到工厂来工作。

第三阶段，是给生产大发展准备后备力量，兴办工业中学。陆定一同志曾提出，工厂可以办学校。区委对我们支持很大。是厂办还是区办呢？考虑厂办的对生产更现实一些，因此工厂就办了一所工业中学，先把香坊区的失业、失学青年都组织起来，一方面学习，一方面劳动。

第四阶段，生产的一跃再跃。今年一月至八月份的产量比去年同期提高76%。同时，今年九月至十二月份的生产，按第六次跃进的年产一千五百万套计划来看，今后四个月占全年任务的53.6%，明年还要比今年再跃一点七番。任务很艰巨，需要添人员，我们就制造了土洋设备八十六台，出现了不少尖端技术，人员仍感到不足。因此我们进一步想到把香坊区的一些居民劳动力，特别是广大妇女劳动力调动起来，发展卫星工厂，建立一个轴承大街。我们认为这种作法是争上游的，是城市改造的一个新问题。恰好这时候毛主席提出来办人民公社好,河南农村也有一些经验,于是在市委的大力支持和积极领导下,我们同香坊区委认真地学习和研究了毛主席的指示和河南的经验,认识到我们过去的路是对的,并且确定进一步办人民公社。只有办人民公社才能解决我们生产发展当中的问题。这就是我们香坊实验人民公社办起来的原因,也就是生产发展的必然趋势。

二、人民公社的好处

国营工厂应该站在公社外还是公社内呢?国营工厂应该为主导来组织人民公社,这不但不会影响生产,而且更有利于生产大发展。初步实践证明,城市办人民公社有以下几个好处:

1. 有利于解决工厂劳动力不足的问题,更重要的是彻底解放了妇女。我厂大跃进前职工中女同志占 29%,其中 80% 是姑娘,公社来了一千三百八十六名徒工,女的占 98%,而绝大多数是有一个或两个以上小孩的女同志。过去迷信男子,关着门不让女的进来,现在大门开了。锻热车间分配去学徒工,女的占 6%,翻砂车间分配去一百一十个人,女的六十名,占 55%,而且绝大部分女工思想都很好,如:有一个男工要跳厂,对锻热车间一个较好的女工说:"在这干工作太埋汰,干完活像个包文正,将来对象不好找,不如到别的厂子去。"这个女工说:"正因为干完活像个包文正,对象更好找。"我们厂有二十五个木工,其中有六个女工,她们现在也能砍砍刨刨的;电焊工三十个人,其中有三个女工,她们也一样做出了产品。

从政治意义上来讲,这样就可以逐步打破家庭的界限,生活走向集体化,从根本上就消灭了资本主义自发倾向。妇女不只是看到自己的小家庭,眼界开阔了,家庭有了共同的语言,职工以厂为家的思想也更进一步扎下了根。人人是消费者,也是生产者,工厂与市民的关系成为一体,密切不可分。从国防意义上来说,需要男的上前线时妇女一样可以照管生产。从经济意义上来说,就业了大批人,个人增加了收入,这就大大地改善了他们的家庭生活。

2. 有利于轴承生产,向"多面手"发展,向综合性生产发展。我们现在不是一能,已成为多能。如:我们橡胶砂轮已能自力更生,粘土砂轮已制造成功。我们还能做纱布,制造轴承专用机床,明年要制造五百台。已开始炼铁,炼钢炉已做好,不久即可出钢。预计到年底可出铁一千吨,可再做洋机床三十台,全厂各车间都能造机床。

我们要办卫星工厂,为轴承生产服务。成品箱今后四个月需要二十四万个。现在已每天都供应,离得近,价格又便宜;明年要打铁块一万吨,可供化铁和炼钢;废油一年有七十吨可以返新;纸盒明年就需要七十二万个。明年任务是四千万套,大型三百万套。非标准设备制造能力不足,民办工厂可以做;烘炉可以给厂内打刀杆,这样既有利于生产的发展,也有利于废料再生产,体现了大中小企业结合和国管企业的主导作用。

3.工厂的发展必须与城市建设统一起来。我们要穷干、苦干,不是想大洋楼,这样不仅对工厂有利,对市民也有利。今年工厂增加三千多人,如按老办法,光建筑宿舍就得投资一百一十三万七千元,办人民公社,居民进工厂,居民的家庭就是我们职工宿舍,节约的这笔开支,可够这些人二年零九个月的工资。工厂的建设地址不够,放一些材料,同居民一说就行,就不用通过过去的道道手续。同时,发展卫星工厂有利于改善人民的生活。

4.成立人民公社,可以以生产带消费。我们这个公社有三个农业社。到秋天抢秋菜时,工厂去几个大汽车,几千人来一个夜战或献工,菜就够吃了。

三、下一步怎样办

1.突破厂与厂之间界限。按着冶炼、机械、啤酒等系统分别编成几条辫子,大的国营企业挂帅,轧钢厂编一条辫,轴承厂编一条辫,啤酒厂把饮食业编一条辫。上包国家计划,下包公社民办卫星工厂发展,包工资、包利润、包成本、包产值。在组织上先归口,后革命,工厂的职能科把公社的有关事情,如财产、计划等也先兼管起来,我们要以共产主义的理想和魄力去干,我们从下月开始一个月要生产大型滚珠轴承四万套,机修车间在突击。到年底要生产大型1730车床二十台。全国只有一家能做,他们能做,我们也能做。

2. 在福利事业方面，要搞成一个车间有一个食堂，盖简易的，现在已组成老头与妇女建筑队开始动工。工厂包工资、材料，公社包施工和人力。食堂建成以后，可以分班吃饭，工人用，社员也可以用。同时还要以卫星工厂为中心，办食堂等福利事业。另外服务局系统的国营食堂，对外也可以对社员。主食可以统一供应，副食分点去办，这样有好处。

3. 学校要亦工亦学。建议中学应该和厂挂钩，包我们的工序生产，又是学生，又是工人，这是学校又红又专的基地。

4. 要组织革命。我们一定要在学习北安经验的基础上，也要创造一条经验。

公社组织一个老头和妇女建筑队，开始盖简易宿舍和食堂，工厂今年还要建二万平方米厂房，我们要有什么材料盖什么房，砖木结构，穷干、苦干，适应明年生产更大跃进的需要。

关于资产阶级分子参加
人民公社问题

市委统战部马开印同志在建立人民
公社现场会议上的发言

（一九五八年九月）

谈谈资产阶级分子能否作社员的问题。考虑这一问题的出发点是：

1.我国目前还处在过渡时期，资产阶级作为一个阶级尚未消灭。另一方面，目前由于生产力发展的需要，为了调动一切积极因素，正确处理人民内部矛盾，加速社会主义建设，并为过渡到共产主义准备条件，因此要建立人民公社。

2.党和国家对地主、富农是采取剥夺政策，他们在摘掉帽子之前没有公民权，不能参加公社。对资产阶级采取和平改造的政策。定息是赎买政策，是和平改造的主要表现。对他们在政治上、经济上的改造是平行进行的。资产阶级分子要求放下定息，是为了摘掉帽子，逃避思想改造。

3.人民公社将是我国社会的基层组织，并将是共产主义的基层组织。因此，每个公民都应参加这一组织。

4.资产阶级分子问题，涉及很多方面：其家属、高级知识分子、民主党派的上层人物、旧军政人员、小业主等。在城市阶级不能划，中央说划阶级不能划，划也划不清。

5.公私合营企业，基本上是社会主义性质的。经营管理是社会主义的，领导关系和全民所有制一样，留个牌子是为了对他们进行改造。

几个问题：

1.定息是否取消？根据政策不变，但也不一定到一九六二年才变，估计也可能提前。现在国家让他们拿到定息,是为了改造他们。

2.公私合营企业牌子能否摘? 可以摘,也可以不摘。不妨碍生产就不摘,妨碍生产就可摘。不一定以入不入社作为摘不摘的标准。他们属于人民,有公民权,可以加入公社。什么样的摘,要作几条规定。(此稿件是根据记录整理的,未经本人审阅)

关于建立了人民公社后的
公安工作问题

市公安局林丛同志在建立人民
公社现场会议上的发言

（一九五八年九月）

我想讲三个问题：

一、建立人民公社以来的治安情况

1. 从公社的区域来看，平房一区一社；香坊四个街一社，占全区人口的三分之一，人口多。

2. 当前主要有四个敌人：①残余的反革命分子；②地、富、反、坏、右；③美蒋特务；④新生的反革命。

香坊有七万人口，其中暴露的反革命分子有××—××人。特务间谍在反革命中为数最少，但，是最危险的敌人。新生的反革命，一起一伏，一当国际国内有什么新问题、新情况，敌人也有新的花样。新生的反革命参与残余反革命、右派一起组织反革命集团，一个组织不止一个人。地主、富农最近在建社中造谣。

3. 五类分子，在农村中地主、富农造谣。过去生猪收购站每天平均只收到六口猪，现在平均收购到六十二口。在城市中主要是针对公社的建立，涂写反动标语。有的造谣说："要消灭宗教。"肇东一天就卖了一百五十二口缸。

二、人民公社建立后，公安工作怎样打击敌人，保卫人民，保卫全民所有制。人民公社的保卫工作要置于党委领导之下，贯彻群众路线，与专门机关相结合。公社成立后，公安保卫工作不能另搞一套。

三、对工厂保卫部门的几点建议

1. 工厂保卫部门要适应变化了的情况，组织要变。怎样变，这是个新问题。

2. 敌人的存在越来越少，但无产阶级专政不能削弱。关于保卫部门的组织形式，根据香坊的情况，公安局党组讨论，有几种意见：

① 两套机构，一套人马。公社同级党委设保卫干部，派出所的名字不取消，设置要根据生产单位。保卫部接受分局的业务领导。

② 把现有派出所都撤销，设一个派出所。按区生产单位设分驻所或户口段。

现在区还没撤销，我们同意第一个意见。像平房那样，一区一社，我们同意区设政法部，公安、法院合一，设置按照生产单位。治保会，由街上选出人民公社的治保会。（此稿件是根据记录整理的，未经本人审阅）

关于试办香坊区
实验公社的报告（草稿）

（一九五八年九月）

轴承厂党委与香坊区委共同研究，拟在香坊区的三个街（安埠街、通天街、香坊街）试办一个人民公社，名字叫香坊区试验公社。

试办这个公社，是由于实际工作的需要，主要是由于以下几个问题：

1. 轴承厂的发展很大，这三个街与轴承厂的关系极为密切，今后一两年内轴承厂新建厂房宿舍，将遍布这三个街。这种情况要求这三个街的工作适应轴承厂的发展情况，需要将这三个街的远景规划与轴承厂的远景规划统一加以考虑。

2. 轴承厂需要大批劳动力，需要建设辅助、加工工厂，需要举办一些福利服务事业，需要发动职工家属妇女劳动力参加办理这些事业。而这些正是街道民办工业、民办服务事业所要做的。这几个街正是该厂职工家属的聚居区和厂房所在地。因此使两方面的工作结合起来就非常必要。

3. 街道的社会生活的社会主义改造，必须围绕和服务于经济建设的发展，主要是围绕和服务于工业生产的发展，才能更好地进行。而轴承厂是这三个街距离较近、关系较多、又是最大的一个工厂。

4. 这三个街的职工家属和居民已办起很多工厂、商店。为了使这些厂、店遵循着正确途径，进一步发展生产，服务于社会主义建设事业，必须解决这些厂、店的统一领导和统一管理的问题。

基于以上的考虑，在看到毛主席关于人民公社的指示和人民日报关于河南信阳办人民公社的消息后，对我们有很大的启发。我们感到创办一个行政组织与经济组织合为一体的、工、农、商、学、兵合为一体的、统一领导和统一管理的人民公社，是解决上述问题的好办法。

举办人民公社，是实际工作的需要，也是广大群众的要求。现在在轴承厂、森工机械厂集中家属区所举办的家属生产合作总社、香林综合加工厂和通乡街居民孙家委的生产队，也带有这种人民公社的因素，或者已具备了这种人民公社的雏形，广大职工家属和居民对这种组织兴高采烈，非常欢迎。

由于举办城市人民公社无前例可循，又不能一切抄袭农村。因此，只能是个试办性的，没有很多措施和办法，只能一步一步地摸索。

怎样办？大家研究，初步确定以下几条：

1. 香坊区实验公社由轴承厂参加，由三个街自愿参加的职工家属和街道居民组成，属于区、街管的在这三个街道的部分工厂、为这三个街服务的商业服务行业和位于这三个街的小学校都划归人民公社。以后还可考虑将一个或几个农业社和普通中学划进去，逐步成为工、农、商、学、兵结合一体的人民公社组织。国家给予这些企业单位的经济指标和各项任务由公社保证完成，各种兴革事项其权利属于上级的，仍按原规定由公社办理。这个公社为轴承厂的生产发展服务，也为其他工厂的生产发展服务。

2. 香坊区实验公社是行政组织与经济组织合一的、统一领导和统一管理的人民公社，它领导、管理全社的物质生产、经济生活，也领导、管理全社的文化教育生活。目前暂不打乱原来的行政组织和区划，但要逐步加强和健全公社的统一领导和统一管理的职能，使它逐步成为行政和经济合一的基层单位。

3. 围绕和依靠发展轴承生产这条线，积极地大力地组织卫星工厂，这是需要首先抓起来的重要工作。由轴承工厂包设备、原料、工资，建立机床制造、钢管、仪表、翻砂、冶炼等厂。利润，厂社分成；辅助工厂由轴承厂给予无利贷款，与厂是订货关系，可搞无头线带、木、纸盒、修配滚珠、被服厂等，残材废物加工厂、小五金、洗油布废水制肥厂等，并组织一定的劳动大队，解决工厂临时工的需要，将所有劳动力都组织起来，统一调配，做到人尽其能，物尽其用。

4. 以生产带生活，举办文化教育事业：举办公共食堂、托儿所、幼儿园、民办商店等福利服务事业，要积极地搞起来。在文化教育上，首先办普及教育、幼儿教育和职业学校，然后办普通中学。目前与普通中学先行挂钩联系起来。总的精神是以生产为中心，以生产带生活及其他，贯彻多快好省的精神。

5. 工资与积累:轴承厂和森工机械厂家属生产的分配形式可作参考(见区委报告)。公社要有积累,同时考虑社内不分工种、职业,一律以社按劳评分给予生产报酬。对上级下达的生产与发展的任务要保证完成,并按上级要求完成上缴利润的任务。

6. 组织与领导:区委、区人委与轴承厂党委、行政共同组成筹委会,组成临时党委,并抽调专人设办公室集体办公,作为日常工作机构。

7. 大家认为试办公社的思想准备应是:试办公社必须根据社会主义建设总路线和市党代大会所提出的任务,从发展生产和调动所有一切劳动力出发。本着解放思想、敢想敢干又不离共产主义的原则,要把实事求是的大胆理想和从现实出发结合起来,严肃性和灵活性结合起来,强调高度的共产主义精神,要有克服一切困难的精神准备,反对本位主义和个人主义。办公社是个新事物,会遇到许许多多的阻碍和困难,有"破"才能有"立"。应当看到我们的公社是试办性的,很多做法还是过渡性的,态度应是积极的,逐步摸索才能达到日趋完善。

香坊区安埠街六委居民
对建立人民公社的认识和态度

（一九五八年九月）

安埠街六委共有三百六十一户,一千八百二十八人,已入公社的有三百三十五户,占总数的93%,未入公社的二十六户,占7%。该委有劳动力(不包括国营企业职工)三百九十人,其中男五十五人,女三百三十五人。

在三百六十一户居民中,有职工和临时工三百一十七户,一千六百〇六人(工人、职员、店员及其家属),全部入公社;小私有个体劳动者四十户(斗车、马车、手推车、三轮车夫,小手工业者、小商贩、小手工业者),有十五户入公社,一百九十四人(主要是手推车、三轮车夫和部分小商贩),占四十户的37.5%;私营企业四户,二十五人(医务),有一户入公社,占四户的25%,三户未入公社。另外还有五类坏分子六户(主要包括在私企、马车户和其他阶层中)。

根据各阶层的经济、政治状况和表现,他们对建立人民公社的态度可分为三种:

第一种:职工家属、流动工人和贫困户。共三百三十二户,占总户数的91%。他们大部分对公社认识较正确,而且有积极行动,其中特别是有先进思想的职工家属、退职老工人和街道干部、社积极分子,对公社认识明确,态度坚决,带头行动。如:曾做过二十七年印刷工人、二十七组组长、五十六岁的周子玉同志,他向大家反复地宣传说:"我们中国人民真正站起来了,再不受帝国主义和官僚买办、地主的压迫和欺侮啦!共产党领导我们中国一日千里地发展,今天又要领导我们参加公社,大家都参加了公社,人人都有工作做,妇女劳动力解放出来,这样更能加速工农业的发展,布、粮多了,我们的收入增加了,生活就会大大改善起来,这不仅是我们老年一代的幸福道路,而且是子孙万代的幸福道路,这是共产主义的新阶段。大家组织起来成立了公社,这样就加强了统一领导,因此,大家应该服从组织分配,不能挑挑拣拣;我们今天是白手起家,大家应该勤俭办社,克服一切困难。"他不仅积极带头报名入公社,向群众做宣传教育工作,而且帮助政府干部积极工作,常因工作忙顾不上吃饭和睡觉。虽然他有病,但从不叫苦,始终是对工作认真负责。七十五组组长伊立臣(妇女)听完动员报告后,回家和丈夫(清扫工人)一宿没睡好觉,和丈夫合计说:"自从政府给你找到了工作后,我们老两口子生活有了保障了,这样再不用给儿子增加负担了(她儿子是党员干部,一个人七十多元收入,养活七口人)。这多亏共产党啊,在过去不用说我们这么大年纪没有工作做,连年轻人也难找到工作。今后成立公社更好了。咱们儿子前几天回家说,我们老人将来有幸福院,叫我们入公社不要落后。入社后我也参加工作,使我们的生活更有保障了。这次我们参加公社不仅要带头,而且应人尽其才,物尽其用。我们还有一台缝纫机和一台磅秤,拿出来给委上办工厂和商店吧。"最近她自己把四户有缝纫机的组织起来了。妇女干部和妇女群众不仅积极表示坚决参加公社劳动,永远摆脱锅台转,和男同志一样经济独立,站到真正平等的地位,而且积极行动。如六委主任温玉珍为了委的工作和组织工厂和商店,不眠不休,曾因耽误做饭受丈夫(店员)的斥责,但她并没有灰心,仍耐心向她丈夫解释和说服教育,现在二人在生活上和工作上能互相支持和鼓励,夫妻关系已发生了新的变化。店员家属穆玉秀,虽然脚小走道困难,但她说"社内给我什么工作我都能干",她为了成立编小提篮小工厂,组织七名妇女走了六里路到大房身农业社去购买麦筐和帮助农民切麦穗。总之,由于他们积极努力工作的结果,现在已组织起来的三百九十个劳动力和半劳动力中,已参加工作的有二百五十七个,尚有一百三十三个劳动力(年纪较大、文化水平太低)正在解决中,已办起来十个托儿所、三个幼儿园、四个食堂,过去已办了四个工厂,现在又在筹办四个。

另外,部分群众虽然愿意成立公社参加工作,但是对公社认识不够清楚,开始时存在多种顾虑。如:有的妇女听说××社办托儿所,办得很糟,保育员不负责任,不给孩子水喝,给马尿喝。有的说:"狗多没有好食,人多没有好饭。"

有的说："入公社吃大锅饭了。"有的说："挣钱少，孩子多，送托儿所不够托儿所钱。"有的说："食堂饭价高，粮食不够吃怎么办？"等等，经过宣传教育这些思想顾虑目前基本上解决了。

第二种：较富裕的有些私有财产的户，共有二十九户，占总户数的9%。他们表面表示拥护参加公社，但没有行动实际上不愿意走社会主义道路，愿走资本主义道路，留恋着私有制和个体生活，有浓厚的自私自利的资产阶级个人主义的思想意识，他们主要存在怕私有财产公有、怕挣钱少、怕"入社不自由"、怕吃大锅饭、怕孩子到托儿所受委屈等等思想顾虑。如：马车户赵李氏说："过去参加合作社，把马车入社了，这次还叫我们入公社，我们可花不起这些钱。"谢春亭家属对干部说："我不去开会，我有病，原来我报名参加公社给我退了吧！"她背地向群众说："我们再入社车马就归公了，我不入社了。"焊洋铁壶的赵久余说："入社好，但我不入，我焊洋铁壶一天挣块八角的够生活就行了，我入了社不一定能挣多少钱，这样我愿意干点就干点，入社后不干就不行了。"八十组小摊贩杜连和的妻子，开会不愿参加，她背后对人说："我才不入社呢，入社吃大锅饭，社内也有富，也有穷，有文化的、能说会道的挣钱多，我不行。"陈佩玉给人看孩子每月挣四十多元，她丈夫赶车两人每月共挣一百四十多元，因此，不愿参加公社，开会也不发言。

诊疗所大夫仅有一名中医参加公社，其余的生活很富裕，每月收入好几百元，房子是私有的，有澡堂，有客室、厨房，雇佣保姆，生活很舒适，因此，他们不愿意参加。他们的理由是："我们都已参加劳动了，生活不困难，不需要参加公社。"金大夫的母亲对儿媳妇说："你不要入社了，过几天你到诊所去工作吧。"这说明他们不愿走社会主义道路，应对其进一步争取教育、改造和斗争。

第三种：六户五类坏分子，有两户积极要求入社，参加劳动，接受改造。如：马淑荣（地主分子），不仅向干部表示要参加公社，自己要脱离家务，参加社会劳动，听从组织分配，而且积极动手办了一个托儿所。李守业（伪警尉）和他老婆一起要求入社，叫老婆给托儿所看孩子。他说："过去因为政治历史问题，这几年老当临时工，我这次参加公社，一定很好参加劳动，把自己改造成一个好人。"

有两户虽然表面也要求入社，但实际上有抵触情绪，怕给分配到远处去劳动改造,他们是生活所迫不得不要求入社。如:李光入(地主分子)开始积极表示拥护成立公社,但直到八月二日才提出要求入社。于凤台(地主分子),现在没有工作,也要求入公社,但他老婆几次找干部,要求组织照顾他们,在分配他们工作时,尽量在近处,不要调远处。

另外两户伪装积极,实际有反抗情绪。如:邢树春(伪区长,右派分子)背后对民办食堂的房主姓波的说:"你问问他们占你的房子做食堂管不管你的孩子吃饱,吃饭花不花钱,花钱就不干。"他老婆也常对别人讲:"这个食堂挣不了多少钱,大家累得够呛,卫生也搞不好,算了吧。"(过去他们也常讲一些对政府不满的话)。朴明武(地主分子)不仅不要求入公社,而且他老婆对别人讲:"参加公社吃大锅饭,可不干。"这说明他们反对公社的态度是较坚决的。必须引起高度警惕,给予有力打击。

(张熙辉)

哈尔滨市香坊区实验轴承人民公社筹备委员会工作计划（草案）

（一九五八年九月）

一

香坊区实验人民公社筹备委员会,于八月二十日正式成立。根据筹委会党委第一次会议决议精神,筹委会总的工作任务是:在香坊区安埠、通天、香坊三个街,筹备并建立一个工、农、商、学、兵互相结合、行政组织与经济组织合为一体的人民公社,把一切劳动力组织起来,围绕轴承生产的发展,大办卫星工厂,为轴承生产和城市人民服务;通过大力组织各种生产,进一步地改善城市人民的生活,要求在九月底完成。因此,筹委会在此期间的具体工作任务是对人民公社的建立,从筹备到建成,负责群众的思想发动,发展社员,组织生产,规划工业改组、发展和新建,选举社员代表,召开社员代表大会,选举公社管理委员会,制定章法制度,组织生产高潮,最后总结出建立公社的工作经验。

这一工作是光荣而艰巨的,也是一项新的工作。为了保证迅速完成建成人民公社的任务,特制定此计划,以便于工作有所遵循。

二

在工作步骤上,安排了四个阶段,具体的步骤与进度如下:

第一阶段,由八月二十三日——三十一日,中心任务是:大力进行宣传教育,充分发动群众,大鸣大放、大辩论,在群众觉悟提高的基础上,发展社员,全面组织生产。

(1)建立人民公社,首先必须作好思想发动工作,采取各种形式,提高广大群众的共产主义思想觉悟。宣传为什么要办公社、办公社的好处、怎样办公社,端正认识,提高觉悟。宣传工作力求通俗化,同时要进行艰苦细致的思想工作,具体分析各个阶层人民的思想动态。在群众提高思想认识的基础上,掀起一个声势浩大的自愿报名入社的高潮。做好群众入社的登记工作,迅速全面地进行编队。

(2)大力组织生产,找生产门路,迅速组织广大居民全面投入生产。宣传工作和组织生产有机地结合起来,只有这样,才能鼓舞群众情绪,提高公社威信。这也是办好公社的重要一环。

(3)在组织生产的同时,进行民办工厂的调查,在八月末提出工业改组,并扩建和新办卫星、辅助和利废工厂的规划,有计划地安排劳动力。

(4)随着生产的发展,"生产走到哪里,福利跟到哪里",既要经济,又要多样化,既要方便,又要节约,因陋就简,因地制宜。大力举办托儿所和中、小型集体食堂等福利事业。

(5)拟定人民公社章程草案。

第二阶段,九月一日——十日。在继续加强思想工作的基础上,大搞工业生产,开好社员代表大会,成立管理委员会。

(1)大搞工业生产,根据规划,迅速地改组、扩建民办工业,着手建立卫星、辅助和利废工厂。劳动力要统一调配,互相调整。随着生产的发展,相应地兴办托儿所和中、小型食堂,并提出各项福利事业的全面发展规划,总结经验,交流推广。

(2)做好社员代表大会召开前的一切准备工作。选举社员代表,召开社员代表大会,正式选举人民公社管理委员会。

(3)通过社员代表大会的召开,继续深入地细致地做好思想教育工作,进一步提高群众的觉悟,树立共产主义的爱社如家的主人翁思想。

第三阶段,由九月十一日——二十日,制定全面发展和远景规划,制定章法制度,巩固和提高生产。

（1）公社管理委员会成立后，筹委会还必须协同制定公社的生产、福利各项工作的全面发展和远景规划。

（2）制定公社的财政、人事和管理等章法制度。

（3）巩固旧有的工厂，发展、扩建和新办卫星、辅助和利废工厂，改进现有的各项福利事业。

第四阶段，由九月二十一日——三十日，充分发动群众，讨论规划、制度，开展竞赛，掀起生产高潮。

（1）广泛发动群众，深入反复地讨论公社的规划、方案和各项制度，吸收广大群众的意见进行修改与补充，进一步贯彻执行。

（2）通过召开公社建成庆祝大会，开展生产竞赛运动，进一步激发广大社员的积极性和创造性，从而掀起一个声势浩大的生产高潮。

（3）总结建立人民公社的工作经验。

三

为了完成上述工作任务，我们的工作方法和工作作风应该是：

（1）在党委统一领导下进行工作，这是胜利完成上述工作的根本保证。在实际工作当中必须政治挂帅，以虚带实，加强思想政治工作，这是做好一切工作的重要环节。

（2）必须树立坚定不移的依靠群众、相信群众的观点，认真地贯彻群众路线的工作方法，充分发挥群众的智慧和力量，这是我们办好公社的根本路线之一。

（3）要树立苦干、实干、脚踏实地的工作作风。树立敢想、敢干、敢独创的共产主义风格，发扬高度协作精神，从实际出发，敢于大破大立，多快好省地完成党所给予我们的艰巨而光荣的任务。

（4）在实际工作中，要具体贯彻全面掌握、重点深入、抓两头带中间的工作方法。培养典型，总结经验，召开现场会议，交流推广。

（5）对建立人民公社，在组织上要采取"上动下不动"，方法上以生产带生活，先搭起架子，逐步走向全面安排、全面发展。

建立人民公社宣传讲话提纲（草稿）

（一九五八年九月）

目前我国各地正在轰轰烈烈地大办人民公社，农村已形成大办人民公社的高潮，许多城市的机关、学校、工厂企业和街道居民亦已行动起来。我们哈尔滨市许多地方天天也在敲锣打鼓，庆贺大办人民公社。经过香坊区党委与轴承厂党委及其他有关单位共同研究，决定在香坊、安埠、通天、六顺等四个街成立以轴承生产发展为中心的试验人民公社。

根据中央指示和各地建立人民公社的经验，结合香坊区现实情况，讲一讲有关人民公社方面的一些问题。

一、什么是人民公社？人民公社是什么性质的

什么是人民公社呢？从内容上讲，就是行政组织与经济组织合一的，工、农、商、学、兵相结合的，统一领导和统一管理的人民公社制度。它既是行政单位，又是生产单位、教育单位和生活单位。这种公社制度将是构成我国社会的基本单位。这种公社制度就是要把所有的劳动力和半劳动力都组织起来参加劳动生产，充分利用一切财力和物力，达到"人尽其才，物尽其用"。相应地搞一些福利事业，如幼儿园、托儿所、食堂、缝衣铺、理发室、公共浴室、幸福院等，把各个小家庭用生产串起来，变成一个大家庭，使其成为生产单位。逐步地把农业、商业、学校、武装都大搞起来，由公社管理民政和公安工作，实行政社合一。

建立人民公社制度,就能够大大地推动生产的发展,加速社会主义的建设,以便为将来向更幸福、更美满的共产主义社会过渡;建立人民公社制度就能够逐步地缩小和消灭城乡之间、工农之间和脑力劳动与体力劳动之间的差别;建立人民公社制度就能够更快地树立与养成"我为人人,人人为我"的集体主义思想和共产主义道德品质,逐步地消灭私有观念,使人们的思想共产主义化;建立人民公社就能够改变居民社会生活面貌,使人们的生活集体化;建立人民公社就便于调动一切积极因素,彻底解放妇女劳动力,实现人民群众的生产劳动化等等。

在城市来讲,实行人民公社是全民所有制和集体所有制并存的,或者说以全民所有制为主,分配原则也还是按劳取酬的,所以它是社会主义性质的,待以后人民群众的共产主义觉悟提高了,生产发展了,社会财富增多了,各方面条件成熟了,就可逐步地改集体所有制为全民所有制,实行"各尽所能,各取所需"的分配原则,吃饭、住房、穿衣、坐车等都不要钱,把现在的人民公社再提高一步就可以实现人们所理想的共产主义性质的人民公社。

二、组织人民公社是生产发展的需要, 是广大人民群众的迫切要求

在我国经过全民整风、反右派斗争,在政治战线上和思想战线上取得了社会主义革命的伟大胜利以后,人们的思想发生了巨大而深刻的变化,出现了一个心情舒畅、精神焕发、生动活泼的政治局面,敢想、敢说、敢做的共产主义风格有了很大的提高,干劲十足,许许多多过去不敢想的事情,今天实现了,过去认为做不到的事情,今天做到了;新人新事大批地出现,各项事业不断地跃进。尤其是党中央八届二次代表大会提出的"鼓足干劲、力争上游、多快好省地建设社会主义"的总路线给我们指出了前进的方向。人民为了加速社会主义的建设,在十五年或更少的时间内赶上英国,干劲冲天,全民大办工业,"一天等于二十年",我们赶英国已不是十五年,而是更短的一些时间,到明年全国钢

的年产量就超过英国了。在农业方面的干劲更足,一冬的兴修水利就等于过去几千年的水利工程。粮食产量,今年可比去年提高近一倍左右。农业的接连不断地放出高产卫星,小麦亩产七千五百多斤,早稻亩产四万三千多斤。文化教育也日益昌盛,各地办的大学、中学、小学、红专学校,日益增多。民兵工作也有很大发展。商业也随着生产发展而日益活跃。毛主席从现实生活的经验得出结论,提出:"我们的方向,应该逐步地把工、农、商、学、兵组织为一个大公社,从而构成为我国社会的基本单位",来更快地发展生产。这正反映了全国人民要求"加速进行社会主义建设,缩短迈进共产主义进程"的迫切愿望和适应形势发展的需要。

我们再具体从香坊区香坊、安埠、通天、六顺等四个街与轴承厂当前发展来看,现在成立人民公社就更加必要。

(1)轴承厂的发展很大,这四个街都分布围绕着轴承厂,关系很密切,今后一两年轴承厂新建厂房、宿舍等将布满这四个街。因此,形势要求这四个街必须围绕轴承厂生产发展,统一考虑发展的远景规划。

(2)轴承厂的发展需要大批的劳动力与辅助工人。随着生产发展,需要大办卫星工厂、辅助工厂和举办一些福利事业,这必须与街道民办工业、服务业结合起来。这样不仅有利于轴承厂生产的发展,同时使民办工业大、中、小结合有了具体服务的前提,从而可以进一步解放一切劳动力。

(3)街道的社会生活的社会主义改造,必须围绕服务于经济建设的发展。通过工业生产来改造城市生活,解放妇女劳动力,参加生产,使个体家庭走向集体化。轴承厂与这四个街距离较近,通过轴承生产的发展来改造这四个街的居民生活就更为现实。

(4)这四个街的职工家属与居民已办起很多工厂、商店和服务性的行业。为了使这些行业遵循着正确途径发展,更好地为社会主义建设服务,必须解决对其统一领导、统一管理、统一调配劳动力的问题。

为了解决以上的问题,创办一个行政组织与经济组织合为一体,工、农、商、学、兵合为一体的统一领导、统一管理的人民公社,是生产发展的实际需要,也是街道居民的迫切要求。

三、建立人民公社,从我们具体情况出发,当前已感到的有十大好处

(1)能更好地围绕工厂生产,解决工厂附属的必要的生产和福利事业,有利于轴承工业的发展,满足国家的要求,推动各种工业、卫生、福利、教育事业的相应发展。

(2)更进一步巩固职工家属、居民和工厂的关系,树立全民主人翁责任感。轴承厂是公社的一部分,工厂与人民的关系更加密切了,爱护工厂、保卫工厂是每个人应有的责任。

(3)可以进一步实现工业发展的大、中、小结合的方针、为综合性的生产创造条件,使香坊区工业发展统一筹划,统一安排,更有利于轴承工业的发展。

(4)能调动起一切积极因素,把所有的劳动力都调动起来,逐步使家家户户无闲人,最大限度地解放妇女劳动力。

(5)由于都参加了生产劳动,可以大量培养干部和技术人才,为工厂发展培养后备力量。

(6)能进一步改善人民生活,解决与消灭困难户和救济户,老年人将来可以进幸福院,有利于国家,也利于人民。

(7)可以大力普及与提高人民文化,为大办学前教育、小学、中学、大力举办职工学校奠定了基础。

(8)为搞好卫生创造了条件,可以组织专人清扫卫生,改善生活环境。

(9)能移风易俗,增强家庭和睦团结、扶老携幼的新风尚。

(10)进一步改善人与人之间的关系,一起劳动,一起生产,可以使"我为人人,人人为我"的共产主义精神和道德品质大大地发扬。

四、从组织生产入手,以生产带生活,首先做到人人参加劳动

怎样办公社呢? 公社的中心是搞生产,用生产把一切带动起来。我们就

要围绕轴承生产的发展,考虑从以下几个方面入手:

(1)大搞生产,多办工厂,使人人参加生产、参加劳动。为此,我们准备把已有的小工厂统一组织起来,加以改组扩大;同时兴办卫星工厂,如制造机床厂、钢管厂、仪表厂、钨工厂、冶炼厂、含油轴承厂、修理轴承厂等;兴办辅助工厂,如木盒、纸盒厂、无头线带厂等;兴办利废工厂,如小五金厂等,组织劳动大队,到工厂包任务,或做季节、临时性的活。通过大搞生产,把四个街所有劳动力组织起来。

(2)随着生产的发展,人人参加生产,解放妇女劳动力,必须根据需要与可能相适应地举办托儿所、幼儿园、公共食堂和一切福利事业,搞大型的也要搞小型的,搞集中的也要搞分散的,因陋就简,由小到大,逐步地使人民群众的生活集体化。

(3)搞文化教育、卫生事业,首先把小学校都组织起来,归为公社所有,大办中学和职业学校,组织年老的半劳动力清扫卫生。

这样,公社就初步办起来了,进一步再发展商业,大办商店,组织一些小型商业网点,以便利人民生活。同时发展农业生产,生产粮食、蔬菜、养猪、奶牛、养鸡鸭等,并办起银行,发挥资金作用。将办事处与派出所取消,实行政社合一,由公社统一管理,人人是生产者,人人是管理者,人人是保卫者。

五、参加人民公社需要什么条件,怎样参加呢

(1)四个街道所有的人都可以报名参加,方法首先是大鸣、大放、大辩论,提高认识后,自愿报名申请,经审查批准为正式社员。

(2)凡是参加公社的社员,有劳动力的都要参加劳动,服从分配。

(3)每个社员必须执行公社社章规定的权利和义务,入社自愿,退社也自由。

对待入社的问题,必须端正态度,我们要对错误思想进行斗争,应该反对这样几种思想:

(1)开展两条道路斗争,彻底批判资产阶级个人主义,说明劳动是光荣

的,不劳而食是可耻的。

（2）人民公社很大,四个街几万人参加,认为入了社,一切吃穿就有了依靠,少什么就向社要什么,要求生活一步登天,入社不是为了参加生产劳动,这是不对的。我们现在还是社会主义社会,分配原则仍是按劳取酬,多劳多得,不劳动不得食,只有大家劳动,发展生产,有了物质生活资料,才能逐步改善生活。

（3）思想上有糊涂认识,认为吃大锅饭了,自己家不能做饭吃了等等,这也是不对的。建立人民公社是为了生产发展的需要,搞食堂是为了便利生产,所以食堂要各式各样的,适合大家要求的。

大家应该把各种思想摆出来,经过讨论,提高认识。因为对办人民公社问题,不仅仅认识到了就行,而且要由个体生活改变成集体生活,由不是社员变成社员,这是一个很大的社会变革,牵涉到国家的长远利益与个人的切身利益,每人都要进行思想斗争,积极地提高自己共产主义的自觉性。

六、为实现我们美好的远景而努力

这个人民公社办起来以后,将来发展的远景和好处是说不完的。共产主义社会不是遥远的将来,我们这四个街道建立人民公社后,就为共产主义作了准备,找到了一条向共产主义过渡的具体途径。到那时最大的好处,是可以更高速度地发展生产,由小生产变成大生产,由笨重的劳动变成机械化、自动化、电气化,这样生产效率会更高,物资就会生产得更多,我们的生活就会得到大大的提高和改善。粮食多了,吃饭可以不要钱;棉花多了,穿衣可以不要钱;房子多了,住房可以不要钱;文化教育和科学研究事业将特别发达,那时候就可以进入"各尽所能,各取所需"的共产主义时代。远景是美好的,所以说,我们完全有条件实现这个美好的远景,只要大家团结奋斗,共产主义的幸福生活很快就会到来。

（中共香坊区试验轴承人民公社筹委会党委会）

通天街四委报名参加
人民公社的情况

（一九五八年九月）

　　通天街第四委从建社以来，在全委居民中进行两次比较广泛的宣传教育，组织三次群众性的大鸣大放和大辩论，经过宣传教育，群众的社会主义觉悟和共产主义思想有了很大提高，热烈拥护人民公社的建立，许多人都提出申请，积极要求报名入社。在此基础上，开始了报名入社登记工作。全委三百一十二户，共有劳动力和半劳动力六百十九人，其中五类坏分子十五人，在职职工二百三十人，参加合作社组织的和尚未参加生产劳动的三百七十四人。目前已有一百五十四人报名参加公社，余下的除了常年在外作临时工、在外打草、出门探亲不在家的和参加跃进大队、运输合作社等八十四人没有报名入社外，在家的应该报名入社而没有报名的单干户和居民中尚未就业的劳动力和半劳动力没有报名的还有一百○三人。

　　据调查已报名参加公社的一百五十四人中，他们的入社动机和思想情况也还有所不同，归纳起来，大体上可分为三类：第一类，大部分是生活水平比较低的工人家属和居民中的贫困户。这些人社会主义觉悟高，有共产主义思想，报名入社积极。民办工厂三十七人，过去曾经有两个月没领到工资，这一次报名入社，除了一部分人有思想问题外，其余三十六人都积极报名入了社。他们说："参加公社是建设社会主义，社会主义建设好了，我们也就有好的生活了。"张玉民在瓦厂工作两个月没领到钱，把马蹄表和被子卖掉用作饭费，劳动情绪仍然很高，这次报名入社他是头一名。二十七组六十四岁的张子坤说："建立公社人人参加劳动，发展生产，更快地建设社会主义，使大家都过好日子，我真高兴。我虽然人老，但心不老，我入社一定好好干活。"他把自己的水桶、铁锹、小盆都带到了瓦厂作为生产用。这类占70%左右。第二类,报名入社比较积极,对建立公社的目的和意义有一定认识,看到公社办托儿所、食堂,使妇女走出家门参加社会生产很高兴,热烈地拥护,但是他们个人打算比较多一些,报名入社的目的主要是为了解决工作问题,多挣点钱,改善家庭生活。如三十四组组长说:"入社参加工作能多收入一些,生活更好一些,谁入社还不是想多挣几个钱呢?"这类的占25%左右。第三类,觉悟低,缺少社会主义思想,还没有认识到公社的好处,报名入社是随大流,认为早入晚入早晚得入,早入比晚入好,勉强报名入了社。他们挑工作,挣钱少的活不愿干,活多不愿干,这类的占5%左右。

应该报名入社而没有报名入社的一百〇三人的情况也不一样,大体上可分为五类:第一类,单干户(个体经济),如七家单干马车户,做洋铁活的手工业者,和小商贩等,他们怕入社挣钱少,不自由,并担心自己少量的生产资料处理问题。二十七组曹瑞富,自己家里有一个小驴车拉咸菜、酱油卖,一天能卖十多元。过去叫他参加合作社他不干,这一次入公社他也不报名,认为入社挣钱少,归人管,吃大食堂不自由,这类的占30%左右。第二类,觉悟低,对建立公社的目的、意义和公社的好处认识不够,或者说没有认识,顾虑多,目前他们处在观望、等待、动摇状态中。如三个手推车的说:"现在先不入,等等再说吧。"二十八组王喜说:"入社忙啥,人家干啥咱就干啥呗。"这类的占20%左右。第三类,家庭收入多一些,生活富裕一些,不打算参加生产劳动,所以也不想报名入社。如三十四组街头摊贩高洪禄老婆说:"我不入社不干活,三年四年生活也不怕。"这类的占15%左右。第四类,准备在家照顾孩子和看家的年岁比较大些的妇女半劳动力,家里孩子多的和生孩子的,和现在患病的没有报名。这类的占30%左右。第五类,无正当职业,二流子懒汉,他们活一天混一天,根本不考虑报名入社参加社会主义建设问题。二十八组朱宪民,是个无业游民,每天溜溜跶跶不干活,他父亲挣钱养活他。二十五组刘英,伪满就没有正当职业,解放后也不找活干,有时卖点破烂。这类的占5%左右。

从上述报名入社调查分析的情况,可以看出如下几个问题:

1. 随着建社工作的发展,资本主义和社会主义两条道路的斗争问题,表现得愈来愈突出、明显,而且这个斗争正趋向深刻和尖锐化了。

2. 个人与集体、个人与国家的先进和落后思想的斗争，也还比较严重地存在着。

3. 有些人对建立公社的目的和意义认识不清楚，有些不正确看法和顾虑还没有解除。

根据存在的问题，目前除了应继续积极解决生产门路，大力组织劳动力投入生产和搞好生产外，应抓紧下列两项工作：

1. 应在居民中再进行一次关于人民公社优越性和共产主义思想的宣传教育，深入开展资本主义和社会主义两条道路的斗争和先进与落后思想的斗争。在宣传中，要说明资本主义没有前途，资本主义残余也将要被消灭，指出不劳而食是可耻的，指出为挣钱、找工作而入社的资产阶级个人主义思想是不对的，是错误的。树立参加生产劳动光荣感和"人人为我，我为人人"的共产主义思想。在此基础上，再组织一次到两次群众性的大鸣大放和大辩论，以群众教育群众。辩论中应紧紧抓住批判资本主义思想和资产阶级个人主义思想。经过宣传教育，使每个人都知道资本主义残余是没有前途的，使每个人都知道为什么要参加公社？使每个人都知道有劳动力不劳动而得食者是可耻的，使每个人都了解个人和集体、个人和国家的正确关系，明确个人利益和整体利益是一致的。

2. 在宣传教育的基础上，应再次在没有报名入社的居民中进行报名入社工作。

经常注意做思想教育工作，应注意随时发现问题随时解决，以给公社的成立打下良好的思想基础。

道里区买卖街星火
人民公社试点工作情况报告

（一九五八年九月）

道里区买卖街星火人民公社是由原买卖街五、六、七三个居民委员会合并而成的。这个人民公社的建立是一年来经过全民整风运动，城市的居民社会主义觉悟空前提高的标志；是城市街道居民积极贯彻总路线、贯彻全党全民办工业，实现"四化"（街道生产化、家属职工化、家务劳动集体化、文化卫生化）的结果；是随着经济基础的发展变化而带来的上层建筑的必然变化。这个人民公社的建立也标志着城市街道居民向共产主义大大地跃进了一步，街道组织已经初步地具备了共产主义社会基层组织的雏形，为不久的将来向共产主义过渡准备了必要的条件。

群众要求组织起来，参加人民公社

星火人民公社位于石头道街以北，兆麟街以东一带，市党群机关均在此处，全社共有居民九百〇九户，三千八百二十四人，其中除去职工一千八百四十八、学生七百六十六、儿童七百九十四人外，能参加街道各种生产和福利事业的劳动力、半劳动力（包括老、弱、残、疾）共有四百一十六人（妇女约占95％），但是过去除了极少数妇女搞一些家庭副业以外，大部分妇女主要是料理家务，没有参加生产。

总路线的公布像一座灯塔一样照亮了全国人民走向社会主义的康庄大道，也照亮了广大妇女彻底解放的道路，街道妇女参加社会主义建设的热情空前高涨。这三个居民委员会的居民们和全区居民一样,在党的正确领导下,在全党全民办工业的高潮吸引下,在制药厂、橡胶厂、第二卫生学校、哈百一商店等单位的大力协助下,表现了冲天的干劲和大无畏的精神,克服了重重困难,在两个多月的时间里,白手起家办起了各种小型加工、利废、手工艺工厂二十五个。同时,为了推动生产,便利生活,还办了一个食堂、一个洗衣房、两个缝纫组、四个托儿所、两个幼儿园等居民福利组织,将所有四百一十六名劳动力全部吸收参加了各项生产服务性劳动。此外,为了更好地开展技术革命和文化革命,还开办了二个业余文化学校、一个业余政治学校、一个生产技术研究小组等学习组织和一个小型街道俱乐部。

由于生产的发展,给这三个委的居民生活、思想带来了极为深刻的变化。大部分家庭妇女摆脱了家务劳动参加了生产,其中青年妇女已经走出了家庭,迈进了工厂;中年妇女虽然没有走出来,但也是"半工半家"边搞生产边管家务。有二百多名儿童参加了托儿所、幼儿园,有一百二十多人经常在食堂吃饭,出现了一片家家搞生产、人人都劳动的新气象。劳动光荣、懒惰可耻的社会风气空前浓厚,家庭和睦、邻里之间的团结也大大加强,生活普遍得到改善,政治热情大为高涨,纷纷写了大字报、编快板诗感谢共产党和毛主席的英明领导,歌颂今天的幸福生活。

但是,随着街道生产的发展,也带来了一些新的问题。其中最大的问题就是生产和工作的矛盾。过去居民委员会只是领导街道日常行政工作,而组织生产以后,原有街道积极分子全部参加了生产,并兼做工厂的生产负责人,参加街道工作的时间就比过去大为减少;同时,由于一部分街道积极分子就业后,造成委、组干部的缺额,更主要的是随着各种民办工厂的建立,打破了原有委、组界线,居民已经以生产为中心重新组织起来。所以,按照过去居民组织开展街道各项工作就感到困难,有时由于劳动时间不同,居民组的会议也很难召集。很明显,城市街道居民委员会——这个作为居民的单一行政自治的组织,已经不能适应于城市街道新形势的发展需要,必须将现有居民组织进行重新改组,使它适应于生产、工作的不断发展,适应于城市居民丰富多彩的新生活的需要,成为居民政治、经济、文化一切活动的领导核心。

人民公社有很多好处

毛主席视察各地时说人民公社好,全国农村建立人民公社高潮的出现,大大地鼓舞了居民要来进一步组织起来的政治热情,同时也提供了改组城市居民组织的新的方向。

为了取得建立城市人民公社的经验,根据市委、区委的指示,于八月下旬开始,历经十七天的时间,经过调查摸底、组织安排生产、宣传辩论、建立组织等步骤,胜利地结束了试点工作,建立了道里区第一个人民公社——星火人民公社。这个公社的建立是建筑在居民社会主义和共产主义觉悟空前高涨的基础上,是建筑在全民大办工业、街道基本上实现"四化"的基础上,是建筑在经过解放后尤其是几年来的历次社会运动、街道积极分子队伍空前壮大的基础上,因此,它有着巩固的思想基础、物资基础和组织基础。人民公社虽然初建,但已显示出它比起居民委员会和小型民办工厂具有更多的好处。总结起来,有以下十条:

(一) 使城市街道由消费区变成了生产区,以劳动为光荣的社会风气更加巩固

公社的建立,街道发生了突变——由消费单位变成了生产单位,居民也由消费者变成生产者。不仅每个妇女都参加了生产,职工、学生下班回来也参加劳动,甚至连五、六岁的孩子也帮助妈妈扫地、打水,搞生产。过去一些有名好吃懒做的妇女,现在也变成了生产能手。六十二组的妇女徐桂容,过去懒得连衣服都要丈夫洗,现在干活比谁都多。现在,谁要不参加劳动,大家就会奇怪,游手好闲变成了最可耻的事情。

(二) 可以大力发展街道工业,促进社会主义建设

公社成立后,由于生产力的逐渐扩大,因此能够直接与附近的地方国营松江制药厂、橡胶厂、哈百一商店、第二卫生学校等单位挂钩订立长期合同,并为

它们完成了大量加工任务,同时,无论在产品的数量、质量和成本上,都比之过去民办工业更加多快好省。例如它们生产的布鞋已经摆在哈百一商店,并受到很多顾客的好评;第二卫生学校的细菌肥料袋加工任务,原计划三个月的任务,它们只用了四十多天就完成了。因此,大大地支援了附近工厂、企业、学校的跃进,促进了社会主义建设。

（三）便于统一规划,全面安排,彻底消灭街道闲人

由于公社内有多种多样的生产劳动和服务性劳动,如纳鞋底、挑猪鬃、揹纸袋、洗衣服、做饭、看小孩等等,不仅适合一般家庭妇女劳动,就是一些老、弱、残、疾也能做。如六十多岁的白文宣老大爷和王玉洁(跛子),现在都参加了挑猪鬃、揹纸袋生产,每月收入十七、八元。他感动地说:"做梦也没想到,我这连门也不能出的残废人现在能搞生产,我这一辈子也算没白活。"据统计,全社约有老、弱、残、疾四十人参加了各种劳动,而这些人在建社前却很难安排,只有成立了公社,才能统一规划,合理安排使用人力,做到人尽其才,闲人不闲。

（四）社大骨干多,生产、生活,样样工作有人做

过去一个居民委员会三、五个干部,既要管生产,又要管生活,还要管文教卫生、妇女四防等街道工作,抓了这个,放下那个,每天忙得不可开交,工作效率还不高。自从公社成立以后,在管理委员会下设生产、生活、财务秘书、文教卫生、保卫等五个工作组,由原有委干部分别负责各组工作。这样分工以后,干部的责任心和积极性大大提高,各项工作的开展也较前平衡。如过去文教工作在生产发展以后一直没有跟上去,建社后,文教工作组组长李志勋在分工的第二天就召开会议,讨论制订了文教工作发展规划,并立即在较落后的五委办起了业余文化学校。由于消灭了干部兼职过多,便于钻一门,干部普遍反映:"这样干比过去强多了,人负一责,样样事有人管,样样工作不落后。"

（五）可以加强与培养社员集体主义思想,发挥共产主义精神

在未并委建社前,居民委员会之间经常因为生产任务、技术力量、销路、厂

房等问题发生矛盾,并产生此多彼少的苦乐不均现象。建社后,成了一家,委与委、厂与厂之间互通有无、互相帮助的共产主义协作精神大为发扬。如六委服装厂,过去由于缝纫机不足,完不成加工任务,但也不得把任务给别人。建社后第二天,就主动将加工任务拨给五委,帮助五委新建了一个服装车间。社员王世花为了帮助搞食堂,倒出了一间房子。炊事员孙秀云为了让社员吃好饭,每天三点多钟起来,一直忙到晚间八点钟,并且把家里的收音机也搬来给大家听。"我为人人、人人为我"的集体主义思想正在日益加强。同时,由于组织了生产,对于四防安全工作也提出了更高的要求,因为一旦发生事故,不仅对家庭,对国家也带来巨大的损失,因此,人们的警惕性更加提高了,干部们有时深夜还要值班巡逻,保证了生产、生活的安全。

（六） 可以大办文教、卫生、福利事业

由于公社生产的发展,社员对于政治、文化、技术学习有了普遍的要求,由于妇女参加了生产,也迫切要求家务劳动的集体化,特别是托儿化。因此,为大办文教、卫生、福利事业提供了极为有利的条件。目前,这个公社已办起了一个食堂,一个洗衣房,五个托儿所,三个幼儿园,三个业余文化学校,一个政治学校,一个商店,一个俱乐部,准备在年内还要办两个食堂,一个俱乐部,一个简易浴池和妇幼保健站等文教卫生福利事业。

（七） 可以大大改善社员生活

随着生产的发展,操作技术的不断改进和熟练,劳动生产率的日益提高,公社的收入不断增加。除将百分之二十——百分之四十作为扩大生产外,其余均以计件、记分、借支等形式分配给社员。八月份平均社员收入为三十二元。由于妇女参加了生产,家庭收入大有改善。仅据六委六十一组十七户居民的调查统计,过去每人每月平均生活费收入为十二点三元,现在已上升到二十点七元,比过去提高 68.3%,民办银行的储蓄额也逐月增多,目前已达三万余元。

（八） 可以进一步发扬民主,贯彻群众路线

社内的一切重大问题都是通过管理委员会讨论决定,必要时还要召集社

员代表大会通过。管理委员会要定期向社员代表大会汇报工作。这样一来，社员参加社务管理的积极性大为高涨，看成比自己的事还重要，很多社员为了给社里跑公务影响了计件收入。过去在一部分街道干部中存在的命令主义现象，现在已经克服，他们在工作中已经学会了依靠群众、贯彻群众路线的方法。

（九）进一步加强了党对城市街道基层工作的领导

公社成立后，立即建立了党的基层支部。社内重大问题首先均通过支部研究决定。贯彻上级党的决议指示更加及时有力了，这样使得党对街道基层工作的领导比过去更深入了一步。

（十）人民公社的建立，将会把城市居民进一步组织起来，紧密地团结在党和政府的周围，为迅速建成社会主义，并向共产主义过渡而努力奋斗

人民公社是在街道实现"四化"的基础上建立起来的，它是经济基础发展以后带来的上层建筑的必然变化，而这种生产关系的变化必然会反过来推动生产力的发展，加速"四化"的巩固和提高。从此，城市居民将永远摆脱消费者、家务劳动者的帽子，而将以一个生产者、人民公社社员的崭新的身份愉快地进行各种生产劳动，直接从事社会主义建设。不难想象，这些解放了的以妇女为主力的劳动大军，必将在社会主义和共产主义建设中发挥莫大的威力。

在建立人民公社试点工作中的几点体会

（一）充分搞好思想发动，展开宣传辩论，不断提高居民共产主义觉悟，是建立人民公社的重要的思想基础

政治思想工作是一切工作的生命线和灵魂，从星火人民公社的建立过程中更为深刻地体现了这个问题。从个体到集体，从不劳动到劳动，这是群众生活、思想上的一次共产主义大革命，对于这样一个革命，并不是所有居民都是

自觉的。在一部分群众中还存在这样或那样的顾虑,如怕托儿所照看小孩不周到,食堂吃饭不习惯,甚至在一小部分群众中还比较严重地存在着本位主义、个人主义、单纯经济观点等落后错误思想,如挑拣岗位,愿搞挣钱多的,愿干轻巧、干净的活等等,以及少数群众干部在建社安排工作时计较地位、互不服气等思想倾向,因此,必须贯彻建社过程也是一次大规模地向群众进行共产主义教育的过程,必须把思想工作搞深搞透。反复向群众宣传建立人民公社的意义和优越性,打消顾虑,并针对群众中存在的问题,展开大鸣大放大辩论,统一思想,提高认识,坚定信心,为建立人民公社奠定良好的思想基础。

（二）从组织生产入手,以生产为纲,以生产带生活,是能否建立好公社的根本关键

因为建立人民公社的目的归根结底也是为了发展生产,因此,整个建立人民公社的工作应当是围绕生产,不能脱离生产。应当从"四化"着眼,从生产入手,不能为了建社而建社。衡量一个公社工作好坏,首先要看"四化"怎样,特别是要看街道生产化怎样,因为街道生产化是"四化"的核心和基础。没有街道生产化就谈不上家属职工化,更谈不上家务劳动集体化和文化卫生化。此次试点中,我们始终围绕了生产,抓住了"四化",做到了调查摸底和消灭闲人相结合,宣传辩论和推动生产相结合,规划和建厂相结合。因此,在试点中除扩大原有工厂外,又新建测绘仪器、服装、纸袋等五个小厂,组织一百多个闲人参加了生产。由于生产的不断发展,大大地鼓舞了群众的生产干劲和建社热情。大部分工厂都是半天生产、半天建社,许多社员为了保证生产任务的完成,每天都劳动到深夜。因此,不仅公社建成了,生产上也出现了新高潮。

（三）必须坚决依靠群众,贯彻群众路线

建立人民公社是群众自己的事情,必须由群众自己来办,也只有依靠群众,把广大群众发动起来,才能把公社办好。我们在建立公社组织群众生产和生活当中碰到了不少困难,但都在群众的帮助下解决了。很多生产门路都是群众挖掘出来的,生产所需要的厂房、工具也大部分是群众自动拿出来的。像居民李亚范通过自己丈夫(二卫校校长)的协助,联系了一百万个细菌肥料袋

的加工任务。缝纫厂的加工鞋垫任务是由居民苗兴的弟弟来串门的时候介绍而找到的。五委纸盒厂的全部生产工具完全是由群众自己家里拿出来的。七委制钉厂由于没有厂房很长时间无法开工,后来居民刘老太太知道了,倒出了自己的板棚解决了。诸如此类事例,不胜枚举。此外,在组织生活中,群众也给了很大的支援。如民办食堂能供一百五十人吃饭的全部用具、设备完全是由群众拿出来的,社里没出一分钱。食堂的房子也是居民自动腾出来的。建社试点工作中的许许多多的事实是这样生动地告诉我们:群众有力量,群众有人才,群众有办法,群众有无穷无尽的智慧和干劲,只要我们在工作中坚定不移地相信群众,依靠群众,遇事同群众商量,就没有克服不了的困难,相反,如果一旦脱离了群众,便寸步难行。

(四) 必须加强党的领导

建立人民公社的试点工作是一件大事,试点工作好坏,对指导全区建立公社将有直接的影响。为了保证把试点工作搞好,从区到街,自上而下地加强了对建社工作的领导。区委书记、区长亲自挂帅领导试点,并抽调十余名专职干部组成工作组配合街道共同试点。街道党支部书记、办事处主任、派出所长三人也直接参加试点工作的领导。同时在筹建公社开始,便建立了公社党的支部,并由街道党支部书记兼任社支部书记。由于自上而下地加强了党的领导,从而保证了试点中一系列组织工作和思想工作的顺利进行。

此外,党的领导更重要的是体现在:党的支部始终站在群众运动的前面,不断提出新的行动目标和口号,引导群众前进。没有因眼前的一点成绩而放慢了脚步。如六委在六月间大搞民办工业时,在生产上取得了一些成绩,但生活和工作上差一些,党支部及时向他们提出了争取实现"全好委"的口号,不仅要生产好,还要生活好、工作好、学习好、身体好。在实现"全好委"以后,党支部又进一步在群众中酝酿提出建立生产服务社的要求,八月下旬,根据形势的要求又及时地跃进为筹建人民公社。现在他们又在大搞生产,消灭闲人,准备在"十·一"前将现有公社扩大成为街社合一的公社。正像有些群众所说:"只要有了党这样英明的舵手,我们永远也不会迷失前进的方向。"

对几个具体问题的认识

在此次买卖街试点工作中,我们也碰到了一些具体问题。其中有很多是带有方针政策性的问题。有的已经解决了,有的还没有解决。下面是我们对这些问题的认识和解决的意见。

关于城市公社的特点问题

从目前情况来看,城市公社和农村公社比较起来有以下特点:城市主要是发展工业,基本群众是工人,而农村主要是发展农业,基本群众是农民;城市是多种经济成分,有全民所有制的国营、地方国营,也有公私合营、合作经济和小量的个体经济,而农村经济则主要是属于集体所有制;城市妇女和农村妇女有所不同,过去参加社会劳动的人很少;城市比较集中,交通比较方便,但居住却比较分散,很多人的户口所在地和职业所在地不一致;同时城市和城市也有其特点,同一城市的区和区、街和街也不尽相同,有的地区工厂多,有的地区学校多,有的地区商业多,有的地区还有一些农业生产。因此,城市公社目前应当是多样化的,从实际情况出发,不能硬搬农村一套,也不能硬套别人现成的经验,从城市公社来看,除了"能"以外,其它无所不包。

关于城市公社的规模问题

目前,星火公社仅三个委,千户左右,社范围内工厂、学校、商业较少,显得不够全面。所以,我们意见,城市公社目前以一个街(或两个街)为宜,采取街社合一,不宜搞得过大,个别有条件的地区亦可适当大一些,将来待现有公社巩固以后可以进一步并社逐步扩大到全区搞三、四个社。至于社范围内的机关、工厂、学校参加公社的问题,我们意见是工厂、学校、商业、服务部门可以集体入社(原有领导建制不变),今后根据条件,有的可以逐步下交。

关于性质问题

星火人民公社的经济成分主要是全民所有制。因为公社的生产资料大部分是由国营、地方国营工业所支持的,绝大多数的社员也只是依靠双手参加公社,仅有一部分社员倒出了房子或拿出一些简陋工具(将来可以折价偿还),在全民大办工业期间,我们已经"一步登天"搞了全民所有制,这次搞公社更应当如此。至于少数完全由群众投资搞起来的工厂,可以交群众讨论,如果群众同意搞集体所有制,也可以暂时保留。此外,公社内部还有一些小手工业合作社目前仍属于集体所有,但是,从公社总的情况来看应当是全民所有制占主要成分。

关于工资问题

星火公社工资暂时按照市委规定的预借工资制度执行,由于城市公社生产的复杂性(有的分散,有的集中,有的社员集体入厂;生产有的固定,有的还不固定),因此工资形式也应当区别对待,对于分散的不固定生产的以实行计件为好,集中生产的可以死分活值,社员进厂则可采取固定工资加奖励的办法。对公社管理干部及托儿所、食堂、商店的服务人员亦可实行固定工资加奖励,但其工资水平不应高于一般社员。上述三种工资形式正在摸索实行,待取得经验后再全面推广。

依靠谁的问题

城市建立人民公社,应当是依靠工人阶级以及职工家属中出身于劳动家庭的人,团结占90%左右的广大职工及其家属。星火公社现有五类分子十一名,我们采取了区别对待的办法:对于其中有公民权的,根据表现好坏,可以入社作正式社员或候补社员;对于无公民权的,一律由公社监督其劳动,但他们可以和社员享受同样的经济待遇。

领导关系问题

参加公社的工厂、企业、学校,目前可根据情况,一部分由公社领导(如小学、门市部、小商店等单位),一部分可与公社挂钩(较大工厂、企业、学校),将来可以过渡到"条"与"块"双重领导,最后统一交公社领导,但仍不脱离上级业务部门的业务指导。对于一部分机关(如市委、民政厅),我们认为暂时可以不入社,一些行政事务(卫生、四防等)由公社领导。

道外区大同街第七居民委员会
建立人民公社试点工作总结

（一九五八年九月）

一

道外区大同街第七委共有五个大院，十个居民组，三百一十三户，一千四百一十四人。除各单位在职职工、残老病人、在校学生、孕妇、长期外出的和因孩子多、家务繁重不能参加生产的人员外，还有一百三十五人应参加生产劳动。在这些应参加生产劳动的人员中，百分之九十五以上都是家庭妇女。

这个委的居民虽然绝大多数是职工家属和基本劳动群众，但是在过去因为这个地区紧靠"小市"并有一部分居民是跑"小市"的商贩，所以自私自利、唯利是图的资产阶级思想较为严重和普遍，特别是占该委总户数三分之二的姚锡九大院（该院共二百〇七户）的居民思想更加复杂、落后，集体主义思想非常薄弱。一九五七年房产公司要给这个院修一个厕所，这本来是对大家有利的事，可是动员了一年也没修成，修在哪儿，附近的住户都不干，后来，区长亲自去了两次才勉强修在院当心了。

经过全民性整风运动以后，这个委的广大居民群众和全国人民一样，思想觉悟空前提高，开始扭转了过去的落后状态，建设社会主义的积极性大为高涨，特别是在总路线的光辉照耀下，随着全民办工业工作的发展，他们也掀起了办工业的高潮，在委里很快地办起一个童鞋厂、一个纸盒厂，并且组织了几个加工小组，承担了一些箍铁丝、缝手套、挑猪鬃等零星的加工活。当时该委有百分之八十的人都组织起来参加了生产。但由于生产不固定，任务时有时无，特别是缝手套、箍铁丝、挑猪粪等大部分是分散在群众家里干，由于孩子吵闹、家务牵累，生产效率不高，收入很少，有的人一天只挑半两多猪鬃，连两角钱都挣不上，因此，大家干的兴趣不大。后来，除了已经定型的童鞋厂比较巩固外，其他加工小组大部分都垮了。到开始搞公社试点时，继续进行生产劳动的人只剩下百分之四十左右了，就是这些人也不大稳定，常常到居民委员会和街道办事处去吵，要求给他们另找工作。

区委决定要在大同街搞人民公社试点的时候，我们便对这个委的全面情况进行了研究。当时我们认为，这个委在组织生产上虽然存在一定问题，但是政治条件和干部力量方面还有一定的基础。首先，这个委的群众对办工业的热情很高，特别是那些职工家属和收入较少、生活水平较低的基本劳动群众，对参加生产劳动的要求更为迫切。其次，这个委的群众干部较强，办工业的劲头也很大，信心很足，过去组织起来的生产虽然垮了一些，可是他们并不灰心，仍然千方百计地找新的生产门路。因此，我们便决定在这个委进行建社的试点工作。

八月十日，我们在该委开始试点工作了。经过一个星期，在十六日便把生产全面地组织起来了，同时并相继地组织了群众的生活。到八月二十五日为止，建社的试点工作已经基本完成。

在建社的过程中，首先扩大了原有的童鞋厂，新吸收了三十七人，又新办了一个纸张加工厂，吸收五十三个人；办了一个翻砂厂，吸收了九人；同时把分散在各家挑猪鬃的人加以集中，组成了一个猪鬃分类加工生产小组（五个人），这几个工厂和生产小组到年末产值可达八万元。另外，开办了一个较正规的托儿所、三个家庭托儿组和一个幼儿园，共有七个保育员，受托儿童三十三名、幼儿十五名。为了减轻社员的负担，这几个托儿所和托儿组、幼儿园除了比一般托儿所、幼儿园减少收费之外，对孩子多的社员还采取了孩子多收费酌减的办法。另外开办了一个较正规的集体食堂，现在每天约有五十多名参加公社各种生产劳动的居民在这儿吃饭，每人每餐平均一角多钱。由于饭食好，价格便宜，附近国营工厂的一部分职工也到这儿来吃饭。除了这个集体食堂之外，还有两个集中做、分散吃的小型食堂正准备开伙(食堂共有工作人员五名)。此外,开办了一个商店(三人)、一个浴池(二人)、一个洗衣站(一人)、一个文化站(二人)和一个政治文化学校。总共有一百二十八人参加了各种生产劳动(其中生产人员一百〇八人,商业服务人员二十人),占一百三十五名应参加生产人员的百分之九十四点七。现在全委还有七个人应参加生产劳动而没有参加。他们有的想到国营工厂去,有的人家庭生活好,不愿劳动,有的人对公社认识不足,在等待观望。

组织起来参加生产劳动,这虽然是绝大多数群众的一致愿望,但由于几千年来的封建思想和其他旧意识还没有根除,群众也产生了很多思想顾虑,特别是家庭妇女,怕生产搞不起来,工作不固定;怕收入少,连孩子的托儿费都挣不出来;怕托儿所办不好;怕自己出来没人管家务,爱人不满意,使家庭不和睦。因为有上述种种顾虑,所以不愿出来参加生产劳动。同时,已经下定决心要积极参加生产劳动的人也有思想问题,如干活挑肥拣瘦,愿意干轻的,不愿意干重的,愿干挣钱多的,不愿干挣钱少的,愿意到工厂去干活,不愿意到食堂和托儿所去干活。

根据这些思想情况,我们首先进行宣传动员讲清道理,然后组织群众反复进行鸣放辩论。在鸣放辩论中,两种思想、两条道路的斗争是相当尖锐的。如程维森老大娘在会上说:"社会主义怎么好,老爷们也比咱妇女高一头! 妇女都去上班谁来搞家务,谁来照顾男人?"对于她的这番话,部分上年纪的人暗暗点头同意。可是经过辩论,大家一致认为:"建设社会主义人人有份,家庭妇女也应当积极参加社会生产劳动,为建设社会主义出一份力量,咱们妇女不能单为搞家务、照看男人活着。"同时还批驳了某些人想多挣钱、挑工作等错误思想。很多人当场表示,"为了建设社会主义,干啥都行。"大家也都说:"咱们不能专为自己打算,只有大家一条心,才能把公社办好。"经过鸣放和辩论,群众澄清了思想,提高了觉悟,明确地认识了参加生产劳动和建立人民公社的目的、意义。因此,群众便马上积极行动起来迅速展开了具体的组织工作。六十多岁的王从周老大爷主动让出自己的住房办托儿所;在修理浴池时,他顶着雨在院子里挖土安下水道。为了办托儿所,赵德芳老大娘一有工夫就跑遍全委找保育员,动员房子,和妇女们商量怎样安排孩子。迟淑贤老大娘身体不太好,家里七口人,五个足职工,生活也比较富裕,可是她也积极要求参加生产。当她第一天到纸张加工厂上班时,有些年青人看她年龄大、身体弱,怕她干不了,就动员她去干点轻快活,她非常不服气,说:"你们瞧不起我老太太,年青人干得了,我就干得了,为了建设社会主义,有多少力量就使多少力量,我不是为了来挣钱!"食堂筹备好了,最初找了两个老头来当炊事员,可是干了两天,他俩就嫌累不干了。五十多岁的苏玉坤老大娘马上就把这项工作承担过来了。她每天早晨三点多钟就起来做饭,一直快到晚上七点多钟。她儿孙满堂,家庭收入也很多,可是她为了建设社会主义,她甘心情愿出来为大家服务。社会主义建设鼓舞着每个人,就连六十多岁双目失明的邸老大娘也出来帮托儿所带孩子。

当然在建社过程中也碰到了很多困难,房子问题就是其中最难解决的一个,可是由于大家共同努力,采取妥善办法,也得到了适当的解决。她们本着因陋就简、因地制宜的原则想办法解决。童鞋厂扩大了,原来只有二十多个人,一下子就增加了三十多人,屋子小,大家就挤着干。新开办的翻砂厂没有厂房,她们就在院心里安上炼铁炉生产。纸张加工厂要晒纸,需要大的厂房,于是她们就采取归并合居让出宽绰的住房、以小房换大房、利用一切可能利用的余闲房屋等方法,自动让出二百多平方公尺房子。此外,很多人还把自己睡觉的房子白天倒出来做生产车间,如一百三十四组有一所十二间的小楼房,共住八户,原来一户也没参加生产,后来经过动员和协商,就在他们那儿成立车间,结果除了一户不在家外,其他七户都同意白天把房子做为车间,这七家没参加生产劳动的人都到这个车间参加生产。除了房子问题之外,在孩子的安排上也有很多困难。最初,由于一时找不到合适的房子和保育员,托儿所不能马上就开办起来,但是妇女们参加生产的热情高、决心大,他们就协商好几个人找出一个人先看孩子,等托儿所办起来,看孩子的人再上班,有的老大娘,特别是妇女群众干部也都主动出来帮助大家看孩子。这样问题就解决了,使大多数的妇女都能按时参加生产。

总之,在建社的过程中,遇到的困难是不少的,但是由于依靠群众,发动了群众,通过群众的自觉的行动,这些困难就都克服了。

二

现在，该委建立人民公社的试点工作虽已基本结束，但是这仅仅是把广大居民群众组织起来参加生产劳动，实现生产集体化、家务劳动社会化的开始，即使是才开始，在这不长的日子里，公社也充分显示出了它的巨大的优越性。

第一，组织群众参加生产劳动，建立人民公社，实现生产集体化、家务劳动社会化，这本身就给群众上了一堂生动的共产主义思想教育课。因此，群众的精神面貌起了根本的变化，过去那种只顾自己、不管别人的旧观念开始打破了，"我为人人，人人为我"的共产主义思想已经在人们的头脑中开始扎根，特别是由于集体劳动、学习和生活，就更加迅速地提高了群众的共产主义思想觉悟。

第二，为广大家庭妇女摆脱繁琐家务劳动的拖累、跳出个人家庭小圈子参加社会生产劳动，开辟了广阔的道路，使广大家庭妇女也同样为国家创造物质财富。第七委所办起来的工厂之中，有95%以上的工人是家庭妇女，这些工厂到年末就可为国家创造八万多元的财富，这就能有力地加速国家社会主义建设的速度。

第三，由于集体劳动、共同生活和学习，使人与人之间的感情更加浓厚了。特别是家庭妇女，由于参加了生产劳动，生活紧张起来了，就逐渐改变了过去那种没事就到一起讲东家、说西家、传闲话、扯老婆舌头的不良习惯，大大减少了发生纠纷的可能性，使家庭更加和睦了，使邻里更加团结了，从根本上改变了人与人之间的关系。

第四，通过组织生产，建立人民公社，提高了群众的思想觉悟，激发了积极性，因此有力地推动了中心工作。如过去该委的卫生一直很不好，但是这次结合建立公社，领导上号召大家要改造环境，改变卫生面貌，群众马上就行动起来了。特别是在已经参加公社的居民的带动下，仅用两天就把全院各家门前具有十年、二十年历史的小板棚全部拆除，并把院心垫得平平整整，打扫得干干净净，使卫生面貌焕然一新。

第五，组织起来便于进行教育，特别是由于生产的需要，大大激发了广大人民群众学习文化、技术和科学知识的要求，因此，有力地推动了街道上的文化、技术革命。一般的家庭妇女经过一定时间的学习、锻炼，很快就成了有文化、会技术、懂得科学知识的又红又专的劳动者。

第六，随着组织生产，相应地开办了托儿所、幼儿园，把孩子们也组织起来了，这样就便于更好地向他们进行教育，培养高尚的品德，养成良好的习惯，使孩子们从小就受到良好的教育，为把他们培养成优秀的劳动者打下了基础。

第七，结合组织生产，相应地开办了一些商店、浴池、食堂、缝洗站等服务性的福利事业，大大地便利了群众，有力地促进了群众生产积极性的增长，因此进一步推动了生产的发展。

第八，由于生产劳动和生活、学习的集体化，加强了干部与群众之间的联系，进一步密切了群众与干部的关系，使干群之间的团结更加巩固了，因此就会更有利于工作的开展。

三

组织街道居民参加生产，建立人民公社，是一项新的工作。在这次试点工作中，我们有以下几点体会：

第一，必须加强党的领导，实现政治挂帅，大力开展共产主义思想教育，通过鸣放辩论，澄清了群众的模糊观念，批驳了错误思想，提高了认识，启发了群众的自觉性，通过群众的自觉行动来完成建社工作。在整个工作过程中，每个步骤都必须贯彻思想领导，通过细致、耐心的思想工作来保证工作的顺利进行。

第二，必须相信群众，依靠群众，大胆放手发动群众，特别是应当依靠广大干部和积极分子，从他们中选出一些可靠的骨干，清楚地向他们交代方针、政策、要求、目的和工作方法，使他们心中有数，敢于大胆负责，独立进行工作。在整个工作过程中，必须注意克服包办代替的作风，发挥群众的积极性、主动性和创造性，认真贯彻群众路线。在建社过程中，必须贯彻自愿原则，通过宣传教育，使群众真正从思想上解决问题，以有利于公社的今后巩固与发展。

第三,必须明确:生产是基础,只有搞好生产,才能为兴办其他福利事业,进一步建立人民公社打下基础。因此,在工作中首先要抓生产,在组织生产的同时兴办托儿所、幼儿园,以便为妇女参加生产创造条件。把生产组织起来以后,再根据需要和可能,兴办食堂、商店等其他福利事业,以免百业俱兴,生产基础薄弱,影响公社的巩固。

第四,必须因地制宜,因陋就简,从实际情况出发,防止盲目追求形式和不顾条件强求正规化的偏向。特别是要教育群众充分认识街道的具体条件,克服困难,本着白手起家的精神来兴办一切事业。街道有什么条件就办什么事,没有条件的就不要强求,以免浪费时间和精力,达不到目的,挫伤群众的积极性,影响工作的开展。

第五,必须贯彻阶级路线,坚决依靠职工及其家属和广大生活水平较低的基本劳动群众。注意防止一切被改造的对象假积极钻空子、骗取信任、进行破坏活动。

四

对几个具体问题的意见:

第一,我们认为,在城市的街道中建立人民公社和农村有很大的区别。城市街道的特点是:组织的对象主要是家庭妇女,她们一般都没有生产资料。这些人大多数都只适于技术比较简单和轻便的体力劳动,同时由于她们家庭的主要成员多半都是各单位的职工,随着职工工作的调动,这些人的流动性也很大。根据这些特点,我们认为城市街道人民公社在组织起来以后,在组织上不像农村那样稳固,在生产上也有很大的依赖性。因此,它如果不和大工业结合起来,就不可能成为一个包括各方面的完整的人民公社,只能成为一个生产服务社。

第二,我们认为,在城市街道中组织起来的人民公社,还是以全民所有制为宜。因为街道中办人民公社的基础——街办工业,虽然是群众白手起家办起来的,可是绝大多数成员都是没占有什么重要生产资料的家庭妇女,她们只是出了一个人参加劳动,即或有少数人带来些生产工具或资金,也是借给的。同时,街道民办工业绝大多数都是在国营工商业扶植和帮助下发展起来的,而且一开始就是在政府(街道办事处)直接领导下,国家完全掌握了人权、财权、管理权。在分配上也基本上是按劳取酬,并没有分红、劈利的成分。特别是应该考虑到,将来以街或更大的范围组织公社,必然要包括国营工商企业,全民所有制的成分更大。因此,它组织起来马上就可以以全民所有制的形式出现,没有必要像农村那样,再来一个过渡阶段——由集体所有制逐步过渡到全民所有制。

第三,我们认为,在分配上应本着积累大于分配,根据条件适当照顾集体福利的方针,按公社的实际经济情况,适当地安排积累、工资和集体福利的比例。同时,按照按劳取酬、不劳不得的原则,根据每个人的不同技术水平和劳动强度,分类论级划定工资标准。在工资形式上可以采取如下几种:一是在不宜计件的单位可实行基本工资加奖励办法,即先按技术水平和劳动强度来评定工资,把工资总额按一定的比例直接拨给社员一部分,做为基本工资;另一部分由领导上掌握,做为奖励工资,按照人员比例和奖励等级发给适合受奖条件的人。二是适合计件的单位可采取固定工值、按劳取酬的办法,即按不同性质的生产劳动,评定劳动日定额,并把劳动日的工值固定下来,然后按劳动日计发工资。我们认为,组织起来的街道群众采取这样的工资制度,是较适合的。这既能充分体现按劳取酬的原则,又能刺激群众生产劳动的积极性。

第四,我们认为仅就目前街道情况来看,一般以街为单位建立人民公社为宜。过小不宜统筹规划,统一安排,影响生产的发展,过大则分散领导力量,不宜集中管理,容易出漏洞。但是,如果以大工业为中心和街道结合,以厂"吃"街或以街"吃"厂,则应根据实际情况而定,一个街成立一个公社,几个街成立一个公社或全街合起来成立一个公社均可。

另外,体制基本上和农村一样,可以采取政社合一的办法,以便于统一领导。

道外区大同街建立人民公社试点组

一九五八年九月九日

(以上资料选自中共哈尔滨市委办公厅编,《人民公社好》资料汇编第3集,1958年9月25日)

（十八）其他报刊

关于《人民公社的生产、分配和交换关系》[*]

钟　堃

（一九五八年十月十三日）

人民公社化运动是我国社会生产关系的又一次伟大变革，它在生产、分配和交换各个方面引起了一系列的深刻变化。怎样认识和估量这些变化及其意义？它们的发展趋向如何？应该怎样对待和处理人民公社化运动中出现的新问题？所有这些，无论就理论意义或是实践意义上来说，都是亟须解决的课题。《经济研究》编辑部所编的《人民公社的生产、分配和交换关系》一书最近已由科学出版社出版，可以帮助读者来研究这些问题。

本书所包括的12篇文章，分别从不同的角度具体地分析和阐述了人民公社的性质、所有制、分配制度以及改革财贸体制和机构等问题。

农村人民公社目前正处于由集体所有制向全民所有制过渡的过程之中，这是大家都已知道的，但是，究竟如何过渡？怎样才算完成了过渡？这是很多人提出的问题。张卓元的《关于人民公社向全民所有制过渡问题的探讨》一文，就是试图来回答这些问题的。该文作者认为，在人民公社化以后，由于生产资料私有制残余的消灭，以及社的规模的扩大，就使社员同生产资料的集体所有权更加疏离，更易于摆脱在较小范围内对集体所有制的较大的依赖性。在这种情况下，由集体所有制向全民所有制过渡的问题就集中表现为分配问题，只要国家能按全民的要求决定公社收入的分配，支配公社的公共积累和统一各社社员的收入水平，使社员的收入水平同各该公社本身所创造的国民收

＊　原载《读书》一九五八年十月十三日。

入的多少,以及它所支配、使用的生产资料的多少好坏相分离,也就在实质上解决了由集体所有制向全民所有制的过渡问题。因此,为了在实践中促进人民公社向全民所有制的过渡,就不要等到将来贫社和富社在经济上的差距扩大以后、社员和干部对公社积累的小范围的占有观念浓厚起来以后再搞全民化,而应当利用目前农业生产大跃进的时机,国家及早插手于公社收入的分配,及时地将集体所有制逐步引向全民所有制,否则,就会增加实现全民化过程中的障碍,延缓完成过渡的时间。

人民公社中半供给半工资的分配制度实行以后,人们对供给制的性质及其发展方向,以及如何对待资产阶级法权的问题,都表示了极大的关心。骆耕漠的《论供给制》一文,对于这些问题都作了比较深刻的理论分析。作者指出,现在实行的供给制,在按人口分配和在基本上人人平等这一方面,与共产主义分配制度有共同之处,因而可以说供给制是共产主义分配制度的萌芽,忽视或否认这种共产主义的因素或萌芽是错误的。但是供给制也还不是共产主义"各取所需"的分配制度,后者必须同时具备两个特征:一是按人口和需要分配,二是生活资料可以实行无限额供应,二者之中,后一特征是更基本和更有决定意义的,而供给制虽按人口,但在数量或质量上还有限额。把供给制和"各取所需"混为一谈,就是将共产主义分配制度简易化,不利于动员人们为实现共产主义而不断奋斗。关于按劳取酬的原则,作者指出,必须看到它的两重性,一方面应当肯定它在一定历史阶段的必要性,另一方面更应当看到它还没有越出资产阶级法权的狭隘天空,是与共产主义的平等相矛盾的,因而有必要在一定时机、一定条件下对它的作用辩证地加以限制,使今日的社会主义建设更加符合明日的共产主义方向。"各取所需"的分配制度不是在实现共产主义的各种条件完全具备以后的某一个早晨一下子实行的,而是在社会主义建设时期以逐渐的量变和各种局部的质变的过程积累而成的。在目前条件下,实行供给制加工资制的办法是正确的,它便于由按劳取酬向各取所需过渡。实行供给制是分配关系上的具有共产主义精神的变革,因此在它的推行过程中,两条道路的斗争是不可避免的。何畏的《农村实行供给制的伟大意义》一文强调指出,实行供给制是农村中最大的阶级路线,是贫农、下中农的进一步的、彻底的解放,他们对供给制是双手赞成的,这是可以而且应当依靠的力量,富裕中农里面有三部分人:一部分人甘愿跟着党和贫农、下中农走,赞成供给制;另一部分人还有点留恋资本主义,没有放弃个人发家致富的念头,但是经过辩论、教育,他们基本上也能拥护供给制;斗争最尖锐的是资本主义思想严重,而且人口少、劳力强的那部分富裕中农,他们对供给制持反对态度,对这部分人,应展开大辩论,推着他们走。至于残存的阶级敌人的乘机破坏,则应坚决予以打击。

农村人民公社化后,在商品流转的范围和渠道、购买力的构成、市场情况、货币流通规律等方面都引起了深刻的变化,从而也就给商业、财政、金融、粮食等部门的工作提出了新的问题,要求在财贸体制和机构上进行相应的改革。本书所收集的黑龙江双城县兰陵人民公社和河南省长葛县和尚桥人民公社的调查报告和改革财贸体制和机构的方案,以十分丰富生动的资料反映和分析了上述变化,并总结了他们根据这些变化采取的相应的措施,实行"两放、三统、一包"的试点经验,可供各地参考。协力的《关于人民公社财政问题的初步探讨》和孙涛等的《试论人民公社化后的农村商业问题》二文,对有关这方面的理论问题,也作了具体分析。

在农村人民公社化运动的影响下,城市人民公社化运动也正在发展。城市人民公社有不同于农村人民公社的特点,如何建立和办好城市人民公社,这需要慎重地摸索、研究。谷书堂等所写的《从鸿顺里看城市人民公社》,就天津市鸿顺里人民公社的情况,对城市人民公社的生产安排、生产发展的方向、公共积累、消费基金分配和生活集体化等方面都提出了一些值得注意研究的问题。

对人民公社的生产、分配和交换关系的研究,现在还刚开始,本书的出版是值得欢迎的。我们期望经济工作者和经济研究工作者们能在今后进行更深入的调查研究,写出更有分量的作品。

谈谈城市人民公社的房屋问题 *

房　文

（一九五八年十二月二十七日）

人民公社在我国农村中已经普遍地建立起来了,在城市中人民公社也是肯定要建立的,如何使城市房屋适应人民公社化的要求,却是一个重大的新课题。但是为了共同研究,互相探讨,本着敢想、敢说的精神,大胆地写出来,希望读者们给予批评指教。

将来的城市房屋面貌

旧城市比起农村来,有很多比较复杂的情况和不同的特点,例如人口过于集中,房屋毗连稠密,布局很不合理等等。因此在城市实现人民公社化的同时,必须对旧城市进行全面的改造和建设,这是一项十分艰巨的任务。但是人民公社组织起来以后,它具有无比的生命力和优越性,能够有力量把旧城市遗留下来的各种不合理的问题,逐步地得到解决。于是,我们可以设想,在实现人民公社化以后,房屋方面,将会逐步出现一个十分美好的面貌。

人民公社的组织,是以发展生产为中心的,同时又是生产与生活有机地相结合的。为了适应生产的发展,它需要新建或改建一些现代化的厂房和生产建筑,还要安排一些卫星工厂和辅助车间、工场,以便进行生产协作和组织社员参加各种生产劳动。为了使社员的住宅生活密切与生产相结合,就要以生

＊　原载《学术月刊》一九五八年十二月二十七日。

产单位为中心,在适当的地方,建立起相当规模的居民点。居民点主要由大片的集体宿舍组成。宿舍的分配,不但可以按照社员的不同要求(如有单身的,有家属的,人口有多的,有少的),给予必要的满足;而且完全可以按照生产组织的情况,合理地安排居住生活,使生产在一起的,生活也在一处。这样就便于公社既能领导生产又能领导生活。旧社会遗留下来的居住困难和不合理状况,将永远铲除。在公社里,社员可以获得充分的居住自由。如果家庭人口变化、工作调动或青年男女结婚,都可以随时调整或搬迁新的宿舍,以适应新的需要。

人民公社是工农商学兵五位一体的结合。因此,在公社的范围内,除了工厂以外,还要有农田,还要有商店,还要有学校等。城市由于土地的限制,农田的面积可能小一些,它可以种植一些社员生活需要的蔬菜和粮食等作物。这些农田可以安排在公社与公社或公社内部居民点与居民点之间的空地上,它与园林绿化织成一片。学校的建筑设备与安排也将能提供充分的条件,便于社员接受应有的文化教育,更好地贯彻教育与劳动生产相结合的方针。商店,从上海说来,可能还有少数大型企业需要保留,其他的商业机构都将本着便利于社员选购的原则,分布到各个居民点去。

全市人民公社的布局,将有统一的规划。公社与公社之间,有着相当的间距。宽阔的公路,连结成网,它可以通达每个公社。在大片的空地上,既有庄稼,又种上了各种树木花卉,饲养各种动物。如果从高处向全市眺望,真是一个美丽的大花园。使过去旧城市的人口与房屋过分集中、稠密的特点不再存在,与建设起来的农村相比,城市与乡村的差别也将逐步消除。这样,就向共产主义过渡创造了一个必要的条件。

在公社统一安排下,大批的妇女劳动力将获得解放,在家庭里有劳动能力的人,都将根据各自的体力条件和特长,分配参加生产或服务性工作。于是,生活集体化就成了必然的趋势,各种公共福利事业就要相应地普遍建立。在每个居民点的适当的地方,将安排上各种公共建筑,如公共食堂、托儿所、幼儿园、小学校、缝纫组、洗衣组等等。这些建筑的设计也都适应本身事业的需要,使社员比在个体家庭的时候,生活得更好;使儿童在社会的教育和培养下,比在家庭里的培育更健康,从小就成为具有共产主义思想品德的好儿童。同时,技术革命和文化革命将更加蓬勃地开展起来,社员的文化生活和业余生活也将过得更加丰富多彩。文化馆、俱乐部、电影院、图书馆、体育场等公共活动场所也在适合群众喜爱的要求下建立起来。经常开展政治教育、学术研究和文艺活动,使劳动者真正成为文化的主人,不断提高人们的共产主义思想和文化教育水平。

随着生产的不断发展,社员的居住条件也将不断地得到改善。住宅建筑的设计,在符合"生活集体化"的要求下,将更加充分地考虑到居住生活的各种需要。如:房间的大小和组合能够适合男女老少、一家团聚的居住需要;每个房间都是空气流通、光线充足;房屋设备也将不断地向现代化发展,不但有卫生设备,而且有煤气、暖气等等;宅前还都留有休息的场地。这样的房屋建筑,能够使社员在"大集体"的生活中具有充分的个人的"小自由",感到心情舒畅。

这样一幅美妙的图景,无疑是会令人向往的。因此,人们就会感到:城市人民公社化的实现,将逐步改变城市和住宅生活的面貌。使生产更能向世界最先进的水平发展,使广大人民的生活过得越来越美好、越舒畅。

旧的城市房屋必须改造

但是,从目前的城市面貌看来,与我们的理想,存在着很大的距离。因为旧城市的社会生活的布局,是资本主义社会的产物,是在无政府、无计划的状态下形成的。解放后,在党和人民政府的领导下,曾经进行了许多重大的变革,但是还未予以彻底的改造。反映在住宅生活和房屋方面,还遗留着很多不合理的痕迹。

"人多屋少,居住拥挤",是上海城市生活的一个很大的特点。在旧社会,资本家为了扩大对劳动人民的剥削,就千方百计地去占有城市有限的土地以建立工厂和商店。他们除了对自己的剥削有利以外当然不会去考虑工人的居住生活而兴建一些住宅,相反地,却为厂房的需要而把大批的工人居住的破房子拆去后建厂。有的就把原来的居住房屋改为厂房之用。因此,"房荒"就严重地威胁着城市劳动者,成为劳动人民生活上最大的痛苦之一。解放以后,人民政府新建了大量的工人新村,还普遍地修理了原有的住宅,对职工的居住生活有很大改善。但是由于种种原因,城市人口还很臃肿,还不合理,住房的紧张状态,还仍然存在。这是必须解决的一个大问题。

房屋的布局也很不合理。上海的资本家为了便于竞争,要开工厂,就向杨浦、普陀、榆林等区去挤,逐渐地把这些区形成了工业区;资本家为了进行金融、贸易和商业竞争,便出现了像黄浦区靠近外滩一带的办公大楼群,出现了像南京路这样的商业区;资本家为了自己居住生活的安静舒适,便竞相在徐汇、长宁、卢湾等区建造花园住宅和公寓,也形成了这些住宅区;而南市、闸北等很多劳动人民聚居的地方,房屋却得不到修缮、翻建,至今还遗留着不少百年老屋,有些被战火毁掉的废墟上,还搭满了棚户。在经济改组、生产协作关系的不断改变、商业网逐渐变化的条件下和工厂办学校、学校办工厂等新的要求下,这种不合理的布局,越来越暴露其矛盾的严重。

现在职工的居住地点,是十分分散的,生产与生活根本无法结合。在旧社会里,剥削阶级根本不管工人的生活。工人在本厂(店)周围找不到房子,而且住房又极端缺乏,只好到各处去找,能够找到住房已经是很好了,根本就谈不上选择的自由。因此造成同工种的工人,相向对流,上班下班,交通拥挤。解放后新建的工人住宅,虽然靠近工厂,但是在历史上遗留的住房紧张的影响下,在分配上也不能完全实行生产与生活的结合,很大程度上存在着杂居的情况。国家虽曾采取了"三调"(调办公房屋,调工作岗位,调职工宿舍)措施和大力开展住房使用的交换工作,解决了不少职工的问题。但是由于这个问题非常复杂,基本上还未能改变居住分散的局面。

在居住条件上,好、坏、宽、挤的悬殊也很大。上海住房的类型很多,有花园住宅、公寓、新式里弄等较好的建筑,又有旧式里弄、简屋等较差的建筑,甚至还有棚户和旧式里弄里的阁楼、搭建。此外,解放后也新建了不少工人新村。由于旧社会遗留下来的历史原因,有少数人,非但住的好房,设备齐全,而且住得宽敞;广大劳动人民,则一般都住在附属设备和空气、阳光条件较差的房屋里,而且住得比较拥挤。这种情况就构成了人们在居住生活方面的一项人民内部矛盾,某些方面,也反映阶级矛盾。对于劳动人民的居住生活,解放以后,人民政府采取了许多重大的措施,比起旧社会的居住条件说来,已有很大的改善。但是由于各种原因,工人还不大容易住进好房,也还不能使居住面积更多的扩大。

上海的居住房屋,有很大的数量,是旧社会剥削阶级作为追求剩余价值再分配的工具之一。解放以后,房主继续出租进行剥削。对这种房屋方面的资本主义经济,国家已经采取社会主义改造的办法,改变了其中一大部分的私有制。但是,现在还有为数不少的(从绝对数讲)私有出租房屋,它们还在继续进行剥削。租赁条件不但混乱而且极不合理。有些房主的剥削还很严重,如有的索取高额租金,有的提出苛刻的出租条件,要一次预付多少租金等等,这就加重了职工的负担,加深了职工解决住房问题的困难。这种人民内部的矛盾和某些方面反映的阶级矛盾,在当前社会主义革命和建设飞跃发展的形势下,已日益显得尖锐和突出。

所有这些,都严重地影响着城市的组织状况,影响着人和人的关系。因此,在城市建立人民公社的时候,就必须积极地创造条件,逐步地彻底加以改造。

方针、步骤和措施

基于上述情况和要求,我们应当采取怎样的方针步骤和措施呢?根据现在的认识水平,提出下面一些看法,希望引起大家共同来加以探讨:

第一,今后上海的工业生产,将向高级的、大型的、精密的方向发展,同时全国各地都将迅速地实现公社工业化。因此,上海原有的许多工业,尤其是轻、纺工业,向全国供给产品的比重将会大大降低。这样,上海某些一般的工业,就必须进行改组。一方面可以支援各地建设的需要;另一方面,在郊区建立新的大型工业区的时候,可以把某些工厂从市区迁出,作为这些工业骨干的卫星厂或辅助车间,以便进行生产协作。此外,在各地建设事业蓬勃发展的情况下,某些地方,很需要劳动力的支援,而上海的劳动力又比较充沛,尤其是大批妇女劳动力尚未完全解放。所以从国家进行社会主义建设的全局观点出发,上海负有以人力、物力支援全国各地建设的光荣任务。在这个任务逐步实现的时候,上海市区的人口,就将相应地大为减少。这样就将使"人多屋少"的局面得到改观,拥挤的居住情况也将随之松动起来了。这是一个很重要的转化,为进一步改造城市创造了极为有利的条件。

第二,目前里弄居民正在逐步组织起来,公共食堂、托儿所等公共福利事业正在普遍地迅速发展。这就可以使大批家庭妇女摆脱繁忙的家务,去参加生产劳动,同时也实现生活集体化和进一步建立人民公社打下良好的基础。办公共食堂和托儿所等公共福利事业的用房,必须予以大力的支持。必须把条件适当、建筑和设备较好的房屋供给使用,使这些事业办得更好,使大家感到比在自己家里吃饭和管孩子更加方便更加教育得好。这样就能够巩固群众积极参加生产劳动的热情。当然,在城市全面改造尚未开展时,对这些公共用房的要求,还只能限于现有房屋的条件,有待于今后逐步改善和提高。

第三,按照阳泉经验,以生产单位为中心大规模调整职工宿舍,对改造旧城市具有重大的意义,是一项革命的措施。但这又是一项十分复杂的任务,需要创造很多条件,在全面规划下,分成若干步骤,逐步进行。一般看来,可以由外到内地进行:郊区新建立的工业区,可以在进行工业建设的同时,兴建一批工人宿舍,使市区的工人和家属迁往,首先实现生产与生活相结合的原则;市区随着人口的不断减少,有条件的大型的生产单位,可以采取适当的措施逐步进行调整,再加上其他一些经常的调整措施,逐渐地然而是积极地使调整范围由少到多由小到大,以便最后全面地推行阳泉经验,实现生产与生活完全相结合。

第四,必须对旧有房屋实行全面的改造,使之适应人民公社生产和生活的要求。这又是一项巨大的革命措施,是改变城市面貌的必要手段。必须研究各方面的条件和发展情况,通盘考虑,作出全面的规划和分期分批的具体计划,在统一领导、分工协作下,充分发动群众,有步骤地进行。怎样改造呢?是要慎重考虑的,应该是既要改造得好又要最经济。因此,对原有基础的充分利用是要十分重视的。于是,在改造的方法上,可以采取"拆、建、改"和相互结合的办法。所谓"拆",就是按照规划把那些简陋破烂的建筑或不需再保留的建筑,在住户迁出后拆去,对于棚户、阁楼应当首先消灭,恢复空地,进行园林绿化;所谓"建",也包括拆后重建或者在原基础上加建,就是说,按照规划,除了在空地上新建外,如果原来的房屋可以保留但需要加高而有加高条件者,就予以加建,原来的房屋已不能利用时,就拆除重建;所谓"改",就是对需要保留的房屋按照使用要求,把原建筑的内部结构进行改造,例如办公大楼改成公寓,商业用屋改成住宅等等。在对旧有房屋进行全面规划改造时,必须端正设计思想,和研究布局的合理性,把城市安排得很规划很美丽,使改造的结果能够符合向共产主义过渡的要求。

第五,城市房屋的所有制,应当逐步向全民所有制过渡。对于私有出租房屋,应当按照国家的政策继续地积极地实行社会主义改造,以便纳入国家统一管理的轨道,便于国家进行统一规划和调整。

第六,房屋管理的体制问题。人民公社是政治、经济、文化、军事统一的组织,既要组织生产又要组织社员的生活。因此,现在房屋管理的体制必须加以改变。除了某些必须由市掌握管理的房屋(如全市性的建筑物)以外,都应逐步下放给公社管理。

全面改造旧城市、彻底改变房屋面貌,以完全适应城市人民公社化的要求,将是一场伟大的历史变革,是一场十分艰巨而光荣的任务,不是短期的,也不是一年二年就可以做得到的,但是也不是遥不可期的。它的进展,在国家社会主义建设飞跃发展的形势下,可能会很快。这就需要全市人民在党的领导下,在鼓足干劲、力争上游、多快好省地建设社会主义的总路线的光辉照耀下,努力以赴!

再谈城市人民公社问题[*]

王黎之

（一九五九年一月十九日）

郑州市建立人民公社，已有四、五个月的时间。由于中央和省委的正确领导以及广大群众的积极努力，人民公社在我市已取得很大成绩，并显示了巨大的优越性。但由于城市情况比农村复杂，因而目前尚处在摸索前进的过程中，有一些问题需要商榷。我们正在根据八届六中全会"关于人民公社若干问题的决议"统一认识，并开展全党全民的整社运动，将城市人民公社提高一步。这里只谈几个主要问题。

一

城市建立人民公社的主要目的，在现阶段是为了加速社会主义建设，并为将来逐步由社会主义过渡到共产主义积极创造条件。因此，巩固与提高城市人民公社的中心环节，应当是积极发展生产，建立雄厚的物质基础。

从郑州市人民公社建立以来的这一段实践中，我们体验到，城市中发展生产的有利条件是很多的。主要是国营工厂、企业、学校等全民所有制的经济力量雄厚，可以扶植社办生产的发展，同时，社办生产又多是社会主义商品生产，生产快，收益多，发展迅速，技术条件也较好。因此，城市人民公社的生产方针应当是：为国家工业建设服务，为农业生产服务，为城市人民生活服务，因地制

　＊　原载《河南日报》一九五九年一月十九日。王黎之：时任中共郑州市委书记。

宜,就地取材,依靠群众,勤俭办社,在国营经济的带动和积极扶植下,逐步建立公社的物质基础。郑州市社办生产的主要形式有这样几种:第一种是社办工厂。根据国家工业建设的需要,因地制宜,就地取材,利用废物材料,组织有关产品的生产,采取直接与工厂、工地挂钩,商业部门包销或自产自销;第二种是为大工厂、企业服务,根据大工厂企业的需要,将社办工厂组织在它们的周围,或者为国营工厂、企业和商业部门加工,订立加工合同;第三种是根据人民生活的需要,组织服务性生产,如缝纫、制鞋、洗染等;第四种是搞农、副业生产,食品加工生产,保证城市副食品的供应。

发展社办生产必须大搞群众运动,千方百计寻找生产门路,发展多种生产;充分利用现有设备,利用废物废料,并大搞技术革命,由土到洋,由手工业到机械化,提高生产效率。

为了使公社生产得到进一步发展,必须将公社生产纳入国家计划,以克服某些单位由于生产没有纳入国家计划,有时发生停工待料、不能正常生产的现象。同时,应在便利生产、便利群众、便于领导、有利于使集体所有制逐步过渡到全民所有制的原则下,对现有小厂,有计划地把性质相同又可以合并的社办工业由小并大,但一些为群众服务的生产单位应当分散设置,使街道公社在现有基础上,逐步地发展成为若干个较大的生产企业。

二

正确处理积累与分配的关系,对于迅速发展公社的发展,有积极的促进作用。在城市中,国营工厂、企业、学校、国家机关等单位,属于全民所有制,其工作人员的工资由国家供给,公社化后一律不予变动。公社新组织的生产单位,为公社所有,属于集体所有制性质,在其中生产劳动的社员的工资,由公社供给。

城市人民公社必须积极扩大积累,不断实现扩大再生产,建立自己的物质基础,以便在适当时机,使公社由集体所有制过渡到完全的全民所有制。但是,由于公社刚刚建立,经济力量薄弱,生产不正常,劳动生产率低,与迅速扩大积累有一定的矛盾，因此，当前公社应该在积极扩大社会主义积累的前提下，使分配给社员消费的部分应高于入社以前的生活水平，并随着生产的发展，逐步提高工资水平，以便使社员的物质与文化生活状况不断地得到改善。关于积累和分配的比例问题，由于生产发展的情况不同，一般都采取了由公社统一盈亏、按生产单位分别核算、分别定资的办法，确定了多种多样的积累与分配的比例，收入多的多积累，收入少的少积累，这样，既保证了公社公共积累的不断增加，又保证了绝大多数社员的生活水平较入社前有所提高，这种办法受到了广大社员的拥护。由于城市人民公社的生产多系商品生产，发展很快，在现有基础上争取今年上半年内，使绝大多数公社达到积累百分之六十——百分之七十，分配百分之三十——百分之四十，社员每人每月平均工资达二十元左右，是完全有可能办到的。

城市公社分配给社员的消费部分，采取何种分配方式，应当根据生产发展的不同情况决定。鉴于城市中的情况复杂，公社组织的生产种类很多，各种生产劳动强度差别很大，在生产中创造的价值相差很多，而社员原有收入方式多种多样悬殊也大等等。目前，全市实行了多种多样的分配方式，主要可分为三类：第一，固定工资加奖励。工资部分目前一般每月十二元至二十元，多者三十元至四十元。第二，以工资制为主并与供给制相结合。对于有特殊技术的人，每月发给适当数量的技术津贴。第三，目前仍有些公社保留计件工资及其他形式。在当前情况下，城市人民公社实行多种多样的分配方法，允许各公社之间、公社内部各生产单位之间的工资水平有所差别，不要强求一致，使群众生活不至于有很大的变动，这是有利于生产发展和公社巩固的。由于社办工厂较国营工厂劳动生产率低，因此，社员的月工资一般低于国营工厂、企业同级人员的工资水平，也是合理的。在今后相当长的时间内，按劳分配仍然是城市公社实行分配的主要原则。但是，随着生产的发展，应当逐步试行以工资制为主与供给制相结合的分配制度，因为这种分配制度既能适合于当前生产发展的状况，又能发展共产主义因素，有利于为实现两个过渡准备条件。

在当前情况下，城市公社的生活福利部分不宜过大，主要应办好为生产服务的生活福利组织：公共食堂、托儿所、幼儿园等。有条件的公社实行半费医疗。对于因劳动力少或弱,而经济收入少、生活困难的社员,应予补助,以弥补现行分配制度之不足。

三

城市人民公社是工农商学兵五位一体的政社合一的社会基层单位。但是,由于城市与农村有显著不同的特点,人民公社的体制与机构设置,也就必须与城市的特点相适应。

城市与农村不同的特点,主要表现在以下几方面:第一,城市是一个完整的有机体,人口集中,许多企业、事业由市统一管理,与全市相联系。第二,在城市中,一方面全民所有制是主要形式,生产高度组织化;另一方面,多种经济成分同时并存,其中有国营工厂职工家属办的"卫星厂",有群众投资办的民办工厂,有集体所有的手工业者,有独立劳动者,有公私合营和自负盈亏的合作组店,等等。第三,单位多,部门多,隶属关系复杂。在一个地区内,往往有许多单位,其中包括工厂、学校、企业、事业等基层单位,也包括上层建筑的国家机关,它们分别隶属于中央、省、市各级,而属于同一级管理的各个单位,又分别隶属于不同的部门。第四,城市中资产阶级及其知识分子较为集中。第五,群众经济生活差别较大,生活要求多样化。由于上述客观情况的存在,体制问题成为城市人民公社建立与发展中一个十分复杂的问题。

城市人民公社的体制与机构设置,必须有利于加强党的领导,应当力求体现"五位一体",体现政权与经济合一,有利于国家与公社生产的发展,有利于建立公社的物质基础与逐步完成两个过渡,有利于对旧城市的改造以及建设社会主义和共产主义的新城市。

根据中央历次指示的精神,结合郑州市的情况,关于公社规模和体制,目前有以下几种形式:第一种形式,是以一个大的工厂、企业、学校为骨干,吸收其家属、附近居民、商店和个别农村所组成的公社;第二种形式,是以几个工厂、学校和街道等联合组成的公社;第三种形式,是几条街道市民联合组成的公社;第四种形式,还试办了一个以原二七区为单位的大公社,这个大公社目前实际上仍是联社性质。其他区也准备建立这样的公社。

在现有小社的基础上,逐步建立大公社是完全必要的,大公社比小社有更多的优越性。主要是:第一,便于使人民公社成为政社合一的、全面体现工农商学兵五位一体的完整的社会基层单位;第二,人力、财力、物力雄厚,便于发展生产,建立自己的物质基础;第三,具有较大的力量和条件,举办集体生活福利事业,节省人力、物力;第四,便于全面规划,改造旧城市,建设社会主义新城市;第五,便于加强领导;第六,大大加强了公社的全民所有制部分,便于实现"两个过渡";第七,便于大协作;第八,便于消灭"三个差别"。由于城市所具有的基本特点,由于人民公社的既大又公的特点,城市人民公社的发展趋势,将来有可能以市为单位建立人民公社。但是,在目前采取以大带小、按片结合的办法建立大社,个别大单位也允许单独建社,区社暂定为联社性质,是比较适宜的。

国家机关是社会上层建筑,是政权和生产的管理机关,但机关工作人员及其家属,应以市民的身份参加所在地的人民公社为社员。

基层人民公社是政社合一的组织,凡是以一个工厂、企业、学校为单位成立公社的,该单位党的组织机构,同时是公社的党的组织机构;几个单位联合成立的公社,以一个大单位为主吸收有关方面另成立党委为宜。各工厂、企业、学校的有些行政机构,可同时是公社的行政部门。党与行政的主要干部通过选举可以兼任公社的主要职务,另外配合一定数量的专职干部。

根据城市的经济特点,在财政体制上国营与社营应实行分别核算、分级管理的办法,即"两本账"的办法。在城市中,国营工厂、企业、学校的经济,属于社会主义的全民所有制,仍由原属的各上级领导机关管理;人民公社所建的自己的工厂与生产单位,属于公社所有,即基本上集体所有,应由基层人民公社管理,两个部分实行分别核算。

随着区社的建立,我们已经决定下放一批可以由区社管理的市营工厂、企业、学校、医院、商业门市部等给区社管理。这样做并不是将全民所有制降为集体所有制,相反地是大大增强了公社的全民所有制成分,为发展公社的物质基础提供了更有利的条件,更有利于向完全的全民所有制过渡。

区社对街道公社的各项工作实行全面领导,对下放到公社的市营企业、事业单位的财务、人事工作,在保证国家计划、保证上交利润、保证执行政策的前提下,也由区社管理。对直属中央、省、市管理的企业、事业单位,公社只管公社所有的财政和负责管理其民政、公安、民办教育及一部分福利等事业,这些国营部分的财务、人事工作及经营管理均由其原来上级管理。

四

城市人民公社的建立与提高的过程,也是改造旧城市及建设社会主义新城市的过程。解放以后,虽对旧城市进行了一系列的改造,但目前仍有许多不合理的地方,旧城区地域狭小,人口集中,街道狭窄,房屋破烂,卫生条件差,商业网密度过大,大生产单位少,在一定程度上生产与生活脱节,服务行业与生产人口分离,交通运输紧张,浪费人力物力,对发展生产和群众生活不利,因此,本着逐步消灭城乡差别、工农差别、体力劳动与脑力劳动差别的原则,实行工农结合、劳动与教育相结合、生产与生活相结合的原则,我们打算有步骤地实现对旧城区的改造。其主要办法是:第一,对散居在旧城区的职工家属,逐步地由工厂、企业实行归口安置,迁往各该工厂、企业的家属区居住。第二,调整商业网,将旧市区多余的商业服务单位,迁往工业生产区。第三,将妨碍城市规划的旧住宅区的居民逐步加以迁移。第四,在调整住房的基础上,根据先安置、后拆迁的原则,将群众已腾出的妨碍对旧区改造的一部分破旧房屋,逐步拆掉,腾出的空地布置园林化。第五,根据城市的全面规划,将一部分现有街道上的工厂加以扩大,彻底改造旧市区街道。改造旧城市是一项复杂的工作,必须随着生产的发展,逐步地、分期分批地进行,我们打算在三、五年或更长一些时间完成这一任务。

同样根据上述原则,今后新城市工业的布局,应适当分散,原市区除提高现有工业外,一般不再新建,而将新建的单位逐步分布在市郊和所属各县,逐步形成若干个三万五万、十万八万人的卫星城市及独立的工业地区。同时将现有工厂进行适当调整,逐步形成若干个以大生产单位为中心,或几个生产单位和农村联合组成的人民公社,逐步使农村城市化。充分利用各工业区间隔之间的农田以及旧城区拆迁出去的空地,积极发展农副业生产,植树造林。

我们可以设想:在不久的将来,我们的城市将成为若干个以大工厂为骨干的、工农商学兵紧密结合的、有全套文化教育和生活福利设施的区域。到那时,城市已实现了园林化,一个工业区与另一个工业区之间有碧绿的田野和树林,无数的小城市像一个个小岛,隐约在绿海之中;在一个城市里也是一片一片的美景,并夹杂着清清的小河、宁静的小湖泊,一幢幢厂房和楼房的间隔中长满万紫千红的果树和鲜花,既有宽广大道,又有弯曲的幽径,园林深处有闹市,闹市走过又有园林。这便是我们正在设计的社会主义和共产主义新城市的图景。

城市人民公社化运动,是一次重大的社会变革。广大职工群众欢欣鼓舞,热烈拥护,但是城市是资产阶级及其知识分子比较多的地方,对他们来说是一次深刻的革命;对于一部分自负盈亏的小商贩和独立劳动者来说,是由个体所有制到集体所有制的转变;对大批城市市民和职工家属也是由个体生活到集体生活的转变。因此,有的人犹豫动摇,有的人怀疑,有的人抵触,有的人或明或暗造谣破坏,两条道路的斗争是很尖锐的。因此,对已经建立的人民公社,必须采取积极态度,进行整顿巩固,加强政治思想工作,进行社会主义和共产主义教育,开展两条道路斗争。另一方面,由于城市情况比较复杂,为了照顾城市的特点,也不大宜太急太猛,要稳步发展,对于少数思想不通的人适当等待。总之,必须按照党的八届六中全会的精神,使城市人民公社以适合城市特点的形式,成为改造旧城市和建设社会主义新城市的工具,成为生产、交换、分配和人民生活福利的统一组织者,成为工农商学兵相结合和政社合一的社会组织。

我们整顿了街道工业的工资制度[*]

巨轮人民公社生产部副部长　叶志良

（一九五九年十一月）

　　巨轮人民公社是太原市试办的城市人民公社。公社现有十七个生产、服务单位,职工 2689 人,每月生产总值 40 余万元。这些单位,是在去年八月间组织街道福利、生产事业时建立起来的,在公社成立以后,由公社领导。这些单位在建立初期,因为生产没有走上轨道,有的单位又是由街道分散办的小单位集中合并而成,加上公社领导上对这一新工作缺乏经验等原因,所以工资制度是极不一致的。有的单位长期没有确定工资待遇,实行着暂借生活费的办法;有的单位不仅工资标准不统一,而且存在着高低悬殊的现象;有的平均主义现象很严重。如:修缮公司所属的四个生产队中,一队、四队是计分工资制,但分值不一样,一队每分为 0.26 元,四队则为 0.3 元;二队、三队是计时月薪制,二队的最高工资为 75 元,最低工资为 40 元,而三队的最高工资为 40 元,最低工资为 24 元。耐火砖厂 29 个工人中,除了 2 个年龄较小的女孩工资不同以外,其他 27 个工人的工资一律是 19 元和 20 元。由于工资制度不合理,影响着工人的生产情绪,有的工人出勤很少,有的单位工人之间互不团结,有的工人对干部有意见。这种情况,对生产的发展很不利,急需进行一次整顿。

　　我们于三月初开始整顿社办工业的工资制度的工作,首先分析了社办工业的一般特点,然后根据这些特点确定了调整的原则。

　　社办工业的特点是:

　　一、各行各业无所不包。除了为大厂进行加工生产的单位以外,还有为居

---

　　*　原载《中国劳动》一九五九年十一月。

民生活消费服务的服务单位,地点分散,行业很多,诸如熔炼厂、车具制造厂、造纸厂、纺织厂、鞋厂、缝纫厂、美术用品厂、化妆用品厂、理发、修鞋、洗补衣服等等,应有尽有。因此,工人的劳动条件、劳动强度和技术复杂程度很不一致。

二、人员情况复杂。其中除60%以上的工人是刚从家务劳动中解放出来的妇女以外,为了把消费人口逐步改变为生产人口,还吸收了一部分老、弱、残、疾、幼和部分退休的老职工参加了生产。他们的年龄悬殊,文化、技术水平不一,思想觉悟和劳动态度以及学习生产技能的能力均有明显的差别。

三、白手起家,底子薄。有的虽然生产了半年多,但积累也很有限。

根据党的八届六中全会决议的精神,结合我社的具体情况,确定这次整顿工资的原则是:

一、各生产、服务单位自负盈亏。在获有盈余的前提下,适当地提取公共积累,合理地分配个人所得。

二、贯彻按劳分配、多劳多得的原则。适应工人在体力劳动和技术熟练方面的不同,大部分是手工劳动,一部分生产是分散在个人家庭里进行的特点,以实行计件工资制为主;对不能实行计件工资制的,一律实行低工资加奖励的制度。

三、合理地规定产业间的工资差别,反对平均主义。工资标准重工业应当高于轻工业,技术工人应当高于一般工人,重体力劳动工人应当高于轻体力劳动工人,普通劳动工人应当高于学徒工。

为了统一思想,顺利地进行整顿工资工作,首先将上述原则在党内和各单位的干部中分别进行充分的讨论,最后向全体职工进行动员,发动开展鸣放。在全体职工一致拥护下,由公社下达工资指标(最高、最低及平均工资控制数),由各单位拟定工资等级标准,经报公社领导批准后进行评定。各单位评定工资时,采用了选择标兵,自报公议,互评条件,三榜定案的方法。选择标兵,就是要求各单位在车间、生产队和小组中,选择劳动技术合乎标准要求的人作为群众评级的样本。自报公议就是在小组会议上,个人自报,小组通过。互评条件,就是评思想、评技术、评劳动(数量)、评质量、评纪律。三榜定案,就是各单位在小组初步评定后,贴榜公布征求群众意见,再集中群众意见进行复评,第二次贴榜公布,最后在领导和群众的意见取得一致的基础上,由各单位领导上批准定案公布执行。

关于奖励制度方面,目前尚未作具体规定,只下达了一个个人奖金不得超过月工资标准20%的指标,各单位在实行红旗竞赛按月按季评比奖励时,可以根据工人的劳动成绩进行奖励。

对管理人员的工资,原则上规定按照工人的工资等级评定,没有单独规定他们的工资标准。因为他们多半是居民委员会的干部或街道工作的积极分子,不单独规定工资标准,更便于他们密切同群众的联系。

在实行计件工资制的单位(如缝纫厂、制鞋厂等),这次没有评定工人的工资等级,也没有确定工作物等级,完全实行同工同酬、多劳多得。在计件单价方面,将随着工人操作熟练程度的提高,在一定时期内根据产量增加的情况调整降低计件单价,保证生产的不断发展和工人的适当收入。计件形式大部分为个人计件,也有的实行小组计件,如缝纫厂四车间为了推行流水作业、提高工作效率和加强小组团结,工人自发地将个人计件改为小组计件。实行计件的单位停工时没有停工津贴,对生活特殊困难者设法予以救济。

经过二个多月的整顿,至四月底已经基本结束。经过这次整顿,进一步贯彻了按劳分配的原则,做到了统一合理,工人的工资普遍有所增长(增长数字正在统计中),也受到了全体职工的热烈拥护。

广东省社联组织广州市高等院校
教师及其家属参观城市人民公社 *

（一九六〇年/Z1）

广东省社联于五、六月间先后两次组织广州市高等院校的教授、专家、讲师和他们的家属共一百多人，到广州市金花、东华两个人民公社进行参观访问。两次参观分别由中国科学院广州分院院长、省社联主席杜国庠同志和广州市教育局副局长、省社联委员廖奉灵同志率领。

参观以后，广东省社联又分别组织他（她）们举行座谈会，他（她）们在座谈中一致认为：通过参观访问和听了公社干部关于公社的情况介绍，具体地了解了公社生产和福利事业的发展情况，看到了城市人民公社在很短时间内发挥了巨大的力量，显示出无比的优越性，感到无比兴奋。一致表示要热烈地拥护和参加人民公社，决心加紧自我改造，跟上形势，做社会主义建设事业的促进派。

杜国庠同志在座谈会上指出：人民公社是我国人民的伟大创造，是马克思列宁主义同中国具体实际相结合的毛泽东思想产物，它对我国社会经济、政治和文化生活有深远影响。人民公社的产生，是具有伟大的国际意义的。我们哲学社会科学工作者，应该进一步深刻地认识、研究和宣传这个伟大的新生事物。

---

* 原载《学术研究》一九六〇年/Z1。

城市人民公社化是
改造旧城市的唯一正确道路

中山大学教授　潘允中

（一九六〇年/Z1）

　　这次参观广州市东华街人民公社和金花街人民公社,使我的思想认识得到很大的提高。这里我不打算全面谈收获,只就我个人感受较深的一点来谈谈。

　　改造旧城市是一个很复杂的问题。旧城市的特点之一是:它是消费性的基地,居民吃的东西、穿的原料几乎全靠农村供给。怎样把消费性的旧城市改变为生产性的新城市,过去我也曾设想过,国家多开一些工厂,不是就可以解决这个问题吗? 其实问题并没有这样简单。自从大跃进以来,广州市的居民确有相当一部分人被吸收到生产中去,但这只限于青年男女,还有中年以上的大部分还不是生产者,而是消费者。让这些人天天吃饱闲着没事干,或者尽干一些家庭琐事,这绝不是社会主义城市应有的现象,兴办一些民办工厂来容纳他们吗? 但是,过去一谈到办工厂,总是先想到资金、原料、技术、厂房之类如何如何困难的问题。这些问题,国家当然不可能都替居民来解决,居民也想不出办法,工厂只好不办了。城市公社化以后,所有这些问题都得到合理解决了。比如东华街人民公社,公社成立以前,辖区内只有 41 个工厂,产品十多种,参加生产的居民只一千多人,产值 18 多万元。今年四月公社成立,距离我们参观时,只有一个多月,在这短暂时间内,工厂增至 189 个,参加生产的居民增至四千多人,占应参加生产的居民(工厂人员和机关干部除外)总数的 83.4%。现在每月产值增至 26 万多元。许多工厂初办时并没有什么厂房、原料、资金,技术也不懂。现在他们的 189 间工厂,全都是从无到有,土法上马,不花国家一文钱。许多工厂的原料都是利用废品得来的,如利用废铁制造发夹,利用味母渣滓制成美味汁,利用破皮鞋制造牛皮胶水等等。在共产党的领导下,发挥群众集体智慧,真是没有办不通的事情,这在城市公社化运动中体现得特别清楚。旧城市的另一特点是:在街道居民中,自私自利、互不关心的思想作风比较突出。居民的这种落后的精神面貌,在解放后已有所改变,但还没有根本改变,这也是社会主义建设过程中的一大问题。现在城市公社化运动一来,社会的物质生活基础改变了,人民的精神面貌也随着发生根本性的变化。东华街人民公社和金花街人民公社成立都不过一个多月,可是,居民的思想认识和生活态度已经大大改观。人人互助,彼此关心,服务事业蓬勃发展,不独日常生活有服务站帮忙,就是婚丧大事也有人代办。如果不是发挥了共产主义风格,树立了我为人人的新风尚,又怎能办到呢? 我们在这两个公社里,还可以看到到处洋溢着彼此友爱团结的气氛。过去不和睦的婆媳,现在媳妇当了工人,婆媳俩和好起来了;过去经常争吵的邻居,现在在一起生产,在一起吃饭,大家彼此尊重,不再争吵了。

所有这些,都充分证明了,城市公社化的确是把旧城市改造为社会主义新城市的唯一正确道路,这次参观以后,大大加强了我对城市人民公社的信心,使我又一次地体会到毛泽东思想的正确、伟大。

组织城市人民的经济生活是建设社会主义新城市的一个重要方面[*]

任白戈

（一九六〇年三月一日）

一

建设社会主义新城市是党的一项重大的历史任务,这个任务完成得越快,就越有利于加速我国社会主义的建设。实现这个任务,需要进行一系列的艰苦工作。组织城市人民的经济生活和文化生活,就是完成这个任务的一个重要方面。在发展生产的前提下,把群众的生产、生活、教育统一组织起来,由群众自己管理自己的生活,一同走上集体化的道路,这就能够进一步改变人与人之间的关系,改变旧的生活方式和思想意识对人们的影响,提高人民群众的组织程度和觉悟程度,从而使生产关系更加适合生产力发展的要求,使上层建筑更好地为经济基础服务,有力地促进生产的发展。

重庆市在解放前是一个半殖民地、半封建的旧城市。帝国主义、官僚买办、地主豪绅、资产阶级是这个城市的统治者,工人阶级和广大劳动群众过着被剥削、被奴役的痛苦的穷困的生活;社会上道德败坏,黑暗重重。解放后,在党的领导下,进行了城市改造工作。在国民经济恢复时期和社会主义改造时期,我们进行了一系列的民主改革和社会改革工作,并且围绕着发展生产的要求,大力组织城市人民的生产和生活。这样,不仅迅速改变了国民党反动派遗

* 原载《红旗》一九六〇年第五期。任白戈:时任中共重庆市委第一书记。

留下来的大量失业、流浪和饥饿现象,而且不断地提高了人民生活水平,从根本上改变了城市的面貌。

但是,在一九五八年以前,除了国营企业职工、机关工作人员、学校师生在生产、工作和学习中已经完全组织起来以外,还有不少街道居民(包括一些劳动者的家属、资本家及其家属),没有参加生产劳动,不少小商小贩、小业主、小手工业者还没有集体化,同时,所有城市人民在生活方面也需要进一步组织起来,实现集体化,这就给我们提出了进一步地全面地组织人民经济生活的任务。做好这个工作,就可以使所有城市人民不仅在生产上组织起来,而且在生活上也组织起来,就可以使人们进一步摆脱旧社会遗留下来的习惯势力的影响,进一步改变思想面貌,在人与人之间建立起完全新的关系,一种以高尚的共产主义风格、共产主义道德品质为基础的新的关系。这样,我们就会把建设社会主义新城市的工作推上一个新的阶段。这一项进一步地全面地组织人民经济生活的工作,随着一九五八年的大跃进,得到了广泛的开展。

一九五八年以来,在党的社会主义建设总路线的光辉照耀下,随着我国社会主义建设大跃进和人民公社化运动,社会生产力迅速向前发展,人与人之间的关系,人们的生活方式和思想面貌,发生了剧烈的变化,组织人民经济生活的问题也就提到了一个新的地位。

在大跃进中,由于生产建设事业的飞跃发展,各方面对劳动力的要求急剧地增加,这不仅使社会上原来闲散着的劳动力普遍得到就业,而且也使成千上万的家庭妇女走出家门,兴高采烈地参加了生产。这样,原来是每个家庭自己能够解决的问题,譬如烧饭、洗衣、带孩子等等,现在变成社会性的问题了。群众迫切地希望家务劳动社会化,要求党和政府领导他们组织起来管好自己的生活。特别是在农村人民公社化以后,人民公社显示出的无比优越性,在城市中产生了深刻的影响。人民公社这个初升的太阳,照亮了城市人民的心,鼓舞着城市人民进一步地组织起来,走集体化的道路。

在大跃进中,由于城市人口大量增加,人民的收入普遍提高,群众对物质的需要急剧增长。如何有计划地、合理地组织商品交换,使消费品的分配,更好地适应于生产的不断发展和人民生活日益增长的需要,已经成为现实生活中的一个重要问题。这就需要我们积累经验,逐步建立和发展新的分配体系和分配制度。同时,由于农村实现人民公社化,城乡关系发生了新变化,特别是商品流转路线发生了很大的变化(例如,过去分散收购,现在变为集中收购),也对组织城市的供应工作提出了新的问题。

当然,大跃进以来,我们在现实生活中遇到的新问题还不只这些。譬如,群众收入增多了,应该怎样指导群众合理地开支,把日子过得更好呢?群众生活上的要求多样化了,应该怎样让群众生活得丰富多彩呢?广大职工生产热情高涨,废寝忘食地劳动,应该怎样关心他们,帮助他们料理好生活呢?诸如此类的问题是很多的。随着国民经济继续全面高涨,新的问题还将不断产生。这些问题,既同群众的切身利益息息相关,也是城市建设向前发展所必须解决的问题。

适应这种形式的要求,我们以发展生产为中心,把群众的生产、生活、教育统一组织起来,由点到面,逐步铺开,从而使组织人民经济生活的工作有了很大的发展。由于大力组织人民经济生活的结果,这一时期不管在生产工作、街道工作和人们的精神面貌方面,都出现了很多新的气象。

通过组织人民经济生活,进一步发动社会劳动潜力,有力地支援了生产的发展。在一九五八年和一九五九年的连续大跃进中,我们组织居民生产和生活,使得多少年来束缚在锅灶旁边的家庭妇女解放出来。用她们自己的话来说是:"解除了烦琐的家务劳动,就感到全身舒畅,浑身是劲,英雄有了用武之地。"因而挖掘了大量的劳动力,源源不断地补充着工人阶级的队伍,支援了社会主义建设事业的飞跃发展。两年中,全市有三十三万多人就业,相当于过去八年就业人数总和的两倍多。全市街道居民支援大型厂矿的有十一万多人,支援运输战线的有一万二千多人,还有不少人走进了街道工厂。市中区七星岗二万〇二百六十三名成人中,除一千二百八十六人由于完全丧失劳动力未参加生产外,其余一万八千九百七十七人都参加了各种力所能及的生产劳动。社会上出现了"人人忙生产,户户无闲人"的生气勃勃、欣欣向荣的景象。这是我国人民几千年来梦寐求之的理想,是帝国主义和一切反动统治时代绝对办不到的事,而我们在很短时间内就实现了,它充分显示了社会主义制度的优越性和大跃进的光辉成就。

通过组织人民经济生活,全市人民在党的领导下,从生产上、生活上进一步组织了起来。尤其是使那些在社会主义改造中遗留下来的仍保持个体经济的小商小贩、小业主、小手工业者，也走上了集体化的道路，其中还有一部分直接转变为国营企业的工作人员。这样，就使城市的生产资料的所有制完全变为社会主义的所有制。

通过组织人民经济生活，街道居民普遍增加了收入，生活得到进一步的改善。七星岗华一村三段，有五十户共二百一十三个大人、小孩，一九五八年每人每月平均收入为五元五角，一九五九年上半年提高到十元七角，增长百分之九十四点五，其中二十户职工家属和贫民，收入增长达到百分之一百一十左右。由于全面安排了居民生活，大家开支有计划，勤俭持家、节约储蓄的风气大大发扬。南岸区上新街、郭家沱等地居民的定期储蓄，每人每月平均都在五元以上。七星岗居民储蓄的金额，一九五九年第三季度较第一季度增加二点八倍，百分之九十以上的街道贫苦居民做到了"户户有结余，家家有存款，个个勤劳动，人人喜洋洋。"

通过组织人民经济生活，使群众有了更多的学习时间，并且激发了群众学习政治、学习文化的积极性，在街道居民中掀起了大搞文化革命的热潮。群众积极学习文化，学习时事，学习毛泽东思想，出现了文化教育大发展、思想觉悟大提高的局面。一九五八年以来，全市街道中群众自办了小学五十八所、中学三十六所，入学人数达到三万八千四百多人。同时普遍兴办了业余文化学校，计有业余小学三百二十一所、业余中学十四所。一九五八年以来，大力进行了扫除文盲的活动，目前扫除文盲人数占到青壮年文盲百分之九十七以上。在七星岗街道，青壮年文盲已全部扫除，并都进入了业余文化学校，整个街道还按地段和单位成立了政治学习小组，经常坚持读报，每周还有两个晚上进行政治学习。

更加令人振奋的是，通过组织人民经济生活，进一步发展了人与人之间团结友爱、互助合作的新关系，树立了新的道德风尚，集体主义思想和共产主义精神普遍发扬。群众在集体生活中，真正成为生活的主人，人人关心集体，爱护集体，形成一种"便利让给别人，困难留给自己，好事推给集体，荣誉归于国家"的新气象。在不少地方，尊老爱幼、扶病救伤、舍己为群、拾金不昧的动人事例屡见不鲜。邻居之间再也不是"各人自扫门前雪，休管他人瓦上霜"，代之而起的是"休戚相关共甘苦,情同骨肉亲一家"。家庭之中,夫妻、婆媳、妯娌共同劳动,互敬互爱,更加普遍地出现了民主和睦的新家庭。

所有这些,说明全市组织人民经济生活的工作,无论在经济上、政治上、思想上都取得了很大的成就,使整个城市从生产、生活到人们的精神面貌都起了巨大的变化。

<h1 style="text-align:center">二</h1>

从重庆市的工作实践来看,组织人民经济生活的过程,是党不断关心群众,组织群众生产,领导群众自己管理自己生活的过程,是群众自觉地组织起来,走生产集体化和生活集体化道路的过程。这个过程,也是发展生产,改善生活,提高群众社会主义觉悟的统一过程。在整个工作中,我们不断地加强群众的社会主义、共产主义思想教育。帮助群众树立发展生产的观点,服从国家计划的观点,勤俭节约的观点。教育群众把国家、集体和个人三者的关系结合起来,把目前利益和长远利益结合起来。在具体做法上,我们主要抓住了三个方面的工作,即组织群众参加生产、组织集体生活福利和组织商品合理分配。

组织群众的经济生活,是从组织居民参加生产入手的。参加社会主义建设,从事生产劳动,是群众的根本要求,也是改善生活的根本途径。只有首先从生产上把群众组织起来,才能够引导群众走集体化的道路。组织群众生产的工作,就是在各级党委统一领导下,根据各方面的具体情况,因人制宜、因地制宜、因时制宜地大搞群众性的生产运动。所谓因人制宜,就是按照各个人劳动力的强弱和本身的具体情况,能担负什么样的工作,就安排什么样的工作,每天能抽出多少时间参加工作,就安排多少时间的工作,劳动支付,有整有零。这样,充分发掘了劳动潜力,做到人尽其才,各尽所能。所谓因地制宜,就是在不同的地方,组织不同的生产。在工地附近就组织担沙土、碎石子;在码头、车站附近就组织装卸搬运;在工矿区就组织从事辅助性的生产活动。所谓因时制宜,就是按照季节特点组织生产活动。譬如到了夏天就组织编草鞋、做凉鞋、搭凉棚、卖冰糕,到了冬天就组织缝棉衣、织毛衣、做棉鞋、弹棉絮等等。这样,全市居民中有百分之九十以上的人参加了各种生产和社会服务劳动,为社会创造了大量的财富,也增加了自己的收入。目前全市街道小型工厂仅市中区已经发展到二百〇八户,这些街道工厂充分利用边角、废料,加工生产小百货和机械零件,仅在市中区,一九五九年第四季度的产值,即达二百六十九万元。这些工厂都是在国家帮助之下,克服了许多困难,白手起家,从无到有,从小到大,逐步发展起来的。一九五九年下半年以来,全市居民还种植了二万多亩蔬菜,养猪十二万八千头,并有一部分集体食堂做到了食肉自给。全市街道还建立起了简易缝衣店、理发店、洗澡堂等四千六百多个,弥补了商业部门服务网、服务点之不足。

群众在生产上组织起来之后,紧接着就要求从生活上组织起来。毛泽东同志曾经说过:"我们应该深刻地注意群众生活的问题,从土地、劳动问题,到柴米油盐问题。妇女群众要学习犁耙,找什么人去教她们呢? 小孩子要求读书,小学办起了没有呢? 对面的木桥太小会跌倒行人,要不要修理一下呢? 许多人生疮害病,想个什么办法呢? 一切这些群众生活上的问题,都应该把它提到自己的议事日程上。应该讨论,应该决定,应该实行,应该检查。"①根据群众生活中最需要解决的问题,我们主要抓住了三件事情:

第一,帮助群众办好集体食堂,这是实现群众生活集体化的中心一环。群众对办集体食堂的热情很高,但是由于过去群众只是当小家,只会做小锅小灶的饭,开始时还缺乏各家各户联合起来用大锅大灶做饭的经验,需要进行帮助。这个工作是在党委的统一领导下,由商业部门会同有关单位进行的。他们帮助集体食堂实行计划开支,改善经营管理,训练技术人员,提高伙食质量,使群众吃得好,在各方面都很方便。在食堂周围,还附设了一些小食店、小卖部、理发店、老虎灶和简易澡堂。因而集体食堂很快得到巩固和提高,全市现在已经建立集体食堂二万七千四百多个,搭伙人数按地区居民总数计算,最多的达到百分之九十(南岸区上新街),一般都在百分之七十左右。有的集体食堂已经成为群众活动的中心场所。

第二,根据"因陋就简、因地制宜、照顾特点、便利群众"的原则,帮助群众

---

① 《毛泽东选集》第一卷,人民出版社 1952 年版,第 133 页。

积极办好托儿所和幼儿园。全市现在已经办起了托儿所(站)一万七千七百多个,入托儿童占适龄儿童总数的百分之六十。托儿所和幼儿园的形式是多种多样的。许多地方已经建立起托儿网。如南岸区上新街,既有固定托儿所,又有临时托儿所(解决妇女外出时的临时需要),计时托儿站(设在影剧院和交通要道,每小时只收费两分)。对于没有送托的三岁到七岁的儿童,采取定点定时的办法,把他们组织起来,教他们唱歌、游戏,使他们懂礼貌、爱劳动。采取这些办法以后,孩子们高兴,家长们放心,妇女们再也不会因为孩子的拖累,影响生产和学习。她们歌颂道:"自从成立托儿所,一身轻松多快活,不愁娃娃没人带,只想任务咋超过。"

第三,组织群众互助合作,依靠群众的力量,解决群众生活上其他方面的需要。全市现在已经组织了群众服务组织二千三百多处,在工矿区和主要街道,已经形成了一个广泛的生活服务网。如在郭家沱地区,根据群众的要求,把三千三百多户家属组成了二百三十八个家庭生活互助组。在一个互助组内,你帮我,我帮你,一人帮大家,大家帮一人,把各项的家务料理得妥妥帖帖。上街买菜,轮流当值,一人服务,众人受益。特别是对一些无依无靠的老人,行动不便的残废的人,卧病在床的病人,更是照顾周到,体贴入微。这种互助组有效地培养着群众的集体主义思想,在人与人之间建立起一种团结友爱、互助合作的新关系,已带有共产主义的因素。目前全市正在普遍地推广。

在居民中组织参加生产和组织集体生活福利的同时,商业部门还大力组织了商品的合理分配。合理分配商品的原则,是在保证一般需要的基础上,照顾重点需要(厂矿)和特殊需要(老、弱、孕妇、残疾),既有利于生产的发展,也有利于人民群众共产主义协作精神的发扬。在做法上,自始至终贯彻群众路线,充分依靠群众。商业部门经常深入群众,通过座谈会、代表会、登门拜访等各种形式,深入细致地掌握消费对象、消费特点及其变化情况,熟知人口、户数、收入水平、生活习惯、宗教信仰,是南方人还是北方人,谁家生了孩子,谁家有人生病,有些什么需要等等。这样,就有了合理分配商品的依据。商业部门根据各个时期的货源情况和居民消费需要,确定不同的分配办法,选择一部分需要进行分配的商品,同群众商量,通过群众分配到地段,送货到家。这种分配方法,是把商品交由群众自己分配,是一种重要的群众路线的方法。开始时,有人不相信群众,害怕把事情搞乱,怕行不通。实际上,当群众知道了商店的"家底"以后,就把商店的事情当成了自己的事情,帮助商店合理分配商品,并且充分发扬友爱精神,互助互让,把某些特殊商品分配给最需要的人,用在最需要的地方。当然,在对若干商品进行分配的同时,仍然允许消费者在一定范围内进行自由选购。在社会主义制度下,人们的需要总是大体相同而又各有不同的。社会主义愈是向前发展,产品愈是丰富多彩。我们应当一切从便利群众出发,既有计划分配,又有适当选择的自由,既要有综合性的服务商店,又要有专业性的商店,既要有国营的饮食业、服务业,又要有群众自己举办的公共食堂和服务业,以国营为中心,群众举办为基础,两条腿走路。据上新街综合商店的统计,一年以来计划分配和送货上门的商品,约占全店销售总额的三分之一以上,其余部分仍由消费者自由选购。

在社会主义建设大跃进的时期,群众对于生产和生活上的要求是多种多样的。最根本的方法是靠群众的力量办群众的事。毛泽东同志说:"许多人,许多事,可以由社会团体想办法,可以由群众直接想办法,他们是能够想出很多好的办法来的。"①实践证明,在党的统一领导下,引导群众自己管好自己的生活,是组织好人民经济生活的基本原则。离开党的领导,就会迷失方向;没有群众积极参加,也不可能办好。

<h1 style="text-align:center">三</h1>

组织人民经济生活是全党的任务,需要全党动手一起来办。同时它又是一项细致、复杂的工作,牵涉面较宽,需要各有关部门在党的统一领导和安排之下,统一步调,分工协作。财贸部门、民政部门、妇联会都分担着这方面的工作,尤其是街道居民委员会,在这项工作中负有最直接的责任。把这些部门的力量组织起来,拧成一股绳,对于统一组织群众的生产、生活、教育有着重要的

---

① 《建国以来重要文献选编》第十册,中央文献出版社 1994 年版,第 88 页。(此注释系编者根据原注释所作的修改)

作用。这些部门通过经常交流情况、研究问题、联合召开现场会议等方式,紧密地配合了起来,因而在实际工作中形成了一条"战线",从上到下加强了党对这项工作的领导作用。

商业部门是党在组织人民经济生活方面的主要助手。因为商业部门是党和政府在经济生活方面联系群众的重要桥梁之一,同群众有着广泛而密切的联系。同时,商业部门掌握着商品的交换、分配,对于吃、穿、用的问题和经济生活上的其他问题比较熟悉,同国民经济各部门之间也有着比较密切的联系,商业部门可以充分利用这些有利条件,担负起人民经济生活具体组织者的责任。同时,社会主义商业为生产、为消费服务这一基本任务,也决定着商业部门必须把这项工作作为自己的重要任务。事实证明,商业部门通过组织人民经济生活,加强了政治观点、生产观点和群众观点,同群众建立了社会主义的新关系。商业人员感到自己离不开群众,群众也热爱商业人员,称他们是"生产的后勤兵","群众的好管家"。这样,商业工作有了广泛的群众基础,得到了群众的热诚支持,因而大大提高了服务质量,使工作愈做愈细,效率愈来愈高,能够用较少的商业专业人员完成繁重而复杂的供应、服务任务。现在重庆市商业人口占全市人口的百分之一点二六,上新街综合商店只占百分之一点一,郭家沱毛衣商店只占百分之〇点七一,石井坡毛衣商店只占百分之〇点五八。商业部门通过组织人民经济生活,也就找到了为生产、为消费服务的新途径,提高了它在社会主义建设中的地位,更加发挥了它的作用,使商业工作进入了一个新的发展阶段。

为了加强党对组织人民经济生活的领导,便于贯彻群众路线,还必须有相应的组织建设。根据重庆市的具体情况,我们首先在普遍调整商业网的基础上,按街道人委管辖地区,设立综合性的地区商店(在工矿区叫工矿贸易商店,在学校区叫学校贸易商店)。商店既经营吃的、穿的、用的,又组织群众的生活服务事业,把群众的一切需要都"管"了起来。正如石井坡贸易商店的同志所形容的那样:"上至绸缎,下至葱蒜,撮箕扫把,箩筐扁担,照相洗染,补锅补碗,群众需要,样样俱全。"商店既接受上级商业部门的领导,又接受街道党委(或厂矿党委)的领导,商店的党组织书记同时又是街道党委的副书记。这样就便于在街道党委(或厂矿党委)的统一领导和全面安排下,统一地组织群众的生产、生活和教育。根据重庆市的特点,除了地区综合商店以外,在市、区主要街道上,原有的各种专业商店大部分还应当保持,同时,还要根据需要增设一部分专业商店,把专业商店和综合商店结合起来,既可以满足各种人的不同需要,又可以保存和发扬传统性的地方特点。其次,在重庆市,我们还试办了在街道党委(或厂矿党委)领导下,组织由居民积极分子、消费者代表参加的,由街道(或厂矿)和商业部门共同负责的群众性的"人民经济生活委员会",这个委员会的任务是研究人民经济生活的情况,研究商品分配的具体办法,动员社会力量,兴办集体福利事业,反映群众的意见和要求,以及协助党和政府进行政策宣传。在地段,则设立相同性质的"人民经济生活小组",协助商业部门具体分配商品,安排每家每户的生活。根据重庆市试行的情况来看,建立这样一套组织机构以后,大体上可以适应组织人民经济生活的要求,而且随着它的发展和不断完善,将会形成一个新的分配和供应体系,成为社会主义城市整个生产网、生活服务网和教育网的组成部分。

四

大跃进以来,重庆市组织人民经济生活的工作在各方面共同努力下,取得了迅速的发展。在工作实践中也不断加深和丰富了我们对组织人民经济生活的新的意义和作用的认识。

组织群众生活同发展生产有着不可分割的关系。党越是关心群众的生活,群众的干劲越大;群众的干劲越大,党越是要关心群众的生活。我们关心和组织群众的生活,正是为了生产的发展,而发展生产的根本目的,也正是为了不断地改善群众的生活。毛主席教导我们:"必须注意全面地抓思想、抓生产、抓生活。必须关心人,纠正那种见物不见人的倾向。""把生产和生活对立起来,认为重视群众生活就会妨碍生产的观点,是错误的。当然,离开提高觉悟和发展生产,片面地或者过分地强调改善生活,而不提倡为长远利益而艰苦奋斗,也是错误的。"①我们的实践证明,这是一条普遍的真理。哪里群众生活

---

① 《关于人民公社若干问题的决议》,《人民日报》1958 年 12 月 19 日。

组织得好,哪里群众生产的积极性、主动性、创造性就得到充分发挥,哪里的生产成效就特别显著。如石井坡、郭家沱、忠恕沱等工厂的贸易商店无微不至地为生产服务,为工人服务,帮助工人安排生活,照料家务,使工人感到又方便,又舒适,工人就能够不为生活操心,集中全部精力搞好生产,使劳动效率大大提高。因此,组织人民经济生活是为了正确地处理生产同生活的关系,以充分调动积极因素,充分发挥人的主观能动作用,多快好省地建设社会主义。

群众生产和生活的集体化,不仅改变了生产中人与人的关系,而且也改变着人们的生活方式和意识形态。社会主义的生产方式必然要有同它相适应的社会主义的生活方式和意识形态。不仅高度集中的大生产要求人们的生活集体化,而且分散的个体生产在走上集体化道路以后,也要求在生活上走集体化的道路。事实上,人们的组织程度和思想状况对生产起着积极的影响。当人们的生活按照社会主义的集体原则组织起来以后,就有利于推动生产力向着更高的水平发展。大跃进以来,在群众生活上出现的种种新问题,实际上是关系到改变社会生产关系,使它适应生产力高速度发展的一个重大问题。正因为这样,我们才感到它是一个新的课题,应当把它提高到应有的地位,认真地研究它、对待它。现实生活要求我们不仅要认识和掌握社会主义的生产规律,善于正确地领导生产,也要求我们要认识和掌握社会主义的生活规律,善于正确地领导生活,要像领导和组织生产那样,积极地、自觉地组织群众的生活,并且在这个过程中,不断地加强对群众的教育。这是我们在城市工作中贯穿在一切方面的重要任务。

随着生产集体化和生活集体化的发展,城市中一些分散的个体经济,按照社会需要组织起来,走上集体化的道路,这是建设社会主义新城市的要求,也是社会主义改造继续发展的必然结果。马克思列宁主义告诉我们,社会主义不能长期建筑在生产资料社会主义所有制和个体所有制并存的基础上。在国营经济的领导和影响下,个体经济必然要通过集体化的道路过渡到集体所有制,集体所有制也必然要随着生产的发展进一步过渡到全民所有制。通过组织人民的生产,引导人们走集体化的道路,就使我国的城市建立在统一的社会主义经济基础之上。

许多事实充分说明,通过组织人民经济生活,引导人们走向集体化,充分反映了群众对于参加社会主义建设和建立幸福生活的共同愿望。党领导群众组织起来走集体化的道路，正是人心所向，众望所归。人民群众必须自己解放自己；党的全部任务就是全心全意地为人民群众服务；党对于人民群众的领导作用，就是正确地给人民群众指出斗争的方向，帮助人民群众自己动手，争取和创造自己的幸福生活。在组织群众经济生活的工作中，我们自始至终坚持了这一观点，贯彻了"大家的事情大家办，群众的生活群众管"的精神，因势利导，加以组织，所以群众情绪很高，不仅事情办得多，办得快，而且办得好，办得省。以今年春节为例，为了使全市人民欢度佳节，商业部门在党的领导下，进行了充分的准备，供应比平时更多的副食品和工业品，并把这些商品合理分配，挨家挨户送货上门，还尽量按照大家的生活习惯供应了各人爱好的食品，做到南方人普遍吃到汤圆，北方人普遍吃到水饺，广大群众十分满意。这样一件大规模的细致而复杂的组织工作，就是在广大群众的支持和协助之下完成的。

组织城市人民经济生活是一项新的工作，随着社会主义建设事业的不断发展，随着人民生活的不断提高，这项工作还要继续深入地发展，它的内容和形式还要不断充实和提高。我们必须坚持以发展生产为中心，把群众的生产、生活和教育进一步组织好。今后，我们还需要根据厂矿、街道、机关、学校、部队和郊区农村的不同特点和不同需要，分门别类地、深入细致地组织好人民群众的经济生活，使群众的生活更加美好，生产劲头更高，以促进生产高速度发展，尽快地把重庆市建设成为一个水平更高的现代化的社会主义的城市。

人民公社化后城乡关系 [*]

厦门大学经济研究所

（一九六〇年三月一日）

在社会主义制度下，城乡关系，就是工业和农业的关系，同时也是工人和农民的阶级关系。它直接关系到工农联盟问题。

全国解放后，我国城乡关系不断地发生着变化，特别是1958年伟大的人民公社化运动之后，我国城乡关系又走上了一个新的阶段，为缩小以至消灭城乡差别开辟了广阔的道路。研究人民公社化后城乡关系的变化，对于我国实现两个过渡来说，具有重要的现实意义和理论意义。

正当人民公社化运动带来了城乡关系新变化、进一步加强了城乡的相互支援、巩固了工农联盟的时候，一小撮右倾机会主义分子，硬说什么"人民公社化后城乡关系紧张了，工农关系紧张了"，"工农联盟受到破坏了"。无疑的，他们的真正企图是离间城乡关系，破坏工农联盟。他们站在资产阶级立场来对待农民，破坏人民公社制度和为资本主义复辟开辟道路。为了保卫人民公社，促进城乡关系的健康发展，进一步巩固工农联盟，我们必须用公社化后城乡关系变化的生动丰富事实来驳斥右倾机会主义分子的污蔑。这是一项战斗任务。

为此，我们于今年一月间曾往福建省的福州、厦门两市作了人民公社化后城乡关系的调查，并写成了这篇论文。本文分为三段：第一，简述全国解放后城乡关系变化的三个阶段；第二，人民公社化后城乡关系的新变化；第三，今后城乡关系的发展趋势。

---

* 原载《厦门大学学报》一九六〇年三月一日。

一、全国解放后，城乡关系变化的三个阶段

在没有讲到全国解放后城乡关系变化以前，让我们简要地回顾一下解放前的城乡关系。解放前，由于我国是一个半殖民地、半封建的社会，城市和乡村关系除了同资本主义社会城乡关系一样是对立的以外，又有它的特点：一是地主阶级与官僚资本、高利贷、商业资本的互相结合，共同榨取农村。商业资本的各种投机利润、封建性的高利贷利润，远超过工业利润；二是帝国主义通过官僚买办阶级或封建地主阶级统治着中国，加深了城市对农村的压迫与剥削。所以，旧中国的城市必然是畸形的、消费性的买办城市，而且这种城市发展的结果，并不能促进农业生产力，相反，却加深了乡村的凋敝、衰落。

旧中国的福建城乡关系情况，也是如此。我们所调查的福州和厦门这两个城市，各有自己的特点。福州市，过去是军阀和国民党反动统治者在福建的政治中心，而厦门市则是个买办性的商业城市。但是不论福州市或厦门市，都是帝国主义和封建势力借以对广大乡村进行榨取、剥削的一种工具，因而广大乡村在城市的榨取下，在经济上呈现着极端衰败和凄凉没落景象。广大农民因为受到剥削而遭受破产，过着饥寒交迫、毫无政治权利的黑暗生活。因此，如同旧中国的其他地区一样，解放前福州和厦门二市的城乡关系是对立的，乡村对城市是不信任的，是憎恨的。

全国解放后，在中国共产党和毛泽东同志的英明领导下，人民的政权成立了。这就消灭了旧中国城乡关系对立的前提，为新的城乡关系开辟了无限广阔的道路，城乡关系开始由长期的对立关系逐步改变为互助合作的关系。

建国十年多来，我国城乡关系的变化大致上可以分为三个阶段。第一个阶段是土地改革阶段，第二个阶段是合作化阶段，我国城乡关系已经经历了这两个阶段。第三个阶段是人民公社化后阶段。自从 1958 年我国实现人民公社化后，我国城乡关系就进入了这个新的阶段。

本文所要研究的是人民公社化后城乡关系，也就是说要研究我国城乡关系变化的第三阶段——人民公社化后城乡关系的变化与发展趋势。

但为了便于对比,研究公社化后城乡关系的变化发展,我们在这里简单提一下三个阶段的发展过程与主要特点。

全国解放后,我们党和人民政府即在广大新解放的城市里,废除了帝国主义的经济特权,没收了官僚资本,建立了社会主义国营经济,使城市里适应了以社会主义国营经济为领导的多种经济。在新解放的广大农村里,起初实行减租减息,接着进行了土地改革,封建的土地关系彻底消除了。这就是说,城乡之间的半殖民地、半封建的对立关系消失了。还应指出,解放初国家就实行了财经统一,采取了调整工商业措施,发展了社会主义商业,特别是发展了供销合作社。这样,一方面确立巩固社会主义经济的领导地位,另一方面使私人资本主义经济在国营经济的领导下发挥其有利于国计民生的作用。于是,资本主义性质的城乡之间的对立关系也起了一定程度的变化。但由于资本主义工商业以及农村中的小农经济还存在,资本主义经济仍然有了发展,资本主义工商业者还能剥削农民,而小农经济本身也有资本主义自发倾向。因此,城乡之间的资本主义性质的对立关系还保存着。当然,这种资本主义的对立关系已和解放前大不相同了。因为帝国主义、封建势力和官僚资产阶级借以榨取乡村的城市,开始转变为工人阶级领导的城市,城乡关系已转变为工人与农民互助合作关系,这是主导的一面;而体现城市资产阶级对农民仍有一定剥削的一面只是次要的、从属的。概括来说,第一个阶段城乡关系,指从全国解放到土地改革的胜利完成的城乡关系。这一阶段城乡关系以其建立在彻底实行土地改革的基础上为特点,所以把它称为土地改革阶段。

土地改革胜利结束以后到全国实现农业合作化这一期间的城乡关系,称为第二阶段。在这个阶段里,我国实行了社会主义的三大改造。广大乡村通过由互助组、初级社到高级社的形式,实现了农业合作化。城市则通过加工订货、统购包销以至全行业公私合营形式,实现了对资本主义工商业的社会主义改造。这个阶段的完成使城乡关系建立在社会主义全民所有制与集体所有制的基础上,使城市与乡村之间、工业与农业之间已经没有对立的经济基础了,工农联盟在实行农业合作化基础上进一步的坚固起来了,这就是这个阶段的特点。城市与乡村、工业与农业、工人与农民已经形成一种新型的关系,即是相互合作、促进工农业共同高涨的社会主义关系。必须指出,这种互助关系是通过工人阶级同资产阶级的尖锐斗争并胜利地改造了资产阶级而获得的。这就证明恩格斯如下预见是完全正确的,他说:"消灭城乡对立并不是空想,正如消除资本家与雇佣工人间的对立不是空想一样。"①伟大革命导师的预言已在我国实现了。

但是,城市(工业)和乡村(农业)对立关系的消失并不等于工业和农业之间本质差别的消失。在合作化阶段中,由于我国生产力水平还不高,我们的城市还不能以大量现代生产资料供应乡村,乡村对城市支援也受了限制。而且,社会主义工业与农村经济之间的经济联系基本上还只是商业结合的形式,还没有发展到生产结合的新形式。所以,城乡关系的第二阶段,显然比第一阶段大大前进了一步,但还有它一定的局限性。

1958年的人民公社化运动,把我国城乡关系推向新的阶段——我国解放后城乡关系的第三个阶段。这个阶段的城乡关系的特点在于建立在一个新的基础上,这就是在继续发展社会主义所有制的同时,逐步实现农业的技术改造,逐步地实现农业的现代化,使工业积极支援农业,使农业逐步地建立在现代化的基础上,这样就使城乡之间的相互支援合作关系加强了。人民公社农林牧副渔的全面发展和社办工业的壮大,使农村能够以更多的商品粮食、工业原料及其他农副产品供应城市工业和居民的需要,从而增加公社积累和社员收入,形成广阔的工业品市场;同时,城市重工业由于实现了连续大跃进,为农业技术改造所需要的钢铁和机械的产量比过去增加很多了,轻工业品也比过去丰富得多了,因而城市就能够以更多的现代生产资料支援农业机械化、水利化、电气化的需要,也能以更丰富的生活资料满足社员需要。城乡的这种相互支援虽然仍旧通过商品流通的形式,但已开始从商业结合发展为生产结合了。不仅是通过商业结合而且是通过生产结合的形式,促进农业技术改造,逐步实现农业的现代化和人民公社所有制的发展。正因为如此,人民公社化运动也就把城乡关系推向城市(工业)和乡村(农业)本质差别缩小的新阶段。

总的说来,解放后由于阶级关系的变化,由于社会主义经济的居于领导地

---

① 《马克思恩格斯全集》第18卷,人民出版社1964年版,第313页。(此注释系编者根据原注释所作的修改)

位,城乡关系发生了巨大的变化。从体现帝国主义、封建主义和官僚主义对农民的剥削关系,改变为工人阶级和农民的社会主义互助合作的关系。城市(工业)和乡村(农业)的对立关系消失了,它们之间的本质差别也正在趋向逐渐缩小中。城乡关系的这样发展过程,是个必然趋势,它是生产关系适合生产力性质规律和社会主义基本经济规律作用的结果,也是工人阶级对农民的领导与帮助和农民的政治觉悟不断提高的结果。

二、人民公社化后城乡关系的新变化

(一) 城乡之间所有制形式差别的缩小

我们知道,我国实现社会主义三大改造以后,生产资料所有制采取了全民所有制与集体所有制这两种社会主义公有制的形式。这两种形式按其社会性质来说,都是同一社会主义类型的,它们是工人与农民这两个友好阶级的经济基础,反映了工人阶级与农民在社会主义公有制的基础上从事集体劳动的共同性,使工业与农业生产构成一个单一社会主义经济成分的经济体系;标志着人剥削人、城市剥削乡村这一吃人社会所固有现象的消灭。显然,这对比三大改造完成以前来说,是一次深刻的变革。

但是,全民所有制与集体所有制之间还有一定的差别,这个差别表现在工业中的生产资料和产品属于社会主义全民所有,可以直接由代表全体人民的国家按照整个国民经济的需要作统一的分配;农业中的生产资料和产品却不是全民所有,而是社会主义集体所有,国家不能作统一的分配。我们可以这样理解,在社会主义条件下,城市和乡村差别的经济基础,是工业和农业的差别,而工业和农业的差别首先归结于工业和农业中的生产资料和产品的两种不同的社会主义所有制形式。因此两种社会主义所有制形式差别的缩小,是城乡差别缩小的关键所在。

人民公社化后,虽然现阶段人民公社的基础性质仍为集体所有制,实行生产资料三级所有制,其中生产队(相当于原来的高级农业生产合作社)的所有制是基本的,公社所有制是部分的,生产小队所有制是小部分的。但是,公社中的生产队和生产小队所有制不同于过去的高级社与初级社所有制,公社的部分所有制更为原来高级社所没有的,它包含着某种程度的全民所有制成分。况且,人民公社逐年可以从生产队中提取一部分积累用于公社一级经济的发展,加上国家对公社的援助,公社所有制部分一定会逐步扩大,在几年内就能从目前的三级所有制转变为公社的基本所有制。所以,公社的部分所有制逐渐转变为公社的基本所有制,这就使我国乡村从集体所有制向全民所有制的过渡有了更可靠的基础。

虽然,我国从实现人民公社化到现在只有一年多时间,但由于人民公社发挥一大二公的优越性,使农村生产力水平和农民思想觉悟大大地提高了,穷富队的差别大大缩小了。1959 年,全国的穷队已经有了三分之一,即七万多个穷队赶上了富队,又有三分之一的穷队,达到了一般队的水平。城门人民公社原有九个穷队,1959 年已有 4 个穷队赶上富队水平,其余 5 个穷队也赶上了一般队水平。社有经济比重迅速增加了。1959 年福建省平均公社一级收入比重为 14.34%。福州市郊各公社一级收入比重已占 25.04%。城门公社一级收入比重则占 36.4%。该社预计 1960 年公社一级收入比重将上升为56.2%。广大社员均自觉地要求不断提高扩大集体所有制,争取尽早实现由三级所有制的社基本所有制转变并进而由集体所有制向全民所有制过渡。如城门公社正采取各种措施迅速发展社有经济,扩大社办工业,发展农场、果树园、畜牧场和工业,以及采用社队合营办法,以扩大社有经济成分。厦门市郊区根据全民所有制成分在郊区经济中所占比重较大的特点,积极而有步骤地创造条件使小集体向大集体转变进而使集体所有制向全民所有制过渡。目前已转入国营农场有 21 个大队,107 个生产队,10194 户,41848 人,占郊区人口38.3%,耕地 49622 亩,占郊区耕地面积 24.3%。同时为了扩大社有经济,将一部分大队转为社营农场,目前已转入社营农场的有 7 个大队,43 个生产队,3034 户,13319 人,占郊区人口 12.1%,耕地 20280 亩,占郊区耕地 10%。

当然,直接合并建立新国营农场或并入原有国营农场,使郊区集体所有制逐步实现向全民所有制过渡的这种办法是由厦门市郊的具体特点所决定的。这与一般农村公社先由三级所有制转变为公社的基本所有制,然后再由公社的基本所有制过渡到全民所有制,在方法与步骤上是有区别的。但我们从福州厦门两市郊及城门公社的所有制发展情况看来,可以相信,一般农村公社实现由小集体向大集体过渡进而向全民所有制过渡的过程并不需要太长的时间。这说明了人民公社是使城乡之间两种所有制形式差别趋于缩小以致消失的最好组织形式。

人民公社促进城乡之间两种所有制形式差别的缩小,还表现在下列各方面:

1. 人民公社化后,由于实行了政社合一,人民公社这一组织形式就促进了全民所有制对集体所有制的帮助,促进了国家对公社生产的领导,这是上层建筑更好地积极地为经济基础服务的体现,也是改革上层建筑促进高速度发展生产力的体现。政社合一后,原来作为单纯行政机构的乡政权变成为既管理行政,又直接管理生产的社会基层单位。人民公社既是政权组织,又是经济组织,公社管委会既是集体所有制的代表,又代表着国家,代表着全民所有制,对公社各级组织进行领导与监督,公社管委会具有双重身份。政社合一还使财贸、文教、卫生等项工作或事业与公社生产,特别是农业生产相结合,促进了生产发展。因而,政社合一也就有利于公社党委对公社各项工作的统一领导。公社党委在领导公社各项工作的时候,能够既抓政治,又抓经济,既搞生产,又搞生活,保证党和国家经济政策在乡村中的坚决贯彻,进一步巩固了工人阶级在乡村的领导权,使农民成为我国工人阶级领导下的人民民主政权在乡村中的坚固支柱,教育农民正确处理国家、集体和个人的关系,正确处理城乡之间互相支援合作关系,妥善安排目前利益与长远利益的关系。一句话,人民公社比高级社时期的乡政权更有利于使广大农民在党的领导下通过人民公社这一最好的组织形式坚定地走社会主义道路,并向着共产主义大道迈进。这样,工人阶级与农民在政治上的关系就更加密切了,因而,巩固了以工人阶级为领导的工农联盟,保证了人民公社化后城乡关系更加密切。

2. 人民公社化后,由于农业集体化的扩大与提高,进一步堵塞了乡村中资本主义自发势力的发展。列宁教导我们说:工人阶级在领导农民时,应该时时刻刻分清农民的两个方面——劳动者和私有者。中农按其本性来说,具有两重性,作为劳动者,他倾向于工人阶级,作为私有者,他又倾向于资产阶级。我国实现农业合作化以后,广大农民在工人阶级及其政党的领导下,已经基本上摆脱了倾向于资本主义道路的私有者一面,发挥作为劳动者一面的优点,走上了社会主义道路。但是,由于在高级社时农民还有较多的生产资料个人所有制残余,如社员个人尚拥有奶牛、果树等,有较多的自留地。以富裕中农为代表的一些社员经常热衷于自己的奶牛、果树或自留地的经营,谋图更多的个人收入,忽视甚至不参加集体生产,加上当时在国家领导下的初级市场尚有小商小贩的商业活动,于是,乡村的自发资本主义势力一度有滋长情况。人民公社化运动是我国乡村中的伟大的社会主义革命的继续与发展。因此,人民公社化后,社员的奶牛、果树入了社,自留地面积比以前减小了,而且只限于种植饲料与蔬菜。虽然社员可以保留在宅旁的零星树木、小农具、小工具、饲养小家畜和家禽等,也可以在不妨碍参加集体劳动的条件下,继续经营些家庭小副业。但是这些个人副业的收入在集体经济收入比重中已大大降低了。现阶段农村集市贸易只限于直接生产者——生产队或社员个人把某些第三类物资的农副产品,拿到集市上进行交换,已没有小商小贩进行贩卖活动了。而且,广大社员在党的教育下和在人民公社这一新组织形式所表现出来的优越性的事实面前,他们的政治思想觉悟提高了,集体观念加强了,他们所向往的是社会主义与共产主义,厌恶资本主义,摒弃了资本主义。由此看来,人民公社就成为在我国条件下,加速发展农村集体经济和根绝资本主义复辟可能性的强有力的武器。正因为这样,人民公社化后的乡村,就堵塞了资本主义道路。因而,促进了城乡社会主义经济的巩固与发展。

3. 人民公社化后,人民公社的生产资料和产品虽然基本上仍然是集体所有制,但城乡经济联系的计划性加强了,这体现在国家对公社的计划领导的大大加强,这种计划性的大大加强,不仅使公社生产计划能够更好地和国家计划衔接起来,把公社生产计划纳入国家计划的轨道,而且作为商品联系的组织者商业,也由多种成分变为单一的社会主义成分。公社化后,不允许小商贩自行经营或做转手买卖,因而进一步堵塞了农村中的资本主义的道路,因而更加强了城乡经济联系的计划性。

在城乡经济联系中,合同制是有计划商品联系的形式,也是社会主义全民所有制和集体所有制之间生产结合最简单的形式。国家和公社签订合同中,不仅规定了双方销售产品的条件而且还确定生产上相互合作的义务,使双方的要求更好地结合起来。毛泽东同志在《中国农村社会主义高潮》一书中的一篇按语上指示说:"供销合作社和农业合作社订立结合合同一事,应当普遍推行。"这就说明了合同制的推行有着重要的意义。

由于人民公社的基本性质仍然是集体所有制,在今天农村公社还存在三级所有制的区分,是一个自负盈亏的经济核算单位,在计划管理方面,除了粮棉油等统购物资完全按国家规定交售、按国家计划进行生产外,其他农副产品仍由公社根据国家需要和自己具体情况自行安排。因此,要使公社生产计划能更好地切合国家需要,和国家计划紧紧地衔接起来,而国家供销给公社的生产资料也能按照公社要求进行具体安排,使国家计划的实现得到更充分的保证,合同制就成为国家计划的重要补充了。

在农业合作社时期,合同制虽然已有推行,但因合作社经营单纯,商品生产比重不大,使全面推行合同制受到一定的限制。公社化后,经营范围广,人多力量大,为实行合同制提供了十分有利的条件。如在1959年4月7日至24日期间,厦门郊区商业分局全面地与各公社签订了产销合同,先后与前线、灌口、后溪、海沧、东孚等公社签订了长期合同60份,短期合同38份,签订收购的农副产品有家畜、家禽、水产、副食品、水果、蔬菜、手工业品等12大类200多种品种。签订供应的生产资料有:新式农具、农药械、种苗、肥料、小农具等11大类167种品种,226033件。这样通过合同就把农村中农副产品的销售和城市生产资料的供应密切结合起来了。社员们心中有了底,就可以放心地安排生产。如以种蔬菜来说,过去农民们不敢多种,怕种多了卖不出去,现在订了合同,销路和价格都有了保证,过去那种"菜园变花园"(意即蔬菜卖不了在菜园中蔬菜开了花)的情况就不会再发生了。1960年,由于反右倾,鼓干劲,加强了党的领导,群众觉悟进一步提高,合同制更加健全,指标更落实,合同双方更加认真严肃履行。

公社化后,由于城乡经济联系的新的变化,不仅有商业结合,而且有生产结合,城市不仅大力支援农村发展生产,农村也有可能以更多的粮食和农副产品满足城市的需要,城乡商品流转额不仅加速和扩大了,而且计划性大大加强了,从而对发展工农业生产,增加社员收入,巩固工农联盟,以及密切城乡关系起了积极的促进作用。

以上我们就生产资料和产品所有制方面,谈人民公社化后,由于集体所有制的扩大和提高,促进了城乡本质差别的缩小。在这里,我们已看到了与所有制变化相应而引起的城乡之间经济联系更加密切了。

(二) 城乡之间生产力水平和劳动条件差别的缩小

城乡关系既然也就是工业和农业的关系,那么人民公社化后工业生产和农业生产的飞跃发展及其相互支援合作的关系,必然会反映出城乡关系的变化。而且还可以说,只有工农业生产大大发展了,城乡关系的不断改善与密切才会有牢固的物质基础。

党中央和毛泽东同志历来就非常重视正确处理工业和农业之间的关系。毛泽东同志早在 1945 年就指出,农民——这是中国工业市场的主体。只有他们能够供给最丰富的粮食和原料,并吸收最大量的工业品。全国解放后,党中央和毛泽东同志领导了全国农民进行土地改革,实现了农业合作化,使农业生产适应了工业生产的需要。1956 年毛泽东同志在《论十大关系》的报告中又指出正确处理农业和工业的关系,是多快好省地发展国民经济的首要问题。毛泽东同志随后又把这个思想概括为"在优先发展重工业的条件下,发展工业必须和发展农业同时并举","重工业要以农业为重要市场"。现在,这个思想已作为一条重要的方针包括在党的社会主义建设总路线的要点中。

目前,我们必须坚决贯彻总路线和一整套"两条腿走路"的方针,以农业为基础,工业为主导,把优先发展重工业和迅速发展农业结合起来,加速地实现农业技术改造。优先发展重工业和迅速发展农业是互为条件、互相结合和互相促进的。毛泽东同志说过,大家知道,轻工业和农业有极密切的关系。没有农业,就没有轻工业。重工业要以农业为重要市场这一点,目前还没有使人们看得很清楚。但是随着农业的技术改革逐步发展,农业的日益现代化,为农业服务的机械、肥料、水利建设、电力建设、运输建设、民用燃料、民用建筑材料等等日益增多,重工业以农业为重要市场的情况,将会易于为人们所理解。

事实正按毛泽东同志的预见向前发展。人民公社化后,人民公社农林牧副渔多种经营大量发展起来。这是农村支援城市和密切城乡关系的必要条件。而城市大工业由于农业发展的要求和连续跃进所生产工业品的迅速增加，又为城市支援农业现代化或密切城乡关系提供了物质基础。加上公社化后，农村公社兴办了工业，它一方面直接为农业服务，有利于促进农业技术改造，一方面又是工农业结合、城乡接近的手段。这些都是工业和农业生产的发展及其相互促进而引起城乡关系变化的三个方面。下面分别加以论述。

1. 城市大工业的跃进，为农业现代化和密切城乡关系准备了物质基础

农村人民公社化运动进一步解放了乡村生产力，使乡村生产主要是农业生产同工业生产一样地实现了大跃进。农业发展进一步适应于工业迅速发展的需要，同时，促进了工业的发展。

工业和农业的生产高潮，生动地证明了党中央和毛泽东同志提出的在优先发展重工业的条件下，发展工业必须和发展农业同时并举的方针是十分正确的。如果，没有城市大工业，决不可能有现代化的农业，同样，没有现代化的农业，城市大工业也不容易迅速地不断地向前发展。农业现代化程度愈高，支援城市大工业的力量就愈大，也就愈能促进大工业的发展。

1957 年冬季和 1958 年春季开始的农业生产高潮，向工业部门提出了大量的需求，有力地推动了 1958 年的工业高潮。人民公社化运动后，1959 年的农业生产又大大地获得发展，并且要求在加速社会主义工业发展的同时，积极地和逐步地实现农业技术改造，实现农业机械化、电气化、水利化和化学化，使我国的农业从目前的落后技术，转移到现代技术的基础上来。所以说，社会主义工业化过程，必然是不断用新的技术装备农业、提高农业生产力的过程，也就是使城市和乡村的差别逐步缩小、使工农联盟更加巩固的过程。

以厦门市为例，该市以原有企业为基础，根据建设需要和资源、技术条件进行改建和扩大，1958 年进行基建的 197 项，有 156 项到年底就投入了生产。第一个五年计划期间，全市共新建、扩建和改建了大、中、小型工厂 41 个，而 1958 年一年之中就新建、扩建和改建了大、中、小型工厂 180 个。大跃进使整个工业面貌发生了根本的变化。目前，全市已经有工厂 263 个，职工 35000人。技术力量也有很大增长，不仅是原有机械、电力和轻工业得到很大的发展，而且新兴了冶金、建筑材料和化学工业。由于工业产品不仅在产量上和品种上有很大发展，而且在质量上也有很大提高，就使这个工业城市，既能在相

当程度上装备自己,又能更好地为乡村生产服务。

由于社会主义工业化初步基础的建成,已给乡村的农业机械化、电气化、水利化和化学化创造了条件,现在要求尽早实现。为了实现这一任务,必须贯彻大中小并举和洋土并举的方针,特别是城市大工业是支援乡村的骨干,要大力建设和充分发挥作用。当前城市大搞工业支援农业的群众运动,各重工业部门必须树立为农业服务的观点,大张旗鼓地深入开展工业支援农业、城市支援乡村的宣传教育,要求完整地认识工农关系和城乡关系,因为工业支援农业、城市支援乡村是有关坚决贯彻执行总路线和工农并举的重大问题,是有关巩固工农联盟的问题,是社会主义建设时期的一个长期的战略任务,决不可忽视。

福州市在大抓工业支援农业、城市支援乡村方面做了很多工作,该市正大力开展农业机械制造、农具、农药、化肥和其他乡村用的工业产品的生产。根据大中小并举和洋土并举方针,在农业机械制造中,既要制造大批农业机械、又要生产机械配件;既要生产大批半机械化新式农具,也要生产大批小农具;既要试制新农具,也要改良旧农具。福州市1960年计划生产大量柴油机、抽水机、深耕犁、播种机等机械化半机械化新式农具、配件和其他小农具,从而壮大了工业支援农业、城市支援乡村的物质力量。

在工业支援农业、城市支援乡村的群众运动中,工厂、车间、个人开展了竞赛,把为农村服务作为最光荣和头等重要任务,要求每个工厂、车间、个人每月都要为支援乡村作一件或几件好事。有的工厂把支援乡村的任务列入增产节约的计划,成为增产节约运动的巨大动力。农忙季节组织大规模的支援乡村的群众运动,一方面及时地满足了乡村生产的劳力等方面的需要,同时,也是开展工农联盟的深刻的实际教育,特别是城市工业部门结合下乡劳动或访问,进行乡村调查研究工作,系统地了解乡村需要,根据情况,进一步订出工业支援农业、城市支援乡村的具体规划。如厦门市工业部门在1959年曾组织过几次市郊几个公社的访问,根据公社需要来安排与修订农业机械与农药、化肥的生产计划。各厂如厦门通用机器厂、第二机器厂、第二机器修配厂也经常组织一些工人下到公社进行访问,下去访问时,除了了解需要与学习吸取农民干劲与经验以外,还带着些工具、钢材下去,了解困难,遇有损坏的农具,立即代为修理。厦门市郊后溪公社碾米机坏了,原来就近请一个工人修理,每天工资 5 元,还约好每天要卖他一个鸡,修了几天,机器还不能动。厦门第二机器厂职工得到这个消息后,尽管自己任务很紧,但想到如果碾米机迟一天修好,就要影响一万多人的吃饭,因此,他们克服困难,立即组织几个工人带了材料主动前往该社修理,只一天工夫就把碾米机修好了,公社和社员都非常感激。像这种例子还不少。

福州市工业部门为了保证农业机械配件供应和及时修配,要求积极、主动深入人民公社,建立固定协作关系,负责包干到底,积极协助人民公社充实和加强修配工作,从市区到郊区,建立起修配网,做到"小修不出社,中修不出区(郊区),大修不出市"。要求有的厂,负责各县、特别是闽侯县的修配任务,有的厂分别负责郊区几个公社的修配任务。

城市工业部门深入人民公社,逐步普遍建立起了农业机械的供应和修配的固定的协作关系。不少城市大工业采取固定协作对象,负责包干制度,同人民公社定出合同,从人力设备、技术到资金,全面地帮助乡村。这是用固定协作的办法促进工业支援农业、城市支援乡村的群众运动,并巩固运动成果的一种良好形式。这样,城市大工业与乡村可以经常保持密切的联系。城市大工业有了一个经常联系的基地,工业支援农业、城市支援乡村的群众运动,能更加切合实际情况,更加深入细致、持续地开展起来。列宁说:"在城市工人与农村劳动者中间建立相互的联系,确定一种可以很容易建立起来的友好互助形式,这是我们的责任,这是执政的工人阶级的基本任务之一。"[1]又说:"社会主义的任务是使工业和农业接近并且统一起来。"[2]无疑地,这种经常的工农联系形式,即生产结合的形式,是一个新事物,一定会不断发展而日趋完善起来。

不仅如此,随着生产的大跃进,国家还在城市郊区建立了新的工业区。如厦门市在远离市区二十多公里的杏林地区新建了一个工业区,在那里,正在建设着许多大型的现代化工厂,如纺织厂、丝绸厂、糖厂、农药厂、综合玻璃厂、电

---

① 《列宁全集》第 33 卷,人民出版社 1957 年版,第 420 页。
② 《列宁全集》第 31 卷,人民出版社 1958 年版,第 336 页。

厂等等,这个新工业区更能直接地为郊区农业服务,以新式农药械,供应农业生产需要。同时,也向郊区乡村提出一系列新的需要,如粮食、糖蔗、蔬菜及其他副食品。于是,厦门市郊委最近决定,以杏林工业区为中心,成立杏林农场,这样就使工业和农业生产、城市和乡村关系更加密切地结合起来了。福州市情况也是这样,如在该市的东门外、西门外均分别建成了新的工业区,使工农业生产、城乡关系更加密切起来。

由此可见,人民公社化后,城市工业认真贯彻了总路线和五个并举方针,特别是贯彻了工业支援农业、城市支援乡村的群众运动,这就为农业现代化和加强城乡关系提供了强大技术力量与物质基础,也为逐步缩小城乡差别创造了条件。

2. 人民公社办工业又是工农业结合、城乡接近的手段

人民公社化后,社办工业有着很大的发展。社办工业优点很多:投资少,便于吸收分散资金,建设时间较短,投资效果发挥快;可以自己设计和供应设备,便于因陋就简,利用各种现成设备;分布广,能更好地满足不同地区的具体需要。党的八届六中全会决议中指出,公社工业的发展,不但将加快国家工业化的进程,而且将在乡村中促进全民所有制的实现,缩小城市和乡村的差别。所以,人民公社大办工业,反映了客观的时代要求。

厦门市全郊各公社1959年社办工业计一四七个厂,产值达二百三十万元,比1958年增加百分之七十六点二二。在一五六个工厂中(包括在郊区的九个国营工厂),直接为农业生产服务的有农业机械、农具修配、木器、土化肥等四十七个厂,职工七百〇一人。为社员生活服务的有各种农产品加工等七十个厂,职工七二五人。为市区基建服务的有砖瓦厂、壳灰厂、龙舌兰厂、营造厂等三十九个厂,职工一九六八人,1960年郊区各公社社办工业还要大大发展,产值预计达四百六十万元,比1959年增加一倍。

人民公社大办工业,大大地推动了现代技术的利用,从而促进了乡村交通的改善,提高了农村生产技术水平。特别是农业机械厂和小型发电站的建立,对农业生产起着巨大的影响。新式农业机械的采用,改变了农民长期以来的传统的旧式耕作,从粗笨、繁重的劳动中解放出来,小型发电站也为乡村电气化开辟了道路,农民从现实生活中接近科学,不仅会彻底清除某些残存的保

— 211 —

守、因循的习性,而且会坚决地贯彻农业技术改造的各种新的措施。列宁说:"我们必须让农民看到,电气化将把城乡连接起来,在电气化这种现代最高技术的基础上组织工业生产,就能消除城乡间的悬殊现象,提高农村的文化水平,甚至消除穷乡僻壤那种落后、愚昧、粗野、贫困、疾病丛生的状态。"①

事实证明,人民公社大办工业,就地取材,就地生产,一方面为农业生产和农民生活提供了广泛的物质条件,另一方面,由于因地制宜,就地加工,改善了对城市大工业和城市居民生活的供应,提高了产品供应的数量,特别是改变了包装,便利了运输。农产品经过加工后,及时地供应给城市工业和乡村本身,其结果,缩短了工业和农业的生产过程。这样,就改变了城市只办工业,乡村单纯搞农业的畸形局面,大大促进了城市与乡村的更加接近。

社办工业吸引了大量农民参加工业生产,使农民接近工业,普及和提高了广大农民科学技术水平。而农业生产的机械化、电气化和化学化也自然要求农民应该懂得科学,能够使用机器。当然,还应该发扬我国农民长时期与自然斗争所积累的丰富经验,和我国精耕细作的优良传统。

福州近郊的城门人民公社建立农具厂,把全社三百多个铁匠、木匠、铜匠、补锅、修理自行车、钟表的工人集中起来,立即就掀起一个农具生产的大高潮。该社还抽调一千五百个劳力进行培训,很快就出现一个强有力的技术队伍。目前他们分别留在厂内生产队工作,大大发挥了他们的技术才能。

我们知道,社办工业大都是以农产品作为原材料,这就不能不受季节的影响,生产有时缩小,甚至停业,有时恢复,甚至扩大。同时农业生产本身的需要,在农忙季节中,要求工业,特别是乡村中的工业的大力支持。因此,参加社办工业生产的工人,除了部分经常队伍以外,大都是亦工亦农,农忙小搞,农闲大搞。有人说,下田是农民,进厂是工人。这样,就改变了农民对工业生产的神秘观念。恩格斯在《共产主义原理》中指出过:"城市和乡村之间的对立也将消失。从事农业和工业劳动的将是同样的一些人,而不再是两个不同的阶级。"②无疑地,社办工业的发展,具有缩小并进而逐步消灭城乡差别、工农差

---

① 《列宁全集》第30卷,人民出版社1957年版,第303页。(此注释系编者根据原注释所作的修改)
② 《马克思恩格斯全集》第4卷,人民出版社1958年版,第371页。

别的深远意义。

3. 人民公社农林牧副渔的全面发展，为乡村支援城市和密切城乡关系提供了必要条件

乡村生产，在确保以粮为纲的前提下，必须使农林牧副渔全面发展，党的八届八中全会决议中特别指出，要加强林、牧、副、渔等业的多种经营。我们知道，多种经营对满足城市生产、生活的需要，对乡村本身的需要，都是十分迫切的。因为相当大的部分的生产资料和生活资料、工业和手工业的原料，都是乡村多种经营的产品。

人民公社化后，公社具备有一大二公的特点，人多，资金雄厚，设备完善，条件很优越，在公社统一规划、统一领导、统一安排的情况下，必然会冲破以往遭遇到的若干困难，因地制宜地充分利用自然条件，打破地域界限，集中地使用人力和资金，促进多种经营的飞跃发展，为城市工业提供更多的原料和生活资料。

厦门市郊委根据中央与省、市委的指示，结合郊区的特点，提出了在保证农业人口粮食基本自给的原则下，充分利用现有耕地，大力发展多种经济，迅速把郊区建成副食品、工业原料和部分出口商品生产的基地的生产方针。1960年粮食要确保一点三亿斤，争取一点五亿斤。经济作物以蔬菜、糖蔗和其它热带或亚热带经济作物为主。这些作物中一部分满足城市生活消费需要，一部分直接满足糖厂、罐头厂和化工厂的需要。以一九五九年的情况来看，据厦门郊区商业分局的统计，在一九五九年一至九月期间，郊区通过商业分局销进市区的农副产品的商品产值比一九五八年同期增加百分之六十六点三，其中生猪比一九五八年同期增加百分之十七，家禽增加百分之二十，鲜蛋增加百分之二十三，蔬菜增加百分之六十八，黄麻增加百分之一〇七五。我们知道，一九五八年一至九月正是公社化前的三个季度，用一九五九年一至九月与一九五八年同期对比，正是公社化前后的对比。一九六〇年第一季度由于生产的持续大跃进，厦门市郊区农村产品收购总额比一九五九年同期增长百分之八点〇四。销售市区的农副产品，总值比一九五九年同期增加百分之一四一点二，其中猪增加百分之二十九点二，家禽增加百分之八四四点七，鲜蛋增加百分之一九一点八，水产增加百分之二四七五点七，蔬菜增加百分之二百

四十六点四。这些实际情况生动地证明了：公社化后，由于农业生产和多种经营的大发展，农副产品的商品是比公社化前有显著的增加和提高，大大增加了对城市的支援。该市郊区的前线人民公社认真贯彻了"以蔬菜为纲"的生产方针，全年蔬菜复种面积达一万五千亩，不仅确保城市的需要，还运销其他各地。通过副食品的生产，郊区农村与市区建立起不可分的经济关系。所以说，多种经营不仅保证了城市工业原料、副食品供应，而且对发展农业生产，密切城乡关系，具有重大作用。

（三）城乡之间物质文化生活水平差别的缩小

社会主义革命推翻了资本主义制度，消灭了资本主义生产方式和由它造成的城乡之间的阶级对立，这当中也包括消灭了现代文明城市和落后愚昧的乡村之间在物质与文化生活方式上的阶级对立状态。但在社会主义条件下，由于城乡之间的所有制形式和工农业的生产力水平不同，这就使得城市和乡村在物质与文化生活条件和水平上仍然还有差别，生活条件与水平的差别也是社会主义条件下城乡差别的一个表现形式。

建国十年来，我们的党和国家在确定工资政策、价格政策、税收政策、消费品流转方向以及进行城乡的物质文化卫生建设等方面，都要求在工农业生产发展基础上，使城乡人民，特别是工农群众收入得到普遍增长，使他们的生活条件与水平得到极大的提高与改善。同时，党和国家一向遵循毛泽东同志的指示，从全国六亿多人口出发，正确处理人民内部矛盾，不断地缩小城乡之间、工农之间生活条件与水平的差别，因此，几年来在这方面做出了巨大成绩。拿全国农民收入来说，在第一个五年计划期间，全国农民的平均收入增长了百分之三十；在一九五八年和一九五九年两年间，每年又都比上年增长了百分之十左右。像这样的增长速度在我国农村经济发展史上是空前的。应该着重指出，一九五八年人民公社化后，由于公社优越性的充分发挥，不仅农民平均收入大大提高，而且还表现在整个农村生活的大大进步。供给制的实行，使广大社员得到了最重要最可靠的社会保险。目前全国各地人民公社都普遍地建立了公共食堂、幼儿园、敬老院等集体福利事业。人民公社的各生产队都办了小学，基本上使农村小学普及了小学教育，大部分公社还办了农业中学、红专学校,在成年人中积极地扫除文盲,逐步做到普及中学教育,随着公社大办工业和农业的技术改造,不断提高农民的技术水平。大部分人民公社都有了自己的医院或卫生所,各生产队也有了妇幼保健站或有卫生员,大力消灭四害,防治各种疾病,使乡村的卫生保健事业有了十分显著的成绩。各人民公社的邮电交通事业也有显著发展,人民公社各生产队都有电话和有线广播。人民公社还办了大量的俱乐部、文化宫、电影放映队和各种剧团,修建了许多体育场、礼堂、学校等公共建筑。这样,就迅速地改善与提高了广大社员的物质与文化生活条件和水平,增进了广大社员物质文化福利。

下面我们举两个公社的实例来说明。

福州市郊盖山人民公社由于生产大发展,全社总收入与社员收入大大增长。如该社一九五七年总收入为一五七九三一六元,每个劳动力平均能收入一五八点五元。实现公社化的一九五八年总收入为二七〇四三七二元,每个劳动力平均能收入二六四·二〇元,比一九五七年增加百分之七九点六四。一九五九年是公社化的第一年,光夏季分配数为六三〇五三四元,每个劳动力平均获得工资与供给部分收入为一四四点四〇元,接近一九五七年每个劳动力的全年收入。一九五九年预计全年总收入将达到三五三八九二九元,每个劳动力平均纯收入将达四六八点六七元,比一九五八年增加百分之四十五点六,比一九五七年增加一点三倍。由于社员收入逐年均有增加,一九五九年这个公社社员购买力大大增加,人民生活大为提高,一九五九年该社布销售额比一九五八年增长百分之二十六·九八,羊毛线增长百分之三十一点七,汗衫背心增长百分之一三一。社员反映说:"过去是新三年,旧三年,修修补补又三年,现在那种时代已永不再来了。"这个公社在公社成立后,新建与扩建了三座可以容纳千人以上的文化宫,有十六个俱乐部,三个业余文工团,二十四个小型图书馆,三个广播网,一个电影放映队。社办保健院三个,设有病床五十五架,并有牙科、内科、外科的医疗设备和化验室,六个保健站,三座妇产院。完全小学十一所,新办小学八所,学生由公社化前的五三八〇人增到一九五九年的六四七九人,即增加百分之二十。扫盲工作也获得巨大成绩,过去的文盲现在都懂得一些字。

厦门市郊前线人民公社同样由于公社化后生产迅速增长,社员生活大大提高起来。该社一九五九年上半年全社分配给社员部分比一九五八年同期增加百分之五十六点六。全社每个农业人口的平均收入,由一九五八年上半年的二十六·一六元增加到四四·五二元,增加百分之七十点一。该社的高殿大队(这是一个中等队)最近结算,每个农业人口全年平均集体收入由一九五八年的四四·六八元增加到一九五九年的五十七元,比一九五八年增加了百分之二十七·五,如果按劳力计算,则每个劳动力全年平均收入由一九五八年的一二八·一一元增加到一七五·一○元,比一九五八年增加百分之三十六·七。如果把社员个人副业计算在内,那么,该大队每个农业人口全年平均收入由一九五八年的六一·八二元增加至一九五八年的八五·○六元,比一九五八年增加百分之三十七·六,每个劳力全年平均收入由一九五八年的一七七·三六元增至一九五九年二五七·五九元,即增加百分之四十六·四。由于前线公社一九五九年社员收入普遍增加,购买力提高,到处出现了社员余款多,购买布料鞋子多,看电影看戏多,出门乘公共汽车多和买自行车多的新气象。钟宅、墩上、高林三个自然村二一四户社员中,一年来就有四十四户买了自行车。据江头商业营业所统计,一九五九年一月到九月,各门市部的棉布、搪瓷、毛毯、针线和其他工业品销售总额虽比一九五八年同期增加了百分之三十,但仍出现供不应求现象。这说明农村购买力的增长速度超过了消费品生产增长的速度。江头大队祥店生产队一个贫农社员,名叫苏玉卿,一家八口,过去因为劳动力弱,收入少,负担又大,曾负债三○一元。高级社时期,他的收入虽有增加,生活仍感困难。直到人民公社化后,因为全家劳力得到合理安排使用,全家收入有了显著增加,一九五九年上半年,体力较弱的苏玉卿和他的儿子、女儿被安排做赶牛车等工作后,每月所得工分由高级社时的五百工分左右增加到七、八百工分,他的妻子从家务劳动解放出来后,每月所得工分比过去增加一倍,另一个儿子当了校工。这样,全家五个劳动力每月平均收入即由一九五八年的五二·七八元增加到一九五九年每月平均收入的一○七·一二元,即增加了一倍多,一九五九年上半年工资收入共达六四二·七三元,比一九五八年全年收入的六三三·三六元还多了九·三七元。全家除了还清过去所欠的债务,新做了三条棉被、四条蚊帐、一张木床和八套新衣服外,还有余钱参加储蓄。他激动地说:"有了公社,真是发生了翻天覆地的变化。"社员收入的普遍增加还集中反映在银行的存借款方面,据有关部门统计,一九五九年九月底全公社社员个人存款余额比一九五八年同期增加百分之一〇七·八四,个人借款则比一九五八年同期减少百分之九·五六。

厦门市郊各公社一九五九年已有农业中学六所(十班),学生三一四人,比一九五八年增长了一倍,基本实现了社社有半日制农业中学。初等教育发展很快,全郊区有小学一〇一所,学生二一三二〇人,比一九五八年增长百分之十四,幼儿园四十八个,幼儿八九五八人,占幼儿总数的百分之八一·五。扫盲工作有显著成绩,现已组织一三六六一个文盲、半文盲进入扫盲班学习,还组织三五〇八个青年、壮年进入业余高小班学习,组织四六七个青壮年进入业余初、高中班学习。各公社都有防保医院、医疗保健站、妇产院、文化馆、敬老院等等,为广大社员生老病死服务,做到"幼有所教、老有所养"。现在农村到处有喇叭筒,早晚都听到广播。农村文化娱乐生活已开始活跃起来,有的公社或生产队还组织了业余剧团(队)进行演出,有的公社有了自己的电影队,农民在乡村看到了电影。

由此看来,农村广大社员物质与文化生活水平的显著提高,不仅证明了人民公社的无比优越性,也反映了农民生活已逐渐接近于城市工人水平,这就有利于缩小城乡差别。

总上所述,人民公社化后,城乡之间不论在政治上或经济上的相互关系,不论在生产或交换上的相互关系都比高级社时期密切得多了,而且有了新的发展。公社化后,农村公社广大社员在生产收入、物质与文化生活条件与水平方面都有显著的提高,右倾机会主义分子硬说什么"人民公社化后,工农关系紧张了,城乡关系紧张了","破坏了工农联盟"以及说什么"公社化后农民生活水平下降了"。十分明显,这些都是右倾机会主义分子的无耻滥调。我们上面所论述的人民公社化后城乡关系更加密切、工农联盟更加巩固的事实有力地驳斥了他们的恶毒攻击。试问右倾机会主义分子,像我们上述那种互相支援、互相合作、携手并进、求得共同高涨的城乡关系和工农关系哪里有"紧张"现象?又在什么地方"破坏"了工农联盟呢?农民生活水平的显著提高,又从何处来了"下降"呢?在最雄辩的、铁一般的事实面前,右倾机会主义分子的诽谤和污蔑,以及他们复辟资本主义的企图,已都是全部地彻底地破产了。

人民公社才成立一年多,在城乡关系上就有了如此巨大的变化。我们深信,随着人民公社优越性越来越显著地发挥与人民公社由小集体向大集体以及由集体所有制向全民所有制的过渡,随着国家工业化的迅速发展,工业对农业技术的支援与农业对工业副产品供应的不断扩大,今后城乡关系的发展趋势将是更加美好的。

三、今后城乡关系的发展趋势

如前面所说,我国的人民公社制度加速地发展和提高了乡村的集体经济,并进一步根绝了资本主义复辟的可能性。因此,人民公社化后,不仅解放前城市和乡村之间的对立状态,而且解放后在三大改造基本完成以前旧社会所遗留下来的某些残存的对立因素,都完全被消灭了。人民公社化后,社会主义性质的城乡关系完全建立起来,城乡之间互助合作的关系更加密切了。当然,在现阶段社会主义条件下,城乡之间的差别还是存在的。今后随着我国社会主义建设和人民公社制度的进一步发展,必然加速城乡差别的逐步缩小以至消失的过程。这是因为,在生产力的不断跃进和社员思想觉悟继续提高的基础上,人民公社的三级所有制,将在几年内从目前的队的基本所有制转变为公社的基本所有制,再由社会主义集体所有制过渡到社会主义的全民所有制。由于我国工业化的初步基础已经建立和农村人民公社化的实现,有条件从现在开始,大力地加速农业机械化、电气化的进程,进一步地发展社办工业,使农村的生产在十年左右的时间内,建立起现代化的物质技术基础。从而,在生产发展的基础上,推动整个农村生活的进步,使农村中物质生活和文化生活的条件,逐步提高到现代化城市的水平。无疑这一切将使城市和乡村之间的差别逐步缩小以至消失,这是我国社会发展的必然趋势。它一方面是人民公社的强大生命力和无限优越性的重要表现,另一方面也是国家工业和城市人民大力支援的结果。我们完全有理由肯定,今后工农结合和城乡互助更加密切,工农差别和城乡差别将日益缩小以至消失。我们满怀信心地展望着城乡关系在最近的进一步发展及其更伟大前途。

（一）城乡之间所有制形式的差别更加缩小以至逐步趋于消失

我们已知道,在社会主义条件下,城乡差别的经济基础是工业和农业的差别,而工业和农业的差别首先归结于社会主义两种公有制形式的差别。这种差别使城市工人和农村农民同生产资料相结合的条件不同,而且又引起在分配形式上的区别。毛泽东同志发展了马克思列宁主义关于不断革命论和革命发展阶段论相结合的基本原理,确定了人民公社是我国实现两个过渡的最好组织形式。

同时,根据我国社会主义革命的经验,在每个不同性质的历史阶段中,还按照具体情况,分为若干相对来说是属于量变性质的小质变的发展阶段,以适应生产力的逐步发展和群众觉悟的逐步成熟,从而加速我国社会主义革命和建设的飞跃发展。因此,在我国农村人民公社制度的建立和发展过程中,目前阶段实行以生产队小集体所有权为基本的三级所有制,在几年内积极创造条件,在经济上使公社有更强大的经济力量,社有经济占主要的优势的地位;穷队赶上富队,使各生产队之间经济水平大致趋于平衡;加速农业技术改造,初步实现机械化和半机械化,使农业劳动生产率大大提高;在生产发展基础上,使社员收入有显著提高,大体上达到或接近当地城市工人收入水平。在政治上、思想上,广大干部和群众的社会主义觉悟进一步提高,公社干部特别是队一级干部的政治觉悟和领导能力要进一步提高。根据上述条件,各公社将先后由三级所有制转变为大集体的公社基本所有制,为由集体所有制过渡到全民所有制奠定下可靠基础。将来农村中的社会主义集体所有制过渡到全民所有制之后,城乡之间、工农之间因所有制形式不同所造成的本质差别将趋于消失,农民与生产资料相结合的条件就起了变化,即农民转变为农业工人。生产资料的所有制是生产关系的基础,它决定着分配形式和交换形式的变化。

在分配方面,人民公社的工资制和供给制相结合的分配制度,随着公社所有制从三级所有制到公社基本所有制,再到全民所有制的发展,随着生产力飞跃发展亦将发生相应的变化,由生产队各自分配变为公社的统一分配,再变为全民范围内基本上按统一标准进行分配;具有按需分配原则萌芽的供给制将不断发展扩大,而且工分制将逐渐转化为工资制。这样,农民与城市工人在按劳分配上的某些形式差别也就趋于消失。不过分配形式的变化，并不需要与所有制形式的变化完全同时进行。如厦门市郊区规划，在国营农场和人民公社或其一部分生产队合并后，使人民公社提高到全民所有制，但加入农场的这一部分社员，仍然可以暂时采用评工记分和基本工资加奖励的办法，使这部分社员的收入略高于周围生产队社员的收入水平，然后创造条件，通过固定工分制向等级工资制过渡。

在交换方面，人民公社由目前的三级所有制转变为公社基本所有制之后，就使公社能够对全社的生产资料和产品在全社范围内进行直接统一调拨，更合理地分配和使用。当人民公社的集体所有制过渡到全民所有制之后，代表全民的国家就可以直接调拨公社的生产资料和产品。这样，国家与各人民公社之间的交换，将由目前的社会主义两种所有制之间商品交换的性质，转变为单一的社会主义全民所有制内部各企业、各公社的商品交换，后一种商品交换的特点在于交换的结果并没有改变产品的所有权，它是在国家统一计划内进行直接调拨的。这样在城乡之间、工农之间就能够更好地有计划安排生产和交换，使工农业生产更合理地有机结合起来，城乡之间的物资交流更加密切，为将来共产主义阶段的产品交换代替现在的商品交换创造条件。

由此可见，人民公社制度的发展，推动了我国社会主义生产力的发展，促进了农村中的集体所有制向全民所有制的过渡，这就能够消灭城乡之间、工农之间的本质差别的经济基础，使城乡关系更加紧密结合了。

（二）城乡之间生产力水平和劳动条件的差别更加缩小以至逐步趋于消失

社会主义条件下城乡差别的物质基础，还在于工业与农业之间的生产力水平的差异和劳动条件不同。这是旧社会城乡对立，农业大大落后工业所遗留下来的历史痕迹。尽管社会主义制度消灭了城乡对立的经济基础，使工农业都得到飞速的发展，而当前农业生产力的发展水平仍较低于工业，这正是社会主义国家仍采取两种所有制形式的重要原因。我国在解放后，工农业生产非常蓬勃地向前发展，特别是一九五八年以来，工农业生产都以史无前例的速度持续大跃进，但由于我国是继承着旧社会所遗留下的"一穷二白"的局面，在目前虽然工业方面已奠定了工业的初步基础,而农业方面的生产力水平毕竟还是很低,接近于马克思所说的"手工制造业"的发展阶段,农业劳动基本上仍建立在手工工具的基础上,机器还只是小规模地使用。根据我国具体条件,在农业合作化以前,我们主要是解决工业方面的社会主义公有制和农业方面的个体经济私有制之间的矛盾,而人民公社化后的中心任务,就是要解决工业的现代化生产和农业的手工劳动之间的矛盾。因此,从现在开始,我们就要在加速社会主义工业化的同时,积极和逐步地实现农业技术改造,大约在十年左右的时间内实现农业的机械化和电气化。这样,不论在城市或乡村,不论是工业或是农业,在一切能够使用机器操作的地力统统使用机器,使整个社会生产都是建立在现代化的物质技术基础上。这就能够缩小城乡之间、工农之间在生产力水平上和劳动条件上的本质差别。

人民公社制度的发展,为加速实现农业技术改造的伟大任务,和缩小以至清除城乡差别的伟大理想创造了十分有利的条件。要实现农业的技术改造首先是现代化农业技术装备的生产,这个任务主要是依靠国家大工业来解决。现在我国已经建立起工业化的初步基础,有条件大量地生产新式机械。由于我国土地辽阔,各地的自然条件和经济条件差异很大,因此必须分期分批地实现这一任务。预计从一九五九年算起,四年左右小解决,七年左右中解决,十年左右大解决。当然,要实现农业的技术改造同样要实行"两条腿走路"的方针,在今后几年内仍必须以用新式农具和改良农具同时并举,洋法生产和土法生产同时并举。而地方工业和广大农村的社办工业是推动农业的技术改造的有力的地方军,它们担当着大量生产改良农具、半机械化农具,修配新型农具,甚至生产中小型的新式农具的任务。人民公社一级经济的发展,公共积累的扩大,再加上国家的援助,使人民公社可以有充分的资金购买拖拉机,人民公社可以统筹全社的生产和建设事业,也为便利于使用拖拉机耕作创造条件。这一切都证明了人民公社制度便于加快农业机械化电气化的进程。

根据福建省的具体条件,山多地形复杂,水利资源极其丰富等自然条件,以及解放后特别是一九五八年大跃进以来已经打下工业化的初步基础的经验条件,福建省实现农业机械化电气化的规划是:在一九六二年以前,以改良农具和半机械化农具为主,以大力发展水力、水电站和山区交通运输为先锋,积极而有重点地逐步提高机械化的比重;一九六三年以后主要发展机械化农具,力争一九六七年以前基本实现农业机械化。到一九六二年要求做到的主要指标是:排灌安全机械化,农产品加工全部水利化,基本上机械化,大力发展水利站、水电站。水利站达到三十二万匹马力,水电站达到二十八万千瓦,拖拉机加上电犁的机耕面积达到百分之三十,其余耕作全部半机械化。福建省实现农业机械化也是有重点地分期分批地进行。福州厦门两市郊区条件较好,将在较短的时间内解决这一任务。如城门公社在一九五九年就有六台拖拉机(八·一标准台),机耕面积达百分之四十二。最近,中共福建省委确定该社为一九六○年全省农业机械化试点公社之一。根据城门公社规划,拖拉机增加到三八标准台,机耕面积达95%以上,要求在今年"五·一"前基本实现农业机械化、半机械化。厦门市郊区规划"二年小解决,四年中解决,七年大解决"。国营农场又要比人民公社先走一步,"一年小解决,二、三年中解决,四、五年大解决"。

农业机械化电气化过程,一方面是城乡差别、工农差别不断缩小的过程,另一方面又是城乡关系、工农业关系进一步紧密巩固的过程。现在由于农业合作化的完成和人民公社化的胜利,我国的城乡互助、工农联盟就已经是巩固建立在社会主义公有制的经济基础上,随着农业机械化电气化的实现,我国的城乡互助、工农联盟将同样地在现代化生产的物质技术基础上更加巩固和密切配合起来。

不仅如此,今后的发展还要使工农业生产在更高级的形态上密切结合起来。我们知道,资本主义的生产打破了古老的农业和手工业的结合,使工业集中于城市,工业的原料和市场都超越出地方的狭窄范围,这是资本主义生产发展所决定的。可是因此,形成了城乡之间的畸形分工和分裂。工农业自发地不合理地分布,工业区远离原料产地和商品市场,造成社会生产力的浪费,而且破坏了工农业的生产的正常条件。这个矛盾在资本主义条件下是不可能解决的。当社会主义革命消灭了资本主义的生产方式,建立了社会主义制度后,仍不得不接受着资本主义城乡之间畸形分工的遗产。社会主义实行计划经济,使工农业生产在全国范围内进行合理分布,逐步清除资本主义所遗留下来的不合理状态。我国解放后在城市建设方面的任务,首先是把消费性的买办性的旧城市改造成为社会主义的工业生产城市,然后根据社会主义生产力配置的原则,发展工业和建设新城市。但在人民公社化以前,城市仍旧只搞工业,乡村仍旧只搞农业。一九五八年社会主义建设总路线的正式提出和人民公社化胜利后就迅速地改变了这种局面。

根据社会主义建设总路线及其一系列"两条腿走路"的方针,人民公社实行工农业同时并举,人民公社大办工业,遍地开花,迅速发展。一九五九年社办工业总产值占全国工业总产值百分之十左右。社办工业主要是直接为农业生产和社员生活服务,对于推动农业技术改造,提高劳动生产率,增加公共积累,提高农民的技术和生产水平都起了重大的作用。以城门人民公社为例,在一九五七年高级社时,全区手工业工人才二百多人,而现在社办工业工人有一二五六人。一九五七年全区的手工业总产值不过五十多万元,而一九五八年社办工业总产值达七十九万元,占全公社总产值的百分之十七.四。一九五九年跃为二百二十万元,占全公社总产值的百分之三十一,而一九六〇年的规划,社办工业总产值更跃进到五六二万元,占全公社总产值的百分之四四.六。现社办工业的高速度地发展,这正指示出公社工业化的伟大前景。

一方面农村人民公社在集中主要力量办农业的时候,大办它力所能办到为发展农业生产服务的工业;另一方面,城市在集中主要办工业的时候,也在周围地区积极发展为城市服务的农业,特别是一九五九年党中央召开了两次大中城市副食品生产会议,明确指出城市副食品供应,必须实行"自力更生为主,力争外援为辅"的方针。要求今后大中城市在巩固、提高和适当地发展蔬菜的同时,大力发展以养猪为中心的畜牧业生产,并因地制宜地积极发展油料、水产、果品和其他副食品的生产,大力发展多种经营。不仅城市,而且工矿区和林业区都应该执行这个方针。这个方针不是短期的方针,而是长远的方针。厦门市发展各种副食品生产和供应工作方面,做出了显著的成绩。今后,采用建场并场和扩场的办法,促进人民公社的集体所有制向全民所有制过渡之后,郊区的蔬菜和其他副食品的生产更有更大的发展。由此可见,农村人民公社的工业化和城市在周围地区积极发展农业的结果,这就使全国工农业生产得到更合理的分布,加速清除旧社会所遗留下来的城乡之间、工业区和农业区之间畸形的分工,使城市和农村、工业和农业密切地有机结合起来。

（三）城乡之间物质文化生活水平的差别更加缩小以至于逐步地趋于消失

人民公社成立才一年多，如前所述，农村广大社员的物质文化生活水平就已有十分显著的提高了。这仅仅还是开始的第一步。随着人民公社生产的继续跃进和收入的不断增长，农村的广大社员的收入，集体福利事业与文教卫生事业，将有更大的增长或更多的发展。有的人民公社已经开始逐步改造现有的旧房屋，分期分批地建设新型的园林化的乡镇的居民点，逐步地使农村的物质文化生活条件提高到现代化城市的水平。虽然这是一个较长时间才能实现的任务，但由于人民公社的优越性，我们有充分理由可以肯定，这是完全可以实现的伟大理想。

在城市建设工作上，我国一方面对原有城市进行改造，一方面则建设新型城市。首先，在改造旧城市方面，解放后做了很多工作。一九五八年夏天，开始试办了城市人民公社。同年九、十月间全国有许多中小城市办了人民公社。福建省的福州、厦门、南平诸市就在这个时候办起了人民公社。一年多来，城市人民公社在发展生产、改造旧城市上曾发挥很大作用。今年以来，一个组织人民生产和生活的高潮席卷全国各个城市。现在全国许多城市正在大办人民公社，大办街道工业，大办服务事业，大办公共食堂、托儿所、街道服务站。厦门市截至一九六〇年三月全市街道生产共有电器、小五金、化工、竹器制品、文化用品、工艺品、缝纫等十五个方面，生产四、五百种产品。一九六〇年第一季度全市街道工业的产值和加工费达六一四万元，等于去年产值总和百分之八三。全市街道自办的大、中、小型食堂共有一五五个，寄膳人数达三万七千人，全市街道托儿组织八十三个，收托儿童婴儿三千五百人，服务站计三四〇个。城市人民公社化运动新的巨大的发展，具有重大历史意义。因为它不仅将使成千成万的城市家庭妇女从家务劳动中解放出来，为城市生产建设事业的发展制造更有利条件，而且是城市中进一步组织人民经济、文化生活和彻底改造旧城市的很好组织形式。可以预计，城市人民公社同农村人民公社一样，具有无比生命力。它在促进城乡关系密切结合与缩小差别上将发挥巨大作用。其次，在新建城市方面，几年来，我国已按社会主义生产力配置原则在广大农村进行工业城市建设,将来还要不断发展,这种新型城市,它们不但是大工业的中心,而且是文化最发达的中心。今后,我们还要不断地改善城市的居住条件和环境卫生,建设成绿化、美化、园林化的城市。

总之,随着我国社会主义建设事业和人民公社制度的发展,城乡互助、工农联盟的关系更加密切和坚固,现阶段还不得不存在的城乡差别、工农差别,将不断地缩小以至于消失。这一切都是向共产主义过渡的重要条件。

一九五八年,一种新的社会组织像初升的太阳一样,在亚洲东部的广阔的地平线上出现了,这就是我国农村中的大规模的、工农商学兵相结合的、政社合一的人民公社。它一出现,就以它的强大的生命力,引起了人们广泛的注意。

……

……

农村人民公社制度的发展,还有更为深远的意义。这就是:它为我国人民指出了农村逐步工业化的道路,社会主义的"按劳分配"(即按劳付酬)逐步过渡到共产主义的"按需分配"(即各取所需)的道路,城乡差别、工农差别、脑力劳动和体力劳动的差别逐步缩小以至消失的道路……

(摘自中国共产党第八届中央委员会第六次全体会议
《关于人民公社若干问题的决议》)

在毛泽东思想旗帜下奋勇前进 *

——庆祝第二届全国人民代表大会第二次会议胜利闭幕

李　群

（一九六〇年四月二日）

为我国各族人民热烈瞩望的第二届全国人民代表大会第二次会议,已于四月十四日胜利闭幕。这次大会,讨论通过了 1960 年国民经济计划,审查和批准了 1959 年国家决算和 1960 年国家预算,讨论通过了 1956 年到 1967 年全国农业发展纲要,批准了全国人民代表大会常务委员会的工作报告,周恩来总理在大会上发表了关于目前国际形势和我国对外关系的重要讲话。

这次大会是在 1958 年和 1959 年两年大跃进、提前三年完成第二个五年计划的主要指标的形势下召开的。大会通过的各项决议,充分显示了我国各族人民在中国共产党和毛泽东主席的领导下,为了更好地贯彻执行社会主义建设总路线、坚持大跃进、巩固和发展人民公社的坚强意志和伟大力量,并且表达了我国人民彻底摆脱“一穷二白”的落后面貌的强烈愿望和无限信心。

十年来,全国各族人民在党中央和毛泽东主席的英明领导下,在社会主义革命和社会主义建设事业中,已经取得了辉煌的成就。特别是从 1958 年以来,我国的社会主义建设进入了一个新的历史时期,在社会主义建设总路线的光辉照耀下,连续两年取得了工农业生产的大跃进,提前三年完成了第二个五年计划的主要指标。十年来,我国的粮食产量,已经从 1949 年的二千一百六十二亿斤增加到五千四百〇一亿斤,增长一倍半;钢的产量,已经从 1949 年的十五万八千吨增加到一千三百三十五万吨,增长八十三倍。这是党的社会主

*　原载《法学研究》一九六〇年四月二日。

义建设总路线、大跃进、人民公社三面红旗的伟大胜利,是马克思列宁主义的普遍真理同中国革命和建设的具体实践相结合的毛泽东思想的伟大胜利。这充分证明,毛泽东思想具有无往不胜的伟大力量,证明了党中央和毛泽东主席制定的建设社会主义的总路线和一套"同时并举"的方针,是我国迅速实现国家富强和增进人民幸福的唯一正确道路。

今年是六十年代的第一年,今年发展国民经济的任务是:更好地贯彻执行党的社会主义建设的总路线,在过去两年连续跃进的基础上,争取国民经济继续全面的更好的跃进。为了实现这个任务,今年的国民经济计划进一步确定以农业为基础,以工业为主导,使优先发展重工业和迅速发展农业互相结合;继续执行工业以钢为纲、农业以粮为纲、全面安排的方针,并且进一步加强运输业、动力工业、采掘工业等部门,以便更加适当地处理重工业、轻工业、农业各部门之间及各部门内部各行业之间的关系,使国民经济跃进得更好。大会通过的 1960 年的国民经济计划规定,我国的工业总产值将达到二千九百八十亿元,比 1959 年增长百分之二十三,其中工业总产值为二千一百亿元,比 1959 年增长百分之二十九,农业总产值为八百八十亿元,比 1959 年增长百分之十二。计划规定,今年钢(不包括土钢)的产量达一千八百四十万吨,煤炭产量将达四亿二千五百万吨,粮食和棉花的产量将各增长百分之十左右。因此,1960 年的国民经济计划是全面跃进的计划,就连资产阶级的报刊和通讯社也不得不承认我们的计划是"十分可观的"、"惊人的",是"继续大规模发展经济的计划"。

大会批准的 1960 年的国家财政预算,是同国民经济的发展相适应的。1960 年的国家预算收入为七百亿二千万元,比 1959 年增长百分之二十九点三。在预算支出中,经济建设费和文教科学费的支出,占总支出的百分之八十一点九。国家对人民公社投资十五亿元,比 1959 年增长百分之五十,对农林水利和气象方面各项支出为六十三亿九千万元,体现了以农业为基础、大力发展农业的精神。因此,我们说,1960 年的国家预算,是一个全面支持国民经济持续跃进的预算,是一个加速发展工业、大力支援农业和积极发展文化教育科学事业的预算,是和平建设的预算,也是一个既积极而又可靠的预算。实现1960 年的国民经济计划和 1960 年的国家预算,就使我们有可能用更少的时间,在主要工业品产量方面赶上和超过英国,并且使我们有可能提前两年或者三年实现 1956 年到 1967 年全国农业发展纲要。

大会通过的 1956 年到 1967 年全国农业发展纲要,是高速发展我国社会主义农业生产和建设社会主义新农村的伟大纲领。党中央和毛主席对农业历来是极为重视的,毛主席在 1959 年就指出:"我国的经济建设是以重工业为中心,这一点必须肯定。但是同时必须充分注意发展农业和轻工业。"他说:"我国是一个大农业国,农村人口占全国人口的百分之八十以上,发展工业必须和发展农业同时并举,工业才有原料和市场,才有可能为建立强大的重工业积累较多的资金。大家知道,轻工业和农业有极密切的关系,没有农业,就没有轻工业。重工业要以农业为重要市场这一点,目前还没有使人们看得很清楚。但是随着农业的技术改革逐步发展,农业的日益现代化,为农业服务的机械、肥料、水利建设、电力建设、运输建设、民用建筑材料等等将日益增多,重工业以农业为重要市场的情况,将会易于为人们所理解。在第二个五年计划和第三个五年计划期间,如果我们的农业能够有大的发展,使轻工业相应地有更多的发展,这对于整个国民经济会有好处。农业和轻工业发展了,重工业有了市场,有了资金,它就会更快地发展。这样,看起来工业化的速度似乎慢一些,但是实际上不会慢,或者反而可能快一些。"(毛主席《关于正确处理人民内部矛盾的问题》)

解放以来,全国人民在党和毛泽东主席的领导下,农业产量逐年上升,特别是 1956 年提出了 1956 年到 1967 年全国农业发展纲要以后,调动了最广大群众的积极性,推动了农业生产,1958 年、1959 年连续两年,取得了空前未有的大跃进。这个纲要不仅精辟地总结了我国农业几千年来,特别是解放以来的丰富经验,而且是迅速发展我国农业生产和建设社会主义新农村的伟大纲领。农业是国民经济的基础,大力发展农业是高速度、按比例发展我国社会主义经济的中心环节。这次大会通过这个纲要,可以肯定,它必然会继续调动群众的积极性,推进农业生产的发展,从而促进整个国民经济的高速度的跃进。

关于城市建立人民公社的问题,引起了代表们的广泛注意,表示热烈拥护。城市人民公社化运动的出现,是一个具有伟大历史意义的事件。早在1958 年,与农村人民公社化的同时,各个城市就已经在广大城市居民特别是劳动人民的要求下,进行了城市人民公社的试点工作。同年十二月,中共中央八届六中全会《关于人民公社若干问题的决议》中就已经指出:"城市中的人民公社,将来也会以适合城市特点的形式,成为改造旧城市和建设社会主义新城市的工具,成为生产、交换、分配和人民生活福利的统一组织者,成为工农商学兵相结合和政社合一的社会组织。"一年多来的实践证明,中共中央的这一指示是完全正确的。随着社会主义建设不断发展的需要,人民群众政治思想觉悟的不断提高,全国各个城市已经掀起了一个轰轰烈烈的大办人民公社、大办街道工业、大办公共食堂和其他公共福利事业的群众运动。和农村的人民公社一样,城市人民公社一经建立,立即显示出它的强大生命力和无比优越性。来自各大城市的代表在发言中一致指出:一年多以来的实践,证明人民公社在大城市也是完全适合的,它为广大人民所热烈欢迎,城市人民公社不仅能促进生产高速度的发展,而且还是彻底改造旧城市使之适合于现阶段的社会主义建设和未来向共产主义过渡的最好的组织形式。他们并指出:城市必须逐步地、分批地实现人民公社化,在组织城市人民公社生产和生活时,应当继续贯彻执行积极发展、积极把公社办好、又要实行自愿的原则。

第二届全国人民代表大会第二次会议发出庄严号召:全国各族人民、各民主党派,在中国共产党和毛泽东主席的领导下,团结一致,更好地贯彻执行社会主义建设的总路线,坚持大跃进,巩固和发展人民公社,更加广泛更加深入地开展技术革新和技术革命运动,继续贯彻执行勤俭建国、勤俭办一切事业的方针,为争取完成和超额完成 1960 年国民经济计划和国家预算而奋斗,为争取实现 1960 年继续大跃进而奋斗。并且号召:全国各族人民,工业、农业、交通、财政、金融、贸易、科学、教育、文化、卫生、体育等一切部门共同努力,为提前两年或者三年实现全国农业发展纲要这个伟大的任务而奋斗。我们政法工作人员必须积极响应大会的号召,努力工作。帝国主义和敌特分子经常企图阴谋破坏我国社会主义建设,必须随时提高警惕。必须积极为工农业生产大跃进服务,为中心工作服务,保卫人民公社,保卫社会主义革命和社会主义建设事业顺利进行。

目前国内外形势对我们极为有利。在国际方面,正如周恩来总理所指出的,最近一个时期,国际形势出现了一定程度的和缓,东风继续压倒西风,总的趋势朝着更加有利于世界和平和社会主义的方向发展。在国内方面，经过了1958 年、1959 年的连续跃进，使我们得到了丰富的经验，有了比过去两年更雄厚的物质基础，经过反右倾、鼓干劲、增产节约的群众运动，广大群众的共产主义觉悟空前提高，今年第一季度就出现了工农业生产月月上升的动人局面，群众性的以机械化和半机械化、自动化和半自动化为中心的技术革新和技术革命运动正在一浪接着一浪向前发展。全国人民高举战无不胜的毛泽东思想旗帜，坚持总路线、大跃进和人民公社，斗志昂扬，意气风发，为完成和超额完成1960 年国民经济计划、为提前两年或者三年实现 1956 年到 1967 年全国农业发展纲要而奋勇前进。

喜看《张士珍》*

张葆莘

（一九六○年四月三日）

在我们的戏曲舞台上出现了像《张士珍》这样的戏，是令人兴奋的。因为我们看到了我国城市全面组织人民经济生活、大办城市人民公社的历史时代的英雄人物登上了戏曲舞台。

我曾访问过张士珍，比较熟悉她的故事。她是一位在平凡的岗位上创造出不平凡的奇迹的英雄人物。当我坐在剧场里准备看戏的时候，不禁想到，这个戏将使我看到些什么呢？是张士珍那些小故事的组合么？在生活中，她所做的每件平凡的事都表现了她那崇高的共产主义风格，但，如果把这些小故事原样地搬上舞台，张士珍的英雄形象能站得起来么？

有的作者可能只是把张士珍的那些真实事迹（比方说，据我知道，她光照顾孕妇就有八十几人之多）有机地连在一起就算了。然而，评剧《张士珍》的作者却没有这样。他们从张士珍的事迹中发现了她所做的这一切的意义——若干年来，商业就是柜台里外的"买"和"卖"的关系，而张士珍却冲出了柜台，进行了一系列的商业革命，她以自己所作的一切勾画出了社会主义商业的真实面貌。自从张士珍上场，在整个七场戏中，始终吸引着你，注视着她所做的一切，就因为剧作者成功地抓住了这个具有商业革命意义的"柜台"。张士珍一上场就是提出了"送货上门"，就和这柜台有关。接着，作者挖掘了通过"柜台"所体现出来的一系列的各种各样的矛盾：工人阶级和资产阶级的矛盾，工人阶级队伍内部先进和后进的矛盾。而这一系列的矛盾又都纠缠在张士珍一

---

* 原载《戏剧报》一九六○年四月三日。

个人身上，使她置身于矛盾之中。这样，不仅展开了戏剧冲突，而且随着剧情的发展，使得张士珍这个形象逐渐丰富，逐渐鲜明起来。这样，就避免了那种图解式的通过某件事说明她的优秀品质的某一方面，而是通过戏来展示她的优秀品质了。这"展示"和"说明"的不同，就在于作者不是静止地去写这个人物，而是把她放到戏剧里去发展。我们看到，一方面，张士珍在党支部的领导和培养下，冲出柜台之后，不断地向前冲（这里有着以尤太太为代表的社会上的阻力，也有着以伊步高为代表的来自商店内部的阻力）；另一方面，对张士珍还不能一下子理解的杨秀娟，在张士珍的帮助下（这里还纠缠着和伊步高之间的那种颇富有戏剧性的关系），逐渐理解，逐渐跟上。这样，就把我们引进了戏——也是张士珍的生活之中，和她一起去推车卖菜，一起去关心群众。

张士珍这个人物的一切，所以这样吸引我们，不仅在于作者把她放到矛盾之中去写她，还在于作者在写这个人物时，不是单纯地来写她某种优秀品质，而是把她的一切都提高到政治上来看，使得她的一切行为得到解释：她不光是一个售货员，更主要的是个好党员，是毛主席教导出来的好学生。她和杨秀娟第一次送货上门时，尤太太把韭菜全买走了，真正需要的反而没有买到。杨秀娟把这当做送货上门中不可克服的矛盾，而张士珍却从中看出了问题，提出了"合理分配"，把商业工作又向前推进了一步。她所以这样，就因为她在工作中，政治挂了帅，用阶级观点来分析问题。我们也看到，当她遇到困难时，是党使她更坚定了；她苦无办法时，是毛主席的著作照亮了她的心，使她有了智慧和力量，所以她才能从柜台冲出来之后，在商业工作上，一再革新，在党支部的领导下继续"送货上门"，"合理分配"，又提出了"指导消费"、"面向生产"。党教导商业工作者要有为政治服务、为生产服务、为群众服务的三大观点，所以张士珍才提出"只要生产步步高，愿为工人折断腰"。这个"折断腰"，也就是说"无条件"地为工人服务。她见到工人的衣服没人洗，首先考虑的是这影响了生产，怎样来解决；而杨秀娟首先考虑的是"职权范围"，应不应该由售货员管。正是张士珍这种共产主义风格，才把商业工作又推进了一步——以组织街道居民参加生产为中心，全面组织人民经济生活。张士珍的形象，雄辩地证明了一个真理：她所以在平凡的工作中创造出奇迹，成为英雄，正是因为她听了党的话，政治挂了帅。这个真理和她的行为非常有机地融合在一起，就使张士珍这个形象更加完整了,体现出的共产主义道德力量也就更深了。

整个戏的情节和结构,也是颇具匠心的。戏一开始,张士珍并没有立刻上场,我们看到的是已经打了烊的光复道商店。售货员们在柜台上紧张地练着兵。这段戏不长,但它却不仅使观众看到了商业工作的新貌,更主要的是通过所有的售货员围绕着柜台所做的一切,暗示着在这柜台上,将要发生一个大的变革。果然,已经深入到群众中去的张士珍回来了,提出了"送货上门",这"送货上门"是戏剧冲突的起点,也是冲出柜台的起点。接着第二场,舞台上展现了一个大院,这个院子里的人和光复道商店,和张士珍都有关系,有的是顾客,有的是张士珍帮助的工厂炊事员,连那个馋婆娘太太——作者把她的侄儿安排在商店内部当会计——也住在这里。我们看到她们有的刚分娩,有的人孩子多脱不开身,有的人夫妻双双上班……所有这些,都说明了全面组织人民经济生活的必要性,随着剧情的发展,透过这个院子,我们也看到了全面组织人民经济生活的必然性。所以戏转入结尾时,在戏剧冲突的最后一个紧张场面——对伊步高的斗争和杨秀娟的转变——之后,舞台上出现了成立居民食堂的欢乐气氛。作者在着力刻画张士珍和商业工作的同时,也没有忘记反映新的邻里关系、街道居民间的新风尚,还腾出手来,写了像李大娘那样的街道积极分子。这不仅使这个戏的社会面扩大了,尽管这个戏没有写到城市人民公社的建立(事实上,光复道商店那里已经成立了广场人民公社),也形象地反映了目前城市经历着的具有历史意义的变化,而预告着城市人民公社的诞生。

新翠霞同志扮演的张士珍,很出色。她那朴素、大方的外表,她眼睛里闪烁着的智慧,她对人民关怀时的殷切,她对尤太太、伊步高的严肃的态度,以及她在帮助别人之后所流露出来的喜悦,都恰如其分,而且使你感到很美。扮演杨秀娟的莲小君同志也很会演戏,她紧紧地抓住了这个人物对张士珍和伊步高的不同时期的不同态度,有层次有分寸地表现了这个人物是怎样认识了伊步高,又怎样认识了张士珍的。这个认识过程就是这个人物的发展过程。其他如小玉芳同志扮演的唐支书、羊兰芬同志扮演的李大娘、李文芳同志扮演的邢嫂子,也都很称职。

看过戏之后,我初进剧场时的那种揣度和猜测,全被打消了。在生活中,我访问张士珍时,曾被她那崇高的共产主义风格所激动,所教育;这次在舞台上,从天津市评剧院的演出中,我又一次地为张士珍的事迹激动了,又一次受到了教育。

北京各剧院热烈宣传城市人民公社 *

(一九六〇年四月十六日)

　　随着农村人民公社的巩固与提高,城市人民公社化运动也在六十年代的第一个春天蓬蓬勃勃地开展起来了。

　　今年春季,首都几百万人民,热烈响应了党的持续跃进的号召,在去年街道大跃进的基础上,大办工厂、服务站、托儿所、公共食堂,组织城市人民经济生活,建立人民公社,仅短短几个月时间,首都的生活面貌就起了巨大的变化。

　　为了迅速反映这一伟大群众时代新的生活面貌,首都戏剧界,在党的领导下,掀起了一个宣传城市人民公社化运动的热潮。北京市各个文艺戏剧团体,积极开展了宣传活动,在一周的时间内,他们就创作和排演了戏剧、曲艺、歌舞等大小节目六十八个(其中京剧十四个,话剧三个,评剧四个,河北梆子四个,昆曲二个)及大批宣传画和其他文艺作品,陆续到石景山、椿树、东城、西城等人民公社演出了15场,使一万七千多观众受到了教育和鼓舞。

　　由于时间紧,任务重,各文艺团体在宣传活动中,都大搞群众运动,仅各剧院(团)就动员了一百六十三人参加剧本创作,六百一十三人参加舞台演出。中国戏曲学校共发动了三百余师生参加创作和演出活动,写出了京剧六个,歌舞、演唱、鼓词等文艺作品十二件。为了能够迅速地拿出节目,及时反映城市人民公社运动,许多剧院都采取了集体采访、集体编写、集体导演、集体排练的方法。许多剧院(团)因为担负了多方面的任务(如参加会演,巡回演出等)人力不足,他们便大兴协作,互相支援,互相帮助。中国评剧院缺乏创作人员,三团的演员就与专业作者合作,共同写剧本。北京电影演员剧团搞舞台工作的

人不够,演员们就亲身参加舞台装置,而搞舞台设计的杨德新同志,在做好本身工作的同时,又参加编写话剧剧本。由于大家发挥了团结协作、"见难就帮,见缺就补"的工作作风,不但解决了人力不足的问题,还加强了互助友爱。

各剧院(团)党的领导,非常重视这次宣传活动,党委亲自挂帅,抓思想,抓问题,具体指导创作和演出活动,这就保证了节目的思想水平和艺术质量。在党的思想领导下,同志们也都是干劲十足,意气风发,他们日以继夜的创作排练,赶制布景导具,一刻不停的背诵台词、设计动作、创腔配调,尽管困难重重,但任何困难都挡不住他们歌颂城市人民公社的热情。北京电影演员剧团的年逾花甲的老演员梁新同志,平常很少演出,听到剧团要排演赞美人民公社的戏,坚决要参加演出。中国戏曲学校京剧科八年级学生和音乐科六年级学生,在听了史若虚校长的传达报告后,就自动结合起来,排演节目,由于正课学习紧张,他们就利用休息时间排练。

城市人民公社的群众创作运动,产生了较好的节目。话剧《万家春》、评剧《公社花开幸福来》、京剧《妇女跃进》《高歌猛进》、表演唱《人民公社就是好》、快书《红大院》、舞蹈《人民公社鲜花开》等等都比较生动地反映了新的生活面貌。

这些形式多样、内容丰富的节目的演出,受到了广大群众衷心的欢迎。东城公社托儿所的阎大妈,看了《妇女服务站》等节目后,感动地说:"看了这些戏,心里更亮敞了。"

为了进一步提高这些节目的思想水平和艺术质量,北京市文化局在四月中旬举办了一次会演,邀请了文艺界一些领导同志和专家观摩演出并提出意见。在经过一个阶段的休整后,各剧院(团)将继续演出。

城市人民公社的必然性和伟大意义 *

赵锻炼　　李彦隆　　肖育才　　黄光鸿

（一九六〇年四月二十八日）

随着一九五八年农村人民公社化运动高潮的到来，在我国的许多城市中也出现了一些城市人民公社。这些公社已经得到巩固和发展。现在全国各城镇正大办城市人民公社。完全可以相信，很快会在全国范围内出现一个城市人民公社化运动的高潮。我国城市人民公社的出现决不是偶然的，它是我国社会主义革命取得决定性胜利之后，社会主义建设大跃进、人民群众觉悟大提高的直接结果。同时，它的出现又会促使社会主义革命更进一步深入，加速社会主义建设的发展。

一

一九五七年以整风运动和反右派斗争为中心的政治、思想战线上的社会主义革命取得了决定性的胜利，彻底地打垮了资产阶级右派对社会主义的进攻，调整了生产关系，使上层建筑和经济基础更相适应，从而进一步巩固并加强了党的领导，提高了全国人民的政治思想觉悟，在全国出现了："一个又有集中又有民主的，又有纪律又有自由的，又有统一意志、又有个人心情舒畅、生动活泼的政治局面。"[①]在这个基础上，出现了一九五七年冬和一九五八年春

＊　原载《武汉大学人文科学专报》一九六〇年四月二十八日。

①　邓小平：《关于整风运动的报告》，人民日报出版社 1957 年版，第 33 页。

工农业生产大跃进的形势。与此同时,党中央和毛主席根据我国的实际情况,根据六亿五千万人民迅速改变我国贫穷落后面貌的愿望和要求,提出了多快好省地建设社会主义的总路线,发出了全民大办工业的号召,这就大大地鼓舞了广大群众的革命干劲和劳动热情,出现了全国性的大办工业的高潮。在城市中,广大的贫民阶层和觉悟了的妇女纷纷组织起来,要求创办工业。他们采用白手起家、因陋就简、自力更生、土洋结合的办法,办起了许多的街道工业。这样,街道工业便像雨后春笋似的蓬勃发展起来。大中小型企业的同时发展,使生产的协作关系发生了巨大的变化,并出现了新的内容。

这种变化,具体表现在:首先,大厂带小厂,大企业带小企业。由于工业生产的发展,许多新设的大型企业,需要中小工厂和其他企业的配合和协作,如配造零件、加工机械等。而白手起家的小厂,在资金、设备和技术上,都迫切要求大厂给予援助和指示。而小厂又能够利用大厂的残料废品,制造种种产品,满足各方面的需要。因此,在大厂大企业的周围便出现了许多为大生产服务的卫星工厂,并出现了新的协作关系。这种新的协作关系要求进一步加强党的领导,调整彼此间的关系,才有利于团结和进一步促进生产。其次,由于工业生产的发展,职工人数的增长,要求附近的农业生产更多的蔬菜和副食品,以满足职工生活的需要;农业生产的发展,也要求工业支援更多更好的机械、农具、化肥和农药,中小工厂企业的发展使工业也有可能生产更多更适用的机械、农具等来满足农业生产发展的需要。因此,彼此间的联系日益广泛,关系日益密切,这也要求进一步调整二者之间的相互关系。总之,生产大跃进,要求生产大协作,生产大协作要求加强党的统一领导,要求新的更大范围的生产组织形式,以便解决新的矛盾从而保证生产继续全面地跃进。

同时,由于生产大发展,工、农、商、交全面跃进,各部门都出现了劳动力紧张和人力不足。城市工业的发展,要求补充大批的劳动力。但是一向劳动力丰富的农村,由于农业生产全面大跃进也感到劳动力紧张。因此,积极的办法是城市中自求解决。而在城市中,职工家属、街道居民尚是一支完全可以开往生产战线和社会主义建设的生力军。过去,妇女被束缚在繁琐的家务中,成日忙于煮饭、洗衣、看孩子的琐事。由于社会主义的思想教育、总路线的鼓舞,使她们的政治思想觉悟大大提高,迫切要求从家务中解放出来,投身到轰轰烈烈的社会主义建设中去,成为社会主义大生产的劳动者。一些街道居民,也是可以参加生产建设的力量。因此,把街道居民、职工家属组织起来,吸收他们参加到社会主义建设中去,不仅是社会主义革命深入发展的要求,也是社会主义建设的需要,是符合广大妇女和街道居民的强烈愿望的。这是具有十分重大意义的事情。

社会化的集体大生产,要求集体的生活;社会主义公有制的生产方式,要求社会主义的集体生活方式,而广大城市妇女从家务中解放出来成为社会主义的集体劳动者,需要妥善地解决她们参加社会劳动后所遗留下来的家务劳动等问题。因此,生活上把城市人民组织起来便成为一件大事情,它关系到生产的发展、社会面貌的改变、妇女的彻底解放等重大问题。党是一贯非常重视人民群众的生活的。党从来就是一手抓生产,一手抓生活,在工农业生产大跃进中,就组织了成千上万的公共食堂、托儿所、幼儿园、服务部、俱乐部,这些都是城市人民集体生活福利事业的组织机构,它把人们的个体生活方式逐步引上生活集体化的道路。在组织人民经济生活的过程中,作为生产和消费中间环节的商业和财贸部门,正在发挥它的积极作用,了解群众的需要,组织物资来源,按照"统筹兼顾、保证重点、照顾必需、安排一般"的原则,合理地分配商品,组织消费,帮助公共食堂、托儿所、幼儿园、服务部……这些"共产主义幼芽"的巩固和发展,更便利了人们走上生活集体化的道路。生活集体化的进一步发展已经成为城市人民的迫切要求。

由于广大街道居民、职工家属参加了社会主义的大生产,在生产过程中他们深感文化不够,知识不足,不能适应生产和生活的要求,因此迫切要求学习。而生活集体化,使她们摆脱了家务琐事,也有时间有条件学习文化。这样,学习文化便形成高潮,许多工厂、企业、街道建立了各式各样的利于生产又便利于她们学习的学校。不论在生产上、生活上和学习上,人们都要求新的组织形式出现。

问题很明显,"社会生产力的发展要求社会主义革命,要求人们精神的解放;社会主义革命的胜利和人们精神的解放,又推动社会生产力的跃进;这种生产力的跃进,又继续刺激社会主义生产关系的改进和人们思想的前进。"①

①　刘少奇:《中国共产党中央委员会向第八届全国人民代表大会第二次会议的工作报告》,人民出版社1958年版,第15页。

因此，"适合城市特点的形式，成为改造旧城市和建设社会主义新城市的工具，成为生产、交换、分配和人民生活福利的统一组织者，成为工农商学兵相结合和政社合一的"城市人民公社便应运而生了。它的诞生，完全合乎于我国政治经济发展的规律，它全反映了人民群众的强烈愿望。

有一些人认为，工厂、企业、机关、学校等地方已经高度组织化了，因此，不一定需要再建立城市人民公社。显然，这种看法是错误的。这一些人没有看到不少的职工、干部、教工等在生活方式上还是很分散的，尤其是他们的家属许多还束缚在家务中，过着分散的个体的生活。在这些地方，资产阶级的残余影响还比较深，还保存着比较多的资产阶级的残余习惯，这些是跟社会主义革命的深入发展和社会主义建设的要求不相适应的。社会主义革命的深入和社会主义建设的发展，要求消灭资产阶级的思想残余，要求改变分散的个体的生活方式，要求更快地提高人们的共产主义觉悟，要求妇女的彻底解放，要求大批的劳动力。成立城市人民公社，组织职工、干部、教工、学生、家属等参加人民公社，参加集体劳动，参加公共食堂，参加社会活动，对职工、干部、教工等来说，就是进一步地消除资产阶级的思想影响，更好地改造思想，提高共产主义觉悟，树立共产主义的新风尚；对广大的家属来说，就是使她们从家务中彻底地解放出来，参加社会主义的集体劳动，变消费者为生产者，变家务劳动者为社会劳动者，从而培养集体主义的生活习惯和共产主义的精神面貌，同时也解决一部分由于生产的发展对劳动力的需求；对学校来说，能更好地全面深入地贯彻党的教育方针，使学校与工厂、农村紧紧地连成一体，使教育更直接地为生产服务，使教师与学生更好地跟工农联系，向工农学习，在工农的帮助下加速思想改造，从而，使他们更快地成为能文能武、又红又专的工人阶级的知识分子。这样，既大大地促进了生产的发展，又更好地改善生活，同时加速共产主义新人的成长，使大家都生活在友爱团结、互相帮助、忧乐与共、苦甜同享、美满幸福的集体大家庭里。因此，不论工厂、企业，还是机关、学校都必须建立城市人民公社。

经过一年多来，在思想上、组织上以及在部分城市中试办人民公社所取得的经验等方面，都为全面地实现城市人民公社创造了极为有利的条件。目前，在全国范围内已出现了轰轰烈烈的全民性的伟大的技术革新和技术革命运动的高潮,广大职工和家属迫切要求建立城市人民公社。因此,现在大办城市人民公社的条件已经完全成熟。

二

城市人民公社一经出现,就和农村人民公社一样,显示了无比的优越性和强大的生命力。

首先,由于城市人民公社是工农商学兵相结合、政社合一的社会基层组织,它的建立,是城市的一大社会革命,使社会主义生产关系更适合新的生产力发展的要求,有利于公社生产的迅速发展,特别是政社合一大大加强了党和国家对城市人民生活的组织与领导,使工、农、商等部门在公社的统一领导和统一组织下,经常地保持着密切的结合,大大促进了社会主义生产大协作,使公社的生产进到了一个更为高度组织的社会化的阶段。

从工业方面来看,公社范围内以大的国营工业企业为主体,组织相关的大中小企业进行协作。国营工业企业在技术、材料、设备、资金等方面,给中小型企业(国营、社营、街道经营等)以积极的指导和帮助,使中小型企业(特别是公社和街道工业)获得迅速发展;中小型企业充分利用大型企业的技术帮助,利用大型企业的边材、余料、废品以及多余的厂房设备动力等,为大型企业生产或加工某些零件、部件、半成品甚至某些成套的产品,补充国营企业所需要的劳动力和某些材料,组成大型国营企业的卫星厂,为大型企业服务,以保证完成国家计划的生产任务,同时,为公社本身以及为市场生产各种小型的生产资料和生活用品,以补充大工业的不足。通过这种协作,就有效地解决了大中小各类企业生产发展的需要,促进了各方面生产的迅速发展。例如哈尔滨香坊人民公社,大大小小的工厂,自建社以来月月季季都超额完成计划,1959年工业总产值比1958年提高62%,今年第一季度又提前二十天实现了满堂红。该社属于国营企业的哈尔滨轴承厂,1958年生产比1957年翻了一倍半,1959年又提前六十二天超额完成计划,今年第一季度轴承厂又提前十天超额完成了生产计划,公社新办的工业也扶摇直上,产质产量成倍增长。

从农业方面来看,由于城市人民公社建立了农副业生产基地,这就有利于加强各行各业特别是工业对农业的支援以及工、农业之间的相互结合。一方面,公社利用本身的工业生产能力,为农副业生产各种农业机械、农药、化肥和动力设备等,从而加速农业的技术改进,提高农业生产力和农业劳动生产率,另一方面,农业的发展,又为公社工业生产服务,提供日益增多的粮食、原料和副食品,从而也就促进公社工业的发展和公社经济的繁荣。例如郑州红旗人民公社,建社以后,为农业增添了大型动力机械和排灌机械八十九部,加速了农业技术改造,1959 年全社小麦比 1958 年增产 78% 以上,秋季作物在百日大旱的情况下仍然增产 10%,蔬菜也增产 103%,提前八年实现了全国农业发展纲要规定的指标。

生产的日益发展,要求有补充的劳动力。公社生产的发展,特别是社办工业和街道工业的普遍建立,进一步解放了社会劳动力,保证人人就业,真正做到各尽其能,各得其所。值得特别指出的,这就为妇女的彻底解放、使她们摆脱家务劳动、使劳动社会化、把她们的力量充分地利用到社会主义建设事业上去、实现她们迫切要求参加社会主义建设的愿望创造了更好的物质条件。广大街道妇女参加社会劳动这是建设社会主义的一支强大的生力军。武汉市江岸区先锋人民公社,在建社后不到一年半的时间内,全社为国营大工厂和社办企业输送了约九千多个劳动力,从家庭中解放出来参加各项事业的妇女达到能参加劳动的 95% 以上。由于生产事业的发展,就业人数的增加,社员的收入也相应地提高了。据武汉市东方红人民公社在雷祖居委会六百八十九户中的调查资料,社员生活费平均每人每月,由公社建立前十元零四角五分提高到现在的十六元一角,增加 60%;女社员曾惠君一家八口人,解放前靠借高利贷维持生活,解放后长期靠政府救济,公社前每人生活水平只八元。公社成立后,曾惠君参加了服务工作,女儿也参加了工厂工作,全家一个月的收入达到一百六十九元,除了吃穿用以外,每月还存定期储蓄十二元,生活水平大大提高。

总之,由于城市人民公社的建立,各行各业社会主义生产大协作的蓬勃展开,使得社会主义建设总路线和一整套"两条腿走路"的方针,在城市中得到了更全面更深入的贯彻,从而充分调动了一切积极因素,更好地做到了人尽其才、物尽其用、财尽其力,这是高速度按比例发展社会主义生产和不断改善与提高广大社员生活的根本保证。其次,城市人民公社使生活进一步组织起来了,它改变了人们传统的生活方式,促进了妇女的彻底解放,进一步改善了人与人之间的关系。

社会的实践表明:当着高度集中的大生产发展到一定的程度,而分散的个体生产又走上了集体化的道路以后,必然要求在生活上也组织起来走集体化的道路。黄石市铁山人民公社,就是在这种形势之下,发动群众,举办了以公共食堂为中心的集体生活福利事业,办起了 58 个公共食堂,建立了 39 个托儿所和幼儿园。另外,还建立了为职工生活服务的 9 个服务总站和 90 个服务分站,形成了一个生活服务网,这样,就把繁琐的家务劳动改造成了社会主义大经济,改变了几千年来一家一户自炊自食的生活方式,从而,大大地加速了历史上由来已久的、作为社会生产单位、消费单位和教育单位的家庭的解体。家庭不再是社会的经济单位了,人民公社成为了广大城市人民美满幸福的大家庭。吃饭有公共食堂,孩子由公社教养,成千上万的妇女摆脱了窒息她们、使她们愚钝卑贱的家务劳动,摆脱了家务奴隶的地位,参加了社会的生产。恩格斯曾经指出:"妇女的彻底解放必须以一切女性重新参加社会劳动为其头一个先决条件,而要达到这一点,又要求个体家庭不复再是社会经济的单位。"城市人民公社使我国妇女走上了彻底解放的道路。妇女一经获得了解放,立即就发挥了无穷的力量。例如,沈阳市街道工业中,女职工占 84%,她们在1959 年为国家所创造的财富,就将近等于 10 年前这个城市地方工业总产值的 8 倍。妇女的解放是社会解放的尺度,千百年来屈服在锅炉旁边的妇女之走上彻底解放的道路,就标志着我国的社会主义革命和社会主义建设进入了一个新的时期。

由于妇女参加了社会生产、集体生活和公共服务事业,新的家庭关系和夫妻关系建立起来了。夫妻共同参加社会劳动,共同学习,有共同的理想,有共同的语言,在政治思想上一致,爱情更加巩固了。但更重要的是,由于人民公社彻底地废除了生产资料的私有制,实行政治挂帅和物质鼓励相结合的分配制度,实现了生活集体化,因此,人们不再被局限在家庭和个人狭隘的小天地里,人们摆脱了自私心理的束缚,而代之以"休戚相关共甘苦,情同骨肉亲一家"，舍己为群、助人为乐的新的人与人之间的关系，从而，人与人之间的关系更密切了，并进而促进了生产的集体化和社会生产的发展。

再次，城市人民公社的建立，具有移风易俗、改变人们的精神面貌的巨大作用。

广大的城市人民，由于摆脱了私有制的束缚，掌握了自己的命运，他们不再是生活的奴隶，而是新生活的创造者和生活的主人，他们积极地献身于社会主义的事业。"各人自扫门前雪，休管他人瓦上霜"，"人不为己，天诛地灭"的自私心理被人们所唾弃了。一个热爱劳动，关心集体，一方紧急，多方支援，把困难留给自己，把方便让给别人，劳动不计报酬，工作不讲条件，敢想敢干，革新创造的共产主义新风尚正在迅速成长起来，从而，使生产上的协作进一步加强了。同时，城市人民公社化，还带来了学习政治、学习文化的大高潮。原来从不关心国家大事的人，现在天天读报；原来一字不识的人，现在摘掉了文盲的帽子，促进了科学技术的普及与提高；原来只会做饭、洗衣服的人，现在变成了工人，掌握了技术，并正遵循着党所规定的由土到洋、土洋并举的方针，大闹工业生产，大搞技术革新和技术革命，从而，使以机械化和半机械化、自动化和半自动化为中心内容的技术革新和技术革命更广泛、更深入地发展起来。毋容置疑，这都将促进并加速我国的社会主义建设事业。毛主席曾经指出，必须承认精神的东西的反作用，社会意识对于社会存在的反作用，上层建筑对经济基础的反作用。这就是马克思列宁主义者对生产和生活、社会存在和社会意识互相联系、互相促进的辩证关系的科学论断。

由此可见，在社会主义生产方式的基础上建立起来的生活集体化——社会主义生活方式一旦形成，就对全部的社会关系发生强烈的影响。生活集体化是加速我国社会主义建设并向共产主义过渡的重要条件之一，是社会主义革命的继续深入和新的发展，它对我国社会面貌的改变，将产生而且已经产生着极为深刻的影响。

还必须看到，城市人民公社的建立，加强了党对社会生产和社会生活的领导。政社合一的人民公社，由于它加强了有计划有组织的生产，组织地区范围内的协作以及监督与保证国家计划全面实现的职能，从而，它成为社会生产的组织者；由于它担负着全面组织人民经济生活的任务，从而它又是社会生活的组织者。可以设想，就是当我国进入了共产主义社会以后，城市人民公社和农村人民公社一样，都将是我国社会的基层组织单位。

城市人民公社，还有着更为深远的意义。一年多来的实践表明：它已经是并将继续是改造旧城市、建设社会主义的新城市的强有力的工具。

城市人民公社建立后，通过组织城市人民经济生活，以生产为中心，公社大办工业，全面发展生产，全面组织生活，广大街道居民人人参加生产，个个为社会工作，特别是资本家和资产阶级知识分子，通过这种社会实践，更有利于对他们的改造。这样，一方面成千上万的消费者变成了生产者，剥削者将被改造成为劳动者，资产阶级知识分子将被改造为无产阶级的知识分子，这就有利于无产阶级在整个过渡时期两条道路的斗争获得彻底的胜利，有利于加速资本主义因素的消灭，促进共产主义因素的成长；另一方面，城市的性质也发生了深刻的变化，消费的街道逐渐地变成生产的街道，消费的城市逐渐地变成生产的城市，这就标志着旧城市正在被改造，新城市正在被建立起来。不仅如此，城市人民公社，通过工业支援农业，工业和农业相结合，找到了一条消灭城乡差别和工农差别的具体道路，这便是：一方面城市以发展工业为中心，实行工农业并举，农林牧副渔全面发展，有计划地发展多种经营，实现副食的"保证自给，力争有余"，有计划地建设居民点，使之星罗棋布、园林化；另一方面，国家有计划地进行工业布局，大力发展县、社工业，实现农村工业化，盖大公寓，建立社员新村。此外，城市人民公社的建立，掀起了工人和家属学文化、居民学技术、攻科学的高潮，使他们成为有文化有知识的劳动者，同时，促进了知识分子与工农相结合，加速他们的思想改造，使知识分子工农化，从而，有利于体力劳动脑力劳动的差别的消失，这样，就大大地加速了工农业生产的发展，并使社会产品日益丰富，为早日实现基本生活资料的按需分配创造了良好的条件，并为早日实现社会主义向共产主义过渡奠定坚实的基础。因此，城市人民公社也同农村人民公社一样，是实现我国由集体所有制过渡到全民所有制、由社会主义过渡到共产主义的最好组织形式。

现在，我们正处在城市深刻变化的过程中，我们的思想认识必须适应形势发展的需要，跟上形势的发展。但是，城市人民公社的出现，必然和任何一切新生事物的出现一样，不可避免地要经历一场深刻的斗争。在这个过程中，既有两条道路之间的斗争,也有先进与落后之间、革命派与保守派之间的斗争。作为生活在毛泽东时代的城市公民,我们是热情歌颂这一共产主义幼芽的成长、尽力帮助它成长并保卫它成长呢,还是"讥笑新的幼芽软弱、抱着轻浮的知识分子的怀疑态度等等"指指点点地大喊大叫、对旧事物恋恋不舍做新事物前进道路上的绊脚石? 这是我们所必须回答的。显然,前者是马克思列宁主义者所持的态度,而后者"实际上是保护资本主义而反对社会主义"的。因此,毫无疑问,我们必须站在马克思列宁主义的立场上,以最大的热情来迎接城市人民公社的建立并关心它的成长,和工人阶级一道,把我国城市的社会主义改造与我国的社会主义建设,推向新的阶段。

一九六〇年五月上旬

热烈庆祝城市人民公社的成立[*]

（一九六〇年四月三十日）

　　本刊讯　城市人民公社化运动目前在我省已形成高潮,西安和各县的街巷居民、干部、学生整日敲锣打鼓,纷纷送申请书,庆祝城市人民公社的成立。各戏剧团体日夜编写排演反映城市人民公社生活的新节目,在剧场、街头演出向群众宣传。尚友社的演员赵艺鸣同志在两三天的时间内赶写了一本反映城市人民公社的大型秦腔现代剧《幸福花开》对观众及时起到宣传鼓舞作用。参加全省戏曲青年汇演大会的全体代表和工作人员听了西安市委第一书记张策同志在政协常委扩大会议上所作的"热烈开展城市人民公社化运动"的广播报告后,个个欢欣鼓舞,喜气洋洋,下午就分别组织了座谈会讨论。大家一致表示坚决拥护城市人民公社化运动,坚决响应党的号召,积极深入开展城市人民公社化的宣传活动。许多同志纷纷用大字报表示了他们的决心,各演出团的同志们更是干劲充沛,热情洋溢,当天立即突击创作和排练了歌颂城市人民公社的诗歌、快板、小演唱等,积极准备到街头去进行宣传。有些代表,虽然还担负着繁重的演出任务,但是他们表示:既要保证演出好,还要保证宣传好。各代表团组织成了 11 路宣传大军,编写了大合唱《人民公社好得很》、《十唱公社好》、《十唱总路线》、《老俩口入社》、《幸福食堂》、《参观公社》、《总路线的好处说不完》、《办食堂解放了我老张》等小型节目,立即出动宣传,收到了良好的宣传效果。

---

　　* 原载《陕西戏剧报》一九六〇年四月三十日。

掀起学习毛主席著作的高潮[*]

渭南县戏曲剧院秦腔剧团　王建英

（一九六〇年四月三十日）

　　共青团渭南县戏曲剧院秦腔剧团支部全体团员深入学习了团总支的学习安排后,即于三月二十一日召开了支委扩大会议,反复研究了支部如何根据团总支的指示精神,讨论与组织团内外青年,进行对毛主席著作的学习问题,号召全团青年们采取"见缝插针"的办法,利用一切可以学习的时间进行学习。又向大家要求"四放",即舞台后放书、排练场放书、宿舍里放书、衣斗里放书;"五看",即演出前后看、排练前后看、会前会后看、晚间睡觉抽空看、休息时间挤着看("四放"、"五看"均不能影响工作)。为了小组学习方便起见,将三十三个团员分编为四至七人的红旗、红星、红光、跃进、东风、战斗六个学习毛主席著作小组,这样就方便了他们在睡觉前后、休息前后进行小组学习,互相研究,因而宿舍变成了书房。

　　青年们争购书籍,张维中(团员)一次就从书店购了毛主席著作四十二本,拿到剧团让大家购买,霎时间就购买一空。自宣布了学习安排和动员后,不到三天,全体团员,就新添购了《毛主席论文艺》、《学习毛主席著作》、《在延安文艺座谈会上的讲话》等四十九本。经过十天的自修、讲课、辩论、写作,便增添到一百二十七本。所有宿舍的床头上、衣斗里、后台上,都放有关毛主席著作及其参考书籍,他们利用一切可以学习空间进行学习,在没化妆前学习,没开饭前学习,候车室学习。已组织了一次群众性的讲演会,郭毅(团员)为了准备讲演稿,就参考了《党史》、《怎样做一个共产党员》等五本书,因而把专

---

　　*　原载《陕西戏剧报》一九六〇年四月三十日。

题的内容,讲得有条理。团支部创办了一个"青年生活",自宣布了学习毛主席著作后,"青年生活"就以学习毛主席著作成为中心内容。青年们都以个人的认识写出了文章。如张燕写的一篇《对红专的认识》一文中说:"……作为一个文艺工作者,没有正确的政治思想,就会迷失方向,技术上再学得好也是无用的。"

经过了学习,(青年们)进一步认识到文艺为工农兵服务的革命道理,对于上山下乡演出更为踊跃。如这次到华阴为铁路工人和荣院慰问演出和华州公社的张家山生产队慰问演出,都争着为劳动人民多演唱,有的连演两三次,尽量满足群众的要求。

青年们学习了毛主席著作,政治思想和工作作风都有了显著的提高,并以团支部为核心,掀起剧团内的全体人员学习毛主席著作的高潮。

郑州铁路局辖区参加人民公社的经验 *

中国铁路工会郑州区委员会

（一九六〇年四月）

一

1958 年，一种新的社会组织——人民公社像初升的太阳一样在全国出现了，人民公社一出现就受到广大人民的热烈欢迎和积极的拥护。我局各地区和沿线各站的全体职工及家属和全国人民一样，经过整风运动和反右派斗争，取得政治战线和思想战线上的社会主义革命的决定胜利后，在总路线的光辉照耀下，为了实现社会主义建设的全面大跃进，在省市及地方各级党委的领导下，精神焕发喜气洋洋，锣鼓喧天鞭炮齐鸣，建立了人民公社。1959 年，各地铁路人民公社又在地方党委和铁路各级党委的领导下，沿着党的八届六中全会决议所指引的方向，先后以组织生产为中心，从组织领导、思想作风、财经管理等方面进行了整顿，全体社员的思想觉悟有了进一步的提高，这就使铁路人民公社不断地巩固和迅速地发展壮大起来。仅据郑州、信阳、洛阳、新乡工委统计，现在我局共有铁路人民公社、管理区、生产队等 253 个，职工和家属有130620 人参加了公社。

目前铁路人民公社的组织形式大体为以下三种类型：①铁路人民公社。

---

* 原载《城市人民公社工作经验汇编》，全国总工会党组城市人民公社办公室编，一九六〇年四月出版。

系工农兵学商"五位一体"、政社合一的基层组织。社员包括铁路职工及其家属和小部分市民,公社设社委员会,在社党委的领导下进行工作,在社委会内设有部、室,社委会下设管理区、队,办理各项工作,如郑州市城管区铁路人民公社。②人民公社铁路管理区。直属于地方人民公社,系由职工和家属组成,不包括市民,设委员会,管理一切工作,如新乡市新华人民公社铁路管理区,洛阳市瀍河人民公社铁路管理区。③人民公社铁路生产队。由职工和家属组成,在当地人民公社领导下,进行生产活动,如谢集乡人民公社谢集车站生产队。这种形式适合于四、五等小站。

二

我局各地区和沿线各站的铁路人民公社(管理区、分社、生产队)在地方党委和铁路各级党委的领导下,在一年多的时间里,组织发动全体社员围绕铁路运输举办了多种经营。事实证明,发展生产大搞多种经营是城市人民公社不断巩固、发展的中心环节,组织城市居民职工家属大办工厂、大搞生产服务工作,是迅速改变城市面貌的一种根本方法。职工家属办工厂,是总路线、大跃进的产物,是大搞群众运动的产物,是人民公社化的产物,它是一种新兴的社会力量,也是铁路运输战线上一支强大的后勤部队。铁路人民公社同样地显示了人民公社的无比优越性和强大的生命力。

(一)在党的领导下,以铁路运输为中心举办和组织了不少的工厂和装卸队,对保证铁路运输生产任务的完成起到一定的作用。例如新乡铁路人民公社举办的修配厂,生产出几十部0.6—100匹马达供给铁路各单位,并且经常帮助各单位完成跃进规划,公社出产的火碱供给机务、电务等方面应用,基本上满足了铁路运输的需要。潞王坟车站分社,全体社员修建了高站台450公尺,低货位1200公尺。黄河南岸铁路人民公社在1959年组织社员参加防洪7991个工作日,卸片石178470吨,解决了机工段人力不足的困难,有力地保证了黄河大桥的行车安全。

在为运输服务的前提下,大力开展了多种经营。全局各铁路人民公社、管理区、生产队，充分发动群众，贯彻了为运输服务、为工农业服务、为群众服务的方针，各项生产事业由无到有、由小到大、由初级到高级逐步发展和壮大。据郑州、信阳、新乡、洛阳工委统计，现共有社办工厂 268 个。在发展社办工业的同时，根据"自力更生为主，力争外援为辅"的方针，全局各地区人民公社还紧紧地抓住了副食品的生产，不少地区蔬菜肉食已做到自给自足。

社办工厂还体现了以农业为基础的新精神，直接支援了农业生产。例如新乡铁路人民公社举办的化肥厂，在 1959 年 11 个月当中就生产草、炭灰肥 6455 吨，直接支援了省 9 县市的农业生产，受到农民兄弟的欢迎。

（二）由于社办工业和服务事业的迅速发展，把为数众多的家庭妇女解放出来，直接参加了祖国的社会主义生产建设。据新乡、郑州、信阳、洛阳工委统计，共解放了家属劳动力 8919 人。如新乡铁路人民公社在有劳动能力的 966 人中解放了 927 人，占全部劳力的 99%，其中参加社办工业和服务性事业的有 429 人，输送支援铁路企业单位及地方国营工厂的 438 人。这样就从根本上改变了家庭妇女的生活面貌和经济地位，正如新乡铁路人民公社化肥厂曾做过童养媳的吴鸣凤所说："过去没人把自己当人看待，受了半辈子气，想不到我当了工人，现在我才是真解放了，回娘家人人都说我越活越年轻，真是越活越有趣。"

各地区人民公社在整修马路、疏通河道等方面也做了很多工作，这对于变水害为水利，改造自然环境都起到了很大作用。仅据郑州铁路人民公社开挖熊耳河一项工程统计，组织社员就达 5 万人次以上，将一条淤浅的弯弯曲曲的小河修成为一条 4000 多公尺长、15 公尺宽的一条大渠道，使熊耳河每年雨季泛滥成灾的局面一去永不复返了。

各地区铁路人民公社在大搞除害灭病方面也取得了不少成绩。如郑州铁路人民公社 1959 年大搞除"四害"突击运动 7 次以上，先后出动卫生大军 222067 人次，仅 10 月份一次突击运动中就灭蝇 46 斤、蚊子 191950 个、孑孓 10.2 斤，清除垃圾 150 吨。信阳铁路人民公社仅在 1959 年第三季度内就掀起三次大搞卫生高潮，被评为信阳市和铁路地区的卫生先进单位。

三

一年来,经过党的八届六中全会和八届八中全会决议的认真学习和贯彻执行,以及铁路人民公社的巩固发展的实践,和公社显示出的无比优越性,再一次地证明了党的八届六中全会决议的正确性。在每一段工作中,我们深深体会到:

(一)城市人民公社制度的发展具有深远的影响,伟大的意义。铁路人民公社是城市人民公社的组成部分,经过一年多的实践证明,城市人民公社已经成为我国城市中工农商学兵的政社合一的基层组织,成为改造旧城市、建设社会主义新城市的最有效的组织形式,它既是管理行政事务的机构,又是组织领导和管理生产的机构,既是城市居民——职工家属的生产、交换、分配和生活福利的统一组织者,又是组织职工家属——城市居民学习、教育、改造的共产主义学校。

实践证明:城市人民公社可以彻底解放家庭妇女劳动,充分利用一切人力、物力、财力发展生产,直接为大企业、为农业生产、为城市人民和社员生活服务,加速社会主义新城市的建设;可以使工农商学兵综合发展;可以稳固增长职工家庭收入,发展集体福利事业,根本改变职工家庭生活面貌。城市人民公社制度的发展,还有更伟大更深远的意义,这就是和所有人民公社一样,给我们指出了由集体所有制过渡到全民所有制、由社会主义过渡到共产主义的道路。

(二)加强党的领导,坚持政治挂帅,是办好人民公社的根本保证。铁路人民公社的成立、巩固和发展,都是在地方党委和铁路党委的领导下进行的。各级党委非常重视公社的发展,书记挂帅,亲自抓公社工作。党委经常听取公社汇报工作和研究公社的各项有关生产、建设、生活等重大问题,并经常深入公社检查工作,发现问题及时解决。如新乡铁路人民公社一成立就在党工委领导下健全了公社的党团支部组织,加强对干部和社员的政治思想教育。在1959年夏季计划落实以后,少数的职工家属对人民公社吹起一股冷风,他们借着大集体小自由的名义,叫喊"公社不自由"、"集体没有单干好"、"家属公社搞不出什么名堂来",有的硬把自己投资的缝纫机搬回家去等等。针对以上情况,新乡地区党工委就组织全地区职工和社员开展了大辩论和两种思想、两条道路的斗争,通过摆事实、讲道理,彻底清算了这种资产阶级思想的残余,发挥了党团组织作用,巩固和发展了公社。

(三)依靠群众,大搞群众运动是办好人民公社的关键。公社成立以后,社员的积极性空前高涨,在原料材料都比较困难的情况下,依靠群众实干、苦干的精神,收集了材料,平整了土地,修建了工厂、食堂和托儿所,这对公社发展生产和举办集体福利事业起了很大作用。如潞王坟铁路人民公社在建立初期,依靠群众,因地制宜,就地取材,烧了一窑石灰,积累了资金,给以后扩大再生产打下了基础。许昌铁路人民公社发动群众腾了2间房、捐献了几块铺板,白手起家成立了托儿所,满足了群众的要求。

(四)发展生产是巩固和提高人民公社的中心环节。铁路人民公社正确贯彻了发展生产的方针,根据因地制宜、勤俭办社的原则,采取了工业生产与副业生产同时并举、自给性生产与商品性生产同时并举、大办工厂和大搞服务事业相结合、集中生产和分散经营相结合的办法,根据自己的特点,充分发挥了主观能动作用,贯彻了为铁路运输服务、为工农业生产服务、为社员生活服务的方针。1959年据郑州、信阳、新乡、洛阳等工委统计,各铁路人民公社社办工厂总产值达到3984406元,增加了社会财富,扩大了再生产。

在发展生产的同时,发动了社员大搞技术革新和技术革命。当社办工厂因陋就简组织起来之后,大闹技术革新和技术革命,有效地提高劳动生产率,很快地就成为群众的迫切要求。因此,不少社办工厂在党的领导下,针对生产中的薄弱环节,有效地掀起了以技术革新和技术革命为中心的劳动竞赛,提高了生产效率。如新乡铁路人民公社化肥厂的粉碎工作,过去用人工拉碾,共有32个人日夜不停地工作,还供不上需要,针对这一关键,社员自己设计、自己试制了粉碎机一部,人员压缩了四倍,工作效率提高了五倍。

(五)大搞共产主义协作,相互支援,也促进了铁路人民公社的不断发展。铁路人民公社在发展多种经济中,必不可免地在人力、物力等方面会遇到一些困难,这就要求积极主动争取各单位的支援。如新乡铁路人民公社得到材料厂支援了一些机器设备和材料;机务段、电务段、工务段等单位支援了八名技术工人到公社工作,这对成立社办修配厂起了很大作用,而修配厂生产出来的产品又供铁路各单位需要,保证超额地完成了运输任务。又如新乡铁路人民公社向潞王坟公社借款2万元修建了化肥厂,而新乡建起化肥厂取得经验后又帮助潞王坟公社成立了化肥厂,使潞王坟公社扩大了社办生产,创造了更多的财富。

(六)正确处理积累与分配的问题,是巩固和发展公社的一项重要工作。铁路人民公社在发展生产与勤俭办社的原则下,按照既保证公社的资金积累,以扩大再生产,又要保证社员的生活不断改善的精神,各种生产都规定有一定比例的公积金,如郑州公社规定公积金的比例为5%—25%,新乡公社为5%—48%。比例大小,主要是根据生产收入情况而定,这样就积累了资金,以便于扩大再生产和举办集体生活福利事业,同时增加社员的收入。社员实行工资制,根据按劳分配和社办工厂工人工资不得高于国营企业同等工资水平及平均工资不得超过27元的原则进行分配,并且根据生产条件不同,采取不同的工资制度。如新乡铁路人民公社,按不同工种基本上采取了三种工资形式:①计时工资。工资等级分六级,月工资标准为20—45元。这种工资形式适用于较大的社办工厂。②死分活值。这主要适用于季节性工厂生产。③计件制。按生产件数抽5%的公积金,其余全部归己。适用于分散在家庭中从事生产的家属。

(七)建立和健全社办生产的各项切实可行的管理制度,提高管理水平。社办工厂发展迅速,而且是边建厂边生产,加之管理人员多是刚走出家庭的妇女,在办厂初期缺乏必要的管理制度是可以理解的。但是随着生产的发展和不断地扩大,就必须逐步建立一些切实可行的管理制度,以利生产发展。如商丘铁路人民公社用边生产边总结经验的办法,建立了分工制度,公社委员会委员根据每个人的业务特长进行了明确分工,分别领导各生产队。在各生产队中都设有负责领导生产的正副队长和掌握评分管理财务的会计员。他们的做法是:首先,在管理方面实行了统一领导、分级管理制度。各生产队根据公社计划,按月制定出队的生产计划。其次,建立了定期召开社委会、社委扩大会和社员代表会制度,审查生产计划和财务计划的执行情况,并决定公社较大问题。再次，建立财务审批、奖惩和定期公布等制度。由于加强了管理，克服了以往的紊乱现象。

（八）认真贯彻"两条腿走路"的方针，全面地抓思想、抓生产、抓生活，既要见物又要见人，既要政治挂帅不断提高社员政治觉悟，培养自觉的不计报酬的共产主义劳动态度，又要不断地改善社员物质文化生活。我局各铁路人民公社在抓思想抓生产的同时，相应地举办了食堂、托儿所、澡堂等集体福利事业，为职工家属摆脱繁琐的家务劳动、愉快地参加社会主义建设事业创造了有利条件。职工家属普遍反映："大人吃饭在食堂，小孩送到托儿所，心情舒畅搞生产，感谢毛主席、感谢共产党。"

（九）搞好人民公社工作是"工会工作的崇高任务"。一年多来，在铁路党委领导下，为了抓好公社工作，区工会和行政抽调专人分派在各级铁路人民公社或生产队担任书记、社长或队长，在地方党委领导下进行工作。各工会工委、分区工会和基层工会都有专人负责公社工作。区委会并采取了解情况、定期研究、重点深入、总结经验、交流推广等方法推动公社工作。一年来共召开了三次铁路人民公社经验交流会，交流了公社发展生产、发挥社委会组织作用及办好集体福利事业等先进经验。工会抓好公社工作后家属工作好做了，无论是进行教育或组织生产或搞副业，比以前深入具体了。职工家属拧成一股绳，能更好地为工农业生产服务，为运输服务，为搞好社员生活服务，成为一个有组织、有纪律、有文化、心情舒畅、生动活泼、团结和睦的大家庭。我区不少基层由于搞好了公社工作，而工会工作也出现了新气象。

四

以上就是我们郑州局管内铁路人民公社的主要情况。一年多来，在党的总路线光辉照耀下和新形势的鼓舞下，在地方各级党委的领导下，由于全局各单位的大力支援帮助以及全体社员同志的艰苦努力，在发展社办生产和举办集体福利事业以及对社员进行思想教育等方面都取得了不少成绩，公社走上了巩固、健全和发展的道路。但由于我们思想水平不高，又缺乏经验，因而无论在工作作风、经营管理、积累分配等方面，都存在一些问题。但在党的英明领导下，我们有信心和决心解决当前铁路人民公社前进中所存在的这些问题，我们一定把铁路人民公社办得更好，也一定能办得更好。

郑州市省直机关七一
人民公社建社以来的工作总结[*]

（一九六〇年四月）

一、基本情况

自 1958 年 8 月，中央颁布关于建立人民公社的决议后，全国各地，不论城市和农村，办公社的热潮风起云涌，势不可挡。七一人民公社和全国、全省一样，在党中央和毛主席的英明领导下，在总路线的光辉照耀下，在省委、郑州市、二七区委和省直党委的直接领导下，在广大职工家属、农民的迫切要求下，于 1958 年 8 月 13 日诞生了。

我社是以省直机关职工及其家属为主，吸收附近农民组成的。全社共有人口 62286 人，其中：有国家机关干部、学生 3941 人，占总人口的 62.5%；家属 20884 人，占 33.6%；农民 2542 人，占总人口的 3.9%。公社下设 23 个分社和 1 个农业大队。

从建社后的短短 1 年又 6 个月的岁月中，由于正确贯彻执行了党的方针政策，就使得公社的各项生产扶摇直上，社员生活日益提高，公共食堂、幼儿园、托儿所等集体生活福利事业都出现了飞跃发展的新局面，使机关面貌发生了巨大变化，对于促进机关工作和支援国家工农业生产的大跃进发挥了巨大的作用，已充分显示了人民公社的无比优越性和其强大生命力。

---

* 原载《城市人民公社工作经验汇编》，全国总工会党组城市人民公社办公室编，一九六〇年四月出版。

— 258 —

二、建社以来取得的几项主要成绩

1. 工业生产。建社开始，我们可以说是"一穷二白"，但由于省委、郑州市委、二七区委和省直党委的正确领导，各机关党政在人力、物力、财力上的大力支持，加之，广大社员的积极努力，采用了以土法为主、先土后洋、因地制宜、因陋就简的方法，社办工厂星罗棋布般地建立起来，截止目前已建成投入生产的工厂83个，参加社办工厂工作的职工家属1688人。建社以来，生产总值达3552407元，其中建社到1958年底169000元。1959年1月至12月份为3383407元，总收入为1894036元，总支出为1265770元，其中：支付工资252951元，纯积累626666元，尤其通过整社算账，正确贯彻执行公社生产"六主，四服务"方针和去年8月以来开展的群众性以反右倾、鼓干劲为中心的增产节约运动之后，就使工业生产的产量、质量和产品品种有了突飞猛进的提高。硫酸生产7月份为日产20公斤，而12月份日产为691公斤；酒精11月份即比10月份提高了12倍，而12月份又比11月份提高了30%。在质量上较前有了很大提高，其中：氨水、云母片、硫酸、硫酸亚铁、硫酸提纯、硫酸钠尿、矽胶、酒精、氯化铵油光纸、麻绳数种产品，已居于全省同类产品质量的最高水平。硫酸370公斤，耗用矿石1173公斤的出品率，创全市最高纪录，酒精生产原为85度，现已提高到92度以上。生产品种不断增加：即由建社初期的20种到目前已能生产40多种，其中：主要产品是硫酸、硫酸提纯、硫酸亚铁、硫脲、铵水、酒精、土霉素、金霉素、糖、帆布、布鞋、印刷、草绳、木器家具、教具模型等。我社工业生产的高速度发展，尤其要说明的是：

（1）我们有6个最大工厂是直接为大工业服务的。1年来为国营厂矿生产氯化铵146吨，硫化钠142吨，硫脲1600公斤，硫酸提纯14478公斤，酒精4760公斤，铵水360公斤，帆布3221公尺，从而有力地支援了国家的工业建设，使公社生产在社会主义建设中，真正发挥了它应有的积极作用。

（2）1年来我社为农业生产了金霉素、土霉素20000公斤（畜药），化肥1425吨，硫酸亚铁18吨，以及支援农田水利所用的草绳工具修配等，积极地服务了农业生产,促进了农业生产大跃进。

（3）在为城市人民和机关职工服务方面就更为突出。先后建立了 19 个缝纫厂,8 个鞋厂,还有印刷厂、车辆修配厂、鞋业修理厂、棉花加工厂等。据 1 月至 11 月份统计,共承做服装 23936 件,鞋 7841 双,油光纸 70 吨,麻绳 21600 公斤,开设修配加工市场部 30 处,大大便利了市民、职工生活的需要。

（4）在技术革新和技术革命方面:建社初期,我社大部分是手工操作,而现在在 49 个较大工厂中,已有 5 个实现完全机械化,30 个半机械化,尤其从去年 8 月份以来,由于放手发动了群众,开展群众性的大搞技术革新和技术革命为中心的增产节约运动,技术革新事迹不断出现,仅 10 月份技术革新项目即达 539 项,如黄委会分社氨水厂,由于改进烧炉法,使煤耗降低 40%,产量提高了 3 倍。

（5）随着生产的飞跃发展,使 3409 名（包括今年输送到国营企业的人数）家属和保姆摆脱了分散的、个体的单纯家务劳动,而走向了社会主义建设的各条战线,由消费者变为创造社会财富的生产者。

（6）通过生产实践和加强政治思想领导,提高了家属社员的阶级觉悟,认识了劳动光荣,劳动人民的伟大,从而吵嘴打架、家庭不和等现象大大减少,出现了许多团结和睦、互敬互爱的新风尚、新家庭,正如商业厅分社社员所歌颂的那样:"公社像太阳,刚刚挂东方,家属入了社,摆脱家务得解放,经一事,长一智,劳动熔炉出新人。"

（7）在劳动生产中,大大提高了家属社员的科学技术知识。不少人通过亲身参加生产,已掌握了一种到多种生产技术,如制酒精、制药、制化肥、制肥皂、三酸、氨水、印刷等生产技术。如工业局四分社工人李秀英、副厂长李素芬,据鉴定已达到技术员的水平。该分社整社前几个炉子,煤耗 300 公斤,日产 20 公斤硫酸,由于她们掌握了先进技术,现在日耗煤仍是 300 斤,而日产硫酸却提高了 350 公斤,提高生产率达 16.5 倍。由于取得了以上辉煌成就,就给我社 1960 年工业生产继续特大跃进,奠定了良好的思想和物质基础。

2. 多种经营生产。我社的多种经营生产,在过去是没有基础的,由于在各级党政的正确领导下,坚持了政治挂帅,正确地贯彻执行了中央"以公养为主,公养私养并举"、"两条腿走路"方针,充分发挥了人民公社的优越性,放手发动了群众,使机关、食堂、分社及社员个人,分别制定了喂养家畜家禽计划,并协助他们解决了幼禽幼畜来源和必要的饲料,从而既发展了国营、集体经济,又鼓励了家属社员饲养家禽家畜的积极性,因此,保证了多种经营生产的迅速发展。截止 1959 年 12 月 25 日的不完全统计:

猪,由公社化前 209 头,到去年 6 月底(中央多种经营会议前)发展为 966 头,增长了 3.6 倍,6 月底到 12 月 25 日,又发展为 3935 头,比 6 月底又增长了 3 倍。

奶牛由公社化前的 39 头,到去年 6 月底发展为 48 头,增长 23%,6 月底到 12 月 25 日发展为 87 头,比 6 月份又增长了 0.75 倍。

羊,公社化前没有 1 只,到去年 6 月底发展为 152 只,12 月发展为 1278 只,比 6 月底增长 7.41 倍。

鸡,由公社化前 29 只,到去年 6 月底发展为 1702 只,增长 57 倍,12 月 25 日发展为 10105 只,比 6 月底增长 4.9 倍。

鸭,公社化前没有 1 只,去年 7 月至 12 月 25 日发展为 6180 只。

兔,由公社化前 20 只,到去年 6 月底发展为 95 只,增长 3.8 倍,12 月即发展为 881 只,比 6 月底又增长 8.3 倍。

鱼,公社化前 1 尾也没有,而在贯彻中央多种经营会议精神之后,截止 1960 年 2 月已发展到 430000 尾(上述数字不包括吃掉的和供应市场的)。

公社化后,共种植小片土地 646 亩,夏秋两季共收各种蔬菜 1759559 斤,各种杂粮 45232 斤。

从以上几项主要数字来看,多种经营生产的成绩确实是可观的,但我们认为其意义不仅在此,还表现在以下几方面:

(1)由于多种经营生产的高速度发展,已经使不少单位做到了副食品半自给和大部自给,有的分社(如水利厅)已做到基本自给。

(2)及时地供应了食堂需要,提高了职工和家属的生活水平。从去年 7 月至 12 月,我们的各食堂,计宰食自养猪 481 头,肉 5772 斤;宰羊 33 只,肉 780 斤;鸡、鸭 3940 只(公鸡、公鸭)。由于生活不断改善提高,就进一步鼓舞了广大社员的生产积极性。

(3)供应了市场的需要,支援了出口贸易。从去年 7 月至 12 月,我们共售给商业部门:猪 288 头,其中,出口猪即达 222 头,肉 51000 公斤。公社化前,省直机关副食品一向是完全依靠市场供应,而在公社化后,短短 1 年多的时间里,由于贯彻了党的多、快、好、省的总路线,及党的发展多种经营生产的方针政策,我们的副食品由完全依靠外援一变而为不仅做到了部分自给或半自给,而且还或多或少地供应国内外市场需要,直接地支援了社会主义建设,这不能不说是个翻天覆地的大变化。

(4)在多种经营、基本建设方面,也有巨大的发展。截止目前统计,我们已建猪圈 500 余间,鸡舍 43 间,开辟饲料基地 400 余亩,挖养鱼池 62 亩,养母猪 414 头以上。这些就为我社今后多种经营生产的更大跃进,奠定了良好的物质基础。

(5)通过生产锻炼和加强政治思想领导,提高了家属社员的政治觉悟和饲养管理技术。一开始有些人不愿当饲养员,认为从未干过这个活,缺乏管理知识,甚至有人对家禽、家畜公母都分不清,嫌肮脏,通过党的耐心教育和劳动实践,改变了他们原来的看法,认识了这一事业的光荣和责任重大,对自己管理的家禽、家畜的寒暖饥饱和健康真正做到了关心备至。全社 95 个饲养员已初步掌握了家禽、家畜的特点、性情、发育规律和喂养技术,其中有 20 人已学会了一般疾病的防治技术。

(6)为了解决家禽家畜饲草饲料不足,曾发动职工、家属采集各种野生饲料 2269207 斤,共出动人数达 87474 人次,这样就为国家节约了大量粮食,保证了多种经营的迅速发展。

3. 农业生产。人民公社是我国社会生产力高速度发展的必然产物,因此,其优越性不仅表现在工业、服务行业上,而且也突出地表现在农业的发展上。由于 1957 年冬和 1958 年春开始出现了工、农业大跃进,越来越暴露出原来高级合作化的规模、形式,已经不能完全适应生产力发展的要求,户数少,规模小,集体程度低,人力、物力、财力单薄,担负不了大规模社会主义建设的巨大任务,尤其不能适应技术革命、文化革命、农村水利化、机械化、电气化的需要,因此,变高级合作社为政社合一,农、林、牧、副、渔全面发展的人民公社,不是人们的主观臆想,而是客观的必然产物。事实证明,公社化以来,人民公社确实发挥了"一大二公"的优越性。由于公社建立后在人力、财力、物力等方面得到了合理地使用,因此,不论在农业生产,还是在农业基本建设方面,都得到了空前未有的大发展。在农业增产上:1957年农业总产值为175288元,1958年增加到了197710元,增长了12.8%,1959年增加到511447元,较1958年又增长了158.7%。在水利基本建设上,1958年以前,只有水井2眼、水车2部,可灌面积只有420亩,而公社化后,兴修了大型水渠1条,小型13条,蓄水池1个,并增加了3个马达,6个水泵,1部锅驼机,新打井30眼,增加水车30部,全大队共2400亩土地,已全部实现了水利化。就拿去年来讲,旱灾发生在盛暑伏天,时间之长,干旱程度比1942年更严重,而在国民党统治时代的1942年,最好的小麦只收到40斤,大部土地被荒芜,人民流离失所,那一年只西关虎屯,全村共53户,在家的和逃荒的就饿死了50多人,死绝5户,其悲惨不堪回首。然而解放后,尤其是实现公社化后,由于充分地发挥了人民公社"一大二公"的优越性,兴修水利,广泛地组织人力、物力、财力向干旱作斗争,实现了共产主义大协作,已经使2000余亩受旱农田获得了空前大丰收。就与高级合作化时来比,小麦1957年每亩单产179斤,1958年323斤,增长80.4%;1959年单产386斤,比1958年又增长了11.95%。公社化后,种植蔬菜670亩,平均单产为7000斤;汽马车发展到了30辆,比公社化前增长1倍,年收入达到140000元,另外新添置了拖拉机1部,电磨2部,电动马达5部,煤气机2部,电犁1部,圆盘耙1部,五铧犁1部,三铧犁1部,基本上实现了农业机械化,而且,在去年入秋以来,由于大搞群众运动,已使2000亩土地基本上实现了园田化。

4. 随着生产的迅速发展,社员生活也相应有了很大提高。仅工业服务业一项,支付给社员的工资即达252195元,占总收入的36.65%(不包括临时工资收入)。各分社的工资水平都在不断提高,据水利厅统计210户家属,由于参加公社生产,去年1月至11月份平均每月每户即增加收入19元。公社社员全部实行公费医疗。黄委会分社,整社前平均工资7.36元,整社后增为16.26元,去年10月份以后平均达到了28.69元。由于社员家庭经济收入的不断增加,就使572户职工家属摆脱了依靠福利补助的情况,并使以往收支相等的1877户参加了银行储蓄。如农林厅分社一个10人洗衣小组,公社化前,就有9户是依靠国家福利费补助过生活,公社化后,由于参加了生产,他们除了不再要国家补助外,还家家都有了储蓄,1 年来他们还添置了新衣服 30 件,被子 2 条,蚊帐 2 顶。关虎屯农业大队的社员生活提高尤为显著,人民公社化的第一年(1959 年)除吃饭不要钱外,每人全年平均工资达到 80.91 元,比 1958 年的 49.11 元增长 65%强,比解放前的 25.5 元提高近 3 倍。

5. 计划财务管理。伴随着公社各项生产的迅速发展,加强了计划管理和财务管理。在编造和下达计划时,充分地运用了群众路线的工作方法,使计划建筑在积极可靠的基础上,从计划的执行情况看是良好的。1959 年的工业、服务业原计划产值为 3164164 元,实际完成为 3383407 元,完成计划 107%,完成国家计划 122%。农业产值原计划 400000 元,实际完成为 511447 元,完成原计划 128%。

随着生产发展的需要,相应地建立和逐步地健全了财务管理制度和生产经营管理制度,从而加强了社办企业的经济核算。

6. 集体生活福利工作。集体生活福利事业,得到了空前大发展,在为国家机关工作服务、为公社生产服务、为社员群众生活服务和支援国家社会主义建设上,发挥了它积极的作用。公社化前,共有干部食堂 46 个,现有 84 个,就餐人数由 15699 人增加到 40339 人,比公社化前增长了 2.5 倍,占全社总人数的 77%,全社家属共 20884 人,在食堂入伙的最高时即达 16854 人,占家属总数的 85%。经过整顿,目前食堂就餐的有 7763 人,占家属总人数的 40%。大搞炊具改革以来,已有 30 个食堂实现了半机械化。在节约方面,据 19 个食堂不完全的统计,全年为国家节约燃料 432 万斤。在改善职工、家属伙食方面,还普遍推广了"跃进馍"、"如意汤"、"水油混合炸油条"等先进经验。为了保证群众吃好、吃饱、吃省、吃满意,实行了粗粮细作,饭菜多样化,一般食堂主食每天达到 7 种,副食品达到 20 种,从而鼓舞了群众的生产积极性,直接支援了各项工作大跃进。

幼儿园、托儿所:公社化前 14 个,公社化后,发展到 32 个,入园幼儿由 1837 人增加到 4807 人,比公社化前增长 168.55%,占适龄儿童的 60%。由于在保教员中加强了党的政治思想领导,使他们政治思想觉悟、业务水平、工作效率有了空前提高。据 23 个幼儿园统计,公社初期,每个保教员平均只看 5 个孩子,现在平均每个人看到了 8 个孩子,提高工作效率 42%,此外,为了满足家长送托的要求,还打破了全托、日托、互不混淆的收托制度,开设了全托、日托、半托、临时托、简易班等,使家长能够自由选择送托形式。还有不少幼儿园实行"五代办"(医疗、缝补、购买、添新、拆洗),2 个月为孩子拆洗衣被 75260 件,代办缝补 12372 件,购买、换新 1556 件,还开展了幼儿教育社会化的活动,定期给职工家属、保姆讲授幼儿保教知识。

7. 政法工作。

(1)一年来,在全社范围内,对机关、社办工厂、食堂、幼儿园等 209 个单位开展了普遍深入的安全大检查。通过检查发现不安全的因素 665 起,其中属于火险的 280 起,贪污盗窃的 328 起,其他 57 起,并本着"边检查、边整改"的精神,增添了消防设备,设立与健全了安全责任制,使以上不安全因素,都迅速得到了解决,从而大大减少了灾害事故的发生。

(2)为了适应公社化的需要,对我社辖区的 150 户公共户口和 7117 户家属户口全部实行户口证,先后进行了 3 项户口管理改革,进一步加强了户口管理制度,并有计划地进行了 2 次户口普查,一次重点检查。通过检查发现案件线索 15 起(政治性 13 起,刑事 2 起),挖出五类分子 15 名(地主 7 名,反革命 4 名,坏分子 3 名,右派 1 名),发现可疑分子 17 人,有一般反动身份的 31 人,纠正各种户口差错 2493 项,其中:重点户口的 415 人,漏户口的 274 人,其他户口差错 1804 项,同时也动员了 255 个暂住人口返乡生产。

(3)在对五类分子改造中,我们贯彻了"监督劳动与政治思想教育相结合"、政治上划清界限、经济上同工同酬的方针和"十个好人夹一个坏人"、"三包、一保证"的办法,除在平时加强监督改造外,先后对五类分子进行了 4 次评查,通过评查,新挖出五类分子 10 人(地主 5 人、反革命 4 人、右派 1 人),发现嫌疑分子 8 人,有一般反动身份的 8 人。

(4)贯彻了"破防并举"的方针,严厉打击了刑事犯罪分子的现行破坏活动。一年来,共破获各种刑事案件 24 起,其中凶杀 1 起,奸污幼儿 4 起,盗窃 18 起,强奸妇女一起,破案率达到了 100%。总之,1 年来政法工作所取得的成绩是巨大的、有效的,保卫了社会主义建设和人民生命财产的安全。

8. 机关职工、家属参加义务劳动和文教卫生等工作:

(1)根据 1959 年的不完全统计,统一组织机关职工和家属参加义务劳动达 230125 人次(不包括各单位自己组织的短期下放和义务劳动),平均每个有劳动能力的职工约出 20 个劳动日,其中厅、局长以上 836 人次,处、科、股级 16697 人次,部队校官级 71 人次;共割麦子 61244 亩、夏种 344 亩、浇地 357 亩、锄地 483 亩;兴修水利和街道工艺建设完成土方 102800 立方米,植树 989174 株,完成市分配给我们的植树任务 240%,使我社基本上实现了绿化、美化、园林化,大大改变了我区的自然面貌。

(2)一年来我们共组织扫盲班 54 个,包教包学小组 669 个,扫盲教师 296 人,采用了集体讲课和"亲帮亲、邻帮邻"相结合的方法,使我社 1406 名应扫除的文盲有 299 名完全脱掉了文盲帽子,变成了具有一般文化知识的人;基本脱掉文盲帽子、认识 800—1500 字的达到 589 人,2 项合计占文盲人数的 2/3,其余的人也都程度不同地认识了不少字,为今年底彻底扫除文盲奠定了良好的基础。

(3)我们以"除五害、灭疾病"为主,大搞突击卫生运动共达 9 次之多(平时小突击和星期六卫生日不在其内),出动 285151 人次;扑鼠 2230 只,麻雀 2045 只,蝇子 1729 斤,蚊子 394 斤,清除垃圾 11076975 公斤,填平污水坑 556 个。

(4)我们本着优抚工作从生产出发、从国防建设出发、为党的中心任务、政治思想教育和物质优待相结合的方针,不仅妥善安排了军、烈属和复员军人的生产工作和生活上予以及时地照顾和关怀,而且通过各种形式进行了政治思想教育,进一步提高了他们的政治觉悟,鼓舞了他们的革命斗志。

三、几点体会

1. 加强党的领导,坚持政治挂帅,是人民公社不断巩固和提高的有力保证。城市人民公社化运动和农村人民公社化运动一样,是一个伟大的群众运动,是一个重大的历史改革,因此,得到了广大职工群众的热烈欢迎和积极支持,也受到了少数腐朽资产阶级思想代理人和抱有右倾思想的人的怀疑和阻挠。但由于省直党委和各单位党组织、行政负责同志加强了对公社的领导,坚持了政治挂帅,及时批判和克服了各种错误思想,保证了公社不断巩固和发展。如:在建社初期,有少数同志怕吃亏、怕共产卖掉缝纫机、买手表、收音机等消极抵触情绪和认为自己生活不困难、可以不参加生产等安逸享受思想。省直党委根据当时的情况,开展了大规模的、群众性的宣传人民公社运动,并严肃地批判了本位主义和资产阶级个人主义思想,保证了人民公社初期的健康成长和发展。在党的八届六中全会精神传达以后,又有少数抱有右倾思想的同志片面地、错误地领会党的政策精神,怀疑城市人民公社的必要性,说:"城市人民公社搞不搞,中央还没定下来","城市人民公社不如农村人民公社优越性大……"。因此,出现了向公社要缝纫机、要羊、提高水电收费标准和家属炊事费,以及动员和变相动员家属下伙等现象,使公社生产和公共食堂的巩固发展受到了一定影响。通过整社算账和开展群众性的鸣放、辩论,对上述的错误思想严肃地进行了批判,正确地贯彻了毛主席和党中央的指示,使公社得到了进一步的巩固和提高。经过反右倾、鼓干劲、开展增产节约运动,特别是经过党的八届八中全会和省委三级干部会议文件的学习,彻底揭露和严肃批判了各种右倾思想和右倾活动,提高了广大社员对总路线和人民公社的认识,肯定了建社以来的成绩,统一了认识,明确了方向,加强了对公社的领导,有的重新配备和充实了分社干部,生产指标扶摇直上,使 1959 年第 4 季度产值比第 3 季度增长将近 6 倍,饲养猪、羊、鸡、鸭、渔等副业生产也都比第 3 季度有了更大的发展。从以上事实可以说明,公社的建立和发展过程是两个阶级、两条道路斗争的过程,如果不加强党的政治思想领导,不能以无产阶级思想彻底战胜资产阶级思想,全面贯彻执行党的总路线,人民公社的建立和成长是不可能的。

2. 七一公社是以省直机关职工和家属为主组织起来的,它不仅与农村人民公社不同,而且和城市街道人民公社也有所区别,必须充分地分析认识其具体特点,依据其特点来确定相适应的体制、机构和任务,是促使公社不断巩固和顺利发展的重要前提。在公社的建立和发展过程中,我社的体制机构和任务,随着公社不断发展进行过几次变更和调整,经过 1 年来的摸索和体验,我们认为我社的体制、机构和任务,首先必须从有利于搞好机关工作、有利于公社发展这个大前提出发,其生产方针必须是为机关工作服务、为广大社员服务、为工农业生产服务,才能调动一切积极因素搞好生产;其任务必须是以组织家属生产为主,搞好生产、生活福利、卫生、家属的政治思想教育和政法等工作。机关食堂、幼儿园等工作仍应以机关为主,公社加以协助。机关职工的任务是在省委和省人委领导下完成党和国家的任务,他们只能在不影响党和国家所交给任务的前提下,参加业余社会活动、公社的义务劳动、卫生等,必须考虑这一具体特点,既要积极参加公社的社会活动,又不能影响机关工作,决不能因参加社会活动过多而影响国家任务的完成。职工家属又没有私有生产资料,脱离了机关支持,生产、生活福利都无法组织起来,因而分社的体制,我们认为依据家属居住条件、机关分布情况和隶属关系等特点,采取以块块为主、适当照顾条条、条块结合、以大带小、便于领导、便于发展生产等原则来划分。在领导关系上,以机关为主,实行双重领导,由机关党委一身二任,密切了机关和公社的关系,加强了党对公社工作的领导,坚持了政治挂帅,充分发挥了机关支持公社的积极性,以全民带集体,大大发展了公社生产,促进了公社各项事业的发展和壮大,使公社迅速走上了巩固发展的康庄大道。从前段的实践证明,以机关为主的人民公社在发展的初期采取上述原则是适宜的,是完全适应当时情况和特点的。

3. 认真贯彻公社生产"六主"、"四服务"和"两条腿走路"的方针,是我社生产能够多、快、好、省地高速度发展的关键。我社主要任务是组织家属生产,而家属社员主要生活来源是依靠职工的工薪收入(除少数农业社员外),社员个人不仅没有任何生产资料,就其主要生活资料(住房、用具、水、电等)也是国家供给的。建社初期我们可以说是一无所有,但由于机关的大力支持,以全民带集体和认真贯彻了"六主"、"四服务"及"两条腿走路"的方针,采用了因地制宜、因人制宜、因陋就简,即围绕为机关服务,根据机关不同业务性质和物质技术条件能够组织什么样生产便组织什么样生产,既有固定性的、长期性的商品生产,也有不固定的、临时服务性的(或季节性的)加工生产;根据家属劳力情况组织了各种不同的生产方式,既有大规模有组织的集体生产,又有小规模比较分散(或拿到家里加工)的生产形式,这样便发挥了各种劳动力的积极性。在生产设备上采取了因陋就简和以土为主、先土后洋、土洋并举的办法。随着生产的发展、技术的不断提高,逐步实现了机械化或半机械化。这个过程既是个排除万难的过程,也是不断克服各种错误思想的过程。例如:开始某些人提出要搞就要轰轰烈烈、规模要大、资金要多,不顾全国一盘棋,看不到公社的特点,主张大搞商品生产,不愿搞服务性商品生产,认为这没有油水,不能多赚钱;看不起土法生产,认为这样弄不出什么名堂。经过党的耐心说服,坚持了"六主"、"四服务"的方针,使公社生产得到了发展。

4. 坚持党的群众路线,大搞群众运动,是办好公社的根本方法。人民公社反映了广大群众的崇高意愿,体现了人民群众的最高利益,因此,人民公社巩固发展的过程也是大搞群众运动的过程。我们始终采用了群众路线的方法,不断地以总路线和党的指示来武装群众思想,发动群众、依靠群众、遇事和群众商量,充分发挥群众的集体智慧,使我们社的各项事业获得一日千里的飞速发展。为使群众运动发挥更大威力,使公社各项工作不断向前跃进,我们运用了大鸣、大放、大辩论、大字报的方式,大大提高了家属社员的政治觉悟和工作责任感。1 年来我们在公社的各项工作中分别开展了流动红旗评比竞赛运动,使广大社员自觉地投入了比先进、学先进、赶先进、帮后进的各种社会主义竞赛运动,通过运动涌现出先进单位 64 个,先进生产(工作)者 610 名,树立了各项工作跃进的标兵,而且在此同时,还广泛开展了以高产、优质、低耗、安全为中心的技术革新和技术革命,把群众的冲天干劲和技术革新结合起来,做到了苦干、实干加巧干。去年以来在公社各项工作中开展的技术革新获得的成绩是巨大的,涌现出了许多技术革新能手,如:工业分社女工李秀英,由于工作中刻苦钻研,改进了烧炉操作法,掌握了提炼硫酸的先进技术,使在不增加煤耗的情况下提高生产效率达 16.5 倍;再如:粮食厅炊事员由于破除了迷信,解放了思想,掌握了炸油条的先进技术,就使得以同样多的油耗而使油条出品率提高 9 倍之多。对于这些先进事迹、先进经验,我们都及时地召开了现场会、展览会、经验交流会、参观评比、请师访友,实现共产主义大协作,使少数人的先进经验得到及时地、广泛地传播,形成了群众性的学先进、赶先进运动。由于我们充分地运用了群众路线的工作方法,大搞群众运动,从而保证了我社各项事业不断地全面大跃进。

5. 关心社员群众的生活,搞好卫生福利事业,做到有劳有逸、劳逸结合是促使生产迅速发展和公社不断巩固的重要环节。因此,省直党委和各机关的党组都本着思想、工作、生活一齐抓的精神，在抓好工作（生产）的同时，加强了对公共生活福利工作的领导，及时研究和解决了生活福利工作中存在的问题，经常地向生活福利战线的广大职工进行共产主义教育，使广大炊事员、保育员、教养员和行政管理人员深刻认识到做好公共生活福利工作对促进机关工作和公社生产的持续大跃进、加速社会主义建设、逐步向共产主义过渡创造条件的重大意义，批判和克服了生活福利工作不光荣、没前途的资产阶级个人主义思想，明确了服务方向，端正了服务态度，树立了公共生活福利工作从政治着眼、从生产出发、以服务为纲的指导思想，从而使生活福利战线上广大职工更加斗志昂扬，意气风发，以冲天干劲和忘我劳动的精神，连续掀起群众性的办好生活福利事业的运动、大闹技术革新和技术革命运动、大力节约粮煤、开展多种经营的生产运动，推动了公共生活福利工作不断向前发展。一年来经验证明，只有搞好生活福利工作，才能解放出大批劳动力参加生产，才能使广大社员有健康的身体、充沛的精力、冲天的干劲，投入工作、生产等各项社会主义建设事业，对于 1959 年机关工作、公社生产的大跃进，对于人民公社的不断巩固和提高都起了巨大的推动作用。

　　总之，我社在各级党委的正确领导下，通过广大干部与社员的积极努力，1 年来在各项工作中取得的成绩是巨大的，经验也是丰富的，这就给我社 1960 年各项工作的持续跃进奠定了良好的基础。

郑州市二七区七一人民公社

一九六〇年四月十日

四平城市人民公社正在健全发展的道路上挺进 *

吴丕恩

（一九六〇年五月一日）

四平城市人民公社，从一九五八年十月一日诞生至今，已经一年半了。在这个过程中，如同农村人民公社一样，也显示了它的旺盛的生命力和无比的优越性。四平城市人民公社，根据城市的特点，是采取一市一社的；在公社中虽然存在着全民所有制、公社的大集体所有制和公社以下的集体所有制等形式，但是全民所有制已经成为主要的形式了。一年半以来，我们深深体会到，这种城市人民公社对于城市人民共产主义思想的提高、工农商学兵互相之间的关系进一步密切，有着很大的积极作用，更便于在全公社范围内统一地组织人力、物力，有保证地完成每个时期的主要任务，从而带动各项工作全面跃进，大大地促进了社会主义建设事业高速度的向前发展。

当公社建成后，公社党委首先就把发展工业生产当成经常的中心任务。在发展工业生产中，又把保证国营、地方国营工厂生产任务，摆在首要地位。国营和地方国营工厂的生产发展，在公社化后，出现了一个新的有利条件，这就是大工厂的周围组成了若干个卫星工厂。卫星工厂是在大工厂支援下建成的，利用了大工厂的下脚料和废料进行生产，它的产品又主要为大工厂服务。这种大小工厂的协作有许多不同的特点，它不是一时的协作，而是经常的协作；它不是合同关系，而是领导与被领导关系。一方面大工厂给小工厂以无微不至的关怀，支持它的生产和发展；另一方面小工厂尽一切努力保证大工厂的

---

* 原载《奋进》一九六〇年第五期。

需要,他们为大工厂所生产的产品不仅保质、保量并且按时完成,甚至有的卫星工厂在必要的时候进行突击生产,及时保证了大工厂急需的产品的生产。有了这种固定的协作关系,就使国营工业得到更为迅速的发展。一年来,国营和地方国营工业的产值提高了百分之三十七点一。

随着公社的建成,工农及农商之间的关系更加密切。公社建立以前,城乡也都是在中共四平市委的统一领导下进行工作的,城乡、工农及农商之间的关系,总的来说是互相协作的,但是有时也发生某些不协调的现象。例如,在农商关系上,关于蔬菜的收购和供应,有的副食品商店和菜农只从自己这方面考虑多,从政策、从整体利益上考虑有时就有所忽视。但是公社建成后,由于我们进行了一市一社以社为家的爱社教育,广大社员的社会主义和共产主义的思想大为提高,社员之间的关系更为融洽,整体观念大为加强,城乡工农及农商之间共产主义协作和互助之风大为盛行。这表现在:工厂、企业、机关等单位进一步与郊区生产大队挂钩,经常不断地给农业以大力的支援,促进了农业的技术改造。财贸部门的职工下乡帮助菜农种菜,从蔬菜生产过程中,深深体会到种蔬菜用的劳动力多,以及农村劳动力、运输力不足等困难。提出"菜农种的菜,种多少收多少,并且何时送何时收"。他们在收菜过程中给农民以极大的方便,农民也深受感动,为城市服务的思想大大加强了,深恐蔬菜在市场上脱销。农业生产大队派了干部驻扎在城市副食品商店的门市部,帮营业员卖菜,从卖菜过程中,深深体会到蔬菜增加一点六倍;蔬菜产量由二千二百八十四吨增加到七千余吨,增加两倍多;猪由一万一千六百〇四头发展到二万五千六百八十八头,增长一点二倍;鸡由四万只发展到三十二万五千只,增长七点一倍,基供应与群众生活的关系,因而尽力保证及时供应,甚至在下雨天也不耽误送菜。这样农商之间过去仅有的那种买卖关系,现在变成了共同为发展城乡生产、改善城市人民经济生活的一种大协作关系了。在这种关系的影响下,郊区副食品生产大发展。一年多来,蔬菜播种面积由一千一百四十二垧增加到二千九百五十六垧,基本上保证了对市场的供应。

一市一社的四平人民公社,一年来,组织工业支援农业,农业又为城市服务,组织大工厂支援小厂,小厂又为大工厂服务,把全公社工农商学兵有领导地组成一个有机的整体,保证了全市一九五八年和一九五九年的国民经济更好更全面的持续跃进,特别是在全市突击完成一项重大任务时,一市一社的优越性更为明显。例如,在全民大炼钢铁时,公社调动了近七万人上"前线",出现过日产八百二十五吨生铁的优异成绩。再如,一九五九年突击征购粮任务时,公社集中了全社的运输力量,短短四天,就完成了近郊三千吨的征购粮任务。

一市一社还便于组织全民就业,发展生产,改善群众的生活。公社建成后,在短短的一个月时间中,全社就实现了劳动社会化,大力兴办了社办工厂和集体生活福利事业。随着生产的不断发展,到目前,全社兴办了三百一十四个社办工厂,就业人数已达二万一千余人,公共食堂增加到三百五十九个,就餐人数有六万五千一百三十四人,幼儿园和托儿所已办起六百○八个;此外,还兴办了敬老院和服务站等集体生活事业,从而基本实现了生活集体化。随着劳动社会化、生活集体化的实现,社员的收入大大增加,因而群众的生活水平有了很大的提高。

一市一社还便于全市统一规划,实现改造旧城市,建设社会主义新城市的任务。公社建成后,我们本着统筹兼顾、全面发展、合理布局、生产居住统一、城市园林化等原则,对全市进行了总的规划,对工业区、居民区、道路、绿化带等都做了统一的安排。这一规划实现后,四平将成为以机械、化工生产为主的园林化的社会主义新城市。按着统一规划,一年多来,我们已经在郊区修建了二个新的工业基地,为今后工业大发展创造了条件。例如,平东工业基地就是在一片空地上建立起来的,这里已经有了变电所、专运线和输水管道,发展工业的条件都已具备,已经建起了钢铁厂。不久的将来,这里将陆续出现若干现代化的大型企业。我们将按着规划继续努力,为实现改造旧城市,建设社会主义新城市的任务而奋斗。

在一年多试办城市人民公社工作中,我们体会到,办好城市人民公社,必须加强党的领导,大搞群众运动,贯彻积极发展、自愿参加的原则。城市人民公社的建立是社会主义革命的深入和发展,两条道路的斗争是不可避免的。因此,必须大张旗鼓而又深入细致地进行宣传教育工作,放手发动群众,不断提高广大群众的社会主义觉悟,提高群众对城市人民公社的认识。但也要看到,城市的情况比农村复杂,由于各阶层的思想觉悟、生活水平和生活习惯等有所差别,他们对成立城市人民公社的要求也是不一致的。广大劳动人民特别是广大职工家属迫切要求成立城市人民公社,他们是城市人民公社的主体和主要依靠力量。但在另一部分人中,有些人对入社还有所顾虑,有些人生活习惯的改变还需要一个较长的过程,对他们应该有所等待。另方面,要把城市人民的集体福利和服务组织办得更多更完善,能够满足全市人民的要求,也还需要一个相当的过程,因此,我们在组织城市人民公社的生产和生活时,根据中央和省委、地委的指示,一方面积极发展、积极办好,把所有真正要求入社的人首先吸引进来,同时又实行自愿原则,对那些暂时还没有这种要求的人,还有若干顾虑的人,不勉强吸收他们参加。实践证明,这样做是完全正确的。一年半以来,随着公社的巩固和发展,少数原来没有申请入社的人,由于从实践中亲身体会到人民公社的优越性,也积极参加了公社组织的生产和生活事业。

在城市人民公社的组织体制上,我们实行了公社和基层单位二级管理制。为了便于公社一级摆脱一些繁杂的事务,集中力量考虑一些较大的问题,在二级之间又设置了管理区,作为公社的派出机构。一年来的实践证明,管理区的组织以大工厂为核心,是有它的优越性的。因为以大工厂为核心,运用大工厂的政治力量和经济力量,更便于在党委统一领导下,从发展生产这一中心任务出发,按着统一规划,组织本区所属工厂企业等单位,进行互助合作,以大工厂带起小工厂,小工厂又为大工厂服务;以工厂企业等单位带动农业的发展,农业又为城市服务;组织工农商学兵大协作,实现共同跃进。

以大工厂为核心,是否会影响大工厂的生产和工作呢?实践证明,这种顾虑是不必要的。因为以大工厂为中心组织管理区,以大工厂的生产工作为重点,其他各单位都紧紧围绕大工厂,为大工厂生产服务,使大工厂得到了全区广大群众的支持,因而大工厂的生产工作就能够更顺利的发展,虽然大工厂的工作和全区的工作有时可能会发生矛盾,但是只要我们加强干部配备,实行集体领导下的分工负责制,党委对各项工作加以统盘安排,这些矛盾就可以得到解决。

在组织城市人民公社的生产和生活过程中,必须坚持在发展生产基础上改善人民生活的原则。城市人民公社的集体福利事业随着公社的建立将会有很大的发展,城市人民从集体福利事业中会大大提高自己的物质生活和文化生活的水平,这是毫无疑问的。但是,这只能随着生产的发展而逐步发展起来,需要一个相当的过程,决不能一蹴而就。城市人民公社应当首先搞好生产,集体福利事业的兴办,必须根据需要和可能,从生产出发,服务于生产,否则,不但会影响生产的发展,而且兴办的集体福利组织也不能巩固持久。四平人民公社在创办初期,由于我们对这个问题认识不够,对集体福利事业规定了过高的标准,一度影响了社办工业的发展,但在上级党委的领导下,很快就得到了纠正。在整顿人民公社时,我们规定了社办工业的积累百分之八十用于扩大再生产,百分之二十用于兴办社员集体福利事业,并且规定了社办工业建成后,当年的积累全部用于扩大再生产,不上交公社,以便于社办工业的发展。生产和生活关系得到正确处理后,公社的工业生产得到了突飞猛进的大发展。例如,今年第一季度社办工业总产值较去年同期增长了百分之四百二十二点四,全年的总产值将比去年提高四倍多,达到五千余万元。

四平人民公社在已经取得胜利的基础上,目前正在掀起巩固与发展城市人民公社的新高潮。全体社员意气风发,斗志昂扬,高举毛泽东思想红旗,积极掌握总路线、大跃进、人民公社三大法宝,正在为实现今年持续全面的大跃进而奋斗。

(编者按:作者是中共四平市委第一书记)

郑州市城市人民公社
统计工作建立与开展情况[*]

郑州市统计处处长　郭荣华

（一九六〇年五月二十三日）

1958 年 8 月间，在农村实现人民公社化的同时，郑州市也迅速实现了人民公社化。一年多以来，经过整顿、巩固，市内由建社初期的 126 个小型公社合并成现在的 17 个基层人民公社（6 万人以上的 3 个，3 万人以上的 10 个，1 万人以上的 4 个），入社人数达到应入社的 97% 以上。公社以下有 126 个分社，27 个农业队。公社以区为单位，建立了 3 个区联社。

城市人民公社建立以来，在短短的时间内即已表现了它的无比优越性：

城市人民公社的建立，解放了大批劳动力，大大促进了生产的发展。一年多以来，解放出劳动力 5 万多人。新办起各种社办工厂 743 个，职工 26000 多人。1959 年社办工业总产值 4539 万元，1960 年一、二月份社办工业总产值就猛增到 2723 万元，等于 1959 年全年总产值的 60%，产品品种由 1958 年 113 种，增加到目前 755 种。

城市人民公社的建立，显示了它是集体生活福利事业的组织者。共办起食堂 580 个，托儿所（包括幼儿园）273 所，敬老院 14 个，建立起一千余个服务站（点），还兴办了红专学校、俱乐部、图书馆（室）、广播站、业余剧团等。

城市人民公社的建立，为国家积累了资金，提高了人民生活水平。1959 年全市公社积累了 360 万元。随着生产的发展，社员工资水平有显著的提高。1958 年元月份平均工资 9.7 元，十二月份全市平均工资达到 21 元。

＊　原载《中国统计》一九六〇年五月二十三日。

城市人民公社的建立，对城市在三大改造后还没有得到完全改造的小业主、房产主、小商贩、个体手工业者进行了全面的社会主义改造，彻底挖掉了生产资料私有制的残余，堵死了资本主义道路，增加了共产主义因素，促进了生产力的高速度发展。

城市人民公社化以后，迫切要求统计工作很快跟上去。为使统计工作适应客观形势的要求，我们在党的领导下，逐步建立了城市人民公社的统计工作，具体作法是：

一、抓统计工作的组织建设

郑州市城市人民公社化是同农村同时实现的，因为当时城市人民公社仅是试验性质，规模多大、机构怎么样设置还在摸索中，所以开始时对公社各级统计机构的建立和人员配备，并不是很顺利的，有的不知道公社是否还要专设统计组织，有的强调没有人，有的开始配一个人，但没搞几天，又调去做其他工作了。针对这种情况，我们采取了以下几种措施：

1. 主动提出设立公社统计组织和配备统计人员的意见，请示领导批示后，向各区发通知。

2. 围绕党的中心任务来开展工作，使统计工作服务于生产，服务于领导，使领导感到统计工作有作用，从而加强统计工作。如红旗公社，过去统计数字无人统一管理、统一负责，数字不是不及时，就是互相对不起头，公社领导很不满意。配备专职统计员后，统一负责公社统计工作，对生产、生活情况能及时提供资料，数字一致，领导感到很解决问题，公社党委就很快发出了一个固定大队、企业专职和兼职统计人员名单的通知，自下而上很快地建立了统计工作网。

3. 公社建立之初，上级统计部门对公社的统计工作就注意抓紧，根据工作需要，任务安排具体，一个接着一个，促使公社配备人员，固定人员。因为公社统计人员都是新手，如上级不抓紧布置任务，他们就会感到工作无从入手，形成无事可作，领导上一看他们事不多，就会调走搞其它工作，使人员不能固定下来。

4.用抽调公社人员组织培训的办法,促使公社配备人员,固定人员。

经过一段时间的努力,目前郑州城市人民公社的统计组织和人员的配备基本上是健全了。区联社和所属分社设立了计划委员会,配备了专职人员,负责计划统计工作。分社、大队和基层社办工业配备了专、兼职统计人员,基本上形成了统计工作网。

二、抓思想教育

由于公社统计人员都是从其它不同的工作岗位上抽调来的,有专职,还有兼职,思想问题较多。有的认为统计工作整天搞数字,没啥干头,而不安心;有的有神秘观点,认为统计是一门科学,自己工作能力低,文化水平不高,有畏难情绪,特别是一些社办工厂,多半是会计兼统计,认为会计很重要,统计工作就是估算算没有啥,而不重视统计工作,因而不报、迟报,错误现象经常发生。这些思想问题,严重地影响到统计工作的开展。针对这种思想情况,我们依靠各级党的领导,大讲形势,大讲统计工作的作用,大讲统计工作的党性和统计纪律,通过大会、小会等多种形式进行了思想教育,市委陈书记还专门作过一次报告,从而大大提高了公社统计工作人员的政治思想认识,鼓舞了他们的干劲,初步树立了专业思想。

三、抓业务学习

提高业务水平,是开展公社统计工作的重要环节,也是公社统计人员的迫切要求,但是由于公社统计人员较少,又不能长期离职学习,因而我们采取了多种办法来组织学习:

1.公社一级统计员送省训练班短期训练;

2.市里编印学习资料,组织长会短训(共培训了二百多人);

3.公社建立学习制度,定期组织学习;

4.组织现场参观;

5.印发资料组织自学。

通过上述办法,提高了统计人员的业务水平,为开展统计工作创造了条件。

四、抓制度建设

在制度建设中,我们结合生产,结合公社管理,结合领导(包括上级统计部门)需要,先急后缓,先简后繁,建立了以下制度:

1.统计报表制度。公社化初期,领导上主要是抓社办工业、食堂、托儿所等生产、生活进度情况,我们就建立了工农业生产、生活福利的旬报制度。情况趋于正常后,经常性地定期统计报表主要是工农业生产,而生活福利、文教卫生则改为不定期调查。

2.原始记录制度。为使统计数字来源有可靠的依据,建立了工业产值、产量、人数与工资、农业生产等原始记录,从而提高了数字质量。

3.资料管理档案制度。公社建立初,上下左右资料管理非常混乱,原始资料乱扔乱放,报出后不留底,数字前后不对照。为改变这种状况,我们提出资料管理档案化。在建立资料档案的同时,有的公社还建立了资料台账。建立档案和台账后,基本上克服了上述混乱现象。

4.报表数字管理及数字上报审核制度。

五、以工业生产统计为中心,大力开展公社统计工作,积极为党的中心工作、为生产、为领导服务

1.建立进度统计,开展统计评比。公社成立初期,建立了生产、生活旬报。

目前建立有社办工业生产日报（公社和区联社建立）、五日报（市建立）、农业生产三日报、旬报。组织城市经济生活是党的一项中心工作，最近我们也建立了进度统计。根据进度统计所掌握的资料，从企业到公社普遍开展了统计评比。统计评比内容很广泛，有生产，有生活，也有文化娱乐，形式多种多样。进度统计和统计评比的建立与开展，对服务中心、促进生产、鼓舞群众干劲起了很大作用。2. 进行全面的典型的一次性调查，提供领导在各个时期了解情况、研究问题、指导工作所迫切需要的统计资料。这些调查资料，在生产、生活方面的有公社基本情况调查、社办工业产品服务对象的调查、劳动力资源分配情况调查、收益分配情况调查、生活福利调查等；在政治方面的有公社食堂、托儿所及公社干部阶级成分调查等等。

3. 公社通过全面与典型、定期和一次性调查统计，积累了一些统计资料，有的将统计资料进行系统的整理，装订成册，绘制成图，进行公布，反映城市人民公社优越性。特别是在去年反右倾中，右倾机会主义污蔑城市公社没有优越性，公社统计人员提供了大量的统计资料来批驳右倾机会主义分子的无耻谰言，各级领导也充分运用了这些资料。

郑州城市人民公社统计工作，虽然做了一些工作，取得了一定的成绩，但由于城市人民公社建立后各方面发展很快，而我们的思想有时往往跟不上去，工作还只是初步开展，工作中还存在不少问题，定期统计制度还没有全面建立起来，已建立的某些统计报表指标还需要根据公社发展的新情况进行修增，公社统计人员业务水平还不能完全适应工作发展要求，这些都需在今后的工作中做更大的努力，进行健全巩固与提高，使统计工作更好地适应公社大发展的需要。

新形势下财贸工作的几个问题[*]

马明方

（一九六〇年五月三十日）

一九五八年和一九五九年，我国工农业生产连续大跃进，财贸战线同其他战线一样，在党的鼓足干劲、力争上游、多快好省地建设社会主义总路线的光辉照耀下，取得了巨大的成绩。财贸战线的各个方面都展开了波澜壮阔的群众运动，政治工作、经济工作和群众工作都获得了大丰收。生产大跃进、人民公社和大规模的群众运动，使财贸工作处在一个新的形势下面。两年来财贸工作有了不少新的发展，积累了不少经验。这里就新形势下财贸工作的几个问题提出一些意见。

一、工农商交一条龙大协作

在我国社会主义建设大跃进中出现了一种新的协作形式，这就是工农商交一条龙大协作。"工"、"农"、"交"是指工业、农业和交通运输业，"商"是指财贸各部门在党委统一领导下，围绕着党的中心工作，密切配合，协同动作，使工农业生产资料和原料的供应、产品的收购、资金的周转、商品的运输和农副产品加工等环节紧密地联结起来，一环扣一环，环环扣紧，产运销组成一盘棋。这种大协作出现在各个方面，特别是农副产品的收购方面。

一九五八年秋后，我国农村普遍实现了人民公社化，农副产品收购方面起

---

* 原载《财政》一九六〇年五月三十日。

了一系列的变化。它不仅同过去分散的小农经济时期根本不同,同农业生产合作社时期也大大不同。

农村公社化以后,农、林、牧、副、渔各业都获得很大发展,农副产品的产量,特别是其中商品部分有了很大的增长。根据福建省罗沅县飞竹人民公社的一个生产大队的调查,一九五九年这个大队十种主要产品的产值,比一九五八年增长了百分之五十二,其中商品性生产则增长了百分之六十一。这个公社出售的农副产品总值,一九五九年比一九五八年增长了百分之六十九点九。农副产品大量的出售,大大加重了商业部门的收购任务。

农村公社化以后,商品的出售,社和队所占的比重迅速上升,社员个人所占的比重则逐步下降。上面举的罗沅县飞竹人民公社,一九五九年全社向国家交售的农副产品总值当中,社、队交售部分占百分之八十八点九,社员个人交售部分只占百分之十一点一。农副产品出售的这种变化,要求收购工作同它相适应。经常的零星的收购虽然仍应重视,但是,按产品、按季节组织集体交售,大搞群众性的突击运动,却已经成为主要的收购方式了。

随着公社农副产品生产的发展、商品量的增加和社员收入的增长,在组织大规模交售的同时,对公社的生产资料、生活资料的供应和资金投放工作,也要紧紧地跟上去。例如,新农具、新机械、化学肥料和胶鞋、棉毛衫、热水瓶、质量较好的布匹等商品的供应,都要相应地增加。此外,为了满足公共食堂、托儿所等方面的需要,大型炊具和儿童用品的供应,也必须适当地增加。

所有这些变化,不仅要求商业部门把购销点伸向公社的大队和小队,根据农事季节,有计划地组织购销业务,而且要求运输部门做好商品运输工作,银行、信贷部门做好资金投放和储蓄工作,工业部门适应公社需要增加生产资料和生活资料的生产等等,这样各方面大协作,共同来把农副产品的收购和商品供应做好。

事情很明显,一个有几万人、十几万人的人民公社,进行着大规模的集中的生产,就必然要求大规模的集中的产品收购和它相适应。而大规模的集中的收购,则要求在党委统一领导下,把各方面的力量——干部力量、技术力量、劳动力、运输力等等都统一组织起来;要求把收购同调运、加工、储存和资金投放、物资供应等环节衔接起来,统一计划,统一安排;要求收购工作和安排社员生活相结合。如果没有工农商交各部门通力协作，例如，人民公社如果不及时组织好收购工作和仓储工作等等，那么，只要有一个环节脱节，全局就要受到影响，大规模的集中的农副产品收购就难以做好。

两年来的经验证明，凡是实行了工农商交大协作、展开了大规模的群众运动的地方，收购工作就进行得又快又好，既缩短了时间，又节约了劳动力、运输力和费用。一九五九年各地的粮食收购工作，由于实行了这种大协作，一般比往年提前一个多月超额完成计划，许多县份只用十多天时间，就全部完成了秋粮收购任务。河南省一九五九年夏秋粮食收购中，全面地安排了购、销、调、存计划，从产地一次把粮食集运到主要交通线和供应点，避免了重复集运，全省共约节省人工一千八百多万个，畜工一千二百多万个，节约运输费用一千六百多万元。

财贸部门参与组织工农商交大协作，是从财贸部门内部几个工作环节之间、财贸各部门之间的协作发展起来的。一九五八年以来的大跃进中，财贸部门从商业系统内部批发、仓库和零售之间，到商业部门和信贷、税收之间，一直到产、购、运、销之间，都普遍地迅速地展开多种多样的协作。两年来通过农商协作、工商协作、商交协作等多方面的协作，在协助人民公社发展多种经营、建立商品生产基地、建立城市郊区副食品生产基地、帮助地方工业、人民公社工业和城市街道工业的发展、开展短途运输、捎脚运输等等方面，取得很大成绩，对于发展生产，扩大流通，保证供应，增加积累，起了很好的作用。

在工农商交大协作中，财贸部门应当很好地发挥它的作用。这是因为，财贸部门同国民经济各部门、各企业、各生产单位有着比较广泛和比较密切的关系，对它们的经济活动情况比较熟悉，生产过程中发生的问题，也往往在资金和物资的周转上得到反映。由于财贸部门具有这些特点，因此就有许多便利条件，在党委的统一领导下，参与和组织各部门、各企业、各单位之间的社会主义大协作，穿针引线，四面挂钩，出主意，当参谋。通过协作，在国家统一计划的指导下，帮助各部门、各企业、各单位调剂资金和物资的余缺，帮助他们组织技术推广和经济交流，帮助他们解决生产过程和流通过程中出现的问题。这样做，就能够更有力地促进生产的发展，同时也就能够进一步扩大商品流通，加速资金周转，增加资金积累，更好地完成财贸部门自己的任务。

工农商交一条龙大协作,是社会主义生产关系的重大发展,它可以不断地改进管理部门与生产单位、单位与单位、人与人在生产中的关系,可以大大发扬共产主义风格,从而促进生产力以更快的速度向前发展。目前各地都普遍发展"协作赛",把协作同竞赛结合起来。大家共同的口号是:"有困难互相支援,有经验互相学习,有技术互相传授,有缺点互相批评","困难留给自己,方便让给别人"。这种共产主义的思想和风格,对于我们的社会主义和共产主义事业,将发生极为深远的影响。

在大搞社会主义大协作的同时,必须做好财贸部门内部的各项经营管理工作和组织工作,包括计划、会计、出纳工作,包括商品的包装、运输和保管工作,资金和物质的分配、调拨工作,包括市场安排、物价管理以及对工作人员的组织和教育等等工作。没有同各方面的协作,不可能做好商业和财政银行工作;没有内部的健全的工作,并且使本身的工作水平不断提高,也不可能同各方面协作得好,因而也不可能很好地完成自己的工作任务,当然也就会影响生产的发展。这两方面的工作是互相推动、互相影响、互相为用的,必须当作财贸工作发展全过程的统一体来看待。

二、同生产紧密结合,促进生产建设的高速度和按比例发展

如何同生产建设紧密地结合起来,支持和促进生产建设的高速度和按比例地发展,这是财贸工作的根本问题。财贸部门的工作,按照它的主要内容说来,是属于分配和交换方面的工作。马克思列宁主义政治经济学指出,社会的生产、分配、交换和消费是一个统一过程的各个环节,其中起决定作用的是生产。生产是根本,未有生产不发展而财贸工作可以很好开展的,未有经济不发展而财贸问题可以很好解决的。因此,财贸工作必须处处从生产出发,必须尽一切努力积极促进生产的发展,生产决定分配、交换和消费,同时,分配、交换和消费反过来又影响生产,在一定的条件和范围内甚至对生产可以起决定性的作用。财贸工作做得好,可以促进生产的发展;财贸工作做得不好,也会阻

碍生产的发展。如果财政、银行部门组织资金的工作做得不好,资金分配和使用得不合理,如果商业部门收购和供应工作做得不好,生产出来的东西没有收购起来,生产资料的供应跟不上去,市场安排得不好,就是说,如果资金的积累、分配和商品的流通不能同生产的需要相适应,必然要阻碍生产的发展。因此,必须重视财贸工作,必须加强财贸工作的领导,适应生产的发展,来解决财贸工作如何促进生产发展的问题。

一九五八年大跃进以来,生产建设飞跃发展,要求财贸工作紧紧地跟上去,做好它所担负的资金分配和商品流通方面的工作,以促进生产,保证需要,增加积累,支援建设,促进社会主义经济高速度和按比例地发展。

财贸部门在党的领导下,反对了各种片面的业务观点和右倾思想,坚决地贯彻执行了积极为生产建设高速度按比例发展服务的方针,这就是:在商业方面力求多生产、多收购、多供应、多建设,在财政信贷方面力求多生产、多收入、多支出、多建设。财贸部门的许多工作人员,要主动地积极地深入到企业和人民公社的生产过程中去,熟悉各生产单位的生产情况,熟悉他们对资金和物资的需要情况和使用情况,随时了解生产过程中发生的变化和问题;协同企业和人民公社,发动群众开展增产节约运动,建立和健全经济核算和财务管理制度,合理安排资金和物资,把生产组织好。

财贸部门是一个综合性的部门,它的联系面很广,只要财贸工作人员真正树立起为生产服务的观点,在参与组织生产方面是有很多事可做的。例如,在农村公社化以后,商业部门的工作人员,深入公社,根据农业"八字宪法"的要求和农业技术改造的需要,主动地积极地向工业制造部门反映情况,组织生产资料的供应;商业部门和银行部门还帮助公社组织技术力量,筹集资金,帮助公社建立加工工业、机械修理工业和土农药、土化肥厂等,这些,对促进农业生产的发展,都起了很大的作用。又如,在大跃进中,许多财政银行部门的工作人员,深入企业,同企业的干部一起进行经济活动分析,把企业的生产、物资、资金等方面的各种经济指标(包括产量、质量、成本等),进行排队,从计划和实施、本期和上期、工厂和工厂、车间和车间、班组和班组的分析对比中,找出先进和落后之间的差距,然后协同企业、单位发动职工群众,挖掘潜力,开展竞赛,推动厂际之间和单位之间的技术交流。这样,帮助后进的企业、单位克服了薄弱环节,使他们赶上先进的企业和单位,促进了生产的发展。在大跃进和人民公社化运动中,许多财贸工作人员,在参与组织生产方面,创造了不少经验,做了许多工作。他们在参与组织生产中,同时也就做好了本身的产品收购和资金积累等工作。

财贸工作同生产建设紧密地结合起来,不但大大减少资金和物资的积压浪费,而且促进企业和人民公社不断地改进经营管理,克服困难,降低成本,更多地生产,更多地建设,更多地收入。一九五九年,全国工商企业由于降低成本,节约资金约达四十亿元。十四个省市清理仓库,清出超定额储备和呆滞积压的物资总值四十多亿元。四十亿元这个数字,大体相当于一九五九年国家财政用于经济建设方面的支出总数的八分之一。

参与组织生产,在生产过程中组织好资金和物资的使用和周转,正是财政银行工作和商业工作的根基。如果这方面的工作没有做好,财贸工作就不能紧紧跟上生产建设的不断跃进。对于这个问题,许多人是越来越认识得清楚了,但是并不是所有财贸工作人员都已经完全理解。有人说,财贸部门参与组织生产是"不务正业","多管闲事","帮了别人耽误了自己"。这些说法显然是错误的。财贸部门既然担负着资金和物资的分配、流通的工作,那么,有什么理由不去过问生产、过问需要,不去过问资金和物资的使用情况呢?有什么理由不去通过参与生产、熟悉生产的情况,并同生产单位的职工群众在一起,把生产组织好,充分发挥资金和物资的作用呢?当然,我们所说的参与生产,并不是说要撇开自己担负的流通、分配业务,而是说要把流通和分配业务同生产紧密地结合起来,通过流通和分配的业务工作去参与生产。撇开流通和分配工作,忽视自己的社会分工,正是我们所一向反对的。其实,财贸部门为工农业生产供应的资金和物资,就是直接参加到生产过程中去的,它们始终在生产的全过程中运动着;离开了生产过程,它们的活动就停止了。如果财贸部门不去积极地参加组织生产,使资金和物资正确地和最有效地在生产过程中发生作用,又怎样能够说是做好了自己担负的工作呢?许多事例说明,只要这样做,财贸工作的根子就越扎越深,部门与部门之间、人与人之间的协作关系就会得到进一步的发展,财贸工作也就会取得各方面更好的支持,使自己的工作和工农业生产共同迅速向前发展。

三、积极参与组织城乡人民经济生活，促进城市人民公社的发展

随着党的社会主义建设总路线的提出和工农业的大跃进，一九五八年夏天以后，不少城市的财贸部门，在党委的统一领导下，围绕着组织城市生产的工作，积极扩大各种为群众生活服务的业务，依靠群众合理地分配商品，广泛地协助企业、学校、机关和街道居民举办各种集体服务事业和公共食堂、托儿所等公共福利事业。在组织生产和组织人民经济生活的工作进一步展开之后，城市的面貌有了很大的改变：城市中的闲散劳动力大部分组织到生产中间去了，广大家庭妇女从琐碎的家务劳动中解放出来，参加社会生产和工作，出现了家家无闲人、人人忙生产的新气象；各种小型工业纷纷在街道中兴办起来，各种集体服务事业和公共福利事业大量地发展，同国营工业、商业和文化卫生事业互相补充；人民群众收入增加，生活上得到适当的安排和许多方便，学文化、学政治的学习空气到处高涨，人人心情舒畅，人与人之间进一步发展了团结互助的新关系，树立了新的道德风尚。财贸部门在党委领导下，积极参与组织城市人民经济生活的工作，对城市人民公社的建立和发展，起了促进的作用。

目前，大办城市人民公社已经在全国形成了高潮。城市财贸部门必须全力投入大办人民公社的运动中去，必须从多方面协助城市人民公社大办街道工业和各种生产事业，同时必须继续积极地协助企业、机关、学校和街道大办公共食堂，大办托儿所、幼儿园、保健站和简易产院等公共福利事业，大办修理、缝补、洗染、理发、浴池等集体服务事业和邻里服务所、生活服务站等集体服务组织，发展群众性的商业代销点，在街道和厂矿中，逐步形成在街道党委或厂矿党委统一领导下的、以国营商店为中心的、适应当地情况需要的商业供应网和服务事业网。

城市人民公社的建立和发展，城市居民进一步从生产上和生活上组织起来以后，在生产、交换、分配和消费方面都发生了一系列的重大变化。这些变

化给财贸工作带来了很多值得研究的新问题。

城市人民公社的大发展,使商品构成发生了新的变化。随着社办工业和街道工业的兴办,各种工具、原料材料、小五金等的需要大大增加,收集废旧材料,组织供应,调剂有无,帮助社办工业和街道工业的发展,就成为商业部门一项新任务。在城市居民(主要是职工家属、家庭妇女)参加生产、街道托儿组织迅速发展以后,生活用品的供应也起了显著的变化。例如,北京市今年一月至四月份较去年同期布匹销售量减少了百分之十六点二,单服、儿童服装的销售量却增加了。如王府井儿童用品商店,今年一月至四月份,销售童装十万六千件,比去年同期七万六千件增加百分之三十八。其他如女鞋、儿童罩衣、小口杯、小毛巾、小面盆、儿童玩具等销售量,也有显著增加。在公共食堂大量兴办以后,炊具的供应情况也有很大的变化,大型炊具的需要量大大增加。据北京市的初步调查,三、四两个月已供应大笼屉三万〇三百二十二节,大锅盖八千七百六十九个,木桶三千一百六十五个,其中大笼屉去年同期只供应了一万二千一百四十七节,今年比去年同期虽然增加一点四倍,但仍不能满足需要;其他如大菜刀、炉条、吹风机、大铁锅、大笊篱等需要量都很大。城市商业部门,对大办城市人民公社所引起的商品构成的变化,必须切实地认真地进行调查研究,根据需要,继续供应。

商品的合理分配工作,在城市人民公社大发展以后,也是应当进一步研究的问题。在城市人民公社没有建立以前,近一年多以来,在不少城市中,商业部门通过街道居民组织,对某些副食品和居民的日常生活用品的供应,做了很多工作,大体上做到了保证重点、照顾特殊需要、安排一般需要,群众普遍感到满意。在城市人民公社建立以后,生活集体化的程度提高了,商品供应大部分逐步由分散趋向集中。为了适应这种变化,就需要进一步调整和健全商业网、点,并且同机关、企业、城市人民公社的服务组织、街道食堂等集体单位,建立更密切的联系,以便更好地做好有计划的供应;同时,对于那些还没有完全组织到集体生活里来的一部分居民,仍然要通过商业网、点和城市人民公社的服务组织,做好对他们的供应工作。合理分配商品,在城市公社化以前,以及当前城市公社化大发展中,都是一项重要的工作,就是到将来商品供应十分充足,有可能逐步过渡到共产主义高级阶段时,也需要进行产品的合理分配。因此,随着公社的不断发展,不断地研究商品的合理分配,积累这一方面的经验,不仅是商业部门当前必须进行的工作,而且有着深远的意义。

随着公社化的发展,财政银行部门的工作也要起新的变化,增加许多新的工作内容。例如,在积极参与组织公社生产、组织人民生活方面、在帮助公社及其所属企业单位、建立和健全财务会计制度、加强经济核算方面,在帮助公社组织资金、合理安排使用资金、加强计划管理方面,在建立公社财务体制方面,在协助公社研究积累和分配的比例方面,在帮助公社培训财务工作人员方面,财政银行部门都需要在党委的统一领导下,积极进行很多的工作。

城市人民公社的建立和发展,对城市财贸部门所引起的变化很大,上述的几个方面只是其中的一部分。目前,财贸部门已经开始对这些变化进行认真的调查和切实的研究,使本身的工作适应于这些变化的要求。这样,财贸部门就能够跟上形势的发展,进一步做好参与组织人民经济生活的工作,做好党委的助手,从而促进城市人民公社的巩固和发展。

财贸部门的工作同城乡人民群众组织起来,安排好生活,解决生活中的各种问题,并同人民群众一起把财贸工作做好,这样,财贸工作就同人民群众建立起血肉相连的关系,取得人民群众的支持。社会主义的商业工作和财政银行工作如果不同人民经济生活联系起来,不取得人民群众的支持,不同人民群众一起来做,是同社会主义商业工作和财政银行工作的性质、同人民群众的要求不相符合的。社会主义财贸工作的优越性,也表现在关心和组织人民生活这个方面。我们越关心人民群众的生活,人民群众就越加关心我们的工作,就越把商业工作当做自己的商业工作,把财政银行工作当做自己的财政银行工作。

四、深入开展群众运动,把财贸工作推向更高的发展阶段

这两年财贸战线各个方面展开了大规模的群众运动,成为推动工作不断跃进的伟大力量。毛泽东同志早就指出过,必须把经济工作看作是一个广大

的群众运动,广大的战线,采取依靠群众、组织群众的方针,把农村、部队、机关、学校、工厂的广大群众组织起来。

财贸工作是具有极其广泛的群众性的工作。财贸工作同我国六亿多人民都有密切的联系,它直接地为六亿多人民服务。因此,一切从事财贸工作的同志,都要树立坚强的群众观点,都要走群众路线,都要在财贸工作中大搞群众运动。多年以来财贸部门的许多重大工作,如像征收农业税、粮食统购统销等等,都是在党的领导下,通过群众运动来进行的,在这方面我们已经取得了不少的经验。特别是大跃进以来,财贸部门通过积极参与生产,积极参与组织人民经济生活,协同有关部门大搞协作等项工作,财贸战线的群众运动有了更大的发展,取得了极其丰富的经验。现在,我们完全可以这样说,在我国,财贸工作已经不仅仅是少数财贸部门的专业人员的工作,而是成为千百万群众参加的广大的群众工作。把那些人们曾经认为只是作买卖的农副产品收购、商品供应等等工作,变成千百万群众参加的伟大的社会主义建设的一部分,通过群众运动的方式来进行,这是我国财贸战线上所取得的最基本的经验。

有些同志对财贸工作中的群众运动曾经有过这样的怀疑:他们说,财贸部门中有些工作,如农副产品的收购运输等,还可以吸收群众参加,还可以搞群众运动,而那些专业性、技术性较强的工作,如财政收支、银行信贷、经济核算、商品的经营管理和分配供应等工作,只能由少数人去做,不能吸收群众参加,不能搞群众运动。事实答复了这些同志,他们的怀疑是没有根据的。例如去年财政部门进行年终决算时,就是发动和组织各级财务会计人员一起动手来进行的,所以在很短的时间内,就把这件比较复杂的工作完成得很好。又如许多企业单位开展了群众性的经济核算以后,就迅速地使人力、物力的消耗减少,成本降低,生产增加,积累扩大。财政决算、经济核算等等,难道不是专业性、技术性较强的工作吗? 可是,一走群众路线,一发动群众,事情就办得更快更好。财贸工作和其他工作,虽然由于内容不同,因而群众运动的规模、形式也不完全一样,但是,必须通过群众运动才能把事情办好,这一点却是共同的。财贸工作是经济工作,又是政治工作、群众工作,三者是统一的,不可分割的。在财贸部门中,不能有离开经济工作和群众工作的政治工作,也不能有离开政治工作和经济工作的群众运动。历史归根到底是人民群众创造的,我们要重视物资财富的创造,更要重视人,爱护人,做人的工作,做群众工作。依靠党的领导,一切工作走群众路线,就是财贸工作取得不断发展的根本保证。

新事物的新反映 *

——记戏剧舞台上反映城市人民公社运动的座谈会

（一九六〇年五月三十日）

　　两个多月以来，我国的城市人民公社运动蓬勃展开。城市街道工厂、食堂、托儿所、服务站如雨后春笋般地建立起来了。千百万的家庭妇女从家务劳动中解放了出来，参加到社会主义的建设大军里来了。人们的精神面貌改变了，人与人的关系改变了，消费的城市也逐渐变为生产的城市了。这是一次翻天覆地的群众运动，这是一次继农村人民公社化运动后的震惊世界的革命。我国各地的戏剧工作者在这宏伟的革命现实面前，纷纷拿起了戏剧这一艺术武器，及时地反映和宣传了城市人民公社化运动。在红五月的首都舞台上，我们看见了许多剧院剧团及时地上演了以城市人民公社为题材的戏剧，一个多月以来，先后上演的一批小戏有中国青年艺术剧院的《妇女服务站》、北京电影演员剧团的《万家春》、梅剧团的《高歌猛进》、中国戏曲学校的京剧《妇女跃进》、中国评剧院的《公社花开幸福来》等；多幕剧有中国评剧院的《生活的凯歌》，北京人民艺术剧院的《花开遍地万户香》和总政文工团话剧团的《幸福桥》等。另外，中国儿童剧院正在紧张地赶排他们自己创作的《红领巾服务队》，中国铁道艺术剧院也已创作了《欢天喜地》等小戏。

　　《幸福桥》、《花开遍地万户香》、《生活的凯歌》等剧目公演以来，受到首都广大观众的热烈欢迎。这些剧目的共同特点是政治热情饱满，生活气息浓厚，它们从不同的角度表现了群众当前最关心的生活，反映了城市妇女走向新的生活的斗争道路，歌颂了党的正确领导和总路线的光辉胜利。这些戏的剧

　＊　原载《戏剧报》一九六〇年五月三十日。

场效果都非常强烈,坐在剧场里看戏的观众和舞台上的生活脉搏一起跳动,这说明了剧院的同志们在舞台上迅速反映我们群众的时代,取得了可喜的成就。

中国剧协艺术委员会为了研究这几个戏的创作经验,为了探讨一些有关创作上的问题,在 5 月 21 日邀请了这些戏的作者、导演和一些评论家举行了小型的座谈会。到会的有薛恩厚、安西、傅铎、鲁威、李吟谱、陈惠良、夏淳、李建国、杨静、白珊、丁克辛、刘振汆、李之华、陈默、风子等同志,会议由田汉同志主持。

田汉同志在会上首先说,目前我国各大城市正在进行轰轰烈烈的城市人民公社化运动,这是一个引起世界注目的重大的革命。目前各个剧院都在最短的时间里,在舞台上热情地反映了这个重大的事件。他自己就看到了《生活的凯歌》、《妇女服务站》、《幸福桥》,这几个戏,能配合运动,迅速抓住当前最前端的题材,在思想内容和艺术处理上都取得了一定的成就。处理城市人民公社这个题材是我们今天戏剧创作活动中的新的领域,他希望大家在会上交流一下创作中的经验,并探讨一些创作中的问题。

会上,由中国评剧院的安西、总政文工团话剧团的傅铎、鲁威、北京人民艺术剧院的夏淳、北京电影演员剧团的李建国、中国儿童剧院的白珊、中国铁道艺术剧院的刘振汆等同志介绍了他们在创作中的问题和经验。

他们都一致谈到所以能迅速地编排出这些戏来,主要是由于依靠了党的领导。剧院党委和上级党委都亲自抓创作,使剧本能不断趋于完美。他们还深深体会到,创作反映城市人民公社的戏,还必须取得街道党委、区委以及财贸系统党委的直接帮助。这些单位的党委都热情地参加这些戏的提纲的讨论,审查彩排,提出了许多宝贵意见,并给予了具体的帮助。这也是他们创作成功的重要保证。这几个戏几乎全都是用集体创作的方式写出来的。因此,坚持政治挂帅,既鼓励个人创作,又大搞群众创作运动,解放思想,打破对创作的神秘感,人人动手参加写作,充分发挥编剧工作者以及剧院群众的首创性和积极性,是他们在这次创作中共同的体会。此外,他们还谈到深入生活,向生活学习;专业与业余相结合等方面的体会。

会上,许多同志不仅盛赞这些剧目做到了及时配合当前政治运动,取得了宣传的效果,而且肯定了这些剧目在思想和艺术上的成就,并就有关创作上的问题进行了讨论。

李之华同志说，他看了一组反映城市人民公社的小戏，形式多样，有评剧，有京剧，有话剧，内容生动，反映了今天北京市人民生活的巨大变化，看了很令人兴奋。梅剧团演出的《高歌猛进》是用京剧的形式处理了城市人民公社的题材，表现了他们勇于革新和努力反映当前现实生活的政治热情，真不容易。评剧《公社花开幸福来》，剧本、表演、音乐都配合得和谐流畅，形式和内容都比较完整。北京电影演员剧团的《万家春》，在内容上表现得更仔细些更深刻些。这个戏通过一些细节表现了繁琐的家务劳动与大规模的集体生产不相适应的矛盾。我们看到，人们要求来一个变革，人们要求革命，于是党给指出了道路：组织起来。人们组织起来了，家庭妇女参加了社会劳动。这里，舞台上表现了人们的精神面貌的新的变化。同样是洗衣服，今天在洗衣组里洗工作服，同过去在家庭里给丈夫孩子洗衣服，意义不同了，狭小的眼光打开了，她们在社会主义建设的劳动中，在朴素的心灵里开始想到要创造一台洗衣机了。这是一种了不起的变化，让人感受到这是一种历史的变化、时代的变化。这一组小戏，给人一个总的印象，人民群众的积极性、创造性在党的领导下得到了伟大的解放，群众自觉地起来进行社会主义建设，正如列宁所说的，这是"历史上从未有过的大多数居民甚至全体居民都参加的真正群众性的运动"。这些戏都表现了我们社会主义时代的这个特点。

陈默同志在发言中热情地肯定了《幸福桥》、《花开遍地万户香》、《生活的凯歌》这几个戏。他认为这几个戏最突出的成就，是迅速及时地反映了城市人民公社这个崭新的事物，表现了我国人民在社会主义革命和社会主义建设的道路上凯歌行进的豪迈步伐。《生活的凯歌》是从商业工作的角度，反映了红色商业工作者不满足于一般的你买我卖，而要求更好地为人民为生产服务，做人民生活的组织者，"管家人"；同时，也反映了城市人民公社化的必然趋势。而《幸福桥》、《花开遍地万户香》则更直接表现了城市人民公社解放了家庭妇女劳动力，为社会主义建设增加了一支强大的劳动大军，并且改变了城市的面貌和人们的精神面貌。这几个戏共同的特点是生动地表现了城市人民生活中五彩缤纷的、激动人心的新事物，特别是表现了我国妇女在彻底解放的道路上的新姿态。在过去的舞台上，家庭妇女只是作为母亲或妻子的形象，作为男主人公的陪衬而出现。而这三个戏,家庭妇女成为戏剧的主人公,成为舞台上的英雄形象。这是中国戏剧历史上甚至世界戏剧历史上的崭新事物,而这些特点也是我们今天的现实生活所决定的。

接着,陈默同志就这几个戏谈了两个问题。首先,他谈到表现时代精神的问题。他认为这几个戏都洋溢着社会主义的时代精神。这些戏里面的家庭妇女白手起家,克服重重困难,在很短的时间内,就办起了工厂,她们的精神面貌迅速地发生了惊人的变化,人与人之间也树立起崭新的关系。特别是这些戏中一些次要人物(正面人物或被批判的人物)都写得很生动。如《幸福桥》里的退休工人郝大爷,热情地为邻里服务,写得十分生动,梁玉儒同志演得也真是好极了。《生活的凯歌》里的赵大爷老夫妇,也写得很可爱;《花开遍地万户香》的烤鸭师傅老刘夫妇之间关系的变化非常动人,特别是最后一场刘师傅从国外回来会见老婆,更是个可爱的喜剧场面;又如《幸福桥》里的潘玉凤的转变写得自然,后来她和刘桂花的和好,也很富于喜剧性。所有这些次要人物都写得生动、可爱。陈默同志希望作者们能对这几个戏里的主要人物作进一步的加工,使之更完美。他说,《幸福桥》第一场出现了三个人物:军官家属金玉芝,寡妇崔大嫂,居民委员会委员郑秀云,观众以为她们会成为这个戏的骨干人物,但现在只看到她们职务上的提高,而她们性格的发展和精神面貌的变化却显得不够丰富。《花开遍地万户香》里的居民委员会副主任吴惠良和《生活的凯歌》里的主要人物售货员郑学红的形象塑造上也存在着同样的问题。因此,如何进一步把这些主要的英雄人物的形象更好地树立起来,是更好地反映时代精神的关键。现实生活证明:家庭妇女一旦从家务劳动中解放出来后,她们的精神面貌发生巨大的变化,她们的智慧和才能是令人惊叹的。如果能够通过剧中几个最主要人物的形象,把这种变化充分地表现出来,戏的思想深度就会前进一步。描写这些家庭妇女中的先进分子,要写出她们在党领导下精神面貌越来越丰富,形象越来越高大。《幸福桥》里的寡妇崔大嫂,过去由于个人生活的不幸,在人们面前自卑拘谨,她在生活中并不能起什么决定作用。如果在戏剧的发展中,她的形象也发展了,她的觉悟提高了,逐渐从原来只能照顾家庭生活扩展到能够照顾全社的事,能负起更大的责任,工作泼辣,性格开朗,当机立断,那么她的形象就在斗争中发展了,就高大起来了。通过这样的形象和其他形象,就可以表现出我们的时代精神来。

其次,陈默同志谈到关于戏剧创作中的矛盾冲突问题。他说最近听到有些人对于歌颂新生活的戏剧中是否一定要有矛盾冲突表示怀疑。陈默同志认为:不同的时代会有不同的矛盾,我们的社会生活既然处在不断革命之中,那么总会有各种不同的革命对象。在我们的生活中,不但有敌我矛盾,而且在人民内部也有两个阶级、两条道路的斗争,有先进与落后的矛盾,还有传统的习惯势力和新生事物的矛盾,在人与人之间也必然会有性格上的不同。假如不把这些矛盾写出来,就难于表现出人物的精神面貌,为什么这几个戏里的某些人物给人印象深刻呢?除了作者给他们安排了喜剧性的情节、语言之外,主要是他们被放在冲突之中,他们在冲突中表现出不同的性格。但这几个戏里的主要人物往往没有放在冲突的尖端。《幸福桥》第四场是很精彩的戏,但是它与主要人物游离了,潘玉凤的转变主要是由郝大爷帮助促成的。在这个问题上,三个主要人物都没有参与斗争。最近看到上海市人民沪剧团演出的沪剧《鸡毛飞上天》,作者自始至终都把主人公放在困难的境地,人物形象就在矛盾冲突中树立起来了,因而也深刻地揭示了戏剧的主题思想。这是一条重要的经验。陈默同志说,由此可见,对于歌颂新生活的戏剧中是否一定要有矛盾冲突发生怀疑,是丝毫也没有根据的。

此外,夏淳、白珊、刘振岙、李建国等同志对这几个戏也发表了一些意见,并对于怎样在一出戏中概括地反映城市人民公社的面貌,怎样安排人物和组织戏剧冲突等问题,进行了讨论。

最后,田汉同志对反映城市人民公社的戏是否要全面地反映,怎样在戏中安排贯串人物的问题,作了回答。他认为街道生产、街道服务站都可以写,抓住一点也可以反映全貌。主要的问题在于写社会主义建设中人的精神面貌的变化,写共产主义的风格,写时代精神,可以概括得更全面,但也不要拘泥地追求全面,更不要把写人和写事对立起来。写街道生产也罢,写街道服务站也罢,都是为了写公社化过程中的斗争,都是为了写人。他热情地勉励大家多多反映城市人民公社化这个大事情。

（游　默）

四川政法公安学院科学研究近况*

吴泽之

（一九六〇年六月二日）

四川政法公安学院师生在院党委的正确领导下，更高地举起毛泽东思想红旗，坚持为无产阶级政治服务、为教学服务的方针，密切结合实际，大搞群众运动，把科学研究工作推向一个新的阶段。

为了进一步检查、推动和提高科研工作，四川政法公安学院于6月6日—7日举行了1960年第二次科学报告会。这次报告会是以讨论研究城市人民公社和无产阶级专政问题为主，在会上提出讨论的有"全面组织居民生产与生活，建设社会主义新城市"、"七星岗街道人民公社所有制问题的初步探讨"、"怎样正确区分两类不同性质的矛盾"等五篇论文，另外印发的有四篇论文和调查报告。参加会议的除了党委和各系、处、室负责同志外，还有教师、干部、学生和重庆市各大专院校的政治课教师代表及有关单位的来宾代表。

四川政法公安学院今年的科学研究工作，在去年跃进的基础上，实现了继续跃进，取得了一定的成绩。该院对1960年科学研究规划所规定的项目，现已完成近三分之一（内完成的重点研究项目已近原计划的二分之一）。另，随着形势的发展和需要，该院又在规划以外组织教师写成论文四十多篇。教师们写出的论文，有的已在校内外报刊上发表，有的已在第一次和这次科学讨论会上提出报告，有的被公社采用作为进行思想教育工作的教材，有的并作为教学及业务部门的参考材料。与此同时，该院还分别编出了马克思列宁主义经典作家言论摘录资料汇编三十二种，同学们还写出了一批心得和文章。

---

* 原载《法学研究》一九六〇年六月二日。

　　四川政法公安学院今年的科学研究工作,突出地体现了以毛主席著作为纲、毛泽东思想为指导,将学习毛主席著作与科学研究紧密地结合起来。该院党委大力提倡结合毛主席著作的学习,大写心得、论文。广大师生一般地都做到了边学习毛主席著作,边选题目,边进行研究,写好了就讨论。

　　在科学研究过程中,师生们认真地贯彻了理论联系实际的原则,特别重视科研工作与革命实际斗争相结合,与党的中心任务相结合,与教学工作和思想实际相结合,纷纷深入工厂、农村和基层政法业务部门参加实际工作,参加阶级斗争,参加革命运动,展开科学研究,教师还把论文的提纲初稿向工人、农民请教,与业务部门同志共同研究修改,不少教研室都召开了有实际工作经验的学员座谈会,或进行个别访问,广泛听取学员们的意见。三月,该院党委在重庆市中苏友好人民公社建立了科研基地,后又调派了一批教师和政法系、司法民政系六百多个同学投入城市人民公社化运动。师生们边工作,边劳动,边学习,边调查,边研究,写出了大批论文和调查报告,如在中苏友好人民公社的十几位教师,在一个多月之内,就写出了二十一篇论文和调查报告。师生们研究的都是有关坚持党的总路线、大跃进和人民公社,批判右倾机会主义,捍卫马克思列宁主义,反对现代修正主义,兴无产阶级的法律观批判资产阶级旧法观点,批判"阶级斗争熄灭论"、"无敌论"以及建立人民公社过程中的一些新的、具体的问题,大大地丰富了感性知识,总结了工作经验,提高了思想水平,实现了学用一致,从而做到工作、科研、劳动三结合,教学、科研、思想三丰收。

　　四川政法公安学院在进行科学研究过程中的另一特点是大走群众路线。全院师生都积极投入科学研究运动,调干同学、工农同学、低年级同学、一级干部和助教,都解放了思想,破除了迷信,大胆地进行研究和写作。该院认真地贯彻了普及与提高相结合、个人钻研与集体讨论相结合、教师与学生相结合的原则,各系、年级都成立了科研领导小组,各班均成立了科研小组(共六十个),师生们先后举行的讨论会、报告会、经验交流会共达一千五百多次,有的系和年级还举办了心得、论文展览,编印了选集,因而很快就形成了一个群众性的科学研究高潮。

　　各级党组织的重视和积极领导,是搞好科研工作的根本保证。该院党委对科研工作始终都抓得紧,反复动员号召师生们大搞科学研究,一再指出进行科研工作必须遵循的正确方向,制定了院的科研规划,成立了科学研究处,配备了专职干部,建立了科研基地,党委书记亲自抓计划、抓重点研究项目。教学各支部除了抓规划外,并对教学工作和科研工作作出了具体的安排,各系总支、支部都加强了对同学进行科研的具体领导,大抓政治思想、组织安排、规划落实、督促检查和总结推广。

现该院正进一步加强科研工作,提高科研质量,积极着手编辑 1960 年第二期学报和人民公社论文选集向"七一"献礼。

张家宅居民正沿着
城市人民公社的道路前进*

上海社会科学院政法研究所　城市里弄调查组

（一九六〇年六月二十九日）

一

　　上海大办城市人民公社的高潮即将到来了。这个高潮的到来，是上海经济和政治发展的必然趋势，是全市人民在党的领导下，觉悟程度和组织程度不断提高的结果。静安区张家宅三千多户居民，两年来组织集体生产、集体生活的经过，说明大办城市人民公社已经是人心所向，大势所趋。

　　张家宅是在1958年大跃进的形势下组织起来的，当时一方面在生产战线上越来越需要有更多的人参加生产劳动，以满足社会主义生产高速度发展的需要；另一方面广大里弄居民经过全民整风运动，思想觉悟大大提高，在总路线和大跃进形势的鼓舞下，迫切要求参加社会生产劳动，为加速社会主义建设贡献出自己的力量。在全国农村人民公社化运动的高潮中，这种愿望表现得更为强烈。张家宅的家庭妇女纷纷拥到区妇联和街道办事处，要求参加生产劳动，并表达了要求建立城市人民公社的愿望。

　　在这种形势下，中共静安区委根据上海市委的指示，派出工作组，于1958年8月间，开始把张家宅里弄的居民首先是劳动人民的家属组织了起

　　* 原载《学术月刊》一九六〇年六月二十九日。

来。在"以生产为中心,生产生活一齐抓"的方针指导下,组织群众大搞生产。群众欢欣鼓舞,热情高涨,她们在党的领导下,本着白手起家、因陋就简、从无到有、由小到大的原则,提出"没有房子大家让,没有用具大家凑,不懂业务苦心学","苦战三月,不计报酬,为集体事业贡献一份力量"的口号,在短短几天中,就腾出了48间房子,借出一千多件用具,组织加工生产组,举办了公共食堂、托儿所、服务站等集体福利事业、社会服务事业和文化教育事业。有724个妇女,冲出了家庭小天地,热火朝天地投入了大跃进的行列。

一年多来,她们在实践中深深体会到组织起来的好处。特别是今春以来在全国工农业生产持续大跃进和各个城市大办人民公社的影响下,她们更加迫切要求全面地组织集体生产和集体生活,以适应社会主义建设全面大跃进的需要。3月以后,在地区党组织的直接领导下张家宅的组织工作获得了飞跃的发展。到4月中旬止,张家宅组织起来的劳动力,已从1959年12月底的百分之五十八猛增到百分之九十以上。生产加工组由6个扩增到9个(计有避雷器、电容器、包药粉、缝纫、软木、仁丹和刺绣、电话机壳、冲床、糊纸袋等组),共482人。目前正在大搞废品综合利用,并将发展成为一个综合性的化学工厂。随着生产组织的大发展,集体生活福利和社会服务事业也必须大发展,为生产服务,为居民服务的公共食堂从6个发展为24个,搭伙人数达到百分之八十以上。哺乳室、托儿所、幼儿园由3个增加到15个,入托儿童达百分之九十以上。社会服务组织由8个发展到15个,服务人员由58人增加到202人,服务项目从88项扩增到115项,同时还组织了72个以居民小组为基础的邻里互助组。文化教育事业方面,原有的文盲1562人全部摘掉文盲帽子。不仅进一步充实和扩展了业余中学、民办小学、政治学习班和各种专业训练班,还设立了少年宫、文化站、图书馆、红十字卫生站和一支文艺演出队,并且广泛地开展了文娱体育活动和爱国卫生运动。

这些集体事业的巨大发展,使张家宅居民进一步实现了生产生活集体化,家务劳动社会化,文化教育普及化。更加使人振奋的是,通过组织生产和生活,进一步提高了广大居民的思想觉悟,使其精神面貌发生了深刻的变化,为建立城市人民公社奠定了牢固的基础。

二

从张家宅近两年来组织集体生产和集体生活,为建立人民公社作准备的过程中,已经充分显示出它的巨大优越性。里弄居民组织起来以后,无论在促进生产、组织生活、发展文教事业、移风易俗和改造旧里弄等方面,都起着重大的作用。

首先,广大的城市里弄居民组织起来从事生产劳动,大大促进了社会主义生产和社会主义建设事业的发展。

为了建设伟大的社会主义社会,发动广大的妇女参加生产劳动,具有极大的意义。张家宅的家庭妇女,在没有组织起来之前,成年累月地束缚在繁琐的家务劳动中,无穷的智慧和力量都被埋没。组织起来之后,里弄委员会根据各个人劳动力的强弱和本身的具体情况,进行了合理的安排,使其"各尽所能,各得其所",基本上形成"家家无闲人,个个都劳动,事事有人管"的局面,使原来不从事劳动的或不宜于进工厂生产的劳动力,能够从事各种适宜的生产和劳动,更好地为社会主义建设事业服务。据不完全的统计,从1958年组织起来到今年3月底止,她们为工厂企业加工的产品就有43种,完成的主要加工任务有:避雷器287000余只,电容器11000余只,电磁听筒柄80000余只,各种电器零件1420000多件等,仅就加工费的收入计算就达165000多元。并为支援农副业生产,储积了米浆、泔脚等饲料40余万斤;此外,为了适应上海工业生产、基本建设的季节性、临时性、突击性的需要,还组织了劳动预备队,先后参加修建铁路、公路和水利的有295人,并到工厂、农村、商店参加了临时劳动。仅从这些成绩来看,这支生产力量,已为国家创造了大量的物质财富,直接促进了生产的发展。

组织起来的张家宅居民,对生产的发展起着促进作用的重要原因之一,是由于依据上海地区特别是张家宅里弄的具体特点,贯彻了因地制宜的原则的结果。上海地区是一个工厂集中,工业基础较好的城市,而主要原料多半依靠外地供给,生产任务又极繁重。因此,里弄组织生产必须采取自力更生、因陋就简、机动灵活的原则大搞加工生产,就工厂的来料加工成品或半制品,以及进行某些产品的装配、包装,达到首先为大工厂服务的目的。张家宅里弄正是依照这些原则,先后与附近 14 个工厂企业挂钩协作,进行加工生产,担负了生产上的辅助劳动。其结果,既为里弄解决了生产门路,又得到这些工厂在技术上的指导,并帮助她们进行了技术革新,解决了某些材料和工具上的困难。同时,又使附近工厂在不增加厂房、设备和人员的情况下,超额完成了生产任务,达到增产的目的。附近几家工厂过去给外包厂协作加工,往往因为排不上计划而耽误了生产,在管理、运输和原材料供应上也有许多困难。现在由里弄就近加工,既灵活又方便,困难得到了解决,工厂需要什么就加工什么,什么时候要就什么时候完成,完全像自己的车间一样。这就能够使工厂集中力量大搞高、精、尖和试制新产品,从而有力地支援了生产的高速度发展。由于上海工厂多,废料、废液、下脚和其他废品也很多,大搞废品综合利用,变废品为有用之物,是节约原料、增加生产的有效措施。组织起来的张家宅居民,在这方面也大大开拓了生产门路,为社会创造出大量财富。同时,在发展生产的基础上,里弄居民的经济收入也逐步增加,物质生活有显著改善,特别是在集体生产中,更有利于系统地进行政治思想教育工作,不断提高居民的社会主义和共产主义觉悟,从而又能反过来进一步促进生产的发展。

其次,以生产为中心,大办集体福利和社会服务事业,有利于里弄家庭妇女的彻底解放和促进生产的发展。

城市里弄大办集体福利和社会服务事业,实现家务劳动社会化和生活集体化,是人们生活方式的一次巨大变革,这个变革是我国高速度建设社会主义的产物,是历史发展的必然趋势,因为广大的家庭妇女参加社会生产后,家务劳动社会化也就成为客观的必然。有什么样的生产方式,就要求有什么样的生活方式。家庭妇女组织起来之后,不仅妇女本身要求解决参加生产和料理家务之间的矛盾,而且社会主义生产方式也要求改变原有的生活方式,把分散的、千家万户的、个体的生活方式改造成为集体的生活方式。组织人民经济生活,大办集体福利和服务事业,便能解决这个矛盾。

一年多来,张家宅里弄居民本着"大集体,小自由""积极办好,自愿参加"的原则,办起了许多公共食堂、托儿所和各种各样的生活服务组织,构成了实现家务劳动社会化的一套很好的组织形式。所谓"开门七件事"现在都有集体安排,不用自己操心,不但孩子有托儿所教养,吃饭有公共食堂,而且洗衣、理发、修补器皿、缝纫编结、代购车船票,甚至代管全部家务,都能做到"要啥做啥,随叫随到,机动灵活,群众方便"。张家宅的公共食堂,目前已经建立起主食品加工站,担负了整个里弄的蒸饭任务,正在向大经济事业的方向发展。托儿所、幼儿园的大量兴办,不仅能把儿童照顾得很好,使他们的父母专心于劳动,更重要的是从小就以集体主义思想培育了下一代,使儿童在德、智、体各方面得到全面发展。

大办集体福利和服务事业使家庭妇女走上了彻底解放的道路。张家宅妇女朱琴的转变,是一个很生动的事例。朱琴在组织起来之前,常常这样说:"小时候由父母抚养成人,大了出嫁,生育儿女、洗衣、烧饭……然后年老、死去。这就是女人的一生。"因此,终日愁眉不展,没说没笑,人们叫她"神主牌",可是组织起来之后,她的小孩进了托儿所,全家都在食堂吃饭,她自己也参加了生产,于是她的精神面貌起了根本的变化,总是干劲十足,有说有唱。后来她担任了张家宅生产加工委员会主任,成了上海市的"三八"红旗手。人们不再叫她"神主牌"而叫她"蜻蜓姑娘"了。因此,张家宅的妇女歌颂家务劳动社会化的好处说:"妇女彻底解放,家庭琐事一齐抛;一心搞好生产,幸福生活更美好。"可见,"只有在开始把琐碎家务普遍改造为社会主义大经济的地方,才有真正的妇女解放"①。

第三,生产生活集体化和家务劳动社会化的实现,促进了文化教育事业高速发展。

张家宅的广大劳动妇女在组织起来参加了社会生产劳动后,迫切要求提高政治、文化和技术水平,迅速改变愚昧无知的落后状态。她们过去由于繁琐家务劳动的牵累,没有时间学习文化,许多家庭劳动妇女连自己的姓名也认不得写不出。在组织集体生产和集体生活后,由于缺乏文化知识,要想记账记不来,要写条子写不来,要开发票开不来,要看通知看不来,里弄干部开会笔记记不来……因而组织文化学习就成为广大妇女迫切的要求。而集体生活福利和

---

① 《列宁全集》第29卷,人民出版社1956年版,第390页。

社会服务事业的大举兴办,全面地安排了生活,又为她们学习政治、文化和技术创造了有利条件。

在居民组织起来之后,里弄委员会在党的领导下,根据党的全民办教育的方针,自力更生,白手起家,因地制宜,因材施教,群策群力,开展了大闹文化革命、大办业余教育、大扫文盲的群众运动。1959年底,这里的青壮年已全部摘掉了文盲帽子,并以不断革命的精神继续巩固提高。目前已有600多人参加了业余中学学习,1500多人参加了政治学习班和其他各种形式的文化学习,七岁以上的儿童也已全部入学,基本上实现了文化教育普及化。

毛主席曾指出:"文化革命是在观念形态上反映政治革命和经济革命,并为它们服务的。"①张家宅在开展文化革命兴办教育事业中,认真地贯彻了党的教育为无产阶级政治服务、教育与生产劳动相结合的方针,根据里弄工作的需要安排学习内容,"做什么,学什么",实行政治、文化、技术三结合。如当有些妇女参加劳动有顾虑时,就结合政治课和文化课进行劳动最光荣的教育;在发展食堂、托儿所时,就开办烹饪、卫生、师资等学习班;在开展文娱活动时,就举办音乐、舞蹈、美术等学习班;在大闹技术革命运动中,就举办物理、电工、煤气、废品综合利用等学习班。由于这些学习班是实行了学用一致的原则,个个认真刻苦钻研,因而迅速提高了妇女的政治、文化和技术水平,并促进了集体生产和集体生活的巩固和发展,为进一步开展技术革命及文化革命创造了极为有利的条件。随着社会主义革命日益深入和社会主义建设飞速发展的新形势的出现,她们在党的领导下,掀起了学习毛主席著作的热潮,先后组织了有120多人参加的六个毛主席著作学习小组。根据工作的需要,她们有计划有步骤地学习了毛主席关于"中国社会各阶级的分析"、"论人民民主专政"和"关心群众生活、注意工作方法"等著作,更加明确了前进的方向,加强了阶级观点和群众观点,不仅对被管制分子加强了监督和改造,同时能用阶级分析的方法进行分析和研究各阶层的反映和意见,分别不同情况进行工作和教育;并改进了工作方法,密切了与群众的联系,更好地安排群众的生产和生活,进一步加强了为人民服务的观点。毛泽东思想已成为张家宅广大劳动妇女在社会

---

① 《毛泽东选集》第2卷,人民出版社1952年版,第692页。

主义革命和社会主义建设的实际斗争中胜利前进的伟大动力。

她们在生产和学习的同时,为了活跃文娱生活,还开展了群众性的文艺创作运动。一年多来,她们写出了歌颂党和三大法宝的诗歌 26000 余首。汇编诗选和画刊 12 册,成立了一支有 100 多人参加的文艺演出队,自编自演的剧目和歌曲 100 多个。她们也歌颂自己的文化翻身:"从前妇女文盲多,如今妇女写诗歌,写出诗歌千百篇,篇篇都是跃进歌。"充分地表达了她们组织起来以后参加社会主义建设的欢乐心情。由于文化革命的逐步深入和发展,就出现了"人人学文化,个个懂政治,处处有诗画,家家闻歌声"的新气象。由于居民的政治和文化水平的提高,除害灭病的爱国卫生运动也深入展开,人人动手,个个参加,卫生工作已经形成为组织化、群众化、经常化、制度化,养成了人人讲卫生,个个爱清洁的良好习惯,成为上海市的一面清洁卫生红旗。

这些事实说明,家庭妇女只有组织起来走上集体化的道路,从繁琐的家务劳动中彻底解放出来,才能由缺乏文化技术的人变成为逐渐掌握文化技术的人,由不大过问政治的人变成为时刻关心国家大事的人。随着文化革命的逐步深入开展,她们将逐渐发展成为有社会主义觉悟、有科学文化的新型的劳动妇女。

第四,社会主义的生产集体化和生活集体化的发展,引起了人们精神面貌的深刻变化。

集体生产和集体生活培养了人们的集体主义和共产主义思想。过去一家一户分散的生活方式,使人们生活在狭小的圈子里,旧社会那种"各人自扫门前雪,莫管他家瓦上霜"的思想很难冲破。但在以生产为中心,全面组织人民的经济生活以后,把分散的小家庭纳入集体的大家庭,缩小了旧的生活方式和旧的思想意识对人们的影响,集体主义和共产主义思想得到普遍发扬,人与人之间的团结友爱和互相帮助的新关系发展起来,民主团结、互敬互爱的新家庭普遍地出现。

张家宅的家庭妇女经过一年多来的集体的劳动锻炼和思想教育,觉悟提高了,思想解放了,劳动是最大的光荣,为别人服务是最大的快乐的思想普遍树立。她们提出:"不怕脏、不怕累,只要是为了社会主义,叫干啥就干啥。"缝纫组为了使 500 个孤儿穿上棉衣,参加甘肃建设,她们在时间短、技术不熟练的困难条件下，发挥了冲天的干劲，经过五天日以继夜的苦战，提前完成了任务。洗衣组在既无房子又无工具的情况下，坚持把洗衣组办起来。她们早晨到职工宿舍等候取衣，傍晚把洗好的衣服送往职工宿舍，中午就自带针线和布头，到职工宿舍缝补衣服和袜子。她们说："洗衣是我为人，生产是人为我，我把衣服洗得好，大家生产劲头高。"助人为乐，舍己为人的58岁的退休工人龚玉兰，每天起早摸黑地巡查里弄，收拾被人遗忘的东西，仅1959年一个夏天，就为居民办了300多件好事。由于她们勇敢地破除了家庭妇女的自卑心理和迷信思想，多少年来被埋没在家务劳动中的聪明和才智，得到了充分的发挥，树立了敢想敢说敢做的共产主义风格。从来没有摸过机器的人变成了机器的制造者，一直被孩子拖累的年轻妈妈成了革新闯将。一向被称为"神主牌"的职工家属朱琴，第一个在张家宅闹起技术革新，她和大家一起利用废品创造了一只检验避雷器的万能电表，保证了避雷器不出废品。刚刚摘掉文盲帽子有6个孩子的庄宝娥，克服了重重困难，创造了一台电动洗衣机，工作效率提高了9倍。她们这种冲天干劲和忘我劳动的精神，是她们热爱社会主义，热爱党和毛主席的具体表现，她们已经把自己的命运和伟大祖国的社会主义和共产主义前途紧密地结合在一起了。

由于集体主义和共产主义思想得到发扬，人与人之间的相互关系也发生了显著的变化。劳动人民内部变得更加亲密团结。过去张家宅福田村和张东、张西两个里弄的劳动人民互不团结，邻里之间很少往来，常常为水电、房屋和小孩吵架等小事引起争吵，调解委员会成天忙于排解纠纷，每天少则五、六起，多则十余起。现在经过共同劳动，一起生活，老邻居成了新乡亲，彼此的关系越来越亲密。如妇女陈道珍和赵凤宝两家门对门，过去因为两家的小孩吵架而变成冤家，多少年来互不理睬，现在由于一起劳动、一起学习，多年的疙瘩冰消雪融，成为相互帮助的新姊妹。

由于广大家庭妇女参加了社会劳动，她们在家中的地位也发生了变化，不再处于附属地位的"家属"了，而是与男子处于同等地位。正如列宁在"论女工运动的任务"中所说的："要彻底解放妇女，要使她们与男子真正平等，就必须有公共经济，必须让妇女参加共同的生产劳动。这样，妇女才会和男子处于同等地位。"在我国，民主革命的胜利和中华人民共和国的成立，虽然结束了几千年来妇女被压迫被奴役的历史,得到了解放,但是由于许多妇女受繁琐家务的拖累,不能参加社会生产劳动和各种社会政治活动,家庭经济收入的主要来源仍旧要依靠男子的劳动,所以他们在经济上还没有独立,这就影响到妇女在社会和家庭中的地位。如张家宅妇女王杏林,结婚十八年以来,时常吵闹,丈夫总是看不起她。为了家庭生活的需要,每次向丈夫要钱买东西,总要受气。从她参加了生产劳动以后,自己也有了经济收入,夫妻关系根本改变了。当她第一次拿到工资时,就去买了酒菜请丈夫吃,并说:"我过去一直吃你的,今天我以自己的劳动所得,第一次请你吃我的。"从此夫妻二人和睦相亲,丈夫不仅经常帮她学习,而且还时常一起去看电影、逛马路。王杏林无限感动地说:"结婚十八年来,现在才真正过着自由平等、民主和睦的家庭幸福生活。"在张家宅,夫妻、婆媳、妯娌共同劳动、互敬互爱、民主和睦的新家庭已普遍地出现。

总之,张家宅的居民在组织起来之后,过去那种各自一家、互不关心、常为小事争吵的互不团结的现象一去不复返了,代之而来的是大家互相帮助、互相关怀的集体主义团结友爱精神和新的社会风尚,整个里弄成为一个团结和睦的大家庭。人人心情舒畅、笑逐颜开、干劲冲天,一片兴旺气象。正如她们对比组织起来前后的情况说:"这里过去是:闲人多、吵架的人多、自管自的人多;现在是:参加劳动学习的人多,参加集体生活的人多,相互帮助的人多",真是翻天覆地的大变化!

三

从张家宅的情况看来,以生产为中心,以组织和发展街道工业为基础,大举兴办集体生活福利事业、文化教育事业和各项社会服务事业,根据"积极办好,自愿参加"的原则,组织城市里弄居民特别是职工家属参加社会生产劳动,进而组织城市人民公社,是一个必然的发展过程。

现在,张家宅这条里弄已由原来一家一户分散的和消费的旧里弄转变成为集体化的生产的新里弄。里弄委员会已发展成为里弄居民的经济生活、政治生活、文化生活的统一组织者,它已经开始形成为城市人民公社的一种基层组织,并已发挥了城市人民公社基层组织的作用。随着城市人民公社的建立和发展,无疑地它将发挥更大的作用。党的八届六中全会"关于人民公社若干问题的决议"中指出:城市人民公社将"成为改造旧城市和建设社会主义新城市的工具,成为生产、交换、分配和人民生活福利的统一组织者,成为工农商学兵相结合的政社合一的社会组织。"城市人民公社的建立和发展,是具有极为深远的意义的。它将从生产上和生活上把城市广大居民高度地组织起来,在党的领导下,发挥更大的积极作用,以便加快我国社会主义建设的速度,按照工人阶级的世界观迅速改变城市的面貌,并为将来实现共产主义准备物质条件和精神条件。因此,城市人民公社将和农村人民公社一样,是加速社会主义建设和过渡到共产主义的最好组织形式。

张家宅的里弄居民为了进一步组织起来,在即将建立的城市人民公社中发挥更大的作用,她们在党的领导下,正在高举毛泽东思想红旗,以不断革命的精神,大跃进的速度,以巩固、提高和进一步发展集体生产和集体生活的实际行动,按照建立城市人民公社的要求,积极搞好各项工作,做好一切准备,热情洋溢地迎接城市人民公社这一新生事物的诞生。

组织起来，走人民公社化道路*

——红旗里弄委员会调查报告

翁其荃　　王祖敏　　刘志荣　　张如海

（一九六〇年六月二十九日）

　　大办城市人民公社的浪潮，已经在全国各城市形成了一个汹涌澎湃、波澜壮阔的群众运动。在这一伟大的具有历史意义的革命群众运动中，我国城市的政治、经济面貌和城市人民的精神面貌，都起了深刻的变化。

　　最近我们在南市区红旗里弄委员会所属地区进行了一些调查，这一个里弄委员会的变化、发展过程极其有力地说明：城市人民公社化运动的出现不是偶然的，组织起来走人民公社化道路是人心所向，城市人民公社正在日益显示出其巨大的优越性。

一

　　红旗里弄委员会是上海南市区巡道街地区所属的九个里弄委员会之一，它是由原红旗里弄委员会（原红旗里弄委员会成立于 1958 年 10 月，包括原来的金坛路、面筋弄、谈家弄三个居民委员会，共有居民 1470 户，7124 人，是全国的"三八"红旗集体）与巡二里弄委员会在今年四月合并组成的。这里是一个劳动人民集居的地区，共有居民 3277 户，13687 人，其中劳动人民、职工及其家属占总人数的 90%以上。

---

　　*　原载《复旦大学学报》一九六〇年六月二十九日。

解放前，该地区一直是封建反动统治的据点，金坛路 47 号曾是清代上海县道台衙门的所在地，辛亥革命后是军阀统治机构淞沪警备厅的所在地，汪伪和国民党反动统治时期又在该地设有特务机关。巡道街的水仙宫内，曾有反动道会门"一贯道"、"血湖会"等组织。所以，解放以前，居民长期受反动统治的欺凌、压迫，封建迷信思想影响也比较深，不少人（特别是妇女）苦于不能掌握自己的命运而信道信佛，整个地区一直处于贫困、落后的状态。

1949 年 5 月，随着上海的解放，这里的劳动居民获得了新生，政治上翻了身，开始走上自己当家作主的新生的道路。在党的领导下经历了一系列的政治运动和社会改革，特别是通过 1957 年的反右斗争，彻底地打击了地富反坏右，清除了社会渣滓。1958 年 3 月，上海里弄开始了整风，红旗里弄的居民迅速掀起了大鸣大放高潮，通过里弄整风和社会改造，纯洁了居民委员会组织，把混进居民委员会窃据领导地位的坏分子清洗了出去，建立起以职工家属和其他劳动人民为核心的坚强领导。广大干部和里弄居民也在运动中受到了深刻的阶级教育和社会主义教育，划清了敌我界限，紧密地团结在党的周围。例如李宝莲同志经过历次政治运动的锻炼，思想觉悟不断提高，在1958 年 10 月 1 日被群众选为居民委员会主任，1959 年 3 月光荣地参加了中国共产党。

1958 年 5 月，当向全国人民提出了"鼓足干劲、力争上游、多快好省地建设社会主义"的总路线，大大鼓舞了全国人民的斗志，也为红旗里弄的居民们指出了前进的方向，在深入开展总路线的宣传教育的过程中，广大居民特别是家庭妇女又一次接受了社会主义教育，看到了祖国的建设面貌和伟大的远景，迫切要求参加生产建设，以便迅速改变祖国"一穷二白"的面貌，因此，她们逐渐感到家务劳动对自己的束缚。正如顾菊英大姊所说："我是劳动人民出身，成天搞家务真感到没意思，心里也很苦闷，而祖国建设越来越好，真盼望有那么一天能走出家门，为社会主义建设贡献自己的一份力量。"这正是广大里弄妇女的心情和愿望。

正在这时，红旗里弄委员会附近的十多个工厂，在掀起了生产大跃进的高潮以后，深感劳动力不足。如上海风镜厂，1958 年第二季度的生产任务是

14000 打，到了第四季度，因为全民大炼钢铁，迫切需要风镜，生产任务猛增到63600 打，使该厂劳动力成了一个突出的问题。而当时红旗里弄却有非在职在学的成年人 1558 人，其中家庭妇女有 1427 人，她们被束缚在小家庭里，整天忙于家务，和煤球炉子、尿布……打交道，不能参加社会生产劳动，这与大跃进的形势是不相适应的。

这一系列的矛盾说明了，工厂与里弄各不相关、自守门户的情况和广大妇女被束缚在家务劳动中的个体生活方式，已经不能适应生产力的发展。必须进一步改变工厂与里弄的关系，解放广大妇女劳动力，满足生产大跃进的要求。

1958 年 8 月，党向全国人民发出了为完成 1070 万吨钢而战斗的号召后，红旗里弄第一批由 80 多名家庭妇女参加的劳动大军，奔赴上钢三厂、闵行和浏河等处的工地，参加炼钢炼铁、运输、筑路、开河等劳动。她们和工人、干部一样，日夜战斗在各条生产战线上，不怕困难，忘我劳动，显示出广大妇女被解放出来以后的英雄气概和崇高品质，充分说明了妇女是社会主义建设中不可忽视的一支巨大力量。

为使里弄工作适应社会主义建设飞速发展的形势的要求，当时，红旗里弄成立了里弄工作组。市委、区委对里弄工作作了指示：有计划、有步骤地把里弄居民组织起来，逐步解放妇女劳动力，为社会主义建设服务，并以新的文化生活代替旧的文化生活，逐步改变居民的思想面貌和精神面貌，达到移风易俗。根据市委、区委这一指示的精神，1958 年 10 月 1 日，该地区的三个居民委员会正式合并成一个居民委员会，取名"红旗"。红旗居民委员会成立后，在党的领导下，在很短的时间里就办起了纸盒、弹簧、摇纱、绣花等 8 个生产小组，为附近 10 个工厂加工，为劳动人民生产服务。这些生产小组吸收了三百多个居民（绝大多数是妇女）参加工作，从而进一步解放了里弄的劳动力，密切了里弄与工厂的关系，也为生产的进一步发展，开辟了劳动力的广阔的来源。

家庭妇女走出家门，踏上社会劳动岗位以后，原来的家务由谁来操持呢？这个问题不解决，她们势必要"心挂两头"，人在加工生产组心在家，手里忙着生产心里惦记着孩子。为了搞好生产，她们迫切要求举办集体生活福利事业，摆脱买菜、做饭等琐碎的家务。在这样的形势下，根据生产发展和群众的要求，居委会便在群众的大力支持下，成立了公共食堂、托儿所、幼儿园、哺育室（与统一毛巾厂合办）等生活福利事业，初步解决了集体生产与个体生活之间所产生的一些矛盾。这些集体生活福利事业，由于党的领导和群众的支持，因此越办越好，不断得到巩固和提高。1959 年 11 月，居委会为了更好地满足群众的生活需要，又成立了一个家庭服务站，实行上门服务。

在今年年初全国出现了技术革命和文化革命高潮的同时，各城市在以生产为中心，全面组织人民经济生活的基础上，掀起了大办城市人民公社的高潮，使我国城市的改造和建设发展到了一个新的阶段。在这种新的形势下，红旗里弄的生产事业和集体生活福利事业也出现了新的面貌。根据今年三月底的统计，各生产组发展迅猛，生产人员由 300 多人增加到 500 多人，单就纸盒组来说，就由开始时的 3 人发展到 112 人，并且集中在一幢大房子里进行生产，还有了自置的工具设备。集体生活福利事业也得到进一步发展，办起了一个中心食堂、4 个卫星食堂（搭伙人数增加到 2000 余人），扩充了托儿所，还增设了一个万能服务站（服务内容包括理发、缝纫、上门服务、修修补补等 20 多项、80 多种工作）。

随着里弄生产和集体生活福利事业的迅速发展，居民委员会的性质和职能也在逐步发生变化。从 1958 年下半年居委会开始管起居民的生产、生活、文教等多项事业起，到今年二、三月间发展成为里弄委员会，它已逐步成为居民的经济生活、政治生活和文化生活的统一组织者。到目前，可以说已经成为城市人民公社的基层组织。里弄委员会的演变表明，城市基层组织为适应新的形势而不断发生变化，它有力地促进了里弄各项事业的发展。

当全国人民代表大会第二届第二次会议上传出全国大办城市人民公社的消息时，整个红旗里弄沸腾起来了，人们奔走相告，互传喜讯。生产组徐金凤大姊说：“我们一定要用实际行动来迎接人民公社的诞生。”四月下旬，群众提出了战斗的口号：“苦战十天庆‘五一’，拿出厚礼迎公社。”在里弄居民加紧生产的热潮中，各生产组都超额完成了四月份生产任务，如纸盒组在四月份最后

10 天完成的任务,就超过了头 20 天任务的一倍以上。

红旗里弄委员会的居民们,在大办城市人民公社的革命群众运动中,更是意气风发,干劲冲天,人人欢欣鼓舞,决心"搭起天梯上九霄,誓把天堂搬人间。"整个地区出现了欣欣向荣的新气象。至五月底,已经有 90% 以上的居民组织起来,参加了生产或集体生活福利事业,出现了前所未有的"家家忙生产,户户无闲人"的新局面。广大家庭妇女摆脱了繁琐的家务劳动,走上了集体生产、集体生活的道路。1000 多名居民每天在生产组、食堂等地劳动,为祖国社会主义建设事业贡献力量。随着生产的发展,现在一共已建立了三个中心食堂、八个卫星食堂和两个儿童食堂,搭伙人数占应搭伙人数的 93.3%,托儿所也增加到 12 个,收托了应托儿童的 80%,没有到入学年龄而未进托儿所的散居儿童也逐步被组织起来,万能服务站则成了群众的"好管家"。广大妇女走上了集体生活道路以后,里弄居民的文化教育卫生事业也得到了发展,妇女们多少年来要求学习文化的心愿正在实现,整个里弄呈现了"书声天天有,歌声三六九",吟诗作画,习歌载舞的生气勃勃的新景象。人们的精神面貌也起了深刻变化,工人阶级世界观正在改造着人们的思想,家庭和睦、邻里团结、关心集体、忘我劳动的动人事例处处皆是。赛诗会上,群众歌颂了自己的新生活:

> 过去是:柴米油盐煤球炉,
> 　　　忙忙碌碌搞家务。
> 现在是:读书唱歌广播操,
> 　　　生产劲头日日高。
> 　　　里弄食堂饭菜香,
> 　　　托儿所里孩子好,
> 　　　再把文化革命闹,
> 　　　欢天喜地庆今朝。

当前红旗里弄委员会出现的这种崭新气象,表明了该地区成立城市人民公社的条件已经逐步成熟。它的发生发展的变化过程,具体而生动地告诉了我们，城市人民公社的出现绝不是偶然的，它是我国政治、经济发展的必然产物，是广大人民思想觉悟不断提高的结果，也是党自觉掌握和运用客观规律，不断集中群众意志的结果，而城市人民公社的诞生，又必然为我国生产力的发展开辟广阔的道路。

二

红旗里弄一年多来的发展和变化，为城市人民公社的诞生创造了物质的、思想的和组织的基础，使各方面的条件逐步成熟。在其发展和变化过程中出现的生产组织以及公共食堂、托儿所和各种服务事业，已经显示出了组织起来的巨大优越性和强大的生命力，迅速改变着整个里弄的面貌。

发展了生产，改善了生活

红旗里弄委员会现有 20 多个生产组，他们都是以"白手起家，自力更生，因陋就简，从土到洋"的原则创办起来的。如纸盒组开始时，没有工作地方就借人家的客堂间，没有工具设备就设法自己带，没有煤球就去借，没有技术就苦钻。该组第一次加工的纸盒不合格，被退了回来，她们并不灰心，而是采用了"派出去，请进来"的办法，虚心学习技术，终于克服了技术上的困难，此后生产的纸盒，质量规格就都达到了工厂的要求。而且产品品种也由单一的纸盒扩大到现在生产的胭脂盒、香粉盒、园盒等，还增添了压力机、全套园筒刀、铡刀等各种设备，产量仅园盒一项，就从初办时每月不足 100 打，猛增到五、六万打。

一年多来，这些生产组为国家创造了巨大的物质财富，生产的产品有四十多种，仅加工费收入去年一年就有 14 万余元，而今年四月一个月即达 18000 多元，比去年同期又增长了 50% 以上。

红旗里弄委员会生产组织的建立与发展，和全国各城市里弄居民的生产组织一样，对进一步解放生产力、贯彻党中央关于土洋并举的方针和加速社会主义建设事业的发展，显然具有十分积极的意义。

里弄生产组织的建立和发展，为社会主义建设提供了一支强大的劳动大军，调动了人们特别是广大里弄妇女的生产积极性。毛主席指出："中国妇女是一种伟大的人力资源，必须发掘这种资源，为了建设一个伟大的社会主义国家而奋斗。"①里弄举办的生产组，因为操作简便，灵活多样，便于容纳地区的闲散劳动力，特别是解放了的家庭妇女劳动力，所以能做到"人尽其才"。

红旗里弄委员会所建立起来的生产组，现在已成为大工业的得力助手和经济战线上的新生力量。大部分生产组都与附近工厂挂了钩，在完成工厂生产任务中起了积极配合的作用。如弹簧组为上海风镜厂制造了8%—10%的风镜架，帮助这个厂克服了一部分劳动力和场地不足的困难。为了支援工业继续大跃进，各生产组还大搞综合利用，为工厂增添原料，为国家创造出更多的财富。最近，已试制成功了利用药厂下脚提取浓蚁酸，利用碎钢片制造刀片，利用工厂垃圾提取金钢砂、硫酸亚铁、硫酸铜等等，并且准备大量投入生产。这就充分利用了一切可以利用的物资和废品旧料，化无用为有用，变一用为多用，并且促进了工业生产的发展，为社会增加了物质财富。

里弄生产组不仅为工厂生产服务，而且在满足人们生活需要上也起了一定的作用。红旗里弄委员会有五个生产组分别与玩具厂、工艺公司以及商店等挂钩，生产或加工日用百货等小商品，如制造洋娃娃、缝制衣服、加工发夹等等，有力地支援了市场的需要。另外生产组还加工生产出口商品，如绣花的羊毛衫等，畅销苏联和东欧各人民民主国家。

里弄居民（特别是家庭妇女）参加生产劳动，既加速了社会主义建设，也增加了家庭收入，改善了生活。例如食堂工作人员忻宝美，在未参加工作之前，一家八口依靠丈夫一人每月70元的收入来维持，生活比较艰辛，自从她参加工作之后，一年多来，由于收入增加，添置了三床被面、大小衣服裤子30多件、大小各种鞋子近20双，还买了一斤绒线。当她眼睛有病时，党还送她到杭

---

① 毛泽东：《中国农村的社会主义高潮》中册，《发动妇女投入生产，解决了劳动力不足的困难》一文按语。

州去休养。她感激地说："这一切都是毛主席给的，没有党的领导，哪里会有今天这样的好日子，我一定要把工作搞好，才对得起党和毛主席。"

集体福利事业和生活服务事业迅速发展

毛主席说过："我们是革命战争的领导者、组织者，我们又是群众生活的领导者、组织者。"①生产和生活是不可分割的。为了适应生产发展的需要和广大妇女的迫切要求，红旗里弄委员会大力发展了集体福利事业，把繁琐的家务劳动逐步改造成为社会主义的大经济，改变了人们几千年来单家独户的生活方式，这是我国社会生产方式的进一步发展提出的要求，而新的生活方式一经出现，对生产的发展又起了积极的作用。

一年多来，这里的公共食堂、托儿所、服务站等，在党的领导下，本着"积极办好，自愿参加"的原则，经过整顿、巩固和提高，大大改进了经营管理，不断提高了工作质量，充分体现了集体生活的优越性。公共食堂做到处处为群众着想，并且还照顾了一些个别人的特殊需要。托儿所的阿姨们以妈妈一样的心情来照顾儿童，想尽办法使孩子们睡得好、吃得好、教养好、保健好。万能服务站更是群众的"好管家"，服务员们，不计时间、不计报酬、不辞辛苦地热心为群众办事，千方百计满足群众需要。公共食堂、托儿所、服务站代替了分散的、繁琐的家务劳动，使职工和居民的吃饭、带孩子这些费神的事都有了比较好的安排，因此家庭妇女能毫无牵挂地专心生产，为祖国建设贡献自己的力量，有力地促进了生产的发展。如蔡珍珠大姊在孩子未送进托儿所之前，一个月要请半个月的假，自从她把孩子送进了托儿所，一直没有请过假，生产技术也很快地提高，由慢手变成快手，日产量提高了 25%。又如今年四月底，生产任务非常紧张，生产组人员日夜苦战。食堂工作人员为了给予有力的支援，晚上 12 时准备了热腾腾的夜点心，生产组的人员们很感动，她们说："前方后方心一条，食堂真比家里好，半夜饭菜吃得饱，生产更加有劲道，完成任务信心高，大家一齐立功劳。"红旗里弄委员会举办的集体福利事业，还为附近工厂

---

① 《毛泽东选集》第 1 卷，人民出版社 1991 年版，第 139 页。(此注释系编者根据原注释所作的修改)

的职工服务，对促进附近工厂的生产起了一定作用。第二中心食堂就有长虹纱带厂等五六个单位，150多个职工搭伙，这样就使这些厂的炊事员参加工厂生产，腾出了厂内饭厅做生产车间。服务站还上门为双职工服务，从而使他（她）们更安心地投入生产。

里弄妇女走向彻底解放的道路

红旗里弄的家庭妇女和全国广大城市妇女一样，在组织起来以后，直接参加了社会主义建设，大大提高了她们的社会地位和家庭地位。旧社会遗留下来的传统思想也正在进一步被消除。

家庭妇女参加了祖国建设，开始获得了经济上的自主权，摆脱了对丈夫的依赖，这是几千年阶级社会未有的大事。当她们第一次领到工资时，感动得流下了热泪，从内心感谢党和毛主席带来的幸福，许多人还买了毛主席像挂在家里，她们说："见到毛主席，心里就亮堂堂。"王能觉大姐在领到有生以来第一次工资时，心情像潮水一样沸腾，她想：多少年来，都是靠丈夫，哪怕买一分钱的草纸也要伸手向别人要钱，今天算是独立了，她决定把第一次工资买一套新衣服给丈夫穿。晚上，当丈夫回来时，她说："过去我一直穿你的衣服，今天靠了毛主席，你也可以穿穿我的了。"这话是多么自豪，她代表千百万家庭妇女说出了过去一直闷在心里的话。

妇女经济上的彻底翻身，带来了她们家庭地位的深刻变化。团结、民主、和睦的新型家庭越来越多了。绣花组戴英娣大姐的丈夫从她参加生产后，改变了过去那种"饭来张口，茶来伸手"的作风，并且自己料理自己的生活，还主动打扫清洁卫生，照顾小孩。生活集体化也带来了婆媳关系的改善，那种"媳妇不如女儿"的旧观念也在逐步消除，这也是与集体生产使得人们的觉悟提高、心胸开朗分不开的。风箱组丁根娣大姐参加生产后，婆媳不再吵嘴了。下雨天婆婆还主动送雨伞套鞋到生产组；假日里，丁根娣陪婆婆去游公园，婆媳之间亲若母女。今年元旦，丁根娣上台演戏，婆婆领着孩子去看戏，眉开眼笑地对人说："这叫婆婆看媳妇，越看越喜欢。"

家庭妇女参加了社会劳动，开始在实际生活中获得了与男子真正平等的地位。列宁曾经指出："要彻底解放妇女，要使她与男子真正平等，就必须有公共经济，必须让妇女参加共同的生产劳动。"①家庭妇女参加了社会劳动，这就使她们能够广泛参与国家政治生活和进行文化学习。她们可以参加各种群众集会，和首长一起讨论国家大事，担任里弄委员会的大部分的工作，每天还抽出一定时间参加文化学习。这一切都有力地说明了，"只有在开始把琐碎家务普遍改造为社会主义大经济的地方，才有真正的妇女解放，才有真正的共产主义"②。伟大的革命导师列宁的这一预见正在我国城市人民公社化运动中逐步实现。

文教卫生事业大发展

红旗里弄的居民在广泛参加集体生产和集体生活的同时，在文化教育、清洁卫生、文娱体育等各方面也都出现了从来未有的全面大跃进的新局面。

居民生活方式的逐步改变，为文教卫生事业的发展创造了极其有利的条件。另一方面，广大居民特别是家庭妇女参加生产以后，没有文化就会碰上许多困难，她们迫切要求学习文化。为了适应群众学习文化的要求，里弄成立了图书馆、文化室、广播室等，生产组还保证每个妇女平均每天有一个小时的学习时间。里弄委员会还专门成立了扫盲班，把"漏盲"集中起来半脱产学习。全地区的青壮年文盲在今年"三八"节基本上都摘掉了文盲的帽子。目前，里弄里举办有预备班、初中班、高中班，此外还有老年人识字班。她们高兴地歌颂着："识字真开心，双目见分明，书报全看懂，文化大翻身。"许多妇女深刻地感受到："破洞不补要漏，武器不擦要锈，人不学习要落后。"红旗里弄委员会在扫除文盲的基础上，还在组长以上的干部中组织了理论学习，并开展了红旗读书运动。最近，一个学习毛主席著作的高潮正在掀起，她们学习了"关心群众生活，注意工作方法"、"矛盾论"等文章，纷纷议论着怎样以毛主席思想来武装自己，改进工作。

文化学习欣欣向荣的同时，这里的居民坚决响应毛主席除害灭病的号召，

---

① 《列宁全集》第30卷，人民出版社1957年版，第44—45页。
② 《列宁全集》第29卷，人民出版社1956年版，第390页。

大搞清洁卫生运动。过去的巡道街被称为"垃圾街"，苍蝇、蚊子满天飞，现在已经根本变了样。群众对比过去和现在的情况时说：

> 过去是：马路阴沟真肮脏，
> 　　　　痰盂马桶随地倒。
> 现在是：清洁卫生人人搞，
> 　　　　环境绿化又清爽。
> 　　　　坚决响应党号召，
> 　　　　四害六病消灭光。

人们在文化学习、政治学习中，还组织了有二百多人参加的"红旗业余文工团"，有沪剧、越剧、曲艺、歌咏、创作等组，自编自唱，丰富多彩。1958年以前还是半文盲的鲁明志老妈妈，现在已成了群众一致赞扬的大诗人，一年多来，共创作了诗歌五百多首，赛诗会上经常可以听到她的吟唱，歌颂社会主义的新生活。

人民精神面貌的深刻变化

广大里弄居民参加社会劳动以后，在集体生产和集体生活中受到了锻炼，集体主义思想和共产主义风格大大发扬。

里弄居民要摆脱几千年来的旧思想旧习惯的影响，这本身就是一个斗争的过程。对待这样一场深刻的社会主义革命，人们因阶级出身、经济地位、生活水平、生活习惯以及思想觉悟的不同往往采取了不同的态度。总的情况是：大部分人特别是劳动人民及其家属积极拥护，一些人有或多或少的怀疑和顾虑，有的人有抵触情绪甚至站在反对的立场。有矛盾就会有斗争。在这一场深刻的斗争中，新的思想一定会得到胜利，新人新事就是在斗争中不断涌现和成长起来的。胭脂组组长李爱英，原来为纸盒厂加工纸盒，每月收入加工费多时可达百余元。后来纸盒厂招收工人，论技术，论条件她都可以进工厂，而工厂里的工资待遇较高，生产条件也较好。但当时里弄成立了纸盒加工组，正迫切需要她来指导技术，这就引起了她的一场思想斗争。思想斗争的结果，集体主义思想终于战胜了个人打算,她愉快地参加了里弄加工组,并且在生产中进一步克服了自私保守思想,拿出了自己的生产工具,毫无保留地把生产技术传授给姐妹们,她说:"一个人好不算好,大家好了才算好。"由于她在生产、工作上一贯积极负责,已成为组里的一面红旗。

集体生产和集体生活,把人们联系在一起,集体主义思想大大发扬,人与人之间的关系起了深刻的变化。过去这里是"大吵三六九,小吵天天有"。金坛路上14里弄总共只有30来户人家,可是夫妻、婆媳、邻居闹不团结的就有12对,被人称为"相骂里弄"。现在迥然不同了,妇女们见面谈的是生产组的事,过去说东家、道西家的话是听不见了,"相骂里弄"已变为和睦里弄,冤家也变成了亲家。那种邻里互相帮助,互相关心的动人事例每日可闻。如有名的"大炮"朱翠娣,知道了对门的顾彩娣患胆囊炎十分危险时,就立刻背着病人到医院去看病。

红旗里弄的广大妇女在党的教育下,在集体生产的锻炼中,思想觉悟不断提高,不计报酬、不讲条件的共产主义劳动态度迅速成长,这是可以大大加速我国社会主义建设的可贵的精神状态,也是向共产主义过渡的必要条件。

在参加了集体生产和集体生活的广大里弄妇女中,敢想敢说敢做的共产主义风格现在已代替了妇女过去的自卑感。她们写道:"家庭妇女真聪明,海底捞针有本领,捞起金针来刺绣,绣出山河万年春。"许多原来只是买菜、烧饭的家庭妇女,今天破除了迷信,解放了思想,成了生产的能手、技术革新的闯将。一年多来,各生产组共提出了革新建议230多条,已被实现的有130多条,大大提高了劳动生产率。弹簧组创造的"无焊锡接头法",提高了工效一倍多,为国家节省了大量的重要物质——焊锡和硝镪水,并且改善了劳动条件。这一革新创造已经推广到工厂,乌鲁木齐、重庆、嘉兴等地也都派人来参观学习。家庭妇女几千年来被埋没的智慧,今天在社会劳动中放出了光彩。

综上所述,里弄居民在组织起来、大办城市人民公社的过程中,以革命精神改造着客观世界和主观世界,逐步调整与生产力不断发展不相适应的生产关系和上层建筑的某些方面,有力地促进了生产,显示出里弄居民特别是家庭妇女的巨大力量,使她们走上了解放和富裕的道路。毛主席说过:"……把群众的力量组织成为一支劳动大军,这是人民群众得到解放的必由之路,由穷苦变富裕的必由之路……"①。红旗里弄的居民们把一年多来的巨大变化都归功于党和毛主席。大家深深感到:"桥靠椿、屋靠梁,黑夜走路靠灯光,幸福生活全靠共产党。"

三

红旗里弄和全国各城市的里弄一样,一年多来的变化、发展和显示出来的走集体化道路的优越性,有力地证明了:我国当前出现的城市人民公社化运动的高潮不是偶然的,"是我国政治、经济发展的必然产物,是社会主义建设大跃进和广大农村实现公社化以后,城市社会主义运动发展的必然趋势"②,也是毛主席的不断革命论思想在新的历史条件下的具体实现。同时,我们可以看到,旧城市遗留下来的落后面貌正在发生变化,消费者开始变成了生产者,个体的生活方式正在被改造成为集体的生活方式,私有制残余即将被消灭,城市建筑(市容)、交通等落后和不合理的状况也正在逐步得到改善,社会主义的新城市正在逐步形成。正如党的八届六中全会"关于人民公社若干问题的决议"中所指出的:"城市中的人民公社将来也会以适合城市特点的形式,成为改造旧城市和建设社会主义新城市的工具,成为生产、交换、分配和人民生活福利的统一组织者,成为工农商学兵相结合和政社合一的社会组织。"

城市里弄的变化和发展不仅加速了我国的社会主义建设,而且由于共产主义因素的出现,共产主义幼芽的成长,还为我国逐步向共产主义过渡创造了条件。

城市人民公社是一个新生事物,各方面的工作正在摸索,它必然是一个不断成长、不断完善的过程。在这个过程中,党的方针政策是既要积极发展,又要坚持自愿原则,绝不要求一切人都一起参加。对于一时不愿意参加的人,绝不勉强。但是,愈来愈多的事实向我们展示出,组织起来,走人民公社化道路

---

① 《毛泽东选集》第 3 卷,人民出版社 1991 年版,第 932 页。(此注释系编者根据原注释所作的修改)
② 《人民日报》,1960 年 4 月 12 日。

有着无比的优越性和深远的意义。在这样一个具有伟大历史意义的革命群众运动中，我们必须坚持社会主义原则和共产主义方向，以十分积极、十分热情的马克思主义的态度来对待这一新生事物，积极促进城市人民公社的早日诞生和成长。

城市人民公社的赞歌[*]

——推荐纪录片《春色满山城》

冀　风

（一九六〇年六月二十九日）

　　六十年代的第一个春天，工农业生产战线上开门红，月月红，一派大好形势。正在这个时候，一个建立城市人民公社的革命群众运动，汹涌澎湃、波澜壮阔地发展起来。和时代的脉搏跳动一致的新闻纪录电影迅速地反映了这一具有伟大历史意义的事件。纪录片《春色满山城》是其中比较出色的一部。影片的作者用满腔的热情，生动的笔调，详尽地叙述了重庆市人民在建立人民公社过程中，在政治、经济、生活和精神面貌各方面的深刻变化，歌颂了城市人民公社的无比优越性和强大生命力，描绘出一幅社会主义新生活的幸福图景。

　　影片在表现重庆城市人民公社时，突现了"一切为了发展生产"的思想。影片一开始，就介绍了城市公社工业星罗棋布、万紫千红、整个山城出现一个"人人忙生产，户户无闲人"的崭新的局面。生产迅速向前发展，要求一种与它相适应的生活方式和组织形式。接着我们就看到了全面组织人民经济生活的情景和人们精神面貌的新的变化，而这些又反转过来，促进了生产的进一步发展。影片的最后，是以一个有声势、有水平、以技术革新和技术革命为特点的新的生产高潮作为结尾。这样，影片就不仅仅是反映了生活的现象，而是反映了生活的规律和本质。

　　影片歌唱了成千上万的家庭妇女走出家门、兴高采烈地参加了生产和社会劳动。吴德惠就是这千万个刚从繁琐的家务劳动中解放出来的一个。过去

---

* 　原载《电影艺术》一九六〇年六月二十九日。

她把大部分精力耗费在抱娃娃、做饭菜上面，只有当她参加了街道工厂，特别是在城市人民公社成立之后，家务劳动实现了社会化，她才没有任何家庭拖累，专心一意地去搞好生产，并且成了先进工作者。和吴德惠一样，一九五八年走进工厂的家庭妇女丘玉珍，现在成了重庆钢铁公司耐火材料厂"三八"工段的标兵；储奇门公社服装厂的妇女们创造了滚筒划线法和七机联动法，大大提高了生产效率。这些事例有力地证明了广大的家庭妇女只有参加了生产和社会劳动，才能充分发挥她们在社会主义建设事业中的积极性和创造性。

影片以很大的篇幅，生动地描绘了社会主义大家庭的幸福生活。生产建设的大发展，家庭妇女的彻底解放，要求一种新的、与此相适应的生活方式的出现，于是，一幅全面组织人民经济生活的画卷，在我们眼前展开。公共食堂使人人满意，家家方便，公社的托儿所和临时托儿站，不仅使孩子们得到了父母般的照顾，而且，还受到了很好的教育；各种服务组织像雨后春笋，布满大街小巷；万能服务部不仅可以租赁代买各种东西，还可以代办喜事；此外，还有红婴园、红孩子理发室、寿星阁、简易妇产院、康复园、迎宾馆……各式各样的新事物，整个城市到处是生气勃勃，一片欣欣向荣的景象。

通过表现组织人民经济生活，影片突出地反映了人们的精神面貌。我们从影片里所看到的，人与人之间再也不是"各人自扫门前雪，休管他人瓦上霜"、隔墙如隔山的旧的关系，而是一种人人为集体、处处为群众、休戚相关、情同骨肉的崭新的关系。被称为群众生活"管家人"的商店、食堂、服务所、迎宾馆的服务员都是不辞辛劳，事事体贴群众，满腔热忱地为群众服务；理发师为了让孩子们不害怕理发，精心设计出各种可以供孩子们游戏的理发椅子；知千家、熟万户的营业员主动地给产妇送营养品；服务员王惠珍像对待亲人一样，把生病的戚淑君老妈妈接到自己的家里，煎药熬汤地侍奉她……影片通过这些人物，通过这些活生生的例子，揭示出人们高尚的精神世界，歌颂了那种"把困难留给自己，把方便让给别人"、团结友爱、互相帮助的集体主义思想和劳动不计报酬的共产主义精神。

在这样一个重大的题材面前，影片的创作者善于从纷纭错综的现实生活中，选择那些最本质、最有典型意义的事物来概括生活，并且在艺术处理上生动朴素，结构流畅，来龙去脉清楚。例如透过七星岗人民公社机电修配厂看到了城市人民公社工业的发展和它的重要作用;通过安乐洞修补大街上那些组织起来的绑牙刷的、补碗的、补袜子的、修木桶的人们身上,看到了小商小贩、小业主、小手工业者等闲散的劳动力走上集体化的社会主义道路;看到了人民公社使得人尽其才、物尽其用。我们透过这条街看到从消费城市到生产城市的深刻变化。此外,影片还善于透过一些看来很平常的生活现象,揭示出它的本质意义来。油盐柴米,副食品供应,本来是一些日常琐事,但,由于影片强调了它的合理分配,强调了把最需要的副食品分配给最需要的人,这就把它所具有的共产主义精神充分地揭示出来。

影片里有许多细节描写是令人难忘的。从邻里服务所墙壁上一排钥匙的特写,我们不难想到,这一串串的钥匙是人们相互信赖的象征。另如吴德惠家里的奖状和被冷落的小锅小灶的对比;严景智老大娘在食堂招待亲家的场面;透过一扇扇窗户,看到的一个个充满诗意的幸福和睦的家庭;以及"自我修面"、"出租雨伞"等画面,这些都是有着深刻思想内容、耐人回味的不可缺少细节,通过这些细节把影片的主题思想表现得更深刻、更鲜明。

全心全意培育共产主义接班人[*]

全国城市学前儿童保育工作哈尔滨现场会议开幕
全国妇联书记处第一书记罗琼同志在会上讲了话

（一九六〇年六月二十九日）

本刊讯　在党中央的亲切关怀和领导下，由全国妇联召开的全国城市学前儿童保育工作哈尔滨现场会议于昨日在北方大厦开幕。

全国妇联书记处第一书记罗琼同志致开幕词，她说，从大跃进以来，我国城市的学前儿童保育事业在党中央和毛主席的英明领导下，在总路线、大跃进、人民公社三面红旗指引和鼓舞下，取得了很大的成就。特别是在今年由于城市人民公社的大发展，儿童保育事业获得了前所未有的大发展。她强调说，学前儿童保育事业是人民公社的集体生活福利事业中很重要的一部分，是促进生产持续跃进、促进技术革命和文化革命中的一项重要工作，它不仅对当前建设社会主义有重大的意义，而且为我们将来的共产主义建设准备了条件。养育和教育共产主义接班人的劳动，是崇高的劳动，我们党一贯重视保育事业，正如刘少奇主席教导我们的"管孩子应当比管拖拉机、抽水机更重要"。

罗琼同志接着说，为了适应当前城市人民公社的进一步发展和巩固，为了适应生产的持续跃进和群众的迫切需要，为了使儿童得到更好的集体教养，从全国城市一般情况来看，我们必须采取积极发展、在发展中不断巩固提高的方针，多快好省地发展保育事业。她在讲话中指出，做好学前儿童保育工作，最根本的保证是实行政治挂帅，绝对服从党的领导并在党的统一领导和统一安排下，与有关单位密切协作，大搞群众运动。

---

   *　原载《黑龙江医药》一九六〇年六月二十九日。

她最后热切地希望出席会议的全体代表要虚心学习，认真取经，积极献宝，互相研究，取长补短，共同提高。

哈尔滨市妇联主任王馥同志在昨天下午向大会汇报了哈尔滨市学前儿童保育工作情况。

全国妇联书记处书记曾宪植、田秀娟同志出席了会议。中共中央宣传部、中央教育部、中央卫生部都派代表出席了会议。中共黑龙江省委常委、宣传部部长于林、黑龙江省副省长李延路、中共哈尔滨市委书记林肖硖、郑依平等省、市领导同志也出席了昨天的会议。

出席和列席会议的有全国各省、市、自治区妇联负责同志、城市托儿所、幼儿园的优秀保育员、教养员、保育护士、先进托儿所、幼儿园和有关学前儿童的先进集体以及有关部门的代表共四百五十多人。

城市建筑艺术布局与园林化问题 *

程世抚

（一九六〇年六月二十九日）

"城市"，它具体表现出一个民族和国家的历史、经济文化的发展过程。它和建筑一样具有显明的社会性和阶级性。"城市"从规划到建设也是物质生产和艺术创作的过程，它具有明确的功能作用，并且充分反映出当前时代的精神面貌。

人们不仅在城市里面工作、生活和学习，同时在里面进行各种文化娱乐和体育活动。

我们不能按封建社会的要求或资本主义盲目自由的发展方式来建设我们社会主义时代的新城市和改建我们的旧城市。

党指示我们，必须吸取古今中外的精华，并结合我国的特点和需要，创造性地建设我国新型的现代化、园林化的具有新风格的社会主义新城市。

社会主义的城市规划，应该充分反映我国社会主义建设蓬勃发展的新气象，表现我国劳动人民豪迈乐观的英雄气概和无穷的智慧，并体现出党对人民的无微不至的关怀，同时还应贯彻适用、经济，在可能条件下注意美观的原则和多、快、好、省地建设社会主义的总路线精神。

城市建筑艺术的布局问题，在我们城市规划工作者面前，还是一个比较新的课题。

随着我国社会主义建设飞跃发展的新形势的到来，提出了城市现代化和园林化的号召，再加上改建旧城市，更好地组织城市人民的经济生活和城

＊　原载《建筑学报》1960 年 6 月 29 日。

市人民公社的全面发展对城市规划提出了新的要求和带来了一系列的新课题。

城市建筑艺术就不仅在布局上体现我国社会主义新城市的面貌,而更重要的是如何从功能上便利劳动人民的生产和生活,同时更应在精神面貌上反映出我国社会主义制度的无比优越性。

城市建筑艺术——反映在城市面貌上,是由建筑(建筑物和建筑群)、道路、广场、绿化等因素所组成。每一个城市都有一条或几条主要街道,街道上分布着各种类型的公共建筑物以及由建筑物所组成的广场,并且由道路网将上述各个组成部分联系成为一个有机的整体。因此城市建筑艺术的布局问题亦不仅仅为了满足美观的要求,而且是经济和适用的问题。

以一个城市来说,它是一个有机的整体,其中包含若干个工业、文化、商业、行政、教育、居住、园林、娱乐、体育等建筑和建筑群。

城市园林化是对整个城市提出的新要求,如何将全市的大小园林绿地有机地组织起来并作为城市建筑群的背景起着衬托作用,使人们进入城市,就感到耳目一新,这不仅仅要提高园林绿地的数量和质量,而且要求城市中的各个组成部分具有更明显的群体性和整体性,有更突出的重点,有更明确的主次关系。过去在这方面也曾有所考虑,主要的仍是个体建筑或个别的建筑群、广场或园林化绿地组织得较好,但是对于整个城市的建筑群的处理问题似乎还缺乏有系统的组织。因此,今天我们应当从整个城市来考虑,并且在整体中以园林绿地作为背景,互相衬托,对比协调,互相呼应,使园林绿地、建筑群和街景三者互相配合,组成一个有机整体,以达到全面地反映城市的建筑艺术面貌。

自古以来,我国劳动人民就是爱好自然的,但在封建时代,不论是帝王宫院或地主官僚的园林都用院墙封闭,专供少数人享受。今天我们建设园林的目的是为广大劳动人民服务,所以要体现出我国在社会主义制度下的新型的园林化城市。

城市建筑艺术布局问题分为下列三个方面:

一、建筑群的组织问题。二、道路网的规划与功能问题。三、园林化的布局问题。

一、建筑群的组织问题

城市建筑群的组织,既要体现群体性和整体性,还要按照城市人民公社的结构组织人民的经济生活,同时要符合城市现代化、园林化的要求。建筑群的组织更要适应高速度、有计划地进行建设的发展需要,迅速改变城市面貌,并且要便于进行创造我国社会主义的城市建筑艺术新风格。

"建筑群"是一种比较完整的建筑艺术形式,合理地组织,适当地留出空间,以便人们观赏优美的建筑轮廓线,并且它与道路、绿带、河湖系统组织起来可以创造优美的、丰富多彩的市景。另外,个体的大型建筑物,如纪念性建筑、歌剧院等,在城市中有它一定的重要性,也是城市建筑艺术的组成部分。

广场:是城市建筑群的主要组织形式之一。古代希腊罗马的广场,范围较小,而且缺少树木绿地作为陪衬,最初是市场集会,演变到以宗教建筑配合行政机构为中心组成的。又如法国的一些广场像巴黎凯旋门,主要是为了显示帝王威严和战功。这是适合于当时社会统治阶级的要求而建设的。

我国古城的格局,在宫殿、衙门前开辟广场也是表现统治阶级骑在人民头上的特点。今天我们国家的广场,主要分为几种,如交通广场是为了满足劳动人民的政治要求,我们还有集会、游行检阅等用的广场。我国的广场由于适应交通迅速、客货运量和人流的活动要求,一般比古代希腊罗马大得多。在广场中布置的各种不同类型的园林绿地,它不但起了点缀、陪衬和美化作用,同时它也是组织广场的建筑群、调和人的视觉的主要手段。

建筑群可以分为下列三类来谈:公共建筑群、生产建筑群和居住建筑群。

1.公共建筑群——它也有各种不同性质的区分,例如以行政为中心的,北京的三里河是以国家计委为主体;有以生活为中心的,有以文化娱乐为中心如博物馆、展览馆、图书馆、剧场等;公园亦应当作为公共建筑来考虑,因为它的使用目的和布置内容与其它公共建筑基本上是相同的;也有以学校和医疗机构为中心的,在功能上它要求有安静的环境,因此把主楼退入红线,远离干扰性交通干道,但其出入口仍需配合街景考虑。

　　各种公共建筑都有其附属园林部分,并根据其功能性质要求的不同,可以组织各种不同形式的园林绿地,以创造丰富的市景。例如商店建筑前要求放宽人行道以便人们逗留观看橱窗而不阻碍行人流动,因此,不强调沿店面前布置较多的绿地。在布置报牌或宣传画走廊的地带,同样要求人行道比较宽,以便行人驻足凝视而不影响过往行人,如上海淮海路交通繁忙、所设中苏友谊廊前,地处交通要冲经常拥挤阻塞而影响行人,但南京路人民公园前的布置就不一样,人行道较宽,逗留时可以比较舒适。影院剧院,在散场前后,人流比较集中,需要有一定容量的广场或小型绿地作为户外休息场所,并起到疏散人流作用,改善拥塞现象。如上海衡山电影院,布置有小型绿地,效果就较良好,而南京路上的大光明电影院紧贴交通干道,每当散场前后人流集中,影响车辆通行。又如百货大楼和旅馆,根据其功能要求的不同需要留出足够的空场,供服务、运货、停车之用,这些建筑亦不宜贴近城市主要干道或交叉口,以免影响交通。图书谊馆和剧院则又不同,它要求有安静的环境,因此建筑必须退入红线较多,将前院布置绿地,形成优美而安静的环境。

　　由上述诸例,可以充分说明建筑退入红线的距离是根据其性质以及功能要求的不同而有深有浅。由此,建筑物前的园林布置形式应根据院落的大小布置成各种不同形式,制造出丰富多彩的城市景色。

　　2. 生产建筑群——工业、企业在一个城市中按城市园林化和城市建筑艺术的要求,不仅仅要绿化生产环境,促进劳动人民的生产积极性,还要在厂区周围布置绿带,使生产不影响附近居民的卫生居住条件,同时在厂前区,应当将工业、企业的公共建筑很好地组织起来,配以优美的园林绿地,使之成为整个城市有机的组成部分之一。而一般无害性的生产建筑群,如手工艺大楼,则可以组织在生活居住区内,以丰富居住建筑群的艺术面貌,制造优美的建筑群体。

　　3. 居住建筑群

　　居住建筑群就是指在居住建筑以及各种小型工厂、作坊、园林绿地等所组合构成的生产和生活单元。

　　在旧城市一般以街坊(北京、西安)或里弄(上海、天津和汉口)形式布置居住建筑群。近几年来大量采用标准设计组成街坊和小区,在试用后,尚存在一些问题，不能完全满足当前人民对生活的需要。例如有人反映不易找门号，买东西不便，文娱活动距离太远，绿化工程跟不上等等。上海的曹阳新村在1952年组织得比较好，也有存在问题。如按房屋层数间距似乎大了些，绿地比较分散等等。再以苏州的旧住宅园来说，内部布置有它独特的风格，但这些地方仅能少数人享受；又如上海的一些花园洋房，也仅仅是官僚买办阶级所占有的，而且都圈上围墙与外界隔绝。今天随着人民生活的提高，党对人民无微不至的关怀，既不能满足于目前的街坊小区的布置形式更不羡慕苏州园林和上海的花园洋房，随着社会主义经济建设的飞速发展，城市人民公社遍地开花，到处可以看到更新型的居住建筑大量地在建设，这就为合理地组织居住建筑和集体园林创造了有利条件。

集体园林就是指街坊内每个居民所分配到的公共绿化用地面积加以合理的组织。这就有较大的面积，也就有更有利的条件来布置比过去苏州的一些园子或者上海的花园洋房内容更为丰富的新型园林，并且随着人民公社的建立，人民生活集体化后，每家每户的杂物院落可以紧缩，加上每栋房屋之间的距离在满足卫生要求下可以尽量紧缩，而去掉过去零碎的绿地，在临街部分的院子可以根据功能上的要求有浅有深，有大有小，并将与街景打成一片作为街景的一部分来处理，这样就可以彻底打破过去各据一方、围墙封闭式的专为少数人服务的格局，而将各种园林绿地，合理地组织起来为每个居民享用，这样既满足了生活上的需要又丰富了城市建设建筑艺术面貌。

至于儿童游戏场可以结合儿童机构合并布置，一般成人活动场在较大的街坊中可以布置。

今天城市人民公社迅速的发展，促使规划工作者要更好地更合理地组织人民经济生活，改善人民居住环境。根据人民生活的要求，可以以食堂为中心，四周组织若干居住建筑，并将生活服务站做适当的布置成为一个或若干个居住建筑群，这样的居住建筑群，可以根据不同的地形和各地人民的生活要求组成各种不同形式的组合单元，创造出更多的为劳动人民生活服务的优美环境。

城市中的各种建筑组织成建筑群，这是一种良好的组织形式，并且应当扩大其运用范围。除了一般特性的或纪念性的建筑要求单独设立较大的广场、医院、博物馆等建筑需要与一般建筑保持一定的距离以外,公共建筑、生产建筑、居住建筑都可以组织成建筑群,并且可以根据生产和生活上的需要将其中两类混合组织以丰富城市的景色。

城市建筑艺术是完整的、虚实结合的空间组织,在园林化的号召下,我们可以将公共园林和集体园林组织成为整个城市的背景,同时也是衬托建筑群的主要手段,为劳动人民生产和生活创造美好的环境。

建筑群可以分为主要的和次要的。主要建筑群,有时以行政为中心,有时以念纪性建筑、有时以生活中心为主,要视具体情况而定,而决不是固定不变非以行政中心为主不可,如天安门广场就是纪念集合性质的。

次要建筑群是指主要建筑群以外分布在城市每个角落的各种建筑群。他们有时突出生活中心,有时以工业为主,但总的说,需服从整体,体现它的从属地位以陪衬城市的主要建筑群。

"市中心、区中心的内容和组织形式"在规划上,市中心和区中心往往将办公楼和其他公共建筑围着一个广场布置,这种布置形式,从图面上看似乎比较完整,但在使用上、交通运输的功能上尚存在和发现许多不便之处,如湛江市和洛阳涧西区的中心部分即可以说明这个问题。

市中心、区中心主要是人们的活动场所,它可作为生活中心来处理,因此不必要在一个广场中一定要安排许多公共建筑,这样处理既不方便也未必能达到美观的要求。同时在改建过程中往往会又出现了许多个新的中心,因此市中心可以看作是一个点或几个点,仍然是一个面或几个面的组织形式,并不一定非在一个广场上组织所有的公共建筑成为一个市中心。

省会城市往往存在省市行政中心的位置问题,若把行政和人民生活、纪念性建筑结合起来考虑,也就不是一个市中心的问题,亦不是一个点、一个面的问题而是成片、成面的形式。

区中心则更不必集中在一个广场上来处理,若生硬地组织在一个广场上,则既不方便更不现实。而区的生活中心则更可以成街成片于分设几处,以更方便地满足居民生活要求为目的来加以组织。自从城市人民公社成立后,对组织人民的经济生活提出了更新和更高的要求,一切文化娱乐、生活供应和生产一样,以愈接近居民愈为方便地为满足人民生活需要而适当地分散布置。

以苏州为例来说明建筑群的组织问题。从火车站的广场建筑群引寻人的视线跨河入城后给予人们一个园林化环境的印象,再经林荫路入平门、人民路,布置各种建筑群,显示风景游览城市结合生产的特点。沿人民路可以布置几个重点,由人民路北段,自香花桥南,布置了高级旅馆、特产陈列馆,紧接着是江南人民所喜爱的玄妙观,在商场后面是大公园,联系着西面的市行政广场并紧贴滨河绿地。

近南门有教育与工业建筑群,另外还有以东西干道所联系的建筑群,结合河道系统,一环扣一环,紧密联系,可以体现城市建筑群的群体性和整体性。

二、道路网的规划与功能问题

道路网的功能除了满足城市交通运输方面的要求外,也是城市建筑群布局的骨架和将各类建筑组合有机整体的手段。在规划一个城市时,必须各工种共同参加,共同来考虑。

城市面貌的体现有静止的也有活动的,例如人们从车窗中看市景,好比看风景影片一样,它是一种动的欣赏,在考虑城市建筑艺术和城市道路网规划时,必须从二方面着手,要像寻演一样组织行人、乘车人从各种不同的角度来欣赏市景,并在适当地点组织行人逗留欣赏街景的地段。

城市道路网的结构,一般以方格网为基础,但必须因地制宜,结合各地不同条件来考虑,可以稍有曲度,切不可机械搬用几何图案,若能有曲度,能适当处理还能丰富街景,如北京从赵登禹路由南向北看全国政协礼堂,它成为人们视线的焦点,很有表现力,效果较好。又如湛江市中心部分采用了规则的几何图案,将行政大楼放在干道的焦点,然后左右两侧分开,在使用上干扰性相当大。这可以说明单纯追求图案美,不一定能达到适用的要求。因此,道路网的规划必须结合地形并和组织城市人民生活、改变城市面貌、丰富城市建筑艺术面貌、满足交通运输的功能要求一并考虑。

道路横断面的设计,应随两旁建筑的性质来考虑,不能强求一致,随建筑性质的不同而退入红线的距离也就不一,因此,人行道和绿带的宽度也是多种多样的,可以保持一定的弹性,以创造丰富的内容和形式。在建设道路时,保留的建筑突出于人行道中也是允许存在的。绿带宽度不必强求一律,该宽处宽,该狭处狭,随需要而变,若生硬搬用,千篇一律造成阻塞门窗、遮蔽视线等现象,而面西部分又可与面东部分不同,可以多栽几行树。行道树在一般情况下栽植在人行道两侧,电杆可沿侧面竖立,可以不碰电线,并有利于将来改装电缆时就地施工。部分地下管道也可以埋设在人行道下,将来维修和施工都较方便。

南北向道路的人行道部分,可以将树木和电杆位置对换,既起到遮阴作用又可丰富城市的街景。

在交叉口四角上,不宜布置吸引或集中大量人流大型公共建筑,如百货公司、电影院和剧院等,因为这些建筑人流比较集中,而交叉口又是车流繁忙的地段,它既不宜停靠车辆更不宜逗留行人。因此,在交叉口布置四座大型公共建筑并不能达到欣赏城市建筑艺术的要求,在功能上使用不便,而且还会影响交通。

三、城市园林化布局问题

自从大地园林化、城市园林化的号召提出后,对于城乡规划工作者,尤其是园林绿地工作者来说,起了巨大的鼓舞作用,我相信我们在党的领导下,鼓足更大的革命干劲,有决心把祖国的城市建设成为美丽新型的园林化城市。

在帝王封建统治和资本主义社会反动派统治时代,劳动人民是没有享受园林的权利的,但历史上所形成的闻名世界的优美园林如北京的颐和园、承德的避暑山庄等都是劳动人民双手创造的。当时人们根据自然界的美丽景色、山水、树木和建筑很确当地组织在一个较小的范围中,来供少数统治阶级享受。今天我们要为广大劳动人民创造优美的、舒适的生产和生活环境。首先,我们应当吸取古代园林手法的精华部分,运用在今天的城市建筑艺术布局上,而在园林布局本身,应打破过去围墙式格局,使园林面向每一个人民,而与建筑、道路、河湖系统等有机地组织起来,在最接近居民生活的街坊小区中,则可以多多采用集体园林布置方式,使园林为每个居民服务,成为居民在生产劳动后休息活动恢复疲劳的优美场所。

在街景布置上,充分采用建筑物退入红线的布置手法,将前院绿地组织在街景中,至于公园绿地更应打破围墙方式,代之以绿色植物与道路分隔。

从整个城市的园林布置来说亦应与市外的大地园林密切结合起来,相互呼应,打成一片。例如在干道风景线上和城外的景物巧于因借,使城市建筑轮廓线有着远山近水作为背景,使人工与自然景色结合起来,相得益彰,形成各种不同景色。同时,还不仅仅如此,从城市园林化要求来说,它不单纯要求城市内部的各种园林绿地应很好组织起来。而城市园林化的要求从狭义来说园林部分,它是建筑艺术组成部分,而从广义来说,城市园林化又包含着整个城市建筑艺术的布局问题,因此,必须从整个城市的建筑艺术布局来考虑城市的园林化问题,因此,园林本身它不单纯是建筑群的背景,而是建筑艺术布局组织的有机组成,应当和建筑艺术布局问题融为一体来考虑。除此之外,它与道路网规划、湖河系统的组织也是分不开的。总的来说,城市园林化的布局问题,是指整个城市的建筑艺术布局,并且应与功能要求结合起来,作为一个整体来考虑,使整个城市完整地体现出新型城市的新面貌。

建立城市人民公社的伟大意义 *

武经群

（一九六〇年六月）

目前,在全国各地一个波澜壮阔的城市人民公社化的高潮,正在到来。像农村人民公社化一样,城市人民公社的建立,有着伟大的历史意义。党的八届六中全会"关于人民公社若干问题的决议"中指出,"……现在可以预料:人民公社将加快我国社会主义建设的速度,并且将成为我国实现下述'两个过渡'的最好的形式,即第一,成为我国农村由集体所有制过渡到全民所有制的最好的形式;第二,成为我国由社会主义过渡到共产主义社会的最好的形式……"。这虽然指的是农村人民公社,但对城市人民公社也是完全适用的。"城市中的人民公社,将来也会以适合城市特点的形式,成为改造旧城市和建设社会主义新城市的工具,成为生产、交换、分配和人民福利的统一组织者"。城市人民公社的不断发展和巩固,将有利于加速社会生产力的发展,有利于加速社会主义建设和社会主义革命,有利于将来向共产主义过渡。

建立城市人民公社的伟大意义,具体表现在:

一、建立城市人民公社有利于社会生产力的发展,有利于加快社会主义建设的速度。

我们知道,高速度发展社会生产力,使社会产品不断丰富,是过渡到共产主义的基本条件。我国城市人民公社的建立,是生产力的发展要求及时调整生产关系和上层建筑的结果,而这种新的生产关系一经建立之后,就将充分发挥其"一大二公"的特点,调动一切积极因素,挖掘一切潜在力量,为高速度地

---

* 原载《江汉论坛》一九六〇年第六期。

发展社会生产力开辟广阔的道路。城市人民公社虽然诞生不久,但已显示出它对生产力巨大的促进作用。据初步统计,目前城市人民公社和街道组织已办起了工业生产单位五万六千多个,从业人员近二百万人,一九五九年产值达二十亿元以上,相当于一九四九年全国地方国营工业全部产值的两倍多。今后随着城市人民公社的进一步发展,它对生产的促进作用,更将日益显著。

城市人民公社有利于生产的发展,首先表现在能彻底解放广大的家庭妇女。以前,经常存在这样的情况:一方面,由于工农业生产的大跃进,要求成千上万的城市居民,特别是家庭妇女参加生产;另一方面,城市里广大家庭妇女,却为家务所累,不能参加社会生产。只有组织了城市人民公社,实现家务劳动社会化,才可以使城市家庭妇女得到彻底的解放,由家庭小圈子走出来,参加集体生产,参加社会劳动,才能真正做到"家家闹生产,户户无闲人",充分挖掘城市中的劳动潜力,加速城市生产的发展。例如,北京石景山中苏友好人民公社成立后,使六千多个闲散劳动力参加了生产和工作,一年中社办工业产值增长百分之一百七十九,商品蔬菜增长一倍多,对于发展生产,提高社员生活,起了重要的作用。城市人民公社的建立,不仅解放了大批劳动力去大办街道工业和社办工业,而且还可以输送大批劳动力去支援国营厂矿和事业单位。据初步统计,从一九五八年试办城市人民公社以来,各城市人民公社和街道组织就向国营厂矿企业和事业单位输送了三百四十多万劳动力(其中妇女占百分之八十),帮助大厂矿企业解决了劳动力不足的困难,保证了跃进计划的完成。我们知道,劳动者是生产中最活跃最积极的因素,在短期之内解放了几百万城市劳动力,对于社会生产力的发展,自然会起重大的促进作用。

城市人民公社有利于生产的发展,还表现在各部门、各企业之间,可以更好地开展共产主义大协作。在公社建立以前,各部门、各企业之间,虽然有些协作关系,但这种协作还是不系统、不经常的;公社建立后,这种协作关系就形成更有系统的、在更大的范围内的经常的大协作,就可以在公社范围内,更有计划、更合理地组织大规模的生产,更好地组织大中小型企业之间的相互支援,更好地统一安排人力、物力和财力,节约社会劳动时间。例如,哈尔滨香坊人民公社一九五九年通过公社组织的各种协作,就解决了社内大中小型企业之间的协作项目二千三百多项,并组织了社内几个国营工厂的机修车间的生产合作。该社在实行了公社范围内的"环形供电"和"环形供水"以后,又正在实现"环形供蒸汽"、"环形供煤气"、"环形运输",这就进一步发挥了企业的设备潜力,合理使用了设备,大大提高了劳动生产率,增加了生产。此外,有些现代化的大工业,以前没有建立卫星工厂,有时需要零件、配件等,无法找到,而大厂的许多边角废料,亦无法利用。建立了城市人民公社之后,就可以组织中小型企业来为大厂服务,并充分利用大厂的边角废料和城市的废品、废料,大搞物资综合利用,生产为大工业服务、为人民生活服务、为农副业生产服务的各种产品。在这种"大厂带小厂、老厂带新厂、小厂助大厂"的互助协作关系下,就可以充分发挥一切潜力,增加社会生产。例如哈尔滨轴承厂在一九五八年根据国家要求必须生产数量很大的轴承,但辅助性的生产跟不上,外地的协作关系也有一部分中断了,任务十分紧张,但由于办了人民公社,公社党委发动了社内中小工厂给以支援,结果还使轴承厂提前三天完成了国家的生产任务。同时,公社的轴承、机械、翻砂等中小型工厂,也得到了大厂的帮助,获得很大的发展。再如哈尔滨草绳厂,原来只有几十个人,在国营轴承厂的帮助下,在一年多的时间内,就发展成为一个拥有六十多台机床、六百多工人的工厂,去年生产轴承十多万套,几乎相当于解放前当时全国轴承量的十倍。所有这些都说明了:有了城市人民公社,就可以更好地发展共产主义协作,可以更好地贯彻大中小型企业并举、土洋并举的方针,使各部门、各企业之间密切配合,相互支援,充分调动一切积极因素。马克思早就说过:协作会带来一种新的生产力。一年多来的事实充分证明了这个论断。

不仅如此,城市人民公社建立以后,家务劳动将逐步社会化,社员将不再为家务琐事操心,可以专心致志于生产,这对于进一步激发群众的劳动热情和提高劳动生产率,也是大有好处的。

二、建立城市人民公社有利于彻底改造旧城市、建设社会主义、共产主义的新城市。城市人民公社的建立、发展和提高的过程,也就是加速改造旧城市、建设社会主义新城市的过程。

城市人民公社在改造旧城市、建设新城市方面的作用,首先表现在对私有制残余的彻底改造上面。建设社会主义,要求彻底消灭剥削制度和产生剥削的一切根源,彻底消灭私有制的残余。"为了完全消灭阶级,不仅要推翻剥削者即地主和资本家,不仅要废除他们的所有制,而且要废除任何生产资料的私有制,要消灭城乡之间、体力劳动者和脑力劳动者之间的差别……要完成这一事业,必须大大发展生产力,必须克服无数小生产残余的反抗(往往是特别顽强特别难于克服的消极反抗),必须克服与这些残余相联系的巨大习惯势力和保守势力。"①在我们的城市里,以前虽然经过"三大改造",但还有一些个体经济和私房出租者,组织城市人民公社,就可以采取适当的步骤,对个体经济和资本主义所有制残余进行彻底改造,就可以铲除产生剥削和资本主义自发势力的根源,有利于加速实现集体所有制向全民所有制的过渡。

城市人民公社对改造旧城市、建设新城市的作用,还表现在改变旧城市的社会面貌和城市人民的精神面貌。由于建立了城市人民公社,充分利用了城市的人力、物力、财力,发展生产,因而就能把大量的消费者改变成生产者,就能把消费城市彻底改变成为生产城市。由于人人参加社会生产和生活的集体化,就更便于对城市人民进行共产主义教育,加强对资产阶级分子和资产阶级知识分子的思想改造,使他们在集体劳动、集体生活中逐步改造成为自食其力的劳动者。

由此可见,随着城市人民公社的不断发展,随着城市中私有制残余的彻底消灭,随着城市经济面貌和思想面貌的不断变化,就将为两种所有制过渡到单一的所有制,并为由社会主义过渡到共产主义创造条件。

三、建立城市人民公社有利于逐步消除城乡之间、工农之间,以及脑力劳动与体力劳动之间的差别。恩格斯早就指出:"……旧的生产方式必须彻底变革,特别是旧的分工必须消灭。"②所谓"旧的分工",就是指城乡之间、工农之间、脑力劳动与体力劳动之间相分离,要过渡到共产主义,就必须消灭这些差别以及反映这些差别的资产阶级法权残余。

城乡之间、工农之间的对立,是私有制的产物,在社会主义建设和向共产主义过渡的过程中,不仅已经消灭了它们之间的对立状态,而且必须也可能逐

---

① 《列宁全集》第29卷,人民出版社1956年版,第383页。
② 《马克思恩格斯选集》第3卷,人民出版社2012年版,第681页。(此注释系编者根据原注释所作的修改)

步消灭它们之间的重大差别。"只有使人口尽可能地平均分布于全国,只有使工业生产和农业生产发生紧密的联系,并适应这一要求使交通工具也扩充起来——同时这要以废除资本主义生产方式为前提——才能使农村人口从他们数千年来几乎一成不变地在其中受煎熬的那种与世隔绝的和愚昧无知的状态中挣脱出来。断定人们只有在消除城乡对立后才能从他们以往历史所铸造的枷锁中完全解放出来,这完全不是空想;"①有了城市人民公社,就不仅可以大办工业,而且可以大搞农副业、大搞多种经营。因为每个城市人民公社一般地都包括有郊区农民,此外还可以利用城市的一切空闲地,建立综合农场,作为自己的副食品生产基地。这样,公社既有工业,又有农业,就便于加强工农之间、城乡之间的协作,便于促进工业与农业、城市与乡村之间更密切的结合,有利于进一步巩固工农联盟。例如哈尔滨市的五个公社,就都是联合附近农村组成的,一年多来,他们除了大搞工业外,还大力组织了农副业生产,一九五九年蔬菜产量达四亿八千多斤,比一九五八年增加一点三倍。在发展工农业生产中,各公社不仅组织农村的劳动力、运输工具和副食品支援了城市,而且也组织了城市对农村的支援,这样就进一步促进了工业生产和农业的技术改造,密切了城乡之间、工农之间的关系。城乡之间、工农之间这种新的互助关系的发展,以及城市新居民点的建立和园林化的发展,都有利于逐步消灭城乡之间、工农之间的差别。

由于公社全面地安排了生产和生活,为社员学习文化技术创造了极为有利的条件,因而就大大推动了城市中技术革命、文化革命的群众运动的迅速发展,这对于逐步消灭脑力劳动和体力劳动的差别也有着重大的意义。

此外,我们还应该看到,有了城市人民公社之后,可以更好地了解群众对消费品的需要,可以更好地组织商品的合理分配,更好地满足人民群众的需要。这种商品分配,虽然还是按劳分配,但已经是社会主义分配方式的发展,有利于逐步向"按需分配"过渡。

四、建立城市人民公社有利于培养人们共产主义思想和道德品质。在

---

① 《马克思恩格斯文集》第 3 卷,人民出版社 2009 年版,第 326 页。(此注释系编者根据原注释所作的修改)

社会主义社会里,还存在着资产阶级思想的残余和各种习惯势力的影响,不断地提高全体人民的共产主义思想和道德品质,是过渡到共产主义的重要条件之一。

生产方式决定了消费方式。"它生产出消费的对象、消费的方式和消费的动力。"①如果生产方式是集体化的,而生活方式是分散的,生产和生活之间就会产生矛盾,生活就会"拉"生产的"后腿",就会阻碍生产力的发展。有了城市人民公社,就可以实现生活集体化,使人们生活方式适应于生产高度社会化的要求。列宁早就说过:"……只有在开始把琐碎家务普遍改造为社会主义大经济的地方,才有真正的妇女解放,才有真正的共产主义。"②列宁并把公共食堂、托儿所和幼儿园看作是"共产主义幼芽的标本",指出"照护这些幼芽是我们共同的和首要的义务"③。通过生活集体化,就可以不断清除资产阶级思想残余和习惯势力的影响,就可以打破建立在私有制基础上的旧家庭,建立民主和睦的新家庭,就可以进一步改变人与人之间的关系,移风易俗。一句话,在集体生活的实践中,可以不断培养人们的集体主义思想,培养人们的共产主义觉悟和道德品质。事实正是如此,城市人民公社建立以后,人们的精神面貌起了深刻的变化,集体主义思想大大发扬,人与人之间的关系得到了改善。"各人自扫门前雪、休管他人瓦上霜"的情况一去不复返了,代之而起的是"一家有事百家帮,一人有难万人援";小家庭的界限打破了,邻里之间吵架的现象没有了,代之而起的是邻里互助、团结友爱的新风气。

还应该看到,全民教育的普及和提高,也是过渡到共产主义的重要条件之一。列宁说过:"在一个文盲的国家内是不能建成共产主义社会的。"④"每个青年必须懂得,只有受了现代教育,他们才能建立共产主义社会,如果不受这

---

① 《马克思恩格斯全集》第46卷上册,人民出版社1979年版,第30页。(此注释系编者根据原注释所作的修改)

② 《列宁全集》第29卷,人民出版社1956年版,第390页。(此注释系编者根据原注释所作的修改)

③ 《列宁全集》第29卷,人民出版社1956年版,第392页。(此注释系编者根据原注释所作的修改)

④ 《列宁全集》第31卷,人民出版社1958年版,第263页。(此注释系编者根据原注释所作的修改)

样的教育,共产主义仍然不过是一种愿望而已。"①城市人民公社不仅是生产单位、消费单位,也是教育单位,它不仅可以有领导、有计划地组织文化和科学技术的学习,还可以经常组织学习政治,用共产主义思想教育人民。列宁说过:"为巩固和完成共产主义事业而斗争,这就是共产主义道德的基础。这也就是共产主义教育、训练和学习的基础。"不少城市人民公社建立之后,就大大加强了对居民的政治思想教育,提高他们的政治觉悟。可以预料,城市人民公社将成为对城市居民进行共产主义教育的最好的学校。从这里,也可以看出,城市人民公社有利于培养人们的共产主义思想和道德品质,有利于向共产主义过渡。

中共中央关于在农村建立人民公社问题的决议指出:"……社会产品极大地丰富了,全体人民的共产主义思想觉悟和道德品质都极大地提高了,全民教育普及并且提高了,社会主义时期还不得不保存的旧社会遗留下来的工农差别、城乡差别、脑力劳动和体力劳动的差别,都逐步地消失了,反映这些差别的不平等的资产阶级法权的残余,也逐步地消失了,国家职能只是为了对付外部敌人的侵略,对内已经不起作用了,在这种时候,我国社会将进入各尽所能、按需分配的共产主义时代。"城市人民公社既然有利于发展社会生产力,有利于改造旧城市、建设新城市,有利于消灭"三大差别"和反映这"三大差别"的资产阶级法权残余,有利于全民教育的普及和提高以及全体人民共产主义思想觉悟和道德品质的提高,因而它必然像农村人民公社一样,有利于加速社会主义建设和向共产主义过渡。城市人民公社之所以具有伟大的意义,也正在于此。

目前,城市人民公社化的高潮已经到来,让我们以实际行动来迎接、支持这个新生的"共产主义的幼芽",来加速社会主义建设,加速向共产主义过渡。

---

① 《列宁全集》第31卷,人民出版社1958年版,第256页。(此注释系编者根据原注释所作的修改)

城市居民走向共产主义的桥梁[*]

鸿顺里人民公社调查报告政二社会调查小组

（一九六〇年七月一日）

一、从街道生产小组到城市人民公社

鸿顺里人民公社和全国各个城市、农村人民公社一样，是党的社会主义建设总路线和生产大跃进的产物，也是人们共产主义觉悟大大提高的产物。

1958年大跃进，使我国社会主义建设获得突飞猛进的发展，工农业生产都有了高速度的增长，在农业战线上，大兴水利、大搞农田基本建设等等，在广大农村引起了深刻的社会变革，出现了五位一体、政社合一的人民公社。农业的发展，不仅为工业发展提供了条件，同时也要求工业生产迅速提高，从而就促进了整个社会主义经济建设的新高潮。以街道居民搞生产为主，吸引工厂、企业、学校组成的天津市第一个城市人民公社——鸿顺里人民公社，就是在这样的形势下出现的。

鸿顺里人民公社，是从一个街道妇女组成的加工生产小组发展起来的。1958年夏天，住在鸿顺里的42户居民（一个居民小组）中的家庭妇女，在大跃进形势的鼓舞下，迫切要求走出家庭小圈子，参加社会主义建设，她们的愿望得到了中共天纬路街委员会的大力支持。在街党委的帮助下，17名妇女在胡同口搭起一个简陋的苇帘棚，按起手摇纺车，成立了全市第一个由街道家庭妇女组成的加工生产小组，为附近的恒大电线厂加工缠铜丝。这17名妇女参加

＊　原载《河北大学学报》一九六〇年七月一日。

生产后,很自然地产生了组织食堂、托儿所的要求。工人家属贾大娘和另外两个家庭妇女就用一个煤球炉子办起了天津市第一个街道公共食堂,每天给全胡同的 101 人做饭。这些家庭妇女兴奋地把她们的生产小组、食堂和托儿所叫做"社会主义大家庭"。

鸿顺里"社会主义大家庭"为广大群众树立了榜样,一个"学鸿顺里,赶鸿顺里"的运动很快地就在附近的街道中广泛地开展起来。许多街道妇女纷纷组织起来,成立了生产组和举办了集体福利事业。为了使这些分散的生产小组和集体福利事业能得到更快的发展,中共天纬路街委员会根据群众的要求,把所有这些单位进一步组织起来,成立了"鸿顺里生产服务合作社",社员发展到 252 名。随着劳动力的增加和生产的发展,就要求扩大生产经营范围和进一步加强生活集体化。原来的"生产服务合作社",在劳力的调配、物资力量以及在开展技术革新、技术革命和文化革命等方面,出现了不能适应生产大发展的矛盾,要解决这个矛盾,必须改变这种组织形式。在党的领导下,鸿顺里人民以不断革命的精神,提出改变原来的组织形式的要求。农村人民公社化高潮,给鸿顺里居民指出了明确的方向,就是建立人民公社。群众的强烈要求,是建立城市人民公社的政治基础和思想基础:通过总路线的宣传教育和伟大的全民整风运动,群众的思想觉悟有了显著提高,组织起来以后,进一步提高了群众的集体主义和共产主义的思想觉悟,劳动光荣的思想进一步加强。广大的群众反映说,我们的生活虽已有了提高,但我们还不能满足,要想过上更幸福的生活,就必须听党的话,听毛主席的话,走公社化的道路。成立人民公社已是瓜熟蒂落,水到渠成。1958 年 9 月 19 日鸿顺里人民公社就在锣鼓喧天、万民欢庆的欢乐声中诞生了。

鸿顺里人民公社成立仅一年多的时间,经过整顿、巩固和发展,现在全社已有 8 个社办工厂和 105 个生产组,参加生产的居民有 1600 多人,其中大部分是家庭妇女。这些生产组每月的产值和加工收益,由最初的 300 元左右,增长到现在的 100 多万元。一年多以来,公社用于建厂房增添设备的投资就有 34 万元,积累增加到 60 多万元。现在全公社有车床、机床、电动捣子机、油液压机、电动缝纫机等主要机器设备 200 多台;生产五金、化学、医疗器械、日用百货等 154 种产品。原来西窑洼一带是臭水沟,现在那里已经盖起了工厂。

社员们自豪地把那里称为"我们公社的工业基地"。现在公社拥有街道工业和生产服务事业单位 300 余处,46 个国营工厂,155 个商业门市部,11 个中小学校,2 个门诊部。现在公社有 5 个分社,包括原天纬路街道办事处所辖的 36 条马路,543 条胡同,13618 户居民,共 64279 人,社员 30000 余人。

鸿顺里人民公社成立前后,一直得到党中央的重视和支持。1958 年 7 月,刘少奇同志来到了鸿顺里,他亲切地视察了这个刚刚诞生的"社会主义大家庭",他指出这是"共产主义形式的萌芽"。公社成立后,邓小平等中央领导同志,不断来到这里视察指示。党中央的关怀,给了广大社员以巨大的鼓舞,更坚定了办好人民公社的信心和决心。在党中央关怀和领导下鸿顺里人民公社,一经出现就获得迅速的发展、成长壮大,并且充分地显示了"一大二公"的优越性,在发展街道生产和提高社员生活方面发挥了无穷的力量。

二、白手起家,生产大发展

鸿顺里人民公社是以街道居民搞生产开始,随着组织人民经济生活,而迅速建立起来的。公社的出现,必然进一步促进生产的发展,通过人民公社这一组织,各种生产事业从无到有,由小到大,由少到多,由低到高一步步迅速发展起来。

鸿顺里人民公社在大办工业时,碰到了不少困难,首先是"一无设备,二无资金,三无技术",简直是一张"白纸"。有少部分人感到"一无设备,二无资金,三无技术,用嘛搞生产呢?"也有的认为办工厂就得办得像个工厂的"样子"等等。可是广大社员迫切改变"一穷二白"的面貌,没有向困难屈服,而是以无比的毅力向困难宣战。党组织支持了广大群众的革命行动,及时地进行了宣传教育工作,深入贯彻总路线,讲明不要作条件的奴隶,要充分发挥主观能动性,积极创造条件。在党的不断教导下,通过鸣放辩论,澄清了模糊思想,端正了认识,广大社员认识了"穷则思变,要干、要革命"的道路,发扬了"穷棒子"的精神和冲天的干劲。为了充实办工厂的家底,许多社员提出几个月自愿不拿工资,没有厂房就以胡同作车间,没有工具就借,没有技术就学,坚持了因陋就简、勤俭办厂、勤俭办一切事业的方针。公社办的医疗器械厂的例子就可看作公社办工厂的一幅缩影。这个厂在 1958 年建厂时，仅有 13 名刚走出家门的家庭妇女和一位老师傅，一位业务员，三间草房，几个瓶子罐子和一台手摇捣子机。在公社党委的领导下，社员们以顽强的毅力，克服了重重困难，蓬勃地发展起来。仅一年的时间，生产人员就增到 102 人，厂房扩大到 30 间，有了自动车床 2 台，电砂轮一台，电冰箱 1 个，现在更有了电捣机、油液压机、单机自动和其它机床等自动设备，并正在为实现两条自动线而奋斗着。产品由原来的 4 种，现已增到 20 多种，其中有很多是尖端项目，如白金油石、牙科用材等，过去均由日本进口，可是社员们发挥了劳动人民的聪明智慧和大胆创造的精神，终于试制成功并投入生产，满足了市场需要，并节省了外汇。由于他们的成绩显著，因而被评为全国红旗单位。

鸿顺里人民公社，在发展壮大过程中，始终贯彻以生产为主，发动群众，自力更生，在短短的一年之内，就使"一穷二白"的面貌发生了很大的变化。这不但由于大批的家庭妇女从家务劳动中解放出来，参加了生产，充分发挥了她们的智慧和才能，而且人民公社更合理地使用了人力和物力，作到了人尽其才、物尽其用，把闲散的劳动力都组织起来，根据国家的需要和个人的才能，有的参加了本社的生产，有的输送到国营工厂、企业，有力地促进了社会生产力的发展。公社的工业利用工厂的废料或下脚边料作出贵重的产品，如用废胶卷作出胶钢板，用倒在地沟里的废硫酸做出氧化铁等等，这样就做到了"拾遗补缺"，全年可给国家创造价值 49080 元财富。

鸿顺里人民公社在发展生产过程中，和其他人民公社一样，一贯坚持了"为大工业生产服务，为人民经济生活需要服务，为农业生产需要服务，为出口服务"的方针。首先，有力地协助了大工业生产，成为大工业企业的辅助工序和附属车间，使大工业腾出手来进行尖端产品的生产。现在全公社有 1700 多人为 65 个大工厂企业加工半成品和生产一些附件、小商品。第六电讯厂已把相册生产全部交给鸿顺里人民公社，而该厂腾出了机器和劳力全部投入了收音机的生产。公社工业成了大工厂的"后勤兵"。其次，它承担了人们日常生活中必需品的生产任务，解决了市场上一部分日用品的供应。如相册厂生产的纪念册、百货厂用下脚边料、废料生产的蝇拍、裤衩和中心服装厂生产的各种服装等。再次,有力地支持了农业生产,如红光分社化学厂生产的大批土化肥供应农村,公社玻璃厂生产的农用温度计,这是农业育种和搞农业科研必不可缺的仪器。另外,为外地加工的手提篮、松子、核桃仁、毛衣等,为国家出口服务,换回了外汇。公社的生产,在国家统筹安排下,不仅加速了公社工业化,而且也加速了国家工业化的进程。

鸿顺里人民公社工业发展的方向是:向国营工厂看齐,在"低、土、小"的基础上向"高、精、尖"发展。鸿顺里人民公社现在的产品中,就有很多是尖端产品,如化学厂的活性炭,胶钢板,医疗器械厂的镶牙器材、白金油石等,过去都是靠进口,现在全国也很少,它所用的原料是由中央供给,产品由中央统一分配。人民公社生产事业由"低土小"向"高精尖"的发展将使公社生产的机械化程度、操作技术和产品质量方面,得到不断地提高,这不仅加速工业化,而且也将为集体所有制向全民所有制的过渡创造重要条件。

随着生产的大发展,广大社员的生活水平也得到迅速提高。据鸿顺里分社的调查,每户每月平均收入23元,每人收入比一年前多收入5.9元。江家珍全家五口人,过去只她爱人工作,生活不富裕,可是自从她参加了缝纫组生产后,每月收入36元,除生活费用外,还有16元剩余。

人民公社建立后,随着生产生活的日益提高,这便更加增强了广大社员对人民公社的热爱,使公社得到进一步巩固和发展。同时,使人们清楚地看到,只有组织起来,走公社化的道路,才会有更幸福更美好的生活,从而进一步相信,城市人民公社和农村公社一样,是一种最好的社会组织形式,正如八届六中全会"关于人民公社若干问题的决议"中指出的"城市中的人民公社,将来也会以适合城市特点的形式,成为改造旧城市和建设社会主义新城市的工具,成为生产、交换、分配和人民生活福利的统一组织者……"

三、集体事业大发展,家庭妇女大解放

鸿顺里人民公社建立后,为了适应生产发展的需要,大办公共食堂,大办集体福利事业和其它服务事业,不仅促进了生产的发展,而且使城市广大妇女

摆脱了繁琐的家务劳动,走上彻底解放的道路。她们参加社会劳动后,在庆祝自己节日时,编出诗歌表达自己喜悦的心情:"庆祝'三八'五十年,妇女彻底把身翻;打开繁琐家务锁,红勤巧俭力争先。"公社化前,鸿顺里广大家庭妇女围着"三台"转,看孩子做饭、洗衣……无休无尽的家务劳动,使她们不能走出家门。三个孩子的妈妈张志平,每天看见上下班的工人,川流不息,心里就羡慕地想:我多久也能当上工人参加劳动啊?五个孩子的妈妈赵金淑,一家七口人,一天到晚,做做吃吃,缝缝补补,整天被家务劳动压得喘不过气来,她说:"我什么时候能从家务劳动中解放出来?"

鸿顺里人民公社,随着生产的发展和需要,本着大集体小自由、积极办好自愿参加的原则,大办公共食堂,大办集体福利事业和服务事业,使广大居民生活集体化,家务劳动社会化,为广大妇女迫切要求彻底解放开辟了道路。全社已建立起公共食堂 201 处,建立起服务站 75 个,托儿所、幼儿园 165 所。这些部门的建立,使广大妇女彻底从家务劳动中解放出来,参加社会生产和社会服务事业。据调查,鸿顺里人民公社,在过去一家一户生活时,仅以做饭来说,全社 13618 户,每户平均一人做饭,每天占去劳动力 13618 个,由于成立了食堂,就解放了 13366 个劳动力。在鸿顺里人民公社调动出来的 6900 多个劳动力中有 90% 以上是家庭妇女,她们分别在 100 多个社办生产单位从事生产和其它工作,大大促进了生产的发展,使很多妇女由消费者变为生产者,而且很多妇女还成为先进生产者。如参加生产汽缸磨石的女社员何淑敏,积极钻研技术,不断改进生产设备,使生产效率提高了十倍。自从 1959 年以来,鸿顺里公社就有 116 名妇女分别当选为市级先进生产者和红旗手,解放了的妇女参加社会生产,真正实现了毛主席所说的"妇女是一种伟大的人力资源,必须发掘这种资源,为建设社会主义国家而奋斗"的指示。

家庭妇女参加社会生产和服务事业以后,经济收入增加,使家庭生活更加富裕,她们在家庭和社会上的地位都发生了重大变化。公社成立前,很多妇女在经济上对家庭是处在依赖、从属地位,经济上不能独立,"手心向上"(伸手要钱),有的受丈夫和婆婆虐待,骂她们是"吃材"。公社化后,她们参加了生产,有了收入,在经济上得到独立,摆脱了对家庭、对丈夫的依赖关系,这就从根本上提高了妇女在家庭和社会上的地位。由于在经济上摆脱了对家庭的依赖关系,从而就打破了旧社会几千年遗留下来的封建道德和旧传统的家长制,使广大妇女在社会主义建设中能够发挥出无穷无尽的力量。

妇女们在集体生活中得到锻炼,思想觉悟不断提高,集体主义观念和团结友爱精神大大发扬,更加关心集体,热爱集体,人们的共产主义觉悟显著提高。过去,许多家庭妇女由于局限在一家一户的小家庭范围内,心胸狭窄,眼界不广,整天为个人的生活操心,现在她们经常考虑的是如何学技术,搞革新,使生产翻番。如三十年来没离家门的李燕影现在成为生产上的能手,过去因为孩子吵架九年互不说话的宗炳珍和刘玉珍,现在在公社里亲如姐妹。再如:张宝珍主动当保育员,她说:"看三十五个孩子,就能使他们的母亲安心生产,比自己一天干的活要多,这对集体更有利。"人民公社给广大社员创造集体的幸福生活,使社员在集体中受到教育,精神面貌在发生着巨大的变化。

人民公社全面地组织人民生活,大办公共食堂,大办集体福利事业,不仅使妇女参加了社会生产,而且使妇女能够参加学习政治、文化,关心国家大事,大大地提高了妇女的文化知识和共产主义觉悟,使妇女在社会主义建设中更能发挥巨大的作用。女社员刘荫坤参加生产后把孩子送到托儿所,吃饭进了食堂,下班以后,无忧无虑地参加夜校学习。妇女不仅能够生产、学习,而且有时间参加文娱活动,在业余剧团里大大丰富了她们的文化知识。她们在市业余文艺会演中演出的独幕剧"扣子解开了"得到人们的称赞,被评为优秀节目。

千百万妇女摆脱繁琐的家务劳动,走向彻底解放的道路具有伟大的意义。正如列宁所教导的:"必须使家务劳动社会化,才能彻底使妇女解放出来,因为洗衣服、煮饭、烧水、刷锅、看孩子等等的事,只有由社会来担负,才能解决妇女参加社会生产和料理家务的矛盾,才能使妇女有充实的时间,无牵挂地参加生产、学习,因而才能消除旧社会残存下来的男女之间在社会生产、社会生活方面的差别。"我们党正在坚定不移地实现着列宁的伟大真理,许多妇女参加社会劳动以后,激动地说:"参加了人民公社,看到了美好的共产主义远景,也看到了个人未来更加幸福的生活。"因而妇女们写诗歌颂道:"人民公社是爹娘,它比爹娘还要强;爹娘有个永别日,人民公社万寿无疆。"表达出她们对人民公社发自内心深处的无限热爱。

四、技术革命和文化革命的鲜花盛开

大搞技术革新和技术革命的群众运动，是高速度建设社会主义和迅速改变祖国"一穷二白"面貌的重要途径。它反映了广大人民的迫切要求和愿望。1959 年，党提出技术革新和技术革命的号召后，立刻在鸿顺里人民公社掀起了大闹技术革新的高潮，在三、四两个月就提出革新建议三千多件，并进行了全面改革，取得了巨大的成绩。如服装厂，翻手套过去用手通，改用翻手套机后，提高生产效率六倍多。又如医疗器械厂提出缩短烧炉时间，改进烟道，烧炉时间由 36 小时减少为 24 小时，每炉还节约用煤三分之一，每月可节省煤八吨多。1960 年，党提出向"四化"（机械化，半机械化，自动化，半自动化）、"双革"（技术革新和技术革命）进军的号召，和全国各地一样，鸿顺里人民公社出现了更大规模的技术革新和技术革命运动，在这个运动中提出高产、优质、多品种等口号。医疗器械厂的社员们听了党提出的号召后，全厂一晚上写了七十多张大字报，不到三天时间提出革新建议五千件。社员干劲很足，有的日夜奋战，如邵明美干到半夜，回去仍睡不着，总是想革新的问题，为了改革机器，跑了二十多个厂子，就连五、六十岁的老大娘也参加了技术革新。在运动中广泛地发动了群众，展开了人与人、组与组及"对口赛"，插红旗、树标兵、开展学、比、赶、超、帮的竞赛运动。

在轰轰烈烈的技术革新和技术革命运动中，本着"能洋就洋、不能洋则土"的精神，对从一个工具的改革到一道工序的改革，从手工操作到半机械化、机械化，从半自动化到自动化。如五金制配厂职工大力改革，自制了十三台拔丝板眼机，生产效率提高了两倍。中心服装厂的技术革新格外出色，厂长计划全厂实现机械化最短需二个月，但是，工人们鼓足干劲，冲破种种困难。做衣架需要用铁，没有铁就用木，工厂没有就找，没有大的把小的连在一块用，没有技术就从头学，两个木工成了工程师，不是两个月，而仅仅是十几天就实现了八化：缝纫机械化、拉布机械化、裁剪机械化、缝纫嘴子多样化、锁眼、铆眼机械化、样板漏斗化、打眼机械化，提高劳动生产率四倍。

在服务部门里，特别是目前公共食堂的炊具改革，在鸿顺里人民公社已经开花结果。两个大型的公共食堂已经操作机械化，即和面机械化、包饺子自动化、淘米机械化、洗碗机械化、切面、切菜机械化、花卷、馒头机械化，另外还创制万能灶，一开电门转眼之间几千人的饭食就做好了。其他服务行业也都已实现机械化。

技术革新和技术革命的结果，提高了劳动生产力，提高了产品质量，大大地节省了劳动力。鸿顺里人民公社普遍实行"七一"、"六二"（七小时生产一小时学习，或六小时生产二小时学习）的学习制度，使职工适当腾出时间进行学习，参加政治和科学技术研究。技术革命和文化革命是相辅相成的，技术革命的开展必然推动文化革命，因为机械化、自动化需要工人掌握一定的技术，正如刘少奇同志说的："为了适应技术革命的需要必须同时进行文化革命。"鸿顺里人民公社开展技术革命以后，生产得到迅速的提高，社员的文化也要求相应的提高，形势发展的需要，文化革命也随之而起。首先，公社设立了政治、文化、技术相结合的红专学校，生产生活服务单位组织了 67 个学习毛主席著作和读报组，举办了由扫盲班到高中班的文化学习班和专业培训班，过去的家庭妇女在参加了工作后，也都兴高采烈地走入学校。入学的社员达到应入学的 96%，学习的效果也很显著，现在 40 岁以下的文盲，已经全部脱去了文盲帽；有 753 人，由文盲或半文盲升入了小学；有 221 人，升入了中学，还有 60 多人，已经担任了文化教员。

人民公社开展了技术革命和文化革命以后，广大劳动人民的才智像喷泉一样迸发出来，这无疑地将大大推动我国社会主义生产力的发展，可以预料：劳动者科学技术水平的不断提高，将促进体力劳动和脑力劳动的差别逐渐消失，为过渡到共产主义创造极其有利的条件。

五、国营企业的得力助手，
共产主义的协作关系

鸿顺里人民公社成立不久，就跟国营工厂和企业之间建立了相互协作的关系。本着"为大工业服务"的精神，首先组织公社与工厂、企业在生产上的大协作。截止目前，公社已经和 65 个单位建立了协作关系。公社一方面有计划地壮大自办工厂，提高产值和机械化程度；另一方面，积极为国营大工业加工，如电讯器材厂要生产高级产品，就把一些电讯器材的生产交给公社经营。同时，工厂还派专人来做技术指导。这样既保证了工厂向"高精尖"发展，又保证了原有产品的生产，也发展了公社工业。这种协作不仅有组织有计划有安排地进行，同时也发挥了高度的主动性、自觉性，充满着"见困难就上，见荣誉就让"的共产主义风格，为顺利完成大工业的生产和建设任务起了很大作用。如三月份是决定第一季生产任务能否完成的关键月，在这紧要关头，第五车具厂没有煤了，厂里劳动力缺乏，如果工人去运煤就会影响生产，这样就不能保证季度生产计划的完成。当公社听到这个消息后，主动地派了四人、两辆大车到西站往返二十里运煤八千斤，使产值增加一万六千元，保证了生产计划的完成。广泛地开展共产主义大协作，更加促进了公社生产的发展。在生产设备、技术指导、原料供应等方面，除了公社发动社员刻苦钻研、大胆创造、因陋就简地组织开展生产外，还取得了国营工厂和企业的大力援助。如合成、泰山、恒源等厂，在下脚料、配备工具、技术指导等方面，都给公社很大帮助，先后帮助公社建立起了四十多个生产单位，如制造轴承外套、电镀五金零件、做纸盒、做闪光粉等，都是从工厂拿原料直接交成品。反过来，公社在"为大工业服务"的方针指导下，根据大工业的需要，对国营大工厂进行了支援，如输送了大批的劳动力等，在彼此支援、共同发展的原则下，互通有无，取长补短，仅一年的时间，公社就向大工厂输送了一千三百多个劳动力，协助三十多个生产单位完成了跃进计划。以上事实充分体现出国营工业和公社举办的工业同时并举，对于促进社会主义经济建设高速度发展的作用，同时它还有着更深远的历史意义，随着这种协作的开展，必将使公社生产进一步纳入国家生产的轨道，随着公社生产的发展壮大，为由集体所有制向全民所有制过渡提供了物质基础和精神条件。

其次，在生活方面也广泛地组织了协作。社与厂合办了许多生活服务事业，如为恒源等厂设立了生活服务站；光华分社与二马路合办了托儿所。公社还为职工建立了食堂、托儿所、昼夜循环服务店等服务组织。公社还在合成橡胶厂设立服务站,为适应高速度生产发展的需要,提出"高产勤供,战役不停,供应不止",厂长和车间书记带领技术人员帮助洗衣站安装上一个一节半的大锅炉(这是工厂无代价送给公社的),并且帮助洗衣站安装上最新的一些设备,促进了洗衣站的工作。工厂进行大决战时,公社派人帮助进行大扫除、洗衣,保证生产顺利的进行。大决战结束后,公社服务部门送去"庆功菜"、"促进鱼",从而,密切了公社与有关部门的关系,有力地帮助了国营工厂、企业部门生产任务的完成。

人民公社"一大二公"的特点越来越显著地发挥出来,以街道居民为主,工商学兵四位一体,全面结合,互助合作,互相支援,生产资料和劳动力,做到人尽其才、物尽其用,有力地促进了生产的大发展,显示了人民公社无比的优越性。

六、商业面貌大改变

城市人民公社的建立,不但在发展生产和提高社员生活方面起到了巨大的作用,同时,也引起了商业的大革命,为商业的发展开辟了新的道路。彻底消除了商业中资本主义残余影响,树立起了社会主义新的商品供应关系,真正成为生产和生活的服务组织,从而使社会主义商业得到更大、更全面、更广泛的发展。

鸿顺里人民公社在建设过程中,特别是在大搞人民经济生活运动中,商业部门在党委的正确领导下,真正起到了得力助手的作用。在"为生产服务,为生活服务"的总方针下,帮助组织公共食堂、托儿所、幼儿园、服务组织等工作,对公社的巩固和发展起着重要的作用。

(一)了解生产,组织生产,参加生产

了解生产的目的在于组织生产,提高人民物质文化生活。公社化以后,商业"腿长面广,耳目灵通",便于商业部门快而准地知道哪个单位缺少什么原料、缺少哪些技术,以及社员需要什么等等,从而给予人力、物力、财力的支援,更好地帮助生产部门完成生产任务和更合理地安排人民经济生活。例如,天纬路第五车具厂,生产急需用煤,而人力又抽不出来,二马路综合服务站知道后,马上组织人力给该厂从西站运来煤8000斤,使该厂避免了待料停工,帮助了生产。商业部门想尽一切办法改变经营办法,最大限度地适应生产和生活的需要,送货上门,主动了解生产部门需要什么,使商业成为生产部门的"供给部"。

商业组织生产,千方百计地扩大对公社的生产资料供应,增添生产设备,帮助公社培训技术人员,改进生产技术。在必要和可能的情况下,利用大工厂的废料、下脚料进行生产组织加工。

参与生产使商业参与公社制定的生产规划,寻找生产门路,积极收购产品,组织物资交流,协助公社筹措生产资金,使社员增加收入。

(二) 积极参与大搞人民经济生活

在公社党委的统一领导下,商业部门围绕公社各项生产事业并大力协助福利部门举办各种集体服务事业和公共食堂、托儿所、幼儿园等生活服务组织,现已达到成龙成网成套地遍布各个角落,服务组织达到94个,服务项目达到300多项,满足了社员群众的各种不同需要。

在大搞人民经济生活中,商业部门采取以下三个措施:第一,帮助群众举办了公共食堂和托儿所,并且,卖粮食的给食堂介绍做饭增量法;卖菜的介绍做菜法,卖煤的帮助砌灶,理发员帮助培养理发员等等。这是解决吃饭、带孩子的问题,把妇女从家务劳动中解放出来的重要环节,它促进了"家家无闲人,人人忙生产"新气象的出现。

第二,组织群众兴办洗衣、缝补、修理、理发、洗澡、清洁卫生、照顾病人、老人等各种生活福利事业,解除群众尤其是广大家庭妇女的日常家务琐事的牵累,使人们能够腾出更多的时间从事生产、学习和休息,使鸿顺里一大部分家庭妇女,不仅摘掉了文盲帽子,而且有的已做了教师、厂长和管理人员,都不同程度地掌握了一些生产技术和具有一定的工作能力。

第三,组织群众合理分配商品。

发展生产的目的,在于满足广大人民的物质生活需要,搞好人民生活。合理进行商品分配,是一项复杂的工作。

在社会生产的过程中,生产、分配、交换和消费是一个有机整体,其中生产是根本的,同时,分配、交换和消费对生产起积极作用。忽视任何一方,生产都会受到影响。

鸿顺里人民公社商业部门提出:一切为了生产和生活需要,力求做到合理分配。尤其目前,当商品生产还不能完全满足人民生活需要时,合理进行分配就显得更为必要了。在这些方面,商业部门做到了全面安排,重点照顾,合理供应,不断改进工作,并积极地帮助生产部门提高商品质量。总之,是在"统筹兼顾,保证重点,照顾特需,安排一般"的原则下进行分配。

事实证明,合理分配商品是搞好生产和生活的重要环节,即使将来商品生产极大丰富后,根据不同需要,合理安排和分配产品也是必要的。由于城市人民公社的建立和发展,使商业面貌大大改变,成了生产、生活、分配和交换的组织者,为将来社会产品的合理分配的形式和方法摸索了宝贵经验。

七、新的一代成为共产主义的优秀接班人

儿童是我们国家未来的主人,他们将担起革命事业成为共产主义的接班人。

伴随着人民公社的成长壮大,我们党为孩子们创造了许多更为优越的条件。托儿所、幼儿园的建立,就为孩子们设置了一个安乐舒适并能受到共产主义教育的生活园地,这对他们的身心健康和共产主义意识的成长有极其重大的意义,党是一直重视下一代的成长和教育的。

鸿顺里人民公社托幼保教人员,在党的教育下,非常重视孩子们的健康成长,并且用共产主义精神、共产主义思想教育下一代。保育员张宝珍说:我们教育儿童热爱劳动、热爱集体、讲卫生、懂礼貌,把他们培养成共产主义的好儿童。

培养儿童热爱劳动,这不仅是让孩子们参加力所能及的"劳动"锻炼,如摆桌子、凳子、擦擦桌器、扫扫地等轻微活动,而且通过各种形式灵活地进行热

爱劳动教育,如唱歌"……吃白菜,哪里来,全是农民伯伯种出来"。这样使儿童知道吃的东西是怎样来的。通过游戏也进行劳动教育,如教儿童"盖楼房",讲建筑工人如何盖楼房,使孩子们从小就养成热爱劳动的习惯和建立起热爱劳动人民的共产主义道德品质,这样就使孩子们逐步地了解,为了创造社会主义、共产主义的幸福生活,没有艰苦的劳动是不可能的。

教育儿童具有集体主义思想是使下一代成为共产主义新人的重要方面。通过具体事对儿童进行教育是有效的方法。有一个小孩病了,保育员特地做了好吃的给他,并向其他孩子问:"小朋友们,你们吃不吃?""不吃。"小嘴异口同声地回答。保育员又问:"为什么让他吃呢?"孩子们七嘴八舌地说:"小弟弟病了,应当……",保育员就这样教育孩子热爱集体、关心别人。通过讲故事给孩子讲述人民公社的优越性,"人民公社好"深深地印在儿童的心里。当你随便问一声:"人民公社怎样?"有的即使在嘴里含着糖块,也要马上掏出来回答你,有的蹦蹦跳跳地唱着:"人民公社好,人民公社强……"

培养儿童讲卫生、懂礼貌,教育儿童每天洗脸,饭前便后洗手,饭后漱口,每星期洗一次澡,两星期理一次发,每星期剪一次指甲,不随地吐痰,不随地大小便,小孩子都懂得"讲卫生光荣,不卫生耻辱"的道理。如住在鸿顺里的小孩们,见到胡同里有点碎纸屑也要捡起来,放到垃圾箱里去。孩子们都比在家懂事了,有礼貌,听大人的话,回家后帮助妈妈做家务事,向爸爸妈妈问好。

在幼儿园大班,还教孩子认字,毕业后能掌握几百汉字。依照现行制度,幼儿园不许识字,但是他们用游戏的方式进行学习,不但不会损害儿童的健康,而且使儿童和他们的父母更加喜欢幼儿园了。孩子们在幼儿园里就能学习文化知识,为进入学校奠定基础。

孩子们在幼儿园、托儿所里过着幸福的集体生活,每天有一定的时间,唱歌、跳舞、做游戏、讲故事。这不但是娱乐的形式,而且也是进行教育的形式,每星期看一次有意义的适合教育儿童的影片,看后老师再讲一讲,这样巩固对孩子的教育。又如碰见穿军衣的解放军,就讲解放军保卫祖国的故事;碰见工人就讲工人在工厂里劳动,创造财富。这样不仅增加了他们的知识,而且培养他们热爱各种事业,孩子们这样唱着:

我长大了要和工人叔叔一样，

开动机器盖厂房，

站在生产最前方；

我长大了要和农民伯伯一样，

把山上种满果树，

开着拖拉机跑遍田地上；

我长大了要和解放军叔叔一样，

穿上军装背上枪，

保卫着祖国的边疆。

  保教人员每天根据时事，给孩子们讲故事，这不仅是娱乐的生活，而且还能使他们懂得国家大事，使孩子们知道谁是好人谁是坏人。这些都是家庭教育所做不到的。

  根据儿童的特点，每天按时吃四顿饭，并按照孩子们的营养需要配备营养价值较高的饭菜，一星期还改善一次生活。老大娘们赞美地说：幼儿园的孩子们是"喝牛奶，吃面包"。孩子们愉快地唱着：幼儿园真可夸，吃得好玩得花，生活幸福胜过家，乐得妈妈笑哈哈。

  公社还给儿童设立了一所"儿童体育场"。过去下了学，孩子满街跑，现在下了学，可以来这里作各种的体育活动，场内配有一位专职教员作辅导。

  孩子们在托儿所、幼儿园过着集体生活，受着共产主义教育，健康地成长，同时，他们的思想面貌天天向上，成为热爱党、热爱劳动、热爱社会主义、热爱学习、热爱集体、讲卫生懂礼貌的新的一代。这样，妈妈们非常高兴满意。保丰工厂的工人郝淑芳说，她的孩子送进幼儿园以后，养成不吃零食的好习惯，每天回家后问妈妈好，还向妈妈敬礼，并且帮助妈妈做些事。她说："还是在集体生活中能够教养出来好儿童。"孩子教养得越好，就越促进妈妈们安心生产。

  事实证明，孩子们从小过着集体生活，在年龄相仿、身体和智力发展相仿的集体生活中，有适合孩子的饭食，有适合孩子的文化娱乐活动，有党的无比关怀，在这优越的条件下，共产主义的接班人能够健全迅速地成长，使他们成为未来建设社会主义、共产主义的可靠的坚强的战斗队伍。

八、社会主义革命进一步深化

大办城市人民公社,不仅是一次生产关系的重大变革,也是一次深刻的社会变革,反映在生活习惯和思想意识上,必然是一次深入的社会革命。社会主义与资本主义、集体主义与个人主义、先进思想与落后思想之间的斗争也必然出现。为了顺利地实现城市人民公社化,为了进一步巩固和发展人民公社就需要进一步深入开展政治战线和思想战线上的社会主义革命。

当鸿顺里人民欢欣鼓舞庆祝人民公社成立的时候,资产阶级及其家属却惊慌失措,不食不眠、怀疑、抵触、反抗,在他们中间出现一股歪风邪气,有的资本家就变卖家具、缝纫机等生活资料,或者大量地从银行提款大吃大喝。有一个资本家吃一顿饭就花了 40 多元。有个资本家家属×××听说要办人民公社时,马上给她丈夫打电话,将价值 800 多元的新型缝纫机,只卖了 200 多元。还有一个资本家×××将二年多 600 多元存款提取出来,用了 500 多元买了手表、自行车以及服装、皮鞋等数十件。他们表现动荡不安,顾虑重重,怕人民公社没收生活资料,怕入食堂吃饭不自由,怕参加劳动,怕吃苦;有的资本家家属怕降低丈夫的工资,怕子女入托儿所受气,怕成立公社不能当社员,怕取消定息等,这充分暴露出资产阶级的唯利是图、自私自利的本质。他们不仅害怕人民公社,有的并阻碍人民公社的成立。不及时打退这种歪风就不能保证公社化的顺利实现,必须展开两条道路的斗争,揭穿资产阶级的活动。鸿顺里人民公社正是在这种斗争中诞生并不断巩固壮大。

反过来再看看劳动人民如何呢?他们听说成立人民公社,锣鼓喧天,张灯结彩,鞭炮震天无限喜悦,公社需要什么就贡献什么,有的为办食堂献盆献碗砌锅盘灶。工人家属王淑蓝听说办食堂没房子,马上将自己的房子腾出做食堂,并要求当炊事员。还有的将自己的桌椅板凳给敬老院,托儿所……他们深深地知道:在共产党毛主席的领导下,更幸福的日子到来了。老工人王大爷说:"我们的日子越过越好了。"

可是,人民公社的成立在广大劳动人民中和一小撮尚未彻底改造的资本家中形成了两种截然不同的反映。公社化运动是社会主义革命的深化,它意味着劳动人民将进一步获得解放,向社会主义和共产主义迈进了一大步,而对资产阶级来说,进一步彻底杜绝了资本主义道路,挖掉资本主义老根,所以一些尚未彻底改造的资本家对人民公社产生抵触、反抗甚至破坏是很自然的。人民公社的成立也引起了其他各阶级、阶层的不同反映。小资产阶级、原来的小业主、手工业者等等,虽然都基本拥护公社,但由于这些阶级阶层的人还没有全部彻底地进行社会主义改造,部分人还存在发财致富投机取巧的资产阶级残余思想和习气,有的还想偷偷地走资本主义道路,个别的对成立公社有顾虑和怀疑。

人民公社的成立为彻底挖掘生产资料私有制的根子,为切断发展资本主义道路创造极为有利的条件。根据社会主义改造小商贩的原则,将218个个体手工业者和113个小商贩,逐步地分别改造为8个社办工厂(组)和6个服务站(社)。所有这些,均属公社领导,成为公社的组成部分,这样就彻底消灭了生产资料私有制残余,加速彻底消灭城市资本主义残余的过程。公社现在的工厂在公社化以前,有的是几家小业主,雇佣着一部分工人,搞着发“洋财”的勾当。公社化前夕,按照国家对资本主义的改造政策,把它纳为区工业局管理,公社化以后,把它变为公社管理,成为公社的集体所有制,并且使这些小业主及其家属也参加了生产。现在二马路分社的“服务一条街”在今年人民公社实行“三化”以前,还是122个房间,包括31个店的公私合营的买卖。人们说那时的买卖是“吃凉不管酸”(只顾买卖关系),可是实行“三化”以后,按照各个不同行业,分别划为“一店”(昼夜循环服务店)、“三站”(储蓄站,生熟水供应站等)、“十六部”(生活服务部,皮鞋便鞋修理部……),经营二马路分社社员们的全部服务性事业。

当各个个体手工业者、小业主、小商小贩及其家属参加了生产之后,便形成了“人人有事做,户户无闲人”,这样,城市人民公社化运动,就使得那些小商小贩、个体手工业者、小业主以及街道上大批的闲散劳动力组织起来变成了集体化的、工厂化的、固定的生产者,解决了城市过去没有彻底解决的就业问题。一年多以来,鸿顺里人民公社按照社会主义组织原则,组织起4600多名居民(主要是家庭妇女),把她们安置到各个生产行列里。同时在公社化运动中,资产阶级及其家属亦感到了大势所趋、人心所向,也参加了公社,这就加速了资产阶级分子由剥削者改造成为自食其力的劳动者的过程。

城市人民公社化运动使社会主义革命深入一步。公社的成立,为对资产阶级及小资产阶级的思想改造带来极其有利的条件,更加速了劳动群众思想的共产主义化。

九、人民民主专政更加巩固

通过在鸿顺里人民公社的调查证明,城市人民公社化运动,更加充分地发扬了人民民主权利,进一步加强了人民民主专政,这是使人民公社发展壮大和加强党的领导的重要保障。

党的八届六中全会"关于人民公社若干问题的决议"中指出:在人民公社里"为了把工作做好,一定要实行高度的民主,一定要有事同群众商量,忠实地代表群众的利益,反映群众的意志","充分地实行民主管理化"。鸿顺里人民公社,认真地贯彻了这个指示,制定了一套民主管理制度。首先,公社管理委员会的成员是由社员代表大会选举产生的,并吸收了社员代表参加管理,公社委员会的成员四十二人中国家干部占了百分之四十九,各方代表占百分之五十一。各分社的生产单位和生活服务单位,也都建立了民主管理的组织,为社员广泛参加管理和监督公社工作创造了良好的条件。如在各生产单位(工厂、生产组),充分发动群众,实行民主管理,制定生产计划,决定采取措施都是发动群众讨论通过,社员工资由群众民主评定,技术革新和技术革命由社员提建议,干部有事和社员商量,对厂里工作号召大家鸣放辩论贴大字报,实现了管理民主化。这样,便充分发扬了民主领导和群众相结合,密切了群众关系,充分发挥了群众的智慧和力量,保证了生产任务的完成,推动了各项工作齐跃进。

其次,由于实行了民主管理,广大社员更加爱社如家,党的领导也空前加强。为了维护公社利益,广大社员更能自觉地积极向破坏人民公社的一切坏分子、向国内外的敌人进行坚决斗争,进一步加强了对地、富、反、坏、右五类分子的监督,使他们在劳动中进行改造。人民公社的出现,不仅加强了人民民主生活,使每个社员真正成为公社的主人,共同为发展集体事业、加速社会主义建设英勇奋斗,同时也进一步加强了对敌人的专政,使一切反对和企图破坏人民公社的坏分子,在广大社员雪亮的眼睛监视下只可老老实实不能乱说乱动,否则就将遭到广大社员的惩办。人民公社的建立为进一步加强人民民主专政提供了有利条件。

在城市人民公社化运动以前,城市街道居民是独门小户分散生产、分散生活的,彼此之间互不了解,敌人易于趁机潜伏,进行破坏活动。人民公社化以后由于政社合一,公社统一组织生产和生活,实行了"三化"——生产集体化,生活集体化,家务劳动社会化,这样就便于依靠广大群众,加强对五类分子的改造。公社利用社办公助的办法,办了一个社改工厂,在该厂内实行民主管理,实行"三包一保证"(包政治教育,包生产,包监督改造,令被改造分子做出保证计划)教育五类分子,也发挥了群众的监督作用。这样对于坏分子的改造就成了在党的统一领导下,有组织的、群众性的、经常性的工作。具体地采取了集中改造与分散改造相结合,在充分发动群众的基础上,实行生产劳动与思想教育相结合,改造与惩办相结合的方法。如生产集体化后,把四十四名五类分子根据其技能和体力状况及生产的需要,把他们分别安排在各个生产部门,依靠群众的力量来监督他们进行劳动和教育改造,使社员"划清反动派和革命派的界限,揭露反动派的阴谋诡计,引起革命内部的警觉和注意,长自己的志气,灭敌人的威风才能孤立反动派,战而胜之……"(毛泽东:"论人民民主专政")。这样,既可以利用他们的劳力和技术,又可以加强对他们的管制和改造,这也是把阻碍生产力发展的消极因素改变为利于生产的积极因素,使他们由过去不劳而食的寄生虫,通过改造可以学会生产本领掌握技术,成为自食其力的劳动者。公社化的实现,就更进一步使这些社会渣滓置于群众的汪洋大海之中。社员们说:"人民公社化后,你跑到哪里也得抓住你。"群众的嗅觉和视觉是很灵敏的,各类坏分子一旦有什么鬼胎,便立即被群众揭发,及时受到制裁。如反革命分子程××,煽动工人家属不要入食堂,企图反倒人民公社,并说:"早晚把你们掉到井里拉到。"群众听后,马上转告领导,立即召开大会,宣布管制。到会的其他五类分子,连动也不敢动,群众真是扬眉吐气,劳动群众说得对,"不把这些坏蛋搞倒,我们就不能生存,我们的政权就保不住。"但是,只要他们不破坏、不捣乱,老老实实接受改造,人民政府也给予其工作,给予生活出路,让他们在劳动中改造自己。形势逼迫得坏分子说"千条路,万条路,只有改造是出路"。由于正确贯彻执行了党对五类分子的方针政策,因此,表现好的逐渐多了,表现不好的相对减少。如反革命分子×××一贯不劳动,经过教育改造,检举了×××的盗窃行为,在"三八"节时主动要求给食堂修理炉灶,经三天三夜的劳动,给三个食堂修好了炉灶。五类分子的改变,是党的方针政策的胜利。对那些不老老实实、违法乱纪、拒不改造的反革命分子,必须实行专政。只有加强对敌人的专政,才能更加发扬人民的民主。

随着城市人民公社的进一步发展巩固,更加巩固了人民民主专政,人民民主专政的巩固,保证了我国社会主义革命的胜利进行和社会主义建设的飞跃发展;而社会主义革命的胜利和社会主义建设的伟大成就,又为人民民主专政的巩固奠定了基础。

鸿顺里人民公社,虽然仅有一年多的历史,但是它却展示了极其宏伟广阔的前途,越来越显示出强大的生命力。

城市人民公社的建立,是党的社会主义建设总路线的胜利,是大跃进的胜利,是毛泽东思想的光辉胜利。它体现了高速度发展城市生产及各项建设的需要,进一步推动了社会主义的深入开展。和农村人民公社一样,它的出现,是生产力发展和广大城市人民共产主义觉悟迅速提高的必然结果。公社化的实现,为发展城市生产力开辟了广阔的前途。

鸿顺里人民公社,一年多的历史证明:城市人民公社不仅是生产的组织者,也是人民生活的组织者。公社实现了劳武结合,大办工业,大办文化教育事业以及各项集体福利事业,促进了家务劳动的社会化,解放了大批妇女劳动力,不仅大大提高了城市人民生活,加速了社会主义建设事业的发展。城市人民公社一出现,就负担起改造旧城市和建设社会主义新城市的历史使命,它的前途是无量的。随着公社生产力的迅速发展和广大社员共产主义觉悟的不断提高,城市人民公社将逐步地由集体所有制向全民所有制过渡,并成为我国由社会主义过渡到共产主义的桥梁。在党中央和毛主席的英明领导下,在三面红旗的光辉照耀下,鸿顺里人民公社和全国各地人民公社一样,将不断地发展壮大,在完成社会主义建设和实现共产主义的伟大事业中,显示出它的强大生命力,发挥出无穷的力量。

试论城市人民公社是改造旧城市和建设社会主义新城市的有力工具 *

经济系五年级城市人民公社调查组

（一九六〇年七月二十九日）

一个声势浩大、波澜壮阔的城市人民公社化运动,已经在全国范围内出现。上海也和全国一样,正在掀起人民公社化的热潮。目前上海南市巡道街地区广大人民群众正以欢欣鼓舞的心情积极准备迎接人民公社的成立。可以预料,在不太长的时间里,全市都将分期分批地实现城市人民公社化。

城市人民公社的大发展,和农村人民公社一样,不是偶然的。它是我国政治经济发展的产物,是社会主义建设总路线和全国大跃进的产物,是广大农村实现人民公社化以后,城市社会主义运动发展的必然趋势。城市人民公社一诞生,就像初升的太阳放射出鲜艳的光芒,显示出它不仅能促进生产高速度地发展,而且还是彻底改造旧城市、使之适应于现阶段的社会主义建设和未来的共产主义理想的重要工具。

改造旧城市和建设社会主义新城市是一个统一的过程,这个过程从无产阶级掌握政权起就在党的领导下开始了。在国民经济恢复时期和社会主义改造时期,曾经进行了一系列的民主改革和社会改革工作,使城市面貌起了根本的变化。正如中共八届六中全会"关于人民公社若干问题的决议"中所指出的:"社会主义的全民所有制在城市中已经是所有制的主要形式了,工人阶级领导的工厂、机关、学校(除了一部分职工家属以外)已经按照社会主义原则高度组织化了……"但是,改造旧城市建设社会主义新城市的工作并没有完

---

* 原载《复旦大学学报》一九六〇年七月二十九日。

成,城市中社会主义生产关系还没有彻底地、全面地占着完全统治地位,资本家还拿定息,不少小商小贩、小业主、小手工业者还没有集体化,不少街道居民还没有组织起来参加社会劳动,街道妇女还没有摆脱繁琐的家务劳动走上彻底解放的道路,资本主义的思想影响还必须彻底清除,等等。所有这些都说明要不断地调整生产关系和上层建筑,把社会主义革命进行到底。毛主席早在一九五七年就已经指出:"社会主义生产关系已经建立起来,它是和生产力的发展相适应的;但是,它又还很不完善,这些不完善的方面和生产力的发展又是相矛盾的。除了生产关系和生产力发展的这种又相适应又相矛盾的情况外,还有上层建筑和经济基础又相适应又相矛盾的情况。"实践已经证实毛主席这一指示是英明正确的。特别是现在我国已经进入了社会主义建设全面地、高速度地、持续不断地跃进的新阶段,需要进一步调动一切积极因素,在全社会范围内把人力、物力、财力全面组织起来,进行高度的协作,这就必须突破现有的生产关系的界限,使国营企业、街道工业和其他整个社会力量形成一个密不可分的统一的整体。同时,另一方面,广大城市居民,特别是劳动人民家属在经过全民整风和党的总路线的教育之后,在全国农村实现人民公社化的鼓舞下,政治觉悟大大提高,也迫切要求参加社会生产,为加速社会主义建设贡献自己的力量。城市人民公社正是适应这些要求而产生的,所以城市人民公社化运动是一个具有伟大历史意义的革命群众运动,它是社会主义革命的继续深入和发展,是使生产关系更加适应生产力的发展、上层建筑更好地为经济基础服务的革命运动,并把彻底改造旧城市建设社会主义新城市的工作推向一个新的历史阶段。随着城市人民公社化运动的深入发展,必将进一步使我国城市的政治经济面貌和城市人民的精神面貌发生根本的深刻变化,将为加速我国社会主义建设和将来向共产主义过渡创造极为有利的条件。

一

城市人民公社促进了社会主义关系的发展。首先,城市人民公社是彻底消灭城市资本主义残余的有力工具。经济战线上社会主义革命取得胜利之后,城市社会主义经济已居于统治地位。但是在国营、公私合营企业及合作社组织等社会主义性质的企业之外,仍有一小部分小商小贩和独立劳动者没有组织起来,以巡道街地区为例,小商贩将近 200 人,有木匠、箍桶匠、鞋等几十种。他们适应个体生活方式的需要,分布在里弄各个角落,也有人穿门入户,流动服务。据了解,这些个体经济残余各地都有一点,成分也很复杂,其中有些人还非法进行套购、囤积等投机活动。随着社会主义建设事业日益发展,特别是农村人民公社化以后,他们的活动面越来越窄,他们中越来越多的人已逐步走上社会主义改造的道路。但是,在个体生活方式的条件下,这些小商贩仍有活动的余地。这种资本主义经营方式和自发的资本主义倾向同社会主义事业的矛盾日益尖锐,如不彻底进行改造就不利于社会主义市场的统一管理,甚至对社会主义建设事业发生破坏作用。

城市人民公社大办街道工业,大办公共福利事业,大办公共食堂,全面地组织人民经济生活,把城市潜在劳动力高度组织起来。统一组织生产、交换和分配,这就从根本上铲除了资本主义残余势力的活动基地。大办公共食堂、托儿所和社会服务组织,服务站、服务组成套成网,使个体生活方式逐渐转向集体生活方式,也为彻底改造个体经济创造了有利条件。

在人民公社建立过程中,根据自愿原则和他们的特点,许多小商贩已经被逐渐组织到生产组织或服务组织中来。可以肯定,随着城市人民公社的发展,资本主义自发势力的残余将要被彻底消灭。这是彻底完成经济战线上社会主义革命的重要内容之一,并为将来过渡到共产主义全民所有制创造了有利条件。

其次,城市人民公社引起了交换方式的重大变化。交换是生产与生产、生产与消费的联系纽带。生产方式决定交换方式。城市社会主义改造任务基本完成以后,社会主义企业之间的生产联系绝大多数采取了产品调拨的方式,已经摆脱了商品交换的盲目性。这种社会主义交换方式,在促进社会主义建设事业高速度按比例发展方面起着重要作用。

城市人民公社组织起来以前,大多数居民仍以家庭为单位单独组织经济活动,这种分散的个体消费方式反映在消费品交换分配上,除了粮油布匹等重要生活必需品是计划分配以外,大多数消费品还不能不通过自由选购的买卖方式分配到广大居民手中。在这种交换方式中,价值规律还发生一定的作用,商品销售计划,常常受到人为的因素的冲击,还不能完全克服资本主义商品交换的盲目性,因此同社会主义建设的计划性还会直接发生矛盾。这个矛盾随着社会主义建设大跃进和人民生活水平的提高而日益尖锐起来,这就是社会主义生产方式和个体生活方式的矛盾在交换领域中的具体表现。

城市人民公社统一组织生产、交换和分配,协助商业部门进行某些商品和副食品的分配工作,使分配更为合理,特别是集体生活的发展,使越来越多的个人生活消费品变成了集体生活消费品,相当数量的大米、蔬菜、肉类、煤球等物资已经转入集体消费孔道。这种新的交换方式在当前虽然还建立在等价交换的基础上,不是按需分配,但是已经在交换领域中逐步清除交换的盲目性,促进了生产发展。越来越多的商品通过集体生活方式进入消费,是社会主义生产发展的客观要求。在上海南市巡道街地区,商业体制适应这种交换方式的变化已经作了调整。各专业公司的权力进一步下放,各公司的中心商店在街道党委的统一领导下合并成立了行政管理机构和企业合一的街道综合商店,其下,有直属门市部、各个里弄委员会的综合门市部和深入里弄的分销部、代销店等,构成密如蛛网的商业网点。商业网点和集体生活组织紧密合作,不仅使商品分配更加合理,而且已经使一些粮油店、酒酱店和公共食堂统一起来。这是交换方式上重大的带有质的意义的变化。集体生活组织和交换机构紧密结合并日益统一起来,使在今后逐步促进分配方式向共产主义过渡中发挥其积极作用。

最后,城市人民公社的建立进一步促进了各部门之间的共产主义协作关系。国民经济是个有机体,生产、交换、分配和消费密切相关,因而里弄中从第一批街道工业生产组织和生活福利组织出现时开始,就产生了里弄、工厂、商店、文化教育机关的协作关系。但是由于以前各单位各行业自成系统,所以这种协作关系还是不系统、不经常的。公社建立以后,公社范围内的工业、商业、粮食、银行、民政、文教卫生等组织,在公社统一领导下,就会成为一个统一体,形成更有系统的在更大范围内的经常的大协作,从而必将把群众的生产、生活、文教卫生事业进一步组织起来,促进生产的发展。许多工厂由于里弄居民的支援,就能够在不添设备的情况下,完成和超额完成国家计划,并且可以腾出手来向高精尖进军。如上海江南制盒厂现在每月交里弄加工的纸盒就占这个厂总产量的四分之一左右，该厂由于手工操作大量下放而扩大了机制出口纸盒的生产，产值迅速提高，月产值由 1959 年上半年的 13 万元上升到下半年的 16 万—19 万元，12 月达到 22 万元，今年 4 月上升到 31 万元，交由里弄加工部分的产值也由去年 12 月的 3 万元上升到今年 4 月的 9 万元。

加工协作的经常化，使许多里弄生产组，实际上成了有关工厂的不可或缺的辅助车间。巡道街地区各里弄委员会和地区有关工厂企业建立了固定的协作组以来，许多工厂帮助里弄训练生产人员，进行技术指导，还把清仓出来的闲置设备交给里弄生产组使用，有力地促进了街道生产事业的发展。工厂与工厂，工厂与商店，各行各业之间成了一家人。有些生产单位之间长期以来未能解决的协作关系，在街道党委成立以后，即迎刃而解。以前，该地区中华路上分属九个专业公司领导的 38 家商店交叉零乱，调剂房屋问题长期不能解决，最近几天功夫就面貌大变，变成了几十开门面的街道综合商店。这是改变城市建设布局的一个例子。旧城市遗留下的布局不合理现象还表现在很多方面，但是可以肯定，随着城市人民公社的发展，通过各部门大协作，城市建设布局也必然会日趋合理，以至彻底把旧城市留下的破烂、残缺、凌乱的痕迹扫除干净。

事实证明，城市人民公社是生产、交换、交配和人民生活福利的最好的统一组织者，共产主义协作的加强和系统化、经常化，从各方面把城市人民高度组织起来，足以充分调动各方面积极性，有力地推动社会主义建设事业，促进城市生产方式和生活方式的巨大变化，并更加提高人民的共产主义觉悟。

二

旧社会旧城市遗留下来的极不合理的现象之一，是广大妇女群众被极其繁琐的家务劳动所束缚，不能参加社会生产劳动，在家庭中处于依附地位。解放以后，她们不仅在政治上翻了身，参加了各种社会政治活动，同时，有一部分人陆续被组织起来参加了社会主义建设。但是，大多数妇女在单家独户、小锅小灶的生活方式没有改变以前,还不能直接参加到社会主义建设的队伍中来,因此问题还未得到根本解决。

几年来,在党的教育下,特别是通过1958年全民整风和总路线的宣传教育运动以后,广大妇女的政治思想觉悟大大提高了,迫切要求摆脱繁琐的家务劳动,参加社会主义建设;另一方面,随着1958年以来出现的生产全面大跃进,也需要更多的劳动力参加生产。广大家庭妇女是进一步发掘劳动力的重要源泉,正如毛泽东同志所指出:"中国的妇女是一种伟大的人力资源。必须发掘这种资源。为了建设一个伟大的社会主义国家而奋斗。"(见《中国农村的社会主义高潮》选本,第241页)可见,把广大的家庭妇女组织起来,参加生产,对进一步调动一切积极因素,加速我国社会主义建设,具有重大的意义。使广大家庭妇女参加社会生产,把繁琐的家务劳动社会化,也是实现妇女走上彻底解放的道路。早在76年前,伟大的革命导师恩格斯就说过:"只要妇女被摒弃在社会的生产劳动以外而只限于家中私人劳动,那末妇女的解放,妇女跟男子的平等,便是不可能的。妇女的解放,只有在妇女可以大量地、社会规模地参加生产,而家庭工作仅占有她们很少功夫的时候,才有可能。"(见《马克思恩格斯文选》两卷集第二卷,第309页)所以,妇女大量地、社会规模地参加生产,就是妇女走向彻底解放的标志。

城市人民公社化运动,把广大的家庭妇女组织起来,参加公社和里弄的各项生产建设事业,就使消费者变成生产者,并使广大妇女走上彻底解放的道路。

一年多来,在党的领导下,在国营企业的大力支持下,里弄委员会依靠群众,贯彻因地制宜、就地取材、自力更生、勤俭办企业的方针,大力发展街道生产事业。上海南市巡道街地区,从1958年起就开展了以组织生产为中心的全面组织人民经济生活的工作,特别是今年四月街道党委成立以来,运动发展尤其迅猛,到目前为止,已经兴办了160个生产单位,从业人员共有4600多人,加上参加其他社会劳动的人,已占应组织人数的90%以上。生产产品也丰富多样,有变压器、无线电装配、胶木、五金零件、马达、童装等500多种,在替大工业加工,为大工业服务,以及满足城乡人民生活需要等方面都起了很大的作用,成为社会主义工业战线上的一支新生力量。与此同时,它们的产值也有了很大的增长。根据初步统计,三月份加工费及产值收入为 87748 元,四月份为106994 元,五月份是 192592 元,比三月份增加 80%,六月份的生产将有更大的发展,预计产值还要增加 50%左右。由此可见,通过大办街道工业把家庭妇女劳动力组织起来,合理安排,参加生产,就必然出现一个"家家忙生产,户户无闲人"的崭新局面。这一方面发掘了生产潜力,调动了一切积极因素,加速了社会主义建设的速度,另一方面,又做到了人人参加劳动,形成了劳动光荣的社会新风尚,使人们的共产主义思想逐渐成长。在共产主义社会中,"……人们习惯于履行社会义务而不需要特殊的强制机关,不拿报酬地为大家工作已成了普遍现象"。(见《列宁全集》第 30 卷,第 253 页)而现在,这种风格在我国劳动人民中已经开始萌芽,这就为将来过渡到共产主义创造了有利条件。

三

　　家庭妇女参加生产,消费者成了生产者,消费的街道成了生产的街道,社会生产中这一巨大的变化使社会主义的生产方式与个体的生活方式的矛盾更加突出。个体生活方式是适应于生产资料私有制而形成的,它使人们眼界狭隘,助长人们的私有观念,因而随着社会主义革命日益深入,矛盾也日益尖锐起来。另一方面,个体生活方式把广大妇女束缚在繁琐的家务劳动中,使社会上这一支巨大的生产力量不能被合理的利用。妇女要求参加劳动,也迫切要求改变这种生活方式。

　　集体生活方式是社会劳动和家务劳动矛盾的产物,家庭妇女参加劳动一开始就碰到这个矛盾。毛主席说过:"许多人,许多事,可以由社会团体想办法,可以由群众直接想办法,他们是能想出很多好的办法来的。"(见《关于正确处理人民内部矛盾的问题》,第 25 页)里弄居民一旦认识到组织起来的优越性,就很快地从生产到生活组织起来,因而随着第一批街道生产组织的出现,也出现了第一批公共食堂和托儿所。这些集体生活福利组织随着街道生产事业的发展而发展起来,为建立城市人民公社奠定了重要基础。以巡道街地区金坛人民公社为例,到五月底为止,里弄公共食堂已经发展到43个,18000多人搭伙,参加里弄生产的居民基本上都在食堂吃饭,托儿所发展到41个,入托儿童3213人,占应入托儿童的59.2%,此外还有124个新型的生活服务站、服务组散布在各条里弄,街道组织程度达到了空前未有的高度,一改过去的分散落后状态。这就实现了妇女的彻底解放。正是妇女劳动力从家务劳动中解放出来,得到充分调动以后,才建立起星罗棋布的街道工业,有力地推动了生产力的发展。

城市人民公社统一组织生产、交换、分配和人民生产福利事业,为集体生活方式的发展创造了极为有利的条件。公共食堂、托儿所、服务站等在各方面协作下,在国家的帮助下,随着公社生产事业的发展,经济基础日益雄厚,必然会愈办愈好。现在巡道街地区的经济生活组织在家务劳动社会化的基础上正在进一步向社会主义大经济发展。这里已经建立了一个半机械化的主食品加工站,8个人操作可以供6000人用餐;红旗里弄还建立了一座现代化的电气洗衣站;托幼组织也正在向成套成网发展,以后儿童出生56天起就可以不要妈妈操心,到哺乳室、托儿所和幼儿园去过幸福的有教养的童年生活;服务组织方面,服务项目、服务范围和服务方式也将有很大发展,在统一领导下,有些浴室、理发室已经下放给服务站,随着这种新型社会服务组织的发展,就会把人们的生活安排得有条有理。人们可以无牵无挂地参加社会劳动,愉快地在公共食堂用餐,孩子们在托儿所、幼儿园里过着有教养的幸福生活,星罗棋布的服务网使人们可不必为生活琐事操心。劳动之余,人们除了学习政治、文化、技术,还可以到图书馆文化站里读书、看报、弈棋、欣赏音乐,过有意义的文化生活。

生活方式的这种变化,是一场深刻的社会革命,它不仅会受到反动阶级残余势力的反抗,也会受到某些习惯势力的抵触。但是,正如列宁所说:"公共食堂、托儿所和幼儿园是这些幼芽的标本,是没有什么了不起的、平凡的、普通的东西,这些东西实际能够解放妇女,减少和消除她们在社会生产和社会生活上同男子的不平等。……在无产阶级国家政权的支持下,共产主义的幼芽不会夭折,而定会茁壮地成长起来,发展成为完全的共产主义。"(见《列宁全集》第29卷,第390—392页)

四

城市人民公社化运动是我国农村人民公社化以后我国社会生产关系的又一次重大变革,是我国社会主义生产关系的进一步发展和完善化。社会生产关系的变革,即经济基础的变化,无疑地必将引起上层建筑的变化。随着经济基础发展的要求,不断变革上层建筑,具有重要的意义。

人们精神面貌特别是里弄妇女精神面貌的变化,是城市人民公社的建立所引起的上层建筑领域中的重大变化之一。解放以后广大里弄妇女在党的教育下,经历了各项政治运动,政治思想觉悟有了很大提高。但是在组织起来以前,由于旧的生活方式和思想意识对人们的影响很深,共产主义精神还没有得到普遍发扬,因此,在里弄妇女中许多人还是安于自己的小圈子,家庭和邻里之间也往往存在着不团结的现象。组织起来以后,里弄妇女在党的直接教育下,共同劳动,集体生活,通过政治和文化的学习,以及各项社会活动,就扩大了眼界,大大提高了政治觉悟。里弄妇女参加社会生产,也根本改变了过去在家庭中的依附地位,实现了真正的男女平等。广大里弄妇女现在热爱劳动,热爱集体,积极生产,热心为群众服务、为社会主义建设服务。劳动光荣,团结互助,已经成为一种新的社会风尚。工作不论条件,劳动不计报酬的共产主义精神大大发扬。旧社会遗留下来的自私观念、宗法思想,到处受到人们的唾弃。人们在工作中不断创造出模范事迹。很多人被评为先进生产者和先进工作者。巡道街红旗里弄到目前为止已有 3 名妇女光荣地参加了中国共产党,6人加入了共青团,有 8 名妇女被评为"三八"红旗手,一年多来被评为各种社会主义积极分子的有 94 人。敢想、敢说、敢做的共产主义风格大为发扬,人与人之间的关系也已经发生了根本变化,出现了邻里团结互助、家庭民主和睦的新气象。如红旗里弄戴英娣和葛阿菊两个邻居,过去为了孩子和煤炉,打得衣服裤子都撕破,见面不理睬,而现在同在绣花组里生产,在红旗竞赛中两个人共同商定生产指标,原来的对头现在变成了生产上的竞赛对手。

里弄业余文化教育的大发展、大普及,是城市人民公社所引起的上层建筑的另一重大变化。毛主席说:"文化革命是在观念形态上反映政治革命和经济革命,并为它们服务的。"(见《毛泽东选集》第二卷,第 670 页)城市人民公社的建立是一次深刻的社会经济和政治的革命,因此伴随着城市人民公社的建立,必然会出现而且已经出现了一个文化革命的高潮。这个文化革命的高潮在街道里弄中的特点就是里弄业余文化教育的大发展、大普及,以及里弄妇女学习毛主席著作运动的高涨。

文化教育的大发展、大普及是改变人们精神面貌和改造旧城市、建设社会主义新城市的重要环节,大学文化、大学理论是里弄妇女的迫切要求。城市人民公社作为里弄居民的经济生活、政治生活和文化生活的统一组织者,它在生产发展的基础上和在国家的帮助下,大办集体生活福利事业和业余文化教育事业,就为里弄业余文化教育的大发展、大普及创造了有利条件,从而为里弄妇女的文化大翻身开辟了道路。

以巡道街红旗里弄委员会为例,从 1958 年组织起来到现在,陆续开办了扫盲班、业余小学、理论学习小组以及文化室、图书馆和阅览室。现在业余小学有七个班级,业余中学有四个班级,学习人数达 1121 人,专职教师 12 人,理论学习班组 12 个,里委会的干部、业余学校教师和学生都参加了政治理论学习。一年多来,该里弄已全部扫除了文盲,里弄妇女的文化水平和理论水平有了显著提高。

经济基础决定上层建筑,但上层建筑对经济基础又具有强大的反作用。同样,城市人民公社促进了人们精神面貌的变化和里弄业余文化教育的大发展、大普及,反过来,人们精神面貌的变化和里弄业余文化教育的大发展、大普及,又促进了城市人民公社的巩固和发展,促进了社会主义经济制度的巩固和发展。

里弄妇女精神面貌的变化和文化知识的掌握,对开展技术革新和促进生产的发展创造了有利条件。列宁说过:"应当知道并且记住,当我们有文盲的时候是不能实现电气化的。所以我们的委员会还应该努力消灭文盲。……劳动人民不仅要识字,还要有文化、有觉悟、有教养"。(列宁:1920 年《全俄苏维埃第八次代表大会》,《列宁论重工业的发展和全国电气化》,人民出版社 1956 年版,第 109 页)里弄妇女通过政治、文化、技术三结合的教育,思想觉悟和文化水平不断提高,共产主义风格大发扬,大搞技术革新技术革命,对促进生产的发展起了重大作用。红旗里弄委员会各生产组,一年多来在生产、生活上共提出了革新建议 230 多项,现已实现了 130 项,使不少笨重体力劳动改变为机械化和半机械化,减轻了劳动强度,促进了生产的发展。

妇女文化上的翻身是妇女彻底解放的重要标志之一。里弄妇女掌握文化和科学知识的过程,实际上就是这一部分劳动者知识化的过程。劳动者的知识化是逐步缩小以致消灭体力劳动与脑力劳动差别的一个重要方面,而这一差别的消灭又是向共产主义过渡所必须解决的重要任务之一。由此可见,里弄妇女通过政治、文化、技术三结合的教育,把自己培养成为全面发展的共产主义新人,对彻底解放自己、消灭体力劳动和脑力劳动的差别以及逐步实现向共产主义过渡,都具有十分重要的意义。

综上所述,城市人民公社是彻底消灭私有制残余的有力工具,它使消费的街道变成了生产街道,它促进了生活方式上的根本变革,它深刻地改变了人们的思想面貌,它还将使城市建设布局更加合理。由此,使我们看到了城市人民公社对改造旧城市和建设社会主义新城市所起的重大作用,这种作用并且将随着城市人民公社的建立、巩固与发展而日益壮大。正如党的八届六中全会"关于人民公社若干问题的决议"中所指出的:"城市中的人民公社,将来也会以适应城市特点的形式,成为改造旧城市和建设社会主义新城市的工具,成为生产、交换、分配和人民生活福利的统一组织者……"现在,从建立城市人民公社的实践来看,最有力地证实了党的关于城市人民公社的论断是英明的和正确的。城市人民公社的胜利,是党的社会主义建设总路线、大跃进和人民公社三个法宝的伟大胜利,是马克思列宁主义的伟大胜利,是毛泽东思想的伟大胜利。

欢呼城市人民公社的出现[*]

中山大学教授　谢健弘

（一九六〇年七月二十九日）

　　我这次参观了广州市第一批城市人民公社中的东华公社和金花公社，听了公社负责同志的介绍，看了公社的各项生产、福利事业和文化教育事业以后，使我深深感到城市人民公社的出现，确是"合乎天理"和"顺乎人情"，给城市人民公社带来无限光明。这两个公社在成立之前，广大社员，尤其是干部，经过十年来党的政治思想教育，已经认识了社会主义制度的优越性，特别在1958 年社会主义建设总路线的提出、大跃进和农村实现人民公社化之后对于建立人民公社、加速社会主义建设和向共产主义过渡这一系列的问题，有了越来越清楚的认识和明确的信念。

　　1958 年，广州市虽然没有和农村一样立即办起人民公社，但是广大居民在党和政府的关怀指导下，鼓足干劲排除困难，坚持和发挥了集体主义精神，逐步组织了起来，他们本着勤俭办一切事业的原则，自力更生，土法上马，不花国家一分钱，逐步建立了一批街道工业，也陆续举办了一些集体生活福利事业。这样在公社成立前，民办生产机构已经积累了一大笔资金，培养了大批生产能手和积极分子，产品质量、原料供应和产品销售都已经取得了保证，居民的经济生活已经基本上组织了起来。这就是说在伟大的毛泽东思想的指导下，他们已经根据本地区的具体情况，贯彻了革命发展阶段论和不断革命论相结合的精神，在经济上、思想上、干部条件上为建立人民公社作了准备。因此，在公社成立前，大部分居民对于建立城市人民公社，思想上已有足够的准备与

---

　　*　原载《理论与实践》一九六〇年七月二十九日。

要求。

　　一提出办人民公社,就受到广大群众的热烈支持,这一切就说明,城市人民公社的成立,不仅合乎社会主义经济发展的客观规律,同时也是合乎广大群众的自觉要求的,也就是说,城市人民公社的出现,既合乎天理,也顺乎人情。

　　城市人民公社从它成立之日起,就和农村人民公社那样,像晴冬朝日,既带来了光明,又给了温暖,对于渴望摆脱"一穷二白"状况早日实现共产主义的广大人民,正是可爱的冬日,光芒万丈,气象蓬勃。公社成立后,迅速发展了生产,不到一个月,金花公社的生产总值可达40万元,东华公社约为28万元,而且产品的质量都已达到良好的水平,不但提供了支援社会主义建设的生产资料,提供了日益增长的人民生活必需品,而且有不少产品还输出国外(如东华公社的灯罩、木夹等等,销至南洋、加拿大乃至伦敦),今年五月份输出产品的产值约占生产总值四分之一。公社工业目前正在大搞"四化",生产发展的前途更为乐观。

　　公社成立,对社员生活福利也带来了很多好处,不但每家每户收入增加了,生活水平提高了,而且生活的方式正在打破数千年"各人自扫门前雪,不管他人瓦上霜"的小家小户的框子,公社用集体力量、集体主义的精神大办集体福利事业,从托婴所、托儿所到敬老院,从日常洗衣、泡水、食饭到婚丧大事,公社都一一管起来,文教、卫生、治安等各方面都更显著提高,趋向于结成一个共同幸福的革命大家庭。这些集体福利事业,不但解除或减轻原已就业的职工、干部的"后顾之忧",而且对于摆脱繁琐的家务劳动、参加了公社工作的妇女来说,更是第二次的解放,是经济上、思想上的解放,从而也是全面的彻底的解放。

　　和上述密切相关的是,广大社员的思想觉悟水平显著提高,我为人人、敢想、敢说、敢干的共产主义风格正在成为一种社会风尚。公社对老、弱、残、病、婴孩、产妇等的照顾,无微不至,送茶、送饭、洗屎片、倒马桶……被照顾的本人及其家属都众口一词说:"比家里原来的照顾还要周到"。因此,不少年老或因其他原因过去不劳动或靠政府救济的人,都积极争取参加工作,以能从事社会服务或生产劳动为无限光荣。过去夫妇失和的、婆媳不欢的、邻里不和的……都和好起来,大家互爱互助,大大加强了人民内部的团结。过去受繁琐家务劳动束缚的家庭妇女今天彻底解放过来，都在生产、政治、文化学习各方面干劲冲天，力争上游，如大塘公社的谢群英，过去是家庭妇女，可是在大办街道工业以来这一段不长的时间，成了优秀的工人，参加了党并被培养为工厂的党委书记。这使我清楚地看到只有在无产阶级通过它的政党真正掌握了国家政权、建立了社会主义制度的时候，广大的人民才有充分发挥个人聪明才智、实现伟大社会理想的可能。

长年不劳动的城市居民改变为热爱劳动的工人，消费性的城市改变为生产性的城市，这一系列改变是翻天覆地的革命，这个变革对我们这些尚未树立无产阶级世界观的"知识分子"来说，是又一个重大的考验，我们应该下定决心，彻底改造违背时代潮流的思想，树立无产阶级世界观，积极投身于城市人民公社化运动中去锻炼自己，改造自己。

目前城市人民公社所有制
性质及其过渡问题*

中共厦门市委财贸部秘书　陈少珊

（一九六〇年七月二十九日）

关于城市人民公社所有制的性质问题,有两种不同的意见:一种是认为城市人民公社所有制基本性质是全民所有制的;另一种则认为是集体所有制的。在这里,我认为应该把"城市人民公社"与"以街道居民为主体的人民公社"两个概念加以区分,不能把以"街道居民为主体的人民公社"来概括"城市人民公社"。因为它只是城市人民公社的一种类型而已。当然,在当前情况下,着重来研究它的所有制性质问题是完全必要的。

以街道居民为主体的城市人民公社的公社所有制的基本性质是什么呢?我认为它基本上是公社范围内的大集体所有制,因为社办企业积累不上缴国家,生产资料为公社大集体所有,国家一般不能进行调拨。但具备了很大的全民所有制因素,因为它主要从事工业生产,全是商品性生产,主要以工资形式进行分配,其产品已基本上纳入国家计划管理,主要原材料大部分由国家供应,企业积累的主要部分用于扩大再生产。正因为这个缘故,以街道居民为主体的城市人民公社,向全民所有制过渡的速度,将远比农村人民公社过渡到全民所有制为快。

至于城市人民公社逐步过渡到全民所有制的条件问题,更确切地说,也即是以街道居民为主体的人民公社,向全民所有制过渡的条件,我认为主要的有:一、社办企业的进一步发展;二、随着生产的发展,生产计划性进一步加强,

---

＊　原载《理论与实践》一九六〇年七月二十九日。

逐步由商品交换形式改变为产品的统一调拨;三、集体生活福利事业的进一步发展,因为组织人民经济生活是组织城市人民公社的重要方面;四、社员共产主义觉悟的更大提高,文化教育事业的进一步发展。

在向全民所有制过渡的进程中,城市人民公社组织规模的逐步扩大和提高问题,这是在具备上述条件后的必然结果。因为随着人民公社全民所有制因素的增长,组织形式势必逐步扩大以相适应,这是逐步过渡到全民所有制的途径,不能作为过渡到全民所有制的条件。

北京市东城区北新桥
人民公社防痨试点工作情况 *

北京北新桥人民公社医院　北京东城区结核病防治所
北京结核病研究所流行病学研究室

（一九六〇年八月十五日）

1960 年代第一个春天，随着全国波澜壮阔的工农业大发展和群众卫生运动的大好形势和城市人民公社化的情况，给大面积开展防痨工作提供了极为有利的条件。北京市东城区委认真讨论了我区结核病流行情况，同时批转市区结核病防治所党支部提出人民公社运动中在我区进一步开展防痨工作的意见，在结核病研究所和市防治所大力支持下，首先在北新桥公社开展了防痨试点工作，我们的做法是：

一、摸清情况，进行分析

试点工作首先对登记的 1367 名结核病患者进行了详细的调查分析，在 1958 年、1959 年普查发现病人中绝大多数都经过一定管理治疗，而且有一部分病情已经达到痊愈或好转，群众对结核病有了一些认识。但是另一方面，在结核病人中也确实存在着许多问题，突出的表现是"三多""三少""二怕""一不"，就是：不隔离的多，不复查的多，随地吐痰的多，长期坚持服药的少，痰消毒处理的少，防痨知识懂得少，怕有病不让工作，怕十痨九送命，不承认有肺结核病。极个别病人隐瞒了自己病情担任了炊事员、保育员工作，有的一家五、

＊　原载《中国防痨》一九六〇年八月十五日。

六口和排菌病人住一间房子内。空洞患者王××的第二个孩子被她传染而死于结核性脑膜炎,现在又和第三个孩子在一起仍未隔离。街道食堂成立以后,病人和健康人一起吃饭,碗筷也不消毒,在69个集体单位中,除个别的有自办疗养所和保健食堂外,大部分病人和健康人同吃、同住、同劳动,这其中有许多是严重传染源(排菌)。上述等等,严重地影响着生产,危害着人民身体健康。这种状况必须迅速转变。为此公社党委结合当地实际情况采取"抓思想","抓组织","抓措施","抓典型"。

二、书记动员,大抓思想

防治消灭结核病这是千百万人民自己的事情,必须依靠群众和充分地发动群众。千百年来人民长期遭受着结核病蔓延和摧残,因而许多人存在着恐惧心理。群众中流传着这样说法:"提起肺痨病,胆战又心惊,十痨九送命。"由于结核病的慢性经过,许多病人初期没有明显自觉症状,因此某些人抱有麻痹大意的态度。许多病人存在着惧怕悲观和消极的依靠药物和大夫。个别单位负责同志对防痨工作缺乏正确的认识,错误地认为结核病防治工作是医务人员的事,甚至把防痨与生产对立起来,认为防痨麻烦,涉及面广、困难。针对上述情况,公社党委书记分别在团体、单位、居民召开了支部会、群众会和肺结核病人誓师大会,号召人人动手消灭结核病,鼓励病人组织起来自己解放自己。党委书记亲自到病人家中访问。病人×××感动地说:"过去得痨病,十有九送命;如今公社化,有病也不怕。"群众一经发动起来,思想解放了,政治挂了帅,树立了和结核病作斗争的信心,就精神奋发,勇气十足,千方百计想办法把病治好。在短短10几天内全部组织起来,进行了隔姜灸、气功、太极拳等各种治疗。

三、健全组织,采取措施

做好人民公社卫生防病工作,必须建立和健全医疗卫生组织。我们结合城市公社的特点,全盘考虑了公社的卫生保健组织,改变调整以往医院保健科在防治工作中孤军作战的局面,结合组织人民经济生活和街道的服务组织,本着多种疾病一套班子的精神,在公社医院每个中心服务站(相当于2—4个居委员)下设防病站,采取定人定点定任务,在公社医院保健科领导下结核病防治工作作为服务站及保健员防病任务之一。此外每个街道服务员又担任某些疫情报告、病人管理和一般的访视工作,形成一个完整的医疗保健网。新的组织使医、干、群密切结合,便利了群众,疫情报告及时,克服了以往孤军作战多头领导互相干扰的缺点。

为了尽速控制和消灭结核病,采取了因地制宜、因陋就简、大、中、小相结合的多种形式,将1367名肺结核患者进行了管理和治疗。由于各级党委重视,亲自动手,在条件允许的较大工厂,通过调整宿舍的方法,建立起自办疗养所、保健食堂、轻工车间。既照顾病人,又保证了生产,也作到隔离。在居住拥挤和集中困难的工厂,采取挤、并、让的办法,建立三至五个人的夜间或日间隔离室。在散居病人中筹办了民办的疗养所。对目前尚无条件集中隔离者普遍组织了病友联谊小组,患者订立了休养公约。许多病人反映说:病友联谊小组有三大好处,即"培养集体观念好"、"养病交流经验好"、"共同协作治疗好"。

四、破除迷信,大抓群众性的防治工作

治疗传染源是控制传播、传染的主要措施之一。全公社1367名结核病人,仅有大夫1名,医务力量和所担任任务相比如杯水车薪。和其他工作一样,防痨工作也必须紧紧依靠群众、发动群众,把技术交给群众。病人组织起来以后,思想解放,政治上挂了帅,人人献计、献宝,群策群力,向结核病展开斗争。病人×××在小组会上介绍,她用刺菜拌大蒜治疗结核病的经过之后,许多病人纷纷向她学习,到城外拾菜治病,再不萎靡不振单纯依靠大夫。当她们学会隔姜灸的治疗方法后,隔姜灸、太极拳,很快就在各小组推广。组织起来后不仅解决了隔离问题,在治疗上也以轻带重、以强带弱,发挥了共产主义风格。为了使技术指导与群众运动密切结合,在开展群众运动的同时,组织力量对各项治疗进行比较,系统地观察,计有大蒜粥,隔姜灸,气功各种小组。为了保证生产,便利病人,在保健食堂内备有抗痨药品,通过各项治疗把病人联系和组织起来。

五、培养典型,以点带面

培养典型,拿出样板,然后全面开花是个好办法。试点工作始终坚持了突破一点、推广全面的方法,在短短两周内,就培养了两个工厂、两个病友联谊小组、四个疗养所、四个隔离车间。树旗帜,立标兵,及时总结经验,分别召开现场会议交流经验,普遍在集体和居民中推广,不到 20 天在全社掀起一个声势浩大群众性防痨运动。截至目前,已组成单位自办疗养所 6 处,有 5 个单位建立了轻工车间,11 个单位有了隔离宿舍,33 个单位建立了保健食堂。已建成民办疗养所 1 处,组成病友联谊小组 24 个。

总的说来,我们的工作还只是刚刚开始,许多东西尚不成熟。但是从实践中已经证明,只要是在党的领导下,大搞群众运动,以不断革命的精神指导工作,实行中西医结合、“两条腿走路”的方针,在城市人民公社化的有利形势下,在生产、生活集体化的情况下,大面积控制和消灭结核病,初步找到了一点苗头。还谈不到有什么经验,有待进一步的努力。

认真帮助城市人民公社
编好年终财务决算[*]

财政部税务总局城市人民公社财务办公室

（一九六〇年八月二十八日）

1960年即将终了。各地城市人民公社正在编制今年的财务决算。财务上的一收一支都反映着公社各项事业发展的成果，通过编制年终财务决算，检查公社的生产经营是否正确地贯彻执行了党的方针、政策，财务收支管理制度是否健全等等，以便总结经验，改进工作，更好地贯彻勤俭办社的方针，促进公社的巩固和提高。因此，积极帮助城市人民公社做好1960年度财务决算工作，就成为当前财政、税务部门在城市人民公社财务方面的一项重要任务。

城市人民公社财务管理工作，包括公社、分社及其所属生产单位与服务、福利事业单位的财务，因此，编造财务决算的方法需要分级、分单位来进行，逐级编造，逐级汇总。

依靠党的领导，广泛地发动群众是做好各项工作的根本保证。各地财政、税务部门要帮助公社做好财务决算工作，就必须在公社党委的领导下，依靠广大社员群众和公社各级财务人员在一起，大家动手，做好这项工作。公社财务决算编完以后，要经过公社党委、公社管理委员会审查，并且还应该提交社员代表会讨论通过，充分听取群众意见，发挥群众的监督作用，进一步加强民主管理。

在具体工作上，财政、税务部门应该注意帮助公社抓好以下工作：

第一，清产、清资、清理家底。

---

[*] 原载《财政》一九六〇年八月二十八日。

清产、清资是做好年终财务决算工作的基础,特别是对一些没有全面清理过财产、资金的公社,到了年终,认真地进行一次清产、清资工作,更有必要。在清理财产的时候,要全面地把公社、分社及其所属企业、事业单位的财产都彻底盘清;要盘清社办企业的固定资产、原材料、燃料、低值易耗品、产成品、半成品等;要盘清各单位库存的和使用的财产、物资;要盘清借出的、在途的财产和物资。在财产、物资盘点清楚以后,还应当正确作价,全部登记入账,以保证公社财产不受损失。在清产工作中如果发现财产短少、损坏,或者物资盘盈、盘亏等现象,就要认真核对,查明原因,妥善处理。在清理资金的时候,要划清生产资金和基建资金,同时还要把国家的财政收支与公社的财务收支区分开来,分别编造决算。对公社的债权、债务也要加以核对,尽快地进行清理。

第二,核实生产成本,核实财务收支。

核实公社所属生产单位、服务、福利事业单位的生产成本和财务收支是正确反映它们盈亏情况和业务成果的关键。财政、税务部门在帮助社办企业计算成本时,首先要注意计算成本的内容,不属于成本范围的开支,都不要打入成本。其次要检查各项费用开支是否符合各地规定的开支标准,是否符合增产节约的精神。如果发现费用开支上有浪费现象,就应找出原因,采取措施,加以纠正。对服务、福利事业单位,要帮助他们核实各项财务收支,使他们做到正确结算。

第三,核对账目,做好账务处理。

公社各项事业发展很快,有的企业、事业单位新办不久,核算制度还不够健全,有的财务人员水平还不高。因此,要做好财务决算工作就必须事先帮助公社及其所属单位,从核对账目入手,对账簿、原始凭证、单据、现金等,全面地进行检查核对。做到账账相符、账据相符、账实相符、账款相符。同时,还要做好账务处理,及时地记好账、过好账、转好账、结好账。为了使所有的单位都做好这项工作,财政、税务部门还要帮助公社组织一部分干部,深入到那些财务水平低、目前做账还有困难的单位进行具体辅导,使他们按期结清账目,编出财务决算。

第四,核实应该上交的款项,及时解交。

财政、税务部门还要帮助公社各级单位正确计算应该上交给国家的各项税款,以及国家下放给公社管理的国营企业应该上交给国家的利润,都要足额地交给国家。至于社办企业的利润,根据各地的规定,应该留给企业的,留给企业,应该上交公社的,及时上交。

编好财务决算以后,财政、税务部门要在做好财务决算工作的基础上,加强制度建设,巩固财务决算的成果。编制财务决算的过程,实际上是公社各级单位对财产、资金、账务、制度等方面的一次清理、检查过程。从这一过程中,可以发现在财产、物资管理方面,在资金使用方面,在账务组织和账务处理方面,以及在财务制度方面存在的一些问题,这样就便于针对问题,采取措施,堵塞漏洞,进行制度建设,以不断提高公社及其所属单位的财务工作水平。

编制城市人民公社财务决算工作是一项新的工作。财政、税务部门要抓紧时机,及早地帮助公社把工作安排好、布置好。在开展工作时可以采取点面结合的办法,既抓重点,又抓全面,以点的工作摸索经验、总结经验,然后运用点的经验把整个工作带动起来。

做大跃进的尖兵*

——试谈评弹艺人深入生活的经验

青　复

（一九六〇年八月二十八日）

　　这次举行的现代题材剧目观摩演出中,参加演出的评弹书目大小共有十四个(其中:开篇六个,短篇七个,中篇一个),各以不同形式反映了在六十年代祖国各方面飞跃的面貌,和当前的斗争生活。这些剧目总的看来比过去几次曲艺会演所演出的现代剧目有了很大的进步。与当前斗争形势紧密结合,以饱满的政治热情歌颂今天的时代,反映沸腾的生活,是这些剧目的最大特色。剧目的生活内容,也比以前丰富了,艺术形式也有新的创造。这些成绩主要是坚持贯彻了党的文艺方针,是评弹艺人响应党的号召,不断深入生活、改造思想的结果。大跃进以来,评弹艺人开始重视了深入生活,但一般来说,深入生活的深度和广度还很不够,今年在这方面较前有很大的进展,除了在技术革命、建立城市人民公社等政治运动中结合宣传、访问、广泛发动深入生活外,同时也组织了较长期的深入生活。像上海市人民评弹团唐耿良、长征评弹团钱雁秋、先锋评弹团王小燕等同志,都先后深入农村、里弄、工厂,时间多的有四个月,最少的也有一个月。像这样较长时期的深入生活,评弹界过去是少有的,这也说明了广大艺人有要求深入生活的热烈愿望,和自我改造的决心。因此今年绝大部分的作品都是直接来源于生活。这种深入生活的成效已经初步在这些创作演出中反映出来,同时也在深入生活中摸索和创造了一些可贵的经验,其中较突出的是先锋评弹团王小燕同志,她在三月份到郊区去深入生

＊　原载《上海戏剧》一九六〇年八月二十八日。

活,创作了《养猪》《铁树开花》;四月份到蒙三居委会,五月份深入虹口区长春里居委会,写出了短篇《姊妹俩》《万年青》,这两个剧目在这次演出中获得了一致好评,并为今后编写城市人民公社的新长篇积累了许多生活素材。为什么有些人深入生活时间不短,却迟迟写不出东西,而王小燕同志却能在创作上初步取得一定的收获呢? 王小燕同志以她本身的经验说明,深入生活时间的长短固然重要,但问题的关键还是在于深入生活的态度。

在大跃进的年代里,技术革命、城市人民公社等新生事物层出不穷地涌现,这些新生事物促进了社会的发展和人们精神面貌的变化,如何正确对待这沸腾的生活,这就向我们提出了一个态度的问题。有人是以旁观者的态度,抱着收集题材的目的去深入生活的,因此把自己置身在斗争之外。而王小燕同志却不是这样,她是以满腔政治热情的积极态度去深入生活的。她第一次到蒙三居委会,看到里弄的家庭妇女兴高采烈地办大家庭——城市人民公社,老老少少都为着这喜事奔走,王小燕同志被这欢乐的景象吸引住了,她为广大群众热烈拥护人民公社的精神所激动,感到作为一个文艺工作者,应该积极投身到这斗争的激流中去,为公社的建立尽一份力量。因此,就和同去的同志拿了琵琶、弦子参加宣传鼓动工作,跟着里弄干部到处演出,她们跑遍了居委会、托儿所、食堂、理发站,虽然喉咙唱哑了,但却忘记了自己的疲劳,里弄中妇女大姊被她们的宣传热情所感动,不把她们当作外人看待,她们就这样与群众打成了一片。群众把王小燕同志当作里弄干部,找她谈话,反映情况,甚至把自己的婚姻大事也愿和她谈。在这样的基础上,她收集了素材,编写了《姊妹俩》短篇。

王小燕等在深入蒙三居委会时,住在五十八岁的王妈妈家中,她帮助王妈妈抹桌、扫地、料理家务,帮助公共食堂做清洁卫生工作,积极协助居委会开展群众文艺活动等等。有时王小燕要演出,来不及回去,可是第二天早上五点多钟就赶到居委会去,帮助食堂做些工作再回团开会。为什么她这样念念不忘这个居委会呢? 这是由于她了解群众办食堂时所经过的复杂斗争过程,和受到像王妈妈那样以无比热情为群众服务的先进思想所感染,建立了与群众共命运、同呼吸的思想感情的缘故。由此说明深入生活必须和群众同吃、同住、同劳动,才能在思想感情上与群众休戚相关,对群众所创造的新事物产生满腔的热爱,这并不是在口头上讲几句好听的话,而是要体现在自己的实际行动中的,这才有可能获得群众对你的信任,然后才有可能做到深入群众、深入生活,也才有条件去观察、体验、研究、分析一切人、一切阶级、一切群众、一切生动的生活形式和斗争形式。而上述这一切又首先取决于作者对自我改造的认识程度和决心的大小。思想改造是一项艰苦的自我斗争过程,没有决心与勇气是不行的,王小燕同志以自己的体会说明了这一点。她一九五八年第一次到苏州洞庭山深入生活,当时听人说,太湖边上很冷,因此出发前带了棉长靴、汤婆子,充分准备好一切保暖条件,可是到了农村,看见渔民在严寒的冰河里敲冰,自己却穿得暖暖地站在岸上看他们敲冰,两下对照,不能不使她感到自己与工农之间存在着差别,这差别过去是没有意识到的。为什么他们不畏严寒积极生产而自己却不能呢?她为自己那些"保暖"设备感到脸红,她认识到这不仅是个生活条件问题,而是思想感情的问题,因此在实际生活的锻炼中,逐步认识到自己经受思想改造的重要性。两年来,她努力学习毛主席著作,深入生活,认真改造自己,不断向先进的思想学习,从而提高了自己的思想认识。例如与她同住一起的王妈妈,是一位五十八岁一目失明的里弄干部,她为了集体事业,十年如一日地热心为群众办事。但是少数资产阶级家属,背后污蔑她是"为个人打算",可是王妈妈并不灰心,相反,乐观地说:"党和人民是了解我的。"像这样一位为群众所爱戴的王妈妈在王小燕同志第一次与她接触,要称呼她一声"姆妈"时,她在思想上有斗争,顾虑别人会说自己"拍马屁",这种感情与这位王妈妈相比有多么大的距离呀!从这对比中她深切感到要向王妈妈的高贵品质学习。

王小燕同志深入生活后,编写了两个反映城市人民公社的剧目,并不是偶然的,是她深入生活认真进行思想改造的结果,正如王小燕同志自己所讲的:"现在一天不下里弄,感到有一件心事没了结。"因为在深入生活中,她真正尝到了生活的甜头,体会到毛主席所指出的"生活是一切创作的源泉,文艺工作者必须深入生活,到火热的斗争中去,密切联系群众,把自己的思想感情来一个变化,来一番改造,把自己当作群众忠实代言人,工作才有意义"的道理。王小燕同志所摸索得来的一些经验,是值得我们学习的,我们希望大家在已经取得经验的基础上,不断总结经验,相互交流,创作出更多更好的优秀剧目来。

反映城市人民公社的新高潮*

——评北京五一美展

祐 曼

（一九六〇年八月二十八日）

六十年代第一年的前半年，北京举行了几个令人感动的美展。其中，在最近举行的北京五一美展，表现出我们美术家的创作热情正以不断革命的精神突飞猛进。

"五一美展"显著的特点，是反映出北京城市人民公社进入了新的高潮，北京的劳动妇女热烈地、更加广泛而深入地参加了社会生产和社会生活。我们的美术家，以无比的热情投到这一火热的群众运动当中去，从而在这次五一展当中呈现出光辉璀璨的火花！

画家们以奔放欢腾的热情，迅速地即兴地描绘了当前的重大事件：北京城市人民公社的生产和生活的崭新面貌，共产主义的风格。画得生动、真实、动人、简练、概括，洋溢着新的生活气氛。在我们的城市人民公社新建的生产机构当中，大量的生产者是劳动妇女——新女工。许多画中表现了她们的英雄主义和乐观主义精神，反映着我们北京的居民起了巨大变化。

北京妇女们的"新装"所反映的标志着一个伟大的意义——从家务劳动转换为社会劳动。这一事实的出现意味着无限美妙的伟大的开端，这是我们的美术家在进行速写的时候经常遇到的新鲜事物，这是足以启发观众深思和耐人寻味的创作题材。"奶奶的新装"表现有的老人也获得了参加社会生产的机会，他们有说有笑地流露出内心的欢乐——"参加劳动真光荣"。在以住

---

* 原载《美术》一九六〇年八月二十八日。

宅房屋改建的作坊中劳动的女工的冲天干劲,深深感动了画画的人。中国画"先进生产小组"的作者告诉我说,她在北京西城区二龙路人民公社电气厂三车间一组写生时,面对着她们紧张的生产劳动,自己正是这样的心情。

公共食堂、托儿所、幼儿园、邻里服务所,以及其他社会福利事业,随着妇女参加社会生产劳动更加普遍地举办起来了,这种题材被广泛地反映到这次美展作品上。其中,有许多优秀的版画和招贴画,如"大伙儿的食堂"、"大家的衣服我来洗",等等。在中国画当中,有一幅宣武区文化馆业余创作组集体创作的"交钥匙",描写一位没有劳动力的老太太,她也为邻里贡献出一份力量。她辛勤地值班管理街道邻居各户同志们上班交、下班取的钥匙,画上描绘的当一位邻居送来一把钥匙的时候,她那种诚恳辛勤的态度,真是表现出我们社会主义的同志式的协作精神,新社会慷慨无私的崇高精神。共产主义风习已经是如此广泛而深入地展开,连我们的老人们的精神状态也已经起了这样巨大的变化,在来自这样的现实生活的题材里,它本身就包含着深刻的主题思想,具备着时代精神。我想,表现这样题材的作品,就是革命的现实主义和革命的浪漫主义结合的萌芽。

骤然看来,描绘公共食堂、托儿所、幼儿园等等,好像这些题材没有什么了不起。但是,这正是人民公社内部新生的事物。我们不会忘记列宁曾把公共食堂、托儿所、幼儿园,当作"共产主义的幼芽标本"。他说"这些东西实际能解放妇女"。毛主席也说过:"妇女是一支伟大的生产力量"。我们的画家们——新的"采风"诗人,感觉很敏锐,为了响应党的号召,立即行动起来迎接城市人民公社的高潮,立即抓住了这样伟大的题材和主题,很快地反映到这次五一美展作品上。这显然是贯彻了总路线多快好省的精神的。五一美展在美术创作上的新发展,首先在于画家们以高速度的工作效率,描绘了这个伟大的历史事件:社会生活的巨大变化和新生事物的成长和壮大。从五一美展看来,北京美术工作的发展是气势雄厚的,可以看出美术家们的大跃进精神和新生力量的壮大,美术家们更加广泛而深入地投到火热的群众斗争当中去。这反映着我们的美术家加强学习了毛主席文艺思想,正以更大的跃进精神贯彻到创作实践上去。

福绥境人民公社调查报告 [*]

北京大学经济系城市人民公社调查组　周振华　执笔

（一九六〇年八月二十八日）

一、城市人民公社是我国经济和
政治发展的必然产物

福绥境人民公社从一九五八年大跃进以来，经过二年来的积极筹备，终于在一九六〇年四月九日北京市城市人民公社化运动高潮中胜利地诞生了。它是以街道居民为中心组织起来的城市人民公社，辖区内共有二万〇三百一十三户，八万六千多人口，其中一半左右的人口是职工和学生，其余是职工家属和其他街道居民，目前，他们绝大多数都参加了公社。

解放前，北京老话："东贵，西富，穷西北套"。福绥境在解放前叫做"苦水井"，就处在"穷西北套"的区域里，是贫苦劳动人民居住的地方，没有自来水，只有一口又苦又涩的井。反动政府的统治和剥削阶级的压榨，使得"苦水井"的居民长期陷于贫困的境地。北京解放后，福绥境的劳动人民在党的领导下，在政治上和经济上翻了身，开始了新的生活，居住环境有了很大的改善，根本改变了反动统治年代那种"无风三尺土，有雨一街泥"、垃圾满院、臭水横流、瘟疫流行的景象，装上了自来水，敷设了下水道，种上了花草树木，开辟了公园和体育场，街道院落都打扫得干干净净，"四害"已经基本消灭，居民已经养成了讲卫生的良好习惯，消灭了疾病的流行。所以，在一九五八年被评为全国卫

＊　原载《北京大学学报》一九六〇年八月二十八日。

生红旗单位,得到国务院和全国爱国卫生委员会颁发的奖状和奖旗。从那时起,福绥境一直是全国卫生红旗,"苦水井"终于变成了福绥境。

但是,旧社会所造成的旧城市的面貌,还没有得到彻底的改造。福绥境的街道居民中,有很大一部分人还是单纯的消费者,特别是广大的家庭妇女还束缚在繁琐的家务劳动中,没有参加社会劳动,人民的思想还带有剥削阶级社会遗留的严重影响。这种状况与社会主义建设的要求是不相适应的。因此,必须以不断革命的精神继续进行社会主义革命,彻底改造旧城市。

一九五八年以来,在党的社会主义建设总路线的光辉照耀下,带来了社会主义建设大跃进的发展速度,社会主义建设的飞速发展,迫切要求在各个战线上补充新的劳动力,同时,党的社会主义建设总路线要求最广泛地发动群众,用最高度的积极性、创造性参加社会主义建设。因此,福绥境街道中大批有劳动能力的人不参加社会劳动,置身于社会主义建设高潮之外的情况与总路线和大跃进的要求之间的矛盾就极为尖锐。这个矛盾必须迅速解决,否则就不利于高速度地建设社会主义。

为了解决这个矛盾,福绥境街道居民在党的领导下,从一九五八年起开展了整风运动。通过鸣放辩论,广大居民群众经历了一场深刻的政治战线、思想战线上的社会主义革命,思想觉悟有了很大的提高,纷纷要求参加社会劳动,为社会主义建设直接贡献力量。街道居民群众觉悟的提高,在积极参加各项义务劳动中突出地表现出来。她们曾经几次去通县、怀柔和海滨区的四季青人民公社支援农民兄弟进行抗旱、秋收、深翻土地等义务劳动,又曾去人民大会堂工地进行义务劳动,特别是在全民大炼钢铁的运动中,福绥境的家庭妇女和职工们一起,建设起了七十余座炼钢炉,经过日夜苦战,不仅炼出了十余吨钢,而且锻炼了自己。在这种思想觉悟提高的基础上,党领导福绥境地区的居民,掀起了一个声势浩大的大办街道生产的群众运动。几天之内就有四千多人报名参加生产,她们自找生产门路,凑集生产工具,腾让房屋,在大街小巷建立起一座座的工厂和各种生产小组,开始了创造性的社会劳动。还有一千五百多人被输送到国营企业中去,加入了工人阶级的队伍。随着街道生产的发展和群众的迫切要求,各种集体生活福利事业也相应地发展起来了。

但是,社会主义和共产主义思想觉悟的提高是一个长期的、艰苦的过程,政治战线和思想战线上的社会主义革命还必须继续进行。一九五九年秋,在党的八届八中全会决议精神的指导下,深入进行社会主义和共产主义教育,反右倾,鼓干劲,开展增产节约运动,使福绥境街道工业的总产值从六月份的三十八万余元增加到八月份的五十二万余元,九月份又增加到八十七万余元,比六月份翻一番。反右倾的结果,进一步提高了广大居民的政治思想觉悟,他们更加强烈地要求迅速改变旧城市的面貌,加速社会主义新城市的建设,这就在一九六〇年二月间掀起了一个全面组织人民经济生活的新高潮。占劳动总数百分之八十九的人参加了各项社会劳动,其中参加集中生产和服务的人员约七千人,占街道劳动力总数的百分之七十八;参加社会劳动的人员中有百分之七十六在公社食堂入伙,她们的孩子有百分之八十九入了托儿所和幼儿园;为群众生活服务的服务所(站),也普遍地建立起来了。福绥境出现了街道工业星罗棋布、集体生活福利事业分布成网的崭新景象。

街道工业生产和集体生活福利事业的发展,要求有适当的组织形式去加强领导。早在一九五八年,党就为适应这种需要,在福绥境街道建立了党的委员会,并对街道行政组织进行了调整,将原有的四个街道办事处逐步合并成为一个。街道工业生产和集体生活福利事业的发展,还使得街道办事处原有的职能已不能满足需要。原来主要从事治安保卫、卫生教育、调解纠纷及政府交办的其他工作的街道办事处,现在要做直接组织人民生产和生活的工作了。这说明城市工作的发展,生产关系和上层建筑的某些环节已经不能完全适应生产力和经济基础发展的需要了,必须及时进行调整,而农村的人民公社化和其他城市人民公社的试办又提供了丰富的经验。在这个基础上,经过积极的筹备,在实际生活中广大居民已经体会到集中生产和集体生活的好处,迫切要求成立人民公社,于是建立福绥境人民公社已经到了瓜熟蒂落、水到渠成的地步了,福绥境人民公社就在这样的情况下宣告成立了。它的成立,使群众受到莫大的鼓舞,纷纷以生产跃进的成绩向公社的诞生献礼,进一步推动了生产的发展,那些尚未参加社会劳动的家庭妇女,也在城市人民公社高潮的鼓舞下,纷纷报名参加。

由此可见,城市人民公社的出现,和农村人民公社的出现一样,绝不是偶然的,它是我国经济和政治发展的必然产物,是社会主义建设总路线、社会主义建设大跃进和全民整风运动的必然结果,也是广大职工家属的迫切要求和强烈愿望。人民公社的建立就更有利于生产力的发展、生产关系的完善、人民政治面貌的彻底改变和共产主义思想觉悟的提高。这生动地证明了生产力和生产关系、经济基础和上层建筑之间的辩证关系。

二、城市人民公社是高速度
发展生产的有力工具

城市人民公社的伟大历史意义首先在于高速度地发展了生产。城市人民公社,这个崭新的社会组织形式,由于它是我国历史发展的必然产物,所以它一出现就为生产力的发展开辟了十分广阔的场所。

首先,城市人民公社是生产的组织者,它最能体现我国社会主义建设总路线的精神,在党的领导下充分动员广大街道居民的积极性,使那些尚未参加社会劳动的人组织起来,成为一支劳动大军。在福绥境人民公社的动员与组织之下,全公社已有八千六百九十名街道居民参加了生产,其中五千六百六十六人是各成型工厂的生产人员。我们知道,人是生产力中最重要最积极的因素,因此劳动力的进一步解放,必然会推动生产的巨大发展,它的直接表现就是在很短的时间内在街道中出现了一批新生的工业企业。福绥境人民公社已经办起了二十一个工厂和六十二个生产小组,它们在公社的组织领导下,创造着大量的财富,成为社会主义建设事业中一支不可忽视的力量。社办工业产生与发展的主要特点,就是在党的领导下,发动群众,白手起家,从无到有,从小土开始,迅速上马,因而它最便于调动群众的积极性。福绥境的社办工业开始时都是既没有厂房和设备,也没有资金和技术,当时有人就认为:"光凭一群家庭妇女,哪能办起工厂啊!"但是事实证明,只要群众发动起来,充分发挥他们的智慧和力量,便可以克服一切困难,创造奇迹。如福绥境人民公社造纸厂,在建厂时什么都没有,只是由于依靠了党的领导,依靠了广大群众的力量,才克服了一系列的困难,没有厂房就设法在一个破庙里盖起了厂房,没有设备就照着燕京造纸厂、宣武造纸厂的机器的样子画了图纸,请国营大工厂的工人在业余时间帮助制造，没有资金大家一起凑，没有技术就派人到天津造纸厂去学。经过几个月的忘我劳动，他们终于建成了造纸厂，现在这个厂每月已能生产一百多吨的包装纸。福绥境人民公社的工厂都是本着这种穷干苦干的创造精神，在国家机关和国营企业的帮助下发展起来的。这些工厂在建立起来之后，就成为工业战线上的一支新生力量。福绥境人民公社社办工厂一九五九年的产值和加工费达七百七十四万元，而今年第一季度就达到了八百八十万元。不仅产值可观，产品的种类也很多，今年五月份公社各工厂共生产了邮电器材、广播器材、光学仪器、化学试剂、纸盒、衣帽、文具、纸张等三百〇三种产品，他们不但生产了空气压缩机等比较大型的产品，而且还能够帮助大工厂装配电视机等高级产品。这里还需要指出的是，不少产品的质量也很好，有些产品（如化工厂生产的颜料铬黄）质量已经达到国内先进水平，甚至有部分产品（如挑补绣花品，皮帽、玉器等）已经达到出口商品的规格。

社办工业的发展是全党全民办工业方针的胜利，在这个方针的指导下，冲破了办工业的种种神秘观念和保守思想，使得在不增加国家基本建设投资、不增加城市人口从而不增加城市公用事业的负担的情况下，为社会主义建设提供了大量的工业品，并且培养了一大批的工业生产人员。可是，我国的一些资产阶级的反动"学者"，伪造"理论"，说什么在工业生产日益现代化、技术装备程度不断提高的今天，要新增加一名工业生产人员，就要增加几千元甚至几万元的投资，所以迅速地扩大工业生产人员的队伍是不可能的，于是他们进一步得出荒谬的结论，说什么我国不能迅速地使全体劳动人民都就业，我国工业的高速度发展和社会主义工业化都是不可能的。福绥境人民公社在建立的过程中使七千多人参加了工业生产，创造了大量的财富，这个铁的事实，有力地粉碎了资产阶级反动学者的这种伪"科学"，他们"拖住工业化的后腿"的卑鄙企图已经遭到了可耻的失败。

第二，城市人民公社的社办工业，能够很好地贯彻为大工业服务的方针，充分发挥大工业的骨干作用，从而促进了社会主义工业化事业的发展。

城市人民公社，一方面，在公社范围内对各项生产进行统一的规划和合理的组织，使社办工业迅速地壮大起来；一方面，通过社办工业与国营大工厂挂钩协作，更好地发挥它的助手作用。福绥境人民公社的社办工业对于大工厂实现生产大跃进方面,已经起了十分显著的作用,首先是起了"拾遗补缺"的作用。国营大工厂在实现生产大跃进中,会出现某些不平衡,国家根据计划在调节这种不平衡的过程中,社办工业是一个有力的助手。例如,由于各部门生产的高速度发展,对电焊条的需要量迅速增加,福绥境人民公社炼钢材料厂就积极从事电焊条的生产,每月为北京、河南、内蒙古、新疆等地许多大工厂生产二十吨左右的电焊条。又如公社的金属加工厂,也是由于服务目的明确,国家需要什么就生产什么,有一次,北京市文化用品公司委托别的工厂生产了一千余架油印机,但每架油印机上还缺少两个特种螺丝,不能出售,可是市场上又急需油印机,而大工厂由于生产安排上的关系,不能及时制造这种螺丝,后来该公司找到福绥境金属加工厂,就得到了支援,及时生产了螺丝,使千余架油印机配了套,投入了市场。正是这种坚持为大工业服务的精神,使社办工业在社会主义建设中发挥了积极的作用。这里还要指出,社办工业在为大工业服务时所生产的一些产品,其原料往往是利用大工厂的下脚料、边料和废旧物资,从而把无用的东西变成了有用的财富。如公社化工厂利用大工厂的废硫酸、铜屑和废铁,制造硫酸铜和硫酸亚铁;公社光学玻璃仪器厂的相当一部分原料是废弃的玻璃。这就使得公社工业既不与大厂争原料,又能挖掘物资潜力,更合理、更节约地使用物资,增加了社会财富,有力地支援了社会主义建设。

随着公社工厂为国营大工厂服务关系的发展,公社工厂在支援大工厂生产跃进中的作用也更加显著了。目前福绥境人民公社的工厂绝大多数已经与大工厂建立了固定的协作关系,占社办工厂总数三分之二的工厂实际上已经成为国营大工厂的"卫星厂"和"附属车间",它们在上级党委的统一领导下,共同制订生产计划,国营大工厂将某些产品下放给公社工厂,由大工厂负责供应原料,支付加工费用,在技术上、设备上给予支援,并且为公社工厂培养大量的生产人员,公社工厂则负责产品的制造,并如数交归大厂。如福绥境人民公社金属加工厂,接受了地方国营北京通用机械厂下放的空气压缩机、灌浆泵等六种产品生产任务,成为"北京通用机械厂卫星厂"了;福绥境人民公社的七一制帽加工厂为地方国营北京制帽厂加工各式行销国内外的帽子,该厂从原料、工资到固定资产的折旧费和企业管理费全由北京制帽厂包下来,所以它实际上已经成为北京制帽厂的附属车间。公社工厂与国营大工厂之间的这种协作关系，不仅能使公社工厂在大厂的带动和扶持下，更加迅速和健康地发展起来，而且使大工厂在不增加人力和设备的情况下大大地扩大了生产，为国家创造了更多的财富，尤其重要的是能够使大工厂腾出手来，向高、大、精、尖进军。如北京通用机械厂将六立方米的空气压缩机的生产任务下放给公社的金属加工厂后，就腾出力量生产大型的空气压缩机和试制更大型的空气压缩机。这就说明了，社办工业的发展，使大工厂更加发挥了在社会主义建设中的骨干作用。

　　第三，福绥境人民公社的社办工业在执行为大工业服务的方针的同时，也执行了为人民生活服务的方针。由于公社的建立，社办工业与商业部门建立了密切的协作关系，商业部门通过合同包销了社办工厂的产品，供应原料，并经常派人来厂指导生产。在国家商业部门的密切协作之下，福绥境人民公社的工厂生产了八十多种日用工业品，包括帽子、毛衣、水桶、纸盒等日常生活用品和纸张、日记本、墨水、胶水等文化生活用品。例如：公社造纸厂每月为书店生产包装纸一百多吨，一九五九年的产值达十七万元；公社制盒厂每月为各工厂和国营商业部门生产纸盒三十万个，今年第一季度的产值达六十四万元；七一制帽加工厂一九五九年生产了各式帽子三十七万顶，产值达二百七十一万元。这样，社办工业的发展在首先为大工业服务的同时也生产了大量的日用品，对于满足广大人民的物质与文化生活的需要，起了一定的作用。

　　第四，城市人民公社由于组织了生产，为国家和公社积累了大量的资金，这些资金的积累有力地支援了国家经济建设事业的大跃进和公社生产事业的发展。首先是为国家提供积累：从一九五九年初到一九六〇年第一季度末，福绥境人民公社为国家提供了九万余元的税金。公社工业为国营企业加工产品，这就会通过国营企业为国家提供一笔上缴利润，如北京制帽厂的利润中就有百分之十二是由公社工业生产中创造出来的。此外，公社所生产的特种工艺品的出口，还为国家换取外汇。公社工厂还为公社和本厂提供积累，福绥境人民公社的各工厂一九五九年的利润总额达七十余万元，据不完全统计，今年第一季度的利润已经超过了二十五万元。目前这些利润的百分之六十上缴公社，其余百分之四十留给各工厂作为扩大再生产之用。公社所掌握的各厂上缴利润,除了以一小部分用作集体福利事业的经费外,其余绝大部分是用于生产性的投资。由于积累的绝大部分是用于扩大再生产,所以公社积累的增长,为生产的迅速发展提供了很有利的条件。随着公社积累的增加,公社工业的固定资产已经有了很大增长,一九五九年年底公社各工厂的固定资产已达二十七万元。目前公社工厂已有厂房五百四十间,各种机床二十六台(不包括国营企业新下放的二十七台),动力设备一百一十七台,以及其他许多专用设备。此外,公社各工厂的流动资金也有了很大增长,一九五九年底自有流动资金共计七十一万元。

城市人民公社生产大发展,积累大增长的事实,又一次证明了人首先是生产者、人多就生产得更多、积累得更多这条马克思列宁主义的真理。马寅初之流为了反对中国的社会主义建设,不惜制造人多积累少、整个国民经济不能高速度发展的谬论,散播悲观情绪,把我国社会主义前途描绘得漆黑一团,企图把我国拉到资本主义的老路上去。福绥境人民公社的劳动人民,用自己的劳动,白手起家,创造了大量的财富,积累了可观的资金,这个事实,有力地驳斥了资产阶级学者所散播的荒谬论调。

第五,随着技术革新与技术革命运动的开展,公社工业正在实现一个从小到大、从土到洋的飞跃,公社工业在社会主义建设事业中将发挥更大的作用。

公社工业都是因陋就简、白手起家办起来的,因而开展技术革新与技术革命有着极为广阔的余地。一方面,随着生产不断跃进的需要,迫切地要求改变公社工业在设备和技术上比较落后的状况;另一方面,因为它技术落后,没有负担,特别是新的生产人员在生产技术上很少迷信观念,富于革命的首创精神,他们在党的领导与鼓舞下,掀起了一个以大搞机械化半机械化、自动化半自动化为中心的技术革新与技术革命运动。目前这个运动已经在福绥境人民公社轰轰烈烈地开展起来,革新建议纷至沓来,革新项目层出不穷,革新能手辈出,很多不久以前的家庭妇女现在成了革新能手。如公社电器仪表厂的生产人员张润芝,原来是个家庭妇女,参加生产后,在党的领导下,一心要把生产搞好,经常早来晚归,钻研技术,因此在她参加生产五个月后,就提出了技术革新建议二十多件,实现了十多件,如她原来做补偿器胶合纸板打眼的活,每天只打三块,后来她想办法做了个样板,提高了工效二十五倍之多。公社七一制帽加工厂剪裁工具,用电刀裁布,提高效率二十多倍。这项革新在该厂的委托加工单位——北京制帽厂也未曾有过,北京制帽厂还要求借用这个工具,这是"土"中出"洋"、"土"能超"洋"的明显例证。在技术革新和技术革命运动中,不仅改革了工具,而且还使生产人员的思想获得了进一步的解放,发扬了敢想敢干的风格,同时,他们的技术水平也有很大的提高。如公社金属加工厂第八车间,原来用钢带作电焊帽的内框,生产人员为了节约钢带,就想法改用纸带,结果完全适用,而且纸带可以铆接不用"焊接",使工作效率提高了十倍。

公社技术革新与技术革命运动的深入发展,不仅大大地提高了劳动生产率,减轻了劳动强度,改善了劳动条件,而且使公社的整个生产技术水平迅速地提高起来,把公社工业推向一个新的发展阶段。现在福绥境人民公社的工业获得了更大的发展,今年五月份的产值达到了六百〇七万元,比今年第一季度的平均月产值增长了百分之一百〇七,比一九五九年的平均月产值增长了八倍。由此可见,那种认为社办工业是"小玩意"、"可有可无"、"没有多大发展前途"的议论是完全错误的,他们看不到组织在人民公社里的劳动人民可以发挥出无穷无尽的智慧和才能,他们也不愿意看到"土"的正在变"洋"的,"小"的正在变成"大"的,他们对于社办工业这种新生事物,不但不予支持,反而竭力贬低,把当前暂时存在的某些困难和缺点加以夸大,这是一种右倾思想,在革命的群众运动中起了有害的作用。可是,人民群众的革命事业不是少数人反对一下就会垮下去的,相反的,城市人民公社的社办工业在党的领导下,在已经取得的巨大成绩的基础上,正在实现持续的跃进。

综上所述,城市人民公社是发展社会生产力,加速社会主义建设的最好组织形式,这种组织形式便于进一步调动城市中的一切积极因素,大搞群众运动,更好地贯彻党中央提出的大型企业与中小型企业同时并举、土法生产与洋法生产同时并举的方针。现在,城市人民公社工业已经成为工业战线上的一种不可缺少的新生力量。城市人民公社生产的发展,不仅为公社的巩固与发展打下了牢固的基础,而且对加速社会主义建设、为将来过渡到共产主义,都有十分重大的意义。

三、城市人民公社实现了家务劳动社会化和生活集体化

生产和生活有着不可分割的关系,社会主义的集体化生产要求打破旧的生活方式,实现家务劳动社会化和生活集体化。福绥境人民公社将广大街道居民,特别是家庭妇女组织起来参加集体生产以后,原来的那种分散的个体生活方式就显得不相适应了,同时广大妇女参加生产以后,没有时间做饭、带孩子和拆洗缝补等家务琐事,她们迫切要求组织集体生活福利事业,如果集体生活福利事业没有随着集体生产的发展而发展,就会影响生产的发展。所以福绥境人民公社党委在组织群众参加生产时,就根据党中央"一手抓生产一手抓生活"的指示,在发展生产的基础上,发展了集体生活福利事业。根据八月份统计,全公社共有食堂一百四十八个,入伙人数达一万〇四百六十九人;托儿组织七十四个,收托儿童五千八百四十六人;服务站(所)五十七个,服务人员一千一百八十七个;还有一个敬老院,一所公社医院,两个门诊部。为实现家务劳动社会化和生活集体化,打下了良好的基础。

集体生活福利事业的发展,使福绥境人民公社过去由上万人操持的家务,现在仅由两千多人来管理。这就超额地实现了恩格斯在百余年前的预言:"可以大胆地设想,有了公共食堂和公共服务所,从事工作的三分之二的人就很容易地解放出来,而其余的三分之一也能够比现在更好、更专心地完成自己的工作。"①

家务劳动社会化、生活集体化使得妇女摆脱了家务牵累,无后顾之忧地参加了生产,提高了工作效率,如福绥境人民公社造纸厂一九五九年出勤率高达百分之九十八,从而促进了生产的发展。

在街道居民中建立和办好公共食堂,这是集体生活福利事业的中心环节。福绥境人民公社从便利群众出发,分别建立了街道食堂、简易居民食堂和工厂

---

① 《马克思恩格斯全集》第2卷,人民出版社1957年版,第613页。

食堂。公共食堂的建立,使得妇女能够从锅台上解放出来,同时它也改变了那种家家生火、户户冒烟的分散状态;便于推广新法做饭、副食品综合利用和高压蒸气锅炉等;便于对炊事工具实行技术改革,提高炊事员的劳动效率和服务能力;减轻劳动强度;便于搞好饮食卫生。这样不仅使得广大社员吃饭及时、吃得饱、吃得省、吃得好,而且节约了大量的人力、物力和财力,有力地保证和促进了生产的顺利发展。有些食堂(如赵登禹路食堂)既是饭厅,又是开会的场所,也是社员学习和娱乐的场所。这表明公共食堂已经逐步成为社员政治、经济、文化活动的中心,这就便于推动政治文化生活的发展。

福绥境人民公社举办公共食堂时,坚决地贯彻了为生产服务和为劳动人民服务的方针。在现有入伙人员中,参加街道生产和服务的人员占百分之四十一点七;机关职工占百分之六点八;生产服务人员和机关职工的家属占百分之五十一;其他只占百分之〇点五;这就有利于生产的发展。

目前福绥境人民公社正在进行整顿提高,准备建立主食加工厂,并在公共食堂内开展了以提高服务质量、增加花样品种、开展技术革新和技术革命、发展副业生产等为中心的"十好"红旗竞赛。可以预料,随着生产的发展,公共食堂必将出现一片新的气象。

大办托儿组织是集体生活福利事业的重要方面。福绥境人民公社的托儿组织是本着勤俭办园、自力更生、从无到有、从小到大的精神发展起来。托儿组织的发展不仅为参加生产的妈妈解除了孩子的牵累、能够安心地集中精神生产和学习,而且更重要的是使孩子在托儿组织的集体教养下,从小就受到社会的教育,培养他们成为风格高尚的、名副其实的共产主义接班人。在托儿组织中,集体教养儿童比一家一户分散教养的方式,具有无比的优越性。一方面,由于孩子们在集体生活中成长,这就能避免家庭教育给儿童带来的狭隘的心理和观念,培养他们团结互助、大公无私的品质;另一方面由于保教人员的思想觉悟和能力的迅速提高,她们一般都能政治挂帅、严格要求自己,以身作则地去教育和影响儿童,在日常活动中贯穿了"五爱"的教育。如公社前帽的托儿组织最近给孩子们讲少年英雄刘文学跟地主作斗争的故事,五岁的小朋友刘西玉、刘丹林听了以后,小小的心灵很久不能平静下来,她们一提起这事就捏紧着小拳头说:"地主不劳动,偷大家的东西,还杀人,真可恶!"通过对孩子的劳动教育,也逐渐培养了他们爱劳动的习惯,如开饭时,他们就争先帮助阿姨们摆桌凳、分碗筷,平时也帮助炊事员摘菜。由此可以看出,托儿组织是自幼培养儿童集体主义思想的最适当的地方。

公社的托儿组织一般都有较好的卫生设施,有条件的还设立了食堂,目前在托儿组织中办起的儿童食堂共有三十四个,入伙儿童占入托儿童总数的百分之三十二,这就能保证使儿童生活得比家里好。这些都使孩子的家长们感到满意,乐意把自己的孩子留在托儿所或幼儿园中。如制盒厂有一位女工,在把孩子送入托儿所后担心托儿所照顾不好,一次,她偷偷地跑到托儿所去,躲在窗下暗地里观察阿姨怎样照顾自己的孩子,当她清楚地看到自己的孩子正在保育员的怀里睡得香甜的时候,她流下了感激的热泪。从此她的顾虑解除了,回厂后就特别积极起来。她说:"阿姨实在太好了,不是现在的社会哪有这样的新鲜事啊! 再不好好生产,就对不起毛主席!"

福绥境人民公社的托儿组织,已经形成了一个托儿网,它们是由一些设备和人员较齐备的托儿所、幼儿园和简易托儿所、家庭互助性托儿所组成。通过大中小互相配合、互相挂钩、共同协作、以大带小的办法,迅速地提高着"小土群"托儿组织的保教水平。如公社翠花街幼儿园与几个较小的托儿组织挂上了钩,该园派教养员到各组去,具体指导工作,并且供给它们一些玩具。这样在大托儿组织帮助、带动下,就使那四个较小的托儿组织巩固和发展起来了。现在公社已经确定它们之间是领导与被领导的关系,今后将更有计划地开展工作,使大中小托儿组织互相结合,得到进一步的提高。目前福绥境人民公社的大多数托儿组织已能做到"四好",即带孩子好,教育好,卫生好,保健好。由于公社托儿组织的不断发展,孩子们的身心得到了健全的发展,共产主义的接班人在成长中。

公社的服务组织是大跃进以来发展起来的一种新型的群众自我服务的形式。全社共有十一个大型服务所和四十六个中小型的服务站,分布在各居民点。服务项目是根据群众需要而设立的,如赵登禹路服务所的服务项目包括服务、修理、缝纫、洗染、园艺五大类,一百六十七项。群众把服务所(站)称为"街道总务科"。服务事业的发展,标志着人与人的关系发生着深刻的变化,使群众体会到生活在社会主义大家庭中的温暖。例如福绥境居民景溥珍是寡居三十多年的老大娘,有一天半夜突发急病,经赵北服务所人员送医院抢救,并代为料理家务,生好炉子,接她出院,这就使她深切地体会到社会主义大家庭的无比温暖,干劲十足地投入了生产,生产效率提高了十倍,她说:"我不好好生产,那真是对不起党,也对不起服务所啊!"

深入各居民委员会的服务站还从事某些商品的分配工作。由于服务站了解当地居民的需要情况,就能协助商业部门合理地分配某些需要分配的商品,更好地满足居民的不同需要,特别是老人、小孩、产妇、病人等的特殊需要。虽然在目前这些商品的分配还是在等价交换原则上,按照人们的不同需要进行的,但它已经是社会主义商品分配形式的进一步发展。

公社举办的各项集体生活福利事业,对增加劳动人民的收入,改善人民的生活有着重大的意义。这些集体生活福利事业既能便利群众,又能通过免收食堂管理费、减收托儿保育费、免收或减收生活服务费的办法,从实际上改善了人们的生活。公共食堂托儿所等集体生活福利事业的发展,有劳动能力的家庭妇女,参加了生产劳动,这些都增加了劳动人民的收入。根据初步计算,家庭妇女参加生产以后,家庭收入平均提高百分之三十到五十。

福绥境人民公社成立以后,为了适应集体生产与集体生活的需要,正在规划工厂、住宅、学校、商店、公共食堂服务组织、文娱体育场所等各种生产与生活设施。现在福绥境人民公社在北京市的统一规划之下,已经开始着手兴建新型的园林化的居民点。以后,在生产高速度发展的基础上,还要继续将公社边辖区内的全部旧住宅进行彻底的改造。为适应居住楼房化,全管界内将整修马路,绿化、美化街道,还计划修建游泳池、电影院,扩建官园公园体育场。可以预料,随着公社各项建设的实现,不但对城市旧有的建筑以及各项市政设施的落后面貌将逐步地加以根本的改变,而且公社集体生活福利事业也将发展到一个崭新的阶段。

城市人民公社组织集体生产、发展公共食堂、托儿所、幼儿园和服务所等集体生活福利事业的结果,家庭的作用开始起了很大的变化。公社化后,大大地加强了社会教育的作用,家庭教育的内容中,共产主义因素也有了很大的增长。这种变化,不但解放了广大妇女,而且出现了更加和睦平等的新家庭。

总之,新的生产方式要求新的生活方式,而新的生活方式的建立,不但巩固和促进新的生产方式的发展,促进生产的发展,而且会和新的生产方式一起涤荡人们的资产阶级思想和习惯,这对高速度进行社会主义建设和为将来实现共产主义准备条件,都具有极其重要的作用。列宁曾认为:公共食堂、托儿所和幼儿园等都是共产主义幼芽的标本,"共产主义的幼芽不会夭折,而定会茁壮地成长起来,发展成为完全的共产主义"①。

四、城市人民公社促进了
文教卫生事业的发展

城市人民公社不仅是生产和生活的组织者,而且也是文教卫生事业的组织者。城市人民公社的建立,加速了文化革命的进程,从而更加合乎高速度建设社会主义的需要。

早在公社成立以前,福绥境的文教体育卫生工作,已经取得了显著的成绩。从一九五六年到一九五九年九月共扫除文盲和半文盲五千六百十九人,占青壮年文盲和半文盲总数的百分之九十四。然而由于没有人民公社这种组织形式作保证,文盲和半文盲未能得到彻底的扫除,另外还有漏盲和新增的文盲共七百一十四人。同时,由于生产和生活没有进一步的组织和集体化,也影响了体育卫生事业的持续跃进。

随着城市人民公社的建立,广大的街道居民,尤其是家庭妇女摆脱了家务劳动的束缚,普遍地投入到生产建设和集体生活福利事业中去,成为社会劳动者。这就不能不从客观上和主观上提出了加速文化革命进程的要求。有些生产人员和服务人员由于没有文化而在工作中遇到不少的困难。同时生产的发展也要求人们有健壮结实的身体,特别是随着技术革新和技术革命运动的广泛而深入的进行,以及生产逐步向高级和精密方面发展,这就必将不可避免地要出现一个文化革命的高潮,而公社的广大社员,由于阶级觉悟的不断提高也迫切要求学习,要求参加体育活动,以适应集体生产和生活不断发展的需要。

---

① 《列宁全集》第29卷,人民出版社1956年版,第390—392页。

人民公社的成立就为文教体育卫生事业的大发展,创造了十分优越的条件。公社的生产组织就是学习的组织,也是开展体育卫生工作的组织,学校就办在工厂中,设在食堂里,十分方便,公社也便于举办各种文化设施,为各项文化活动的开展提供一定的物质保证。而公社各种集体福利事业的举办,又使群众有更多的时间去进行学习和从事各种文体活动。总之,形势要求人民公社加速实现文化革命,而人民公社又为文化革命的高速度进行开辟了广阔的途径。

在福绥境人民公社已经出现了一个文化大发展、大普及的崭新局面。首先是文盲和半文盲得到了迅速的扫除。这是由于公社党委对文化学习加强了领导,在公社成立了教研组培训了师资,公社还推广了山西万荣县注音识字的经验;各单位又做到了"保入学,保出席,保时间";学员们也发挥了高度的积极性,做到"手闲写字母,见物练拼音"。因此,在从今年二月到四月的两个多月的时间中,福绥境人民公社就基本上完成了扫除文盲的任务,而且克服了复盲、漏盲现象。在这个基础上,福绥境人民公社更上一层楼,进一步向普及高小和初中文化进军,掀起了一个群众性的业余教育高潮。目前,公社已有高小预备班二十八班,高小班四十七班,初中十一班,高中二班,技术班十一班,共有四千〇八人入学,占应入学人数的百分之九十六。

在学员觉悟和文化水平迅速提高的情况下,一个学习毛泽东同志著作的群众运动正在广泛地开展。毛泽东同志的著作成为广大群众最喜爱的读物,他们把学习毛泽东同志的著作作为改造思想、分析问题、提高生产的锐利武器。毛泽东同志的著作的大普及就是毛泽东思想的大普及,公社社员都力求用毛泽东思想武装自己,扫荡私有制残余的旧思想,培养共产主义的新品质。公社造纸厂上料工段的一些生产人员过去从废纸堆中捡到了有用的东西,往往想留着自己用,但是自从他们学习了毛泽东同志的《纪念白求恩》和《给徐老的一封信》以后,思想觉悟有了很大提高,决心要成为一个"毫无自私自利之心"的人,以后凡是拾到东西都交给工厂。在成立人民公社的时候,有的工厂专门组织了《中国社会各阶级的分析》的学习,使许多社员认清了城市中复杂的阶级关系,警惕了阶级敌人对公社化运动的破坏,并使他们更加坚定地站在革命的立场上,积极拥护公社化运动的发展。学习毛泽东同志的著作,不仅提高了社员的思想,在阶级斗争中辨明了方向,而且还使他们解放了思想,发挥了敢想敢干的共产主义风格,促进了生产的发展。如公社造纸厂的青年在学习了毛泽东同志的著作后,积极投入了技术革新和技术革命运动,在一个月就提出革新建议二十多件,已经实现的一部分建议就节约了十五个劳动力,并使纸的日产量提高了百分之十。

在学习毛泽东思想的基础上,公社的其他各项文化活动也得到了广泛的开展。社员们为了报答党对他们的关怀与培养,特别是获得了进一步解放的妇女为了表达她们内心的感情,经常写诗作歌。自一九五八年八月以来,群众的诗歌创作共有四万多件,现在公社成立了一个业余剧团,建立了两个俱乐部和好几个图书馆,广大劳动人民开始真正成了文化的主人。

卫生体育事业在福绥境人民公社也得到了蓬勃的发展。在卫生方面,公社一方面对五千四百名街道保健员和保育员进行了卫生防疫训练,提高了他们的卫生知识水平;另一方面普遍设立了卫生站、保健箱,在公社管界内的三千八百四十二个院落中设有疫情报告员四千一百一十六名,从而形成了一个完整的卫生保健网。最近每个服务站都设立了急救站,进一步把卫生防病工作与生活服务工作结合起来,使卫生工作作到深入和经常化。福绥境公社自一九五八年成为"四无、四洁境"以来,广大群众已经开始养成了经常注意饮食起居的卫生习惯,现在福绥境每条胡同的两旁都种上了花草树木,居民们为了防止尘土飞扬,每天还洒几次水,所以,人们进入福绥境都会感到清新宜人。

人民公社也为体育活动的开展创造极为有利的条件。公社党委确定由书记亲自挂帅,抓体育工作,把体育工作列入党委会的议事日程,同时公社还成立了体委,各工厂和生产组建立了体协或设体育干事,负责推动体育工作。此外,公社人多力量大,可以比较顺利地解决开展体育活动所需要的场地、器材和技术指导等问题。这样,一个增强体质、为革命和建设服务的群众性的体育活动就普遍而经常地开展起来,许多过去的家庭妇女以公社社员的身份第一次兴高采烈地参加各种体育活动,公社各工厂每天都有一定时间进行体育锻炼。不久前,公社召开了有一千多人参加比赛的第一届体育运动会。福绥境人民公社体育活动的开展已经成为全市以至全国的先进单位。

公社体育卫生运动的大开展,普遍地增强了社员的体质,有力地推动了生产的发展。如公社民用灯具厂的生产人员马永新，过去患有关节炎，经常吃药，效果并不显著，然而当她到工厂之后，参加了体育活动，每天和姐妹们一起踢毽子、拔河、做广播体操，渐渐地身上就不发疼了，生产效率从每天的加工灯具二百多个增加到三百多个。马永新小的时候是个踢毽子的爱好者，打结婚以后，忙于家务，没有心思再去运动，没想到过了这么多年，成立了人民公社，她参加了生产，又与久别的毽子见面了。所以她常常激动地说："要不是毛主席的好领导，建立了公社，我们这些家庭妇女哪辈子会懂得锻炼身体，哪辈子会有这样幸福欢乐的生活！"

全民教育的普及和提高是向共产主义过渡的先决条件之一，而全民教育的普及特别是高等教育的普及，就必须坚决贯彻执行党的"两条腿走路"的办学方针。城市人民公社的大办业余教育，就是贯彻这一方针的有效措施。执行的结果必将加速全民教育的普及与提高，加速体力劳动和脑力劳动之间差别的消灭，从而有利于加速社会主义建设和向共产主义过渡。

由此可见，城市人民公社为文化革命的开展创造了极为有利的条件。生产力的发展推动文化革命的发展，而文化革命的发展又有力地推动生产力的发展，这是一个万古长青的辩证法过程。文化革命的发展还促进了人们精神面貌的深刻变化，同时它在为逐步实现共产主义准备条件方面也有着重大的意义。可以预料，随着城市人民公社本身的发展，文化革命将进入一个新的更高的发展阶段。

五、城市人民公社是妇女彻底
解放的最好组织形式

中国共产党从来就把妇女的解放作为中国人民革命运动不可分割的一部分。随着人民民主革命的彻底完成，随着社会主义改造和社会主义建设的伟大胜利，广大妇女已经从根本上结束了被压迫、被奴役的历史，她们在政治上、经济上和文化上与男子享有平等的权利。但是，还有相当一部分家庭妇女还没有参加社会劳动，仍然被家务琐事束缚着，这不能不使她们在经济上处于从属地位,同时也限制着她们政治上的进步和文化技术水平的提高,阻碍着她们的彻底解放。正如列宁所指出的:"妇女要是忙于家务,她们的地位总不免要受到限制。要彻底解放妇女,要使她与男子真正平等,就必须有公共经济,必须让妇女参加共同的生产劳动。"①在我国社会主义革命取得伟大胜利的基础上,在社会主义建设的新的历史时期,毛泽东同志进一步指出:只有办好人民公社,才是妇女彻底解放的道路②。

沿着毛泽东同志所指出的方向,一年多来,随着街道生产的发展和集体生活福利事业的兴办,福绥境人民公社已有九千一百一十一人参加了各项社会劳动,其中家庭妇女占了百分之九十以上。家庭妇女不仅广泛地参加了社会劳动,而且在生产建设中发挥了巨大的作用,她们在党的领导下,打破了长期以来所造成的自卑感,发扬了敢想、敢说、敢干的共产主义风格,表现出什么也能干,什么也能干得好的英雄气概。福绥境人民公社的无数生动事例说明了这一点,例如制盒厂女工虞巧莲,过去是个保姆,天天做饭、洗衣、带孩子,自从参加生产以后,她积极劳动,努力学习,在短短一年半的时间内,就由文盲变成初中一年级的文化程度;有了文化,她就更加刻苦地钻研技术,先后数次改进了工作方法,并且自己画图设计了倒布机,使工作效率提高几倍甚至几十倍。广大妇女在各方面的工作中都作出了出色的成绩,涌现出许多先进集体和先进人物,今年"三八"国际劳动妇女节,公社共有九十四个先进人物和三十九个先进集体分别被评为区、市、全国的"三八"红旗手和"三八"红旗集体。很多妇女还担任了领导工作,在公社二十一个工厂中就有一半以上的正副厂长是妇女同志,而公社管理委员会二十三位委员中,妇女委员就有十五位,公社的食堂、托儿所、幼儿园和服务站的领导人员和管理人员绝大部分都是妇女,她们勤勤恳恳、生气勃勃地奋战在各个岗位上,成为社会主义建设事业中一支极为活跃的力量。它再一次证明了毛泽东同志关于"中国的妇女是一种伟大的人力资源。必须发掘这种资源,为了建设一个伟大的社会主义国家而奋斗"③的论断

---

① 《列宁全集》第 30 卷,人民出版社 1957 年版,第 25 页。

② 参见《毛主席在安徽》,《人民日报》1958 年 10 月 4 日。

③ 《毛泽东文集》第 6 卷,人民出版社 1999 年版,第 458 页。(此注释系编者根据原注释所作的修改)

的英明和正确。

列宁曾经指出:"只有在开始把琐碎家务普遍改造为社会主义大经济的地方,才有真正的妇女解放,才有真正的共产主义。"①由于城市人民公社的建立,举办了公共食堂、托儿所、幼儿园和服务站等许多集体生活福利事业,实现了家务劳动社会化,就为妇女的彻底解放创造了有利的条件,保证她们能够摆脱家务琐事,无牵无挂地走上工作岗位。同时城市人民公社又是文化教育和政治学习的组织者,公社举办了大量的业余学校,建立了俱乐部、图书馆等文化活动场所,她们还经常有系统地学习时事政治,学习毛泽东同志的著作,各级党组织还对她们进行了许多政治思想工作,加上集体生产对她们的教育和改造作用,因而她们的政治觉悟和文化技术水平正在迅速提高,她们的精神面貌发生了深刻的变化,改变了过去那种东家长、西家短、谈家常、闹纠纷的现象,代之而来的是谈生产、讲学习、人人关心政治、个个关心集体的新气象。如公社的"七一"制帽加工厂生产人员卢成香,原来也是家庭妇女,参加生产以后,在党的教育下,觉悟日益提高,通过勤学苦练,学会了双手操作法,使工作效率提高二倍以上。又如化工厂的生产人员赵秀兰,原来是个普通的家庭妇女,但她在参加生产后,通过党的教育与劳动的实践,思想觉悟迅速提高,关心生产,关心集体,忘我劳动,有一次生产盐酸的漏斗坏了,盐酸直往外流,旁边的锅炉就有爆炸的危险,当时她不顾生命危险,勇敢地跑向锅炉进行抢救,用橡皮塞住坏了的漏斗,免除了重大的爆炸事故,自己却被盐酸烧伤了脸部。这一切都说明了广大家庭妇女在参加社会劳动以后正在迅速成长,正向着既有高度的政治觉悟,又有一定的技术和文化水平的工人阶级的方向大步前进。

由于上述各方面的重大变化,妇女在家庭中的地位也大大地提高了。广大家庭妇女参加生产以后,有了工资收入,改变了过去在家庭中处于从属地位的状况,彻底地废除了家长制的残余,代之而起的是夫妇互敬、婆媳相亲的民主、和睦、团结的新家庭,实现了真正的男女平等。同时,由于妇女参加生产劳动,提高了思想觉悟,也消除了夫妇双方由于各自关心的事物不同而产生

---

① 《毛主席在安徽》,《人民日报》1958 年 10 月 4 日。

的隔阂和感情疏远的现象，从而使家庭生活过得更丰富、更幸福。例如，"七一"制帽加工厂有一位女工，过去虽然整天在家为丈夫和小孩忙碌着，却得不到她丈夫的好感，两人在一起没有什么话好说，丈夫讲外边的事，她听不进去，她说家务事，丈夫不耐烦，于是两人的感情逐渐疏远，隔阂越来越大。可是，自从这位女工参加生产以后，不但努力生产，而且积极学习文化和参加社会活动，各方面的进步都很快，他俩的感情就越来越好，家庭生活也越过越幸福。

广大家庭妇女参加社会劳动，争取自身的彻底解放，这是一场极为广泛深刻的社会主义革命运动，它将改变千百年来的习惯势力，彻底废除家长制的残余，这就不可避免地要和各种各样的封建的、资产阶级的思想进行坚决的斗争。赵北服务所修鞋组的一位女工，在参加生产时就遭到她婆婆的百般阻挠，晚上当她打夜班或开会稍晚点回家，就把她锁在门外，不让她进去，她的丈夫还骂她是"臭皮匠"。但是，这些非难和反对没有动摇她参加社会劳动的决心，她向丈夫反问得好："难道你一辈子穿新鞋吗？"在赵北服务所所长和当地居民委员会的帮助下，对她的封建家长展开了批评斗争，并且取得了好的效果。可见，广大妇女在同这些旧思想、老传统进行尖锐斗争中，由于有了党的领导和社会进步力量的支持，她们必定能够取得胜利。当然，家庭妇女参加社会劳动的过程，同样也是一个自我思想斗争的过程，特别是对于那些没有劳动习惯和受旧思想影响较深的家庭妇女来说，就不能不经过一场剧烈的思想斗争，劳动光荣的社会风气对她们有很大的压力，但是真要参加劳动又顾虑重重，因而，对于这些人就必须加强政治思想教育，使她们能自觉地投身到运动中来。

总之，由于城市人民公社的建立，广大妇女最广泛地参加了各项社会劳动，摆脱了使人愚昧的家务琐事，成为社会主义建设中的生力军。这样，就使得妇女的精神面貌以及她们的社会地位和家庭地位起了深刻的变化。所有这些都标志着我国广大妇女进入了彻底解放的新阶段。这种巨大的变化具有极其深远的意义，因为，只有让占人口半数的妇女，社会规模地参加共同的生产劳动，并且极大地提高她们的政治思想觉悟和文化技术水平，才有妇女的彻底解放，才有真正的共产主义，而人民公社是我国妇女彻底解放的最好组织形式，只要坚持人民公社化的道路，广大妇女必将获得彻底的解放。

六、城市人民公社化运动中的
阶级路线和阶级斗争

城市人民公社化运动,是我国社会主义革命的进一步深入和发展。因此在这一运动中,不同的阶级和阶层,由于他们的阶级地位、思想觉悟和生活水平的不同,对公社化运动抱着截然不同的态度。广大劳动人民,特别是职工家属,迫切地要求建立公社,热烈地拥护公社的诞生,但是资本家和资产阶级知识分子对于公社还有种种顾虑,他们害怕参加劳动,怕过集体生活,因此,在公社化过程中,福绥境人民公社根据党的政策坚决地贯彻了明确的阶级路线,在组织生产和生活的过程中,紧紧地依靠了党的领导,依靠了城市工人阶级,充分发挥了职工和其他劳动人民以及他们的家属的积极性,首先吸收那些有真正要求和需要的人参加公社。这样就有利于劳动人民在城市人民公社中把领导权紧紧地掌握在自己手中,从而有利于公社的发展和巩固。

任何的社会变革,必然会遭到社会上一切反动和衰朽的势力的反抗,由于城市人民公社化运动是极其深刻的社会变革,它担负着改造旧城市建设社会主义新城市,彻底消灭私有制残余,彻底肃清资产阶级政治和思想的影响等一系列重大的任务。因此,城市人民公社的产生和发展,必然充满着两个阶级、两条道路的尖锐斗争。

事实证明:一些敌对阶级分子只要一有机会,就会对人民公社的新生事物进行诋毁和破坏。他们将进攻的矛头直接指向党领导的事业,企图搞垮公社。此外,一些进入公社以后的小业主和资产阶级思想严重的人,也会利用自己的经营"知识"和"技能"骗取信任,窃取领导,以便按照资产阶级的思想来改造公社。因此,公社必须在党的绝对领导下,发动群众,对敌对阶级分子展开坚决斗争,对一切资产阶级思想和表现进行揭露和批判,以保证公社运动继续健康地向前发展。

在城市人民公社的产生和发展过程中,充分地反映出阶级斗争是长期的、复杂的,我们必须进一步加强人民民主专政;而城市人民公社的建立,也正是进一步加强了人民民主专政。这是由于公社化以后,集体生产和集体生活福利事业的发展,广大劳动人民的组织程度有了很大的提高,这就更有利于加强对一切敌对阶级分子的监督和改造。同时公社这种组织形式,便于实现全民武装。福绥境人民公社成立不久,就建立了一个民兵师,并且进行了有效的训练,公社还广泛地开展国防体育活动,以便对付国内外敌人的反抗和侵略。因此,城市人民公社是加强人民民主专政的有力武器,是我国人民最终消灭剥削、消灭阶级的有力武器。

城市人民公社和农村人民公社一样,是中国共产党和毛泽东同志对马克思列宁主义宝库的伟大贡献。福绥境人民公社的建立又一次证明了毛泽东同志"还是办人民公社好"的伟大思想的无比正确性和伟大的生命力。城市人民公社化运动具有极其伟大的历史意义,中国共产党八届八中全会的决议指出:"城市中的人民公社,将来也会以适合城市特点的形式,成为改造旧城市和建设社会主义新城市的工具,成为生产、交换、分配和人民生活福利的统一组织者,成为工农商学兵相结合和政社合一的社会组织。"目前,福绥境人民公社虽然还处在初创阶段,但是,它已经在发展生产、发展集体生活福利事业、改善群众生活、发展文教事业、促进妇女彻底解放等方面显现出它的巨大作用,出现了"人人忙生产,户户无闲人"的新气象,结束了剥削阶级统治时期所遗留下来的单纯消费街道的旧局面。今后,随着城市人民公社化运动的发展,公社的规模和职能的扩大,它的伟大作用必将不断显现出来。城市人民公社的更为深远的意义还在于它能更好地为共产主义社会准备先决条件。人人参加社会劳动,促进高速度发展社会生产力,加速了社会产品极大丰富的过程,这就将有助于为将来过渡到共产主义社会准备物质条件。城市人民公社通过组织集体生产、实行生活集体化和对人民群众的不断加强教育,彻底改造城市的社会生活,彻底改变城市人民的政治面貌,加速了全体人民的共产主义思想觉悟和道德品质的极大地提高的过程,这就将为将来过渡到共产主义社会准备好精神条件。随着公社的建立和发展,群众性的文化教育、技术、理论学习也有了很大的发展,它们的发展不仅加速了全民教育的普及和提高,而且大大地推动了生产。虽然,目前工农差别、城乡差别、脑力劳动与体力劳动的差别还没有消灭,但是随着城市和农村人民公社的不断发展,生产和生活的深刻变化,不但已经开辟了逐步消灭这些差别的广阔道路,而且也开辟了消灭反映这些差别的资产阶级法权残余的广阔道路。可见,随着城市人民公社的不断发展,它将成为逐步向共产主义过渡的最好组织形式,它也将发展成为共产主义社会的基层单位。正因为城市人民公社具有无比的优越性,它一出现就立即遭到帝国主义分子和以铁托集团为代表的现代修正主义者的极端仇视和恶毒攻击。但是他们对我国城市人民公社的咒骂和诬蔑不但丝毫也不能阻挡城市人民公社化运动的凯歌行进,而且又一次表明了他们的软弱和对我们革命事业胜利的恐惧,这就从反面越发证明了城市人民公社化运动是一件天大的好事。总之,城市人民公社像初升的太阳一样,具有无比的生命力和光辉伟大的前途,它正以排山倒海之势、雷霆万钧之力,汹涌澎湃地向前发展。随着城市人民公社化运动的发展,这一初升的太阳,无疑地将在今后的社会主义和共产主义建设事业中愈来愈明显地显示出它的无比的优越性和伟大的生命力,闪耀着光辉灿烂的万丈光芒!

城市人民公社必须坚持
四为、三就、一自的方针[*]

刘震海

（一九六○年九月一日）

一

在总路线的光辉照耀下，在工农业生产大跃进和广大城市居民社会主义觉悟空前高涨下，四平专区的四平、辽源两市和公主岭、郑家屯两镇相继建成了城市人民公社。从建社开始，就以发展生产为中心，迅速出现了一个大搞社办工业的高潮，把原有街道工业的发展，推进到一个新的阶段。

在开始发展社办工业的时候，曾经遇到了无资金、无设备、无原材料和缺乏技术的困难。但是，由于充分发挥了人民公社的优越性，依靠广大劳动人民，坚持贯彻了四为（为大工厂服务、为农业服务、为城乡人民经济生活服务、为出口服务）、三就（就地取材、就地生产、就地供应）、一自（自力更生）的生产方针，经过加强领导，全面安排，统一规划，合理布局，充分挖掘劳动潜力，坚持了以小土为主、以群众自办为主和发扬了大中小企业之间、各部门之间的共产主义大协作的精神，成批的社办工厂，像雨后春笋般地纷纷建立起来。从今年四月以来，在短短几个月的期间，新发展社办工厂四百二十九个，比一九五八、一九五九两年街道工厂的总数增加一点四五倍；社办工业的品种、花色由原来的几百种发展到一千三百多种，对支援工业生产和满足城乡人民生活发挥了

---

* 原载《奋进》一九六○年第九期。

很大作用。目前社办工业正以整顿巩固为中心，在整顿巩固的基础上继续稳步提高，并健康地向前发展着。

二

四为、三就、一自的方针，好像一条红线，贯穿在整个社办工业的发展过程中。

首先，这一方针解决了社办工业的发展方向问题。就目前城市公社工业所生产的一千三百多种产品来看，为大工厂服务的占百分之四十二（其中有的大工厂又是为农业服务的，如农业制造和修配厂等），为农业服务的占百分之二十点五，为城乡人民经济生活服务的占百分之三十七点一，为出口服务的占百分之〇点四。这一发展比例说明，城市社办工业从开始就是以服务于国营企业为中心，以"拾遗补缺"为特点，全面地为工农业生产和城乡人民生活服务的。如四平地方国营矿山机械厂，因托辊铸不出来将影响皮带运输机的出厂计划，社办小五金厂便在"为完成国营厂矿任务为最光荣"的口号鼓舞下，全力以赴，苦战十五天，铸出托辊十吨，各种零件五百八十多斤，保证了矿山机械厂的任务提前完成；辽源地方国营毛皮加工厂在试制高级产品羊剪绒时，因为没有绒剪而影响生产，曾经到过东北很多城市也未能解决，这时社办西宁刃具厂却把解决绒剪的任务勇敢地承担下来，经过多次试验，终于试制成功，保证了毛皮厂的需要。

社办工业在为农业服务方面，做出了更为显著的成绩。如四平人民公社，直接为农业生产的工厂就有六十多个，主要产品即达五十五种。仅去年和今春以来，社办工业为农业提供的春耕播种、中耕除草、秋收脱谷、运输、碾米和水利建设等各种农业机械和小型农具达七十二种、二十三万多件，农药和化肥九万五千多公斤，有力地支援了农业生产，促进了四平市郊区农业生产的持续跃进，农业生产的机械化程度已达百分之五十以上。由于社办工业的支援，目前全市郊区各农业大队，已办起了各种工厂六十四个，基本上做到了队队有农具修配厂、粮食加工厂、饲料粉碎厂和缝纫厂。社办工业已直接担负了百分之五十左右制造农具的任务,在农具修配上基本上做到了小修不出队,部分大队还做到了中修不出队。辽源市公社社办工业,还积极开展了为农业生产做几件好事的运动,有力地促进了农业大发展。

社办工业的产品有三分之一以上是为城乡人民经济生活服务的。这些产品在补充市场"缺门"、活跃市场、繁荣经济方面,显示了应有的作用。尤其是生产出的大量的小商品,如斧头、菜刀、锁头、领钩、顶针等,更深受广大职工和群众的欢迎。四平公社除恢复已停产的一百五十四种小商品外,还根据市场需要又增加了七十五种。很多社办工厂,在没有技术设备和缺乏原材料的情况下,不计较产值、利润,千方百计地想办法进行生产,以进一步地满足人民生活需要。实践证明,社办工业已成为我国高速度、按比例发展国民经济中的一个必不可少的组成部分,我们应该充分估计到它在国民经济中所处的地位和作用。

其次,坚持"四为、三就、一自"的方针,有利于解决社办工业的原材料和产销问题。在"就地取材、就地生产、就地供应"的原则指导下,社办工业一开始就把根子扎在稳固的基础上。在办厂过程中,遇到的主要困难是如何解决原材料问题。解决这个问题的切实可靠办法是因地制宜,自力更生,当地有啥就加工啥,充分利用废旧物资和国营工厂的边角废料,根据本地特点,挖掘和生产原材料。据四平公社的调查,社办工业的原材料,有百分之八十五左右是来自大工厂的边材废料、农副产品和当地收购的废旧物品。但是由于各地情况不一样,所以在贯彻"就地取材、就地生产、就地供应"的原则时,也就形成了各个地区的不同特点。如四平人民公社,交通十分方便,在国营工业中以机械和化学工业为主,发展轻化工和建筑材料的生产具有一定的条件,该社农业的比重较小,整个公社将在国营工业带动下,逐步发展机械工业和化学工业,因此,社办工业的发展,也必须以大办小型化工、大抓农业机械和建筑材料为特点;辽源市人民公社有大型的国营煤炭工业,附近地下资源较丰富,轻工业的生产也比较发达,农业占有比较大的比重,有条件、有力量围绕粮食煤炭钢铁发展社办工业,因此,社办工业的发展,应以大搞综合利用,大搞多种经营,积极武装农业,加速农业的技术改造为特点;再如郑家屯镇人民公社,天然资源丰富,交通比较方便,且有大量的矽砂、陶土、芦苇和蒲草等农副产品,工业与农业各占一定比重，因此，社办工业就可以大搞农业、土特产品加工、化工和供给农业上用的原材料生产。但是，具有了突出特点以后，还必须注意使重点和一般相结合，照顾各方面的比例关系。在贯彻"三就"原则的过程中，还正确解决了过去曾经存在的产销问题和单纯重视产值、利润的现象。如辽源市公社龙山管理区的一个瓦盆厂，公社化前，由于成本高、利润低，无人经营，长期停产。公社化以后，由于大办公共食堂和市场的需要，在国营工业的支援下，又重新办起来，初步满足了公共食堂和市场需要，很受群众欢迎。无数的事实说明：凡是坚持贯彻"三就"原则的地方，就能够使社办工业积极、稳步地发展起来。

第三，贯彻"四为、三就、一自"的方针，大大地鼓舞了群众的生产热情，发扬了穷办、苦干、发奋图强的"穷棒子"精神。党的群众路线的威力，在这里充分地显示出来。从社办工业的来源来看，除一少部分是国营企业帮助办起来的以外，绝大部分是群众自筹自办的，基础薄弱。这一情况表明，社办工业必须以小土为主，依靠群众自力更生。如辽源公社西宁管理区刃具厂，建厂之初只有两个街道居民，生产上遇到许多困难。经过一年多的穷办、苦干，现在已经发展到九十七名职工，四百多米厂房，十一台机具，由只能生产一个品种发展到三百多个品种。同时，在机械化程度上也有很大提高。在社办工业的发展过程中，广大干部和群众进一步认识到，土法上马，由简到繁，由低到高，是发展社办工业的必经之路，从而牢固地树立起自力更生的雄心大志，更加坚定了办好社办工业的思想。

三

社办工业的迅速发展，对满足社会需要，特别是对支援农业和满足城乡人民生活需要方面，起到了极其显著的作用。但是，由于时间短、建厂快和处于生产管理比较分散的情况下，也带来了一些新的问题。因此，按照中央和省委的指示精神，对社办工业进行一次认真的整顿、巩固和提高工作是十分必要的。而在整顿、巩固和提高过程中，还必须进一步深入地贯彻"四为、三就、一自"的方针,以便更好地发挥社办工业在整个国民经济中的应有作用。

首先,贯彻这一方针,应该突出强调有计划地加强对农业支援和多多注意小商品生产以及服务性的行业。

农业是国民经济的基础,粮食是基础的基础。社办工业同样必须根据全党大办农业、大办粮食的精神,积极地为农业服务,有利于农业和粮食生产的应该多办,不利于农业和粮食生产的应该少办或停办。在目前应积极发展农具、兽药、化学肥料的生产,切实抓紧秋收工具的改革和制造。帮助城市郊区和农村公社建立动力站和农机、农具修配厂,逐步实现粮食加工、饲料粉碎和后勤炊事工具的机械化、半机械化,加速农业的技术改造,以提高农业劳动生产率。

小商品在人民的日常生活需要和社会商品供应中占有重要地位。抓紧小商品的生产,不仅是有关人民的生活的经济问题,而且是一个严肃的政治问题。所以在整顿社办工业中,对于小商品的品种,只能增加,不能减少,质量只能提高,不能降低,对于过去的名牌产品,要迅速安排恢复生产,补足"缺门"、"短腿"的产品。同时,目前要安排生产市场大量需要的小商品,以满足人民生活日益增长的需要。

第二,加强经营管理,建立与健全规章制度,按照国家需要,合理安排生产。对已经办起来的工厂,可采取"梳辫子"和组织联合企业的办法进行整顿,对于凡是在原料、材料、设备、动力和运输力的问题上与国家企业间存在矛盾的社办工业,应该加以调整、合并和改产。在整顿过程中,还应采取定人员、定品种、定数量、定质量、定原材料消耗、定安全措施的办法,增加生产,保证质量。对精简下来的多余人员和非生产人员,组织他们进行农业生产。

在合理安排生产的时候,必须首先考虑到和建立自己的原材料基地,积极发展原材料的生产,并且千方百计地挖掘原材料、节约原材料和综合利用原材料。只有这样,社办工业才能扎稳根,才能保证进一步巩固和发展。

第三,正确处理积累和分配,社办工业的积累和分配的比例,应本着有利于扩大再生产和充分发挥各级组织积极性的精神,加以解决。在工资制度上,主要应采取计时工资制,而且社办工业的工资,不能高于国营和地方国营同产业、同工种的工资水平。

第四，深入开展技术革新和技术革命的群众运动，以便逐步地把手工操作和笨重的体力劳动变为半机械化和机械化生产，以减轻劳动强度，提高劳动生产率。

最后，加强党的领导，坚持政治挂帅，是整顿、巩固和提高社办工业的根本保证。城市各级党委，尤其是公社党委，要认真地抓好这项工作，不要把社办工业当成一个孤立的问题，而应该充分考虑它在国民经济中的重要地位，按着国家的方针，根据社会需要和实际可能，对它的经营范围，任务要求，生产管理，进行适当的安排和及时调整。加强党的基层工作，在社办工业中，有计划有准备地发展一批新党员，建立党的支部，加强政治思想工作，以不断地提高广大职工的社会主义和共产主义觉悟，更好地完成生产任务，使之成为促进整个国民经济持续跃进的重大力量。

（编者按：作者是中共四平地委办公室副主任）

策划编辑:崔继新

责任编辑:刘江波　高华梓

图书在版编目(CIP)数据

城市人民公社研究资料选编/李端祥 编著. —北京:人民出版社,2019.11
ISBN 978 - 7 - 01 - 021381 - 1

Ⅰ.①城…　Ⅱ.①李…　Ⅲ.①城市-人民公社化运动-史料-中国
Ⅳ.①F325

中国版本图书馆 CIP 数据核字(2019)第 223803 号

城市人民公社研究资料选编

CHENGSHI RENMIN GONGSHE YANJIU ZILIAO XUANBIAN

李端祥　编著

人 民 出 版 社 出版发行

(100706　北京市东城区隆福寺街 99 号)

北京雅昌艺术印刷有限公司印刷　新华书店经销

2019 年 11 月第 1 版　2019 年 11 月北京第 1 次印刷
开本:710 毫米×1000 毫米 1/16　印张:207.5
字数:3179 千字　印数:0,001-1,000 册

ISBN 978 - 7 - 01 - 021381 - 1　定价:980.00 元(全八卷)

邮购地址 100706　北京市东城区隆福寺街 99 号
人民东方图书销售中心　电话 (010)65250042　65289539